主　编◎彭文华

副主编◎吕小红　崔仕绣　徐兴涛

刑法修正与司法解释中的新型问题研究

XINGFA XIUZHENG YU SIFA JIESHI
ZHONG DE XINXING WENTI YANJIU

中国政法大学出版社

2022·北京

图书在版编目（ＣＩＰ）数据

刑法修正与司法解释中的新型问题研究/彭文华主编. —北京：中国政法大学出版社，2022.9
ISBN 978-7-5764-0654-2

Ⅰ.①刑… Ⅱ.①彭… Ⅲ.①刑法—中国—文集 Ⅳ.①D924.04-53

中国版本图书馆 CIP 数据核字 (2022) 第 172918 号

出　版　者	中国政法大学出版社
地　　　址	北京市海淀区西土城路 25 号
邮寄地址	北京 100088 信箱 8034 分箱　邮编 100088
网　　　址	http://www.cuplpress.com (网络实名：中国政法大学出版社)
电　　　话	010-58908586(编辑部) 58908334(邮购部)
编辑邮箱	zhengfadch@126.com
承　　　印	固安华明印业有限公司
开　　　本	720mm×960mm　　1/16
印　　　张	25.5
字　　　数	430 千字
版　　　次	2022 年 9 月第 1 版
印　　　次	2022 年 9 月第 1 次印刷
定　　　价	106.00 元

目 录

CONTENTS

正当防卫的限度：在"基本相适应说"与"必需说"之间调和

李兰英 *   马肖成**

摘　要：学界关于正当防卫的限度要件存在"基本相适应说"和"必需说"两大学说，各有利弊。前者的判断标准简明便利，却有法理支柱不够坚实、容易倒向"唯结果论"、没有理顺相关条款之间的关系、无法确保防卫效果的不足，标准过高而不利于防卫人。后者以"足以制止不法侵害"为标准有利于防卫人但过于抽象。为确定既具有可操作性又不过分严苛的正当防卫限度要件标准，应当用"必需说"结合"基本相适应说"，构造"折中说"。"折中说"在坚持"足以制止不法侵害"抽象原则的基础上，贯彻"存疑有利于防卫人"导向，充分考虑"基本相适应说"下的判断要素，防卫过当的认定在"明显超过必要限度"条件上要满足"防卫人期待可能性较大""防卫人可收集信息多且对自己有利""防卫激烈程度远高于不法侵害危紧程度"和"防卫损害的法益远大于要保护的法益"四个子条件，"造成重大损害"条件上要满足"防卫损害致重伤及以上"和"防卫损害高于不法损害两个层级及以上"两个子条件。

关键词：正当防卫　限度要件　防卫过当　基本相适应说　必需说　折中说

引　言

正当防卫体现的是"正义不得向非正义让步（法无需向不法退让）"的

* 厦门大学法学院教授、博士生导师，研究方向为刑法学。
** 厦门大学法学院硕士研究生，研究方向为中国刑法。

法治理念，[1]对于及时有效打击不法侵害，保障人民的生命财产安全具有重要意义，它是对积极主动与不法分子作斗争的鼓励，提升了不法分子的违法犯罪成本，有利于降低其违法犯罪的可能。但万事皆有度，权利也有界限，与正当防卫相伴随的防卫过当就是权利突破限度产生的犯罪。近年来发生的"辱母杀人案""昆山反杀案""陕西咸阳反杀案""河北涞源反杀案"和"见义勇为反被拘案"是较为典型的反映正当防卫限度要件问题的案件，五起案件的裁判结果有的是"防卫过当"，有的是"正当防卫"。结合这五起案件不难发现，我国司法实务界在正当防卫限度要件方面秉持的是"基本相适应说"，这也是我国当下正当防卫限度要件参照的标准。如何弘扬鼓励公民实施正当防卫，敢于向违法犯罪分子作斗争的立法宗旨？不仅需要理念上的提升，更需要从技术层面为司法提供可以操作的正当防卫限度要件的判断标准和判断步骤。本文通过反思正当防卫限度要件的通说观点的利弊，从"打击犯罪与保障人权并重"的理念出发，寻找一条可能被司法实践更容易接受的判断标准。

一、正当防卫限度要件之三种学说介述

对防卫限度，理论上有"基本相适应说""必需说"和"折中说"三种学说。"基本相适应说"认为防卫行为必须与不法侵害行为相适应，否则就是防卫过当，将防卫行为与不法侵害行为进行比较，从过程到结果，程度都必须相当，如双方使用的武器、造成的损害等方面。"基本相适应说"表面上进行了全方位比较，但实际上往往变成防卫后果是否大于不法侵害后果以及大于程度的对比，也就是"法益衡量"，若前者小于、等于或稍大于后者，即防卫人保护的法益大于、等于或稍小于损害的法益，为"相适应"，前者过分大于后者，即防卫人保护的法益过分小于损害的法益，为"不相适应"。其看似明确和客观，却忽略了诸多主观要素，尤其容易忽略防卫人在整个防卫过程中面临的不利因素，这些因素往往在防卫人身上体现得更明显，如因紧张惊恐等导致的失控等，"基本相适应说"的要求过高，非常不利于防卫人大胆防卫。"必需说"认为防卫的限度应以满足制止不法侵害的实际需要为准，只要防卫人认为其防卫行为为制止不法侵害所必需，防卫就不过当，防卫强度可

---

〔1〕 参见马乐："'不退让法'与我国正当防卫条款中的'必要限度'"，载《政法论丛》2019年第5期。

以小于、相当于、远大于不法侵害强度。与"基本相适应说"不同，"必需说"偏重主观要素的考察，其固然有利于防卫人放手防卫，但容易导致防卫人不顾一切，造成过当的损害。"折中说"将前两种学说相结合，认为只要防卫行为是制止不法侵害所必需，且防卫行为的性质、手段、强度、损害等与不法侵害行为的性质、手段、强度、损害（实际或可能损害）等相比不离谱，就不过当。"折中说"站在"必需说"的立场上兼顾主客观要素，以主观标准为主，客观标准约束之，形成一种防卫人与不法侵害人利益衡洽的效果。

"基本相适应说"存在诸多问题，对防卫人极为不利，"必需说"较为合理，但仍可能造成偏激效果，故应当坚持以"必需说"为原则，辅之以改进后的"基本相适应说"的具体标准，构造"折中说"。由于"基本相适应说"在司法实践中长期存在，导致了一些案件处置上的不合理，所以有必要先对该说纠偏，本文首先从"基本相适应说"的弊端说起，指出当下一些司法实务人员用该说指导正当防卫案件认定工作的舛误性，然后从防卫行为的本质出发，切实指出"必需说"下相关防卫限度标准不得不考虑的因素。既是"必需说"对"基本相适应说"的改进，同时也是具象化了的"必需说"，此修正后的"必需说"实为"折中说"，以原有"必需说"的"足以制止不法侵害"为基本内核，继承了"基本相适应说"的"法益衡量"合理内核，最后用一套公式简明概括"折中说"下防卫限度的具体标准，这是本文独特的"折中说"表达方式。

二、"基本相适应说"下防卫限度标准批判

（一）"基本相适应说"的法理支柱不够坚实

"基本相适应说"的基本含义是，判断正当防卫是否超出必要限度，应将防卫行为与不法侵害行为在方式、强度和后果等方面加以比较，分析判断彼此是否相适应。[1] 由此衍生的判断规则是，两者基本相适应的为没有明显超过必要限度，不基本相适应的为明显超过必要限度。武器对等规则和法益均衡规则是"基本相适应说"的法理支柱，但不够坚实。

首先，武器对等规则对防卫人要求过于苛刻。武器对等规则认为，防卫人在制止不法侵害时应使用与侵害人所用"武器"对等的"武器"，强武器

---

[1] 参见高铭暄、马克昌主编：《刑法学》（第9版），北京大学出版社、高等教育出版社2019年版，第131页。

对强武器，弱武器对弱武器，不能强武器对弱武器，如"空手对空手、棍棒对棍棒、刀具对刀具"，不能是"棍棒对空手、刀具对棍棒、刀具对空手"等。该规则只从形式角度判断武器是否对等，并不综合考虑现场环境以及防卫人和侵害人自身强弱对比等因素，显然不够全面。武器对等规则其实是要求侵害行为对防卫人造成的危险或实害和防卫行为对侵害人造成的实害大致相同，保持相对均衡。[1]但这对防卫人要求过于苛刻，防卫人无法完全把握这样的尺度。在紧急防卫情况下，防卫人顺手拿起身边的武器可能从客观上看杀伤力远大于不法侵害人使用的武器，但这种境况具有不可避免性，由此产生的更大杀伤风险应当归于不法侵害人。德国著名刑法学家克劳斯·罗克辛教授指出，防卫措施的必要性在客观上存在不可避免的错误，应当由攻击者本人承担。[2]比如在"辱母杀人案"中，侵害人杜某浩等虽徒手围逼于欢，于欢顺手拿刀反击，但于欢是一人对十余人，不能只要求武器对等而不考虑防卫人处于绝对弱势的客观情况，因为就算防卫人拿起强大的武器增强了防卫能力后也不一定就比侵害人强大，即使更强大也是允许的。

其次，法益均衡规则有混淆正当防卫和紧急避险之嫌。武器对等规则的背后隐含的是法益均衡规则。法益均衡规则要求防卫人通过防卫行为保护的法益与防卫行为损害的侵害人的法益之间应当保持均衡，前者在价值上高于或者等于后者的情况下才允许正当防卫。[3]这有混淆正当防卫和紧急避险之嫌，因为防卫人保护的法益在价值上低于不法侵害人所损失的法益的情况下也是完全可以进行正当防卫的。在"辱母杀人案"中，于欢的反击不仅是为了保护其个人的人身安全和自由，还有其母子免遭进一步侮辱的人格利益，不能因为人格利益不及生命健康权重要就一概否定防卫行为的正当性。

（二）"基本相适应说"容易倒向"唯结果论"

"基本相适应说"尽管表面上说要通过对比防卫行为与不法侵害行为在方式、强度、后果等方面以确定是否超过必要限度，但最终很容易滑向"唯结果论"。其将"防卫行为明显超过必要限度"和"防卫结果造成重大损害"

---

〔1〕 参见吴允锋："正当防卫限度的判断规则"，载《政治与法律》2018 年第 6 期；劳东燕："结果无价值逻辑的实务透视：以防卫过当为视角的展开"，载《政治与法律》2015 年第 1 期。

〔2〕 参见［德］克劳斯·罗克辛：《德国刑法学 总论：犯罪原理的基础构造》（第 1 卷），王世洲译，法律出版社 2005 年版。

〔3〕 参见吴允锋："正当防卫限度的判断规则"，载《政治与法律》2018 年第 6 期。

两个条件融合在一起判断，导致实践中极易出现以结果严重否定防卫正当性的情况。"唯结果论"实际上是对我国现行《刑法》的片面理解，置"明显超过必要限度"条件于虚位而使之无法得到正确有效适用，仅以"损害重大"就给防卫人定罪，有失公允。"基本相适应说"的判断规则不精细，将《刑法》[1]第 20 条第 2 款中关于防卫过当的表述中的两个判断指标压缩为一个，也忽略了这两个指标之间的逻辑关系，违背了立法原意，降低了正当防卫的适用可能性。

"唯结果论"是正当防卫制度司法上的异化，只注重抚平被害方的伤痛，而较少顾及防卫人的合理合法权益，尤其在防卫造成被害人死亡的情况下，法院更易受到"尽快化解被害人家属伤痛"情绪的影响，对行为的防卫性质的认定不予考虑，就算认定了也倾向于往"防卫过当"方向靠。[2]"唯结果论"与上述落后司法观念相辅相成，使得案件认定更加简单，但也更容易催生"和稀泥"的判案逻辑。对"唯结果论"的批判反映在法律技术上就是正当防卫限度要件判断时要采"双重条件说"而非"单一条件说"。"基本相适应说"倾向"单一条件说"，"必需说"倾向"双重条件说"。

将"明显超过必要限度"和"造成重大损害"两个条件作为一个条件判断的是"单一条件说"，分开独立判断的是"双重条件说"。"单一条件说"认为，"明显超过必要限度"与"造成重大损害"是一个问题的两个方面，二者的外延完全一致，因而在实际判断过程中，只需要看防卫结果是否满足"造成重大损害"的条件即可，[3]"单一条件说"无疑为"唯结果论"提供了理论指导。本文认为，"明显超过必要限度"和"造成重大损害"应作为判断防卫过当与否的独立条件，且判断的时候是有主次逻辑顺序的，而非简单的"并列关系"，"明显超过必要限度"起主要作用，只有满足了这一条件才有继续判断"造成重大损害"的必要，两者皆满足时才是防卫过当，两个条件只要有一个没有满足，都不可能成立防卫过当。坚持"双重条件说"并坚持"明显超过必要限度"条件的主导作用，可以避免"明显超过必要限度"的行为要件与"造成

---

[1] 《刑法》即《中华人民共和国刑法》。为表述方便，本书中涉及我国法律，直接使用简称，省去"中华人民共和国"字样，全书统一，后不赘述。

[2] 参见劳东燕："正当防卫的异化与刑法系统的功能"，载《法学家》2018 年第 5 期。

[3] 参见邹兵建："正当防卫中'明显超过必要限度'的法教义学研究"，载《法学》2018 年第 11 期。

重大损害"的后果要件捆绑起来，并由此造成前者的从属地位。《刑法》第20条第2款明确规定"正当防卫明显超过必要限度造成重大损害的，应当负刑事责任"，表明"明显超过必要限度"和"造成重大损害"同时满足的才构成防卫过当。最高检察机关也赞同"双重条件说"。[1]"明显超过必要限度"和"造成重大损害"的"双重条件说"在形式上就已经否定了"唯结果论"。

山东省高级人民法院在"辱母杀人案"中判决于欢防卫过当就有奉行"唯结果论"之嫌。判决中这样写道："于欢面临的不法侵害并不紧迫和严重，而其却持利刃连续捅刺四人，致一人死亡、二人重伤、一人轻伤，且其中一人即郭某1系被背后捅伤，应当认定于欢的防卫行为明显超过必要限度造成重大损害。"法院在判断于欢的行为是否防卫过当时，没有严格遵守"明显超过必要限度"和"造成重大损害"分开判断的标准，而是以上面一句话笼统概括于欢的行为是"明显超过必要限度造成重大损害"。法院的意思是"不法侵害不严重，防卫行为造成的损害很严重"，所以判于欢防卫过当，法院明显在朝着有利于不法侵害人的角度解析案件事实，而不是客观分析，尤其是对"明显超过必要限度"这个条件的判断，不够精细，条理也不够清晰和全面。

（三）"基本相适应说"没有理顺相关条款之间的关系

这里讨论的是能否采用反对解释否定对除行凶、杀人、抢劫、强奸、绑架以及其他严重危及人身安全的暴力犯罪之外的不法侵害拥有高强度防卫权（致重伤或死亡）。反对解释是指依据法律条文的正面表述来推导出其反面含义的解释技术，[2]但反对解释有严格的适用条件，只有在确定法条所规定的条件是产生某种法律效果的充分且必要条件时，反对解释方才有效，反之，如果法条所规定的条件并未穷尽足以引发某一法律效果的全部充分条件时则不得采用反对解释规则。[3]本文认为，《刑法》第20条第3款并未列举出产生"采取防卫行为，造成不法侵害人伤亡的，不属于防卫过当，不负刑事责任"这一法律效果的所有充分条件，没有说除了列举出的情况以外的情况径直不适用正当防卫，即便采用"基本相适应说"，认为对列举暴力犯罪人致死

---

〔1〕 参见最高人民检察院在2018年12月18日发布的第十二批指导性案例。

〔2〕 参见陈璇："正当防卫、维稳优先与结果导向——以'于欢故意伤害案'为契机展开的法理思考"，载《法律科学（西北政法大学学报）》2018年第3期。

〔3〕 参见 ［德］英格博格·普珀：《法学思维小学堂：法律人的6堂思维训练课》，蔡圣伟译，北京大学出版社2011年版，第88页。

或重伤符合"基本相适应说"才肯定的正当防卫，也并非对不是列举的不法侵害施加人造成死亡重伤结果就"不基本相适应"了，所以意图用反对解释限缩正当防卫的说法并不合理。反对解释的结果其实没有考虑《刑法》第20条第2款"明显超过必要限度"的表述，仅仅从"不法侵害"的严重性和防卫所造成的"损害结果"的严重性对比来判断是否防卫过当，再次陷入"唯结果论"的泥淖。与其说《刑法》第20条第3款是《刑法》第20条第1款的特殊规定，不如说是注意规定，第3款是第1款的应有之义，只是鉴于司法实践中太多不敢适用第1款的情况，立法者才苦心孤诣地增加第3款的规定，以此为正当防卫正名。因此，"辱母杀人案""陕西咸阳反杀案""见义勇为反被拘案"虽然都造成了不法侵害人重伤或死亡的结果，也不能直接以不符合《刑法》第20条第3款否定防卫的正当性。

（四）"基本相适应说"无法确保防卫效果

"基本相适应说"对防卫必要性的理解难免狭隘，将防卫行为与不法侵害行为的比较局限在基本相适应的程度，与立法中"明显超过"的表述明显不符，"基本相适应"无法确保防卫的有效性即彻底制止不法侵害。退一步说，基本相适应能达到防卫效果，这一效果在更为全面的比较中才能实现，不能过于看重结果比较。"基本相适应说"比较的因素不全面，没有考虑防卫人的自身防卫能力、防卫人对防卫可能造成的损害的期待可能性、不法侵害人被防卫后的反击、防卫时的现场环境对防卫强度的正负影响、对防卫限度有争议时的解决原则等。再退一步说，"基本相适应说"对防卫后果，即防卫造成的损害并没有详细分析，未精确"重大损害"的界定规则，其得出的结论难有说服力。从彻底制止不法侵害的防卫限度上看，在"辱母杀人案""陕西咸阳反杀案""河北涞源反杀案""见义勇为反被拘案"和"昆山反杀案"中，防卫人都是为了彻底制止不法侵害而进行的防卫，如果不这样做，我们可能看到的是于欢母子被继续殴打凌辱、王某被杀、王某元一家被杀、邹某滤继续被殴打骚扰和于海明被杀。"基本相适应说"根本无法确保上述预想不发生，既然无法确保，我们为什么要以可能牺牲防卫人的利益来保护不法侵害人的利益的标准来判断正当防卫与防卫过当呢？"陕西咸阳反杀案"二审中检方指出"案件事实是不允许假设的"，意在否定"如果防卫人不这么做有可能会被侵害更严重，所以当时的做法是适当的"这样的论述，进一步论证已有的案件事实中防卫人防卫过当，这种论证并不合理。既然法律规定公民有正当防卫权，就像王某问法官的那样，遇到被侵害的情况"我"该怎么做才是对的，法条中必然包含了答案，也就是遇到何种情况该使用何种程度的防卫。法律条文本身就充满了假设，法条作为演绎推理的大前提，就是假设一个行为发生，法律将如何对待它，正当防卫的内涵就是将处置一定不法的权利交还公民个人，假设遇到正在进行的不法侵害，公民可以用正当防卫来对待之。参与审判的法官若要否定被告人（防卫人）防卫行为的限度不恰当，其必须能够给出一个恰当的限度，否则以"防卫过当"犯罪判处了被告人，被告人却不知自己罪在何处，无罪的做法是什么，被告人很难内心服判。

三、修正"必需说"下防卫限度标准展开

"必需说"认为对正当防卫必要限度的判断应该以足以制止不法侵害的需要为标准。[1]只有在满足"足以制止不法侵害"的条件下才有判断是否防卫过当的必要。"只要防卫措施是制止不法侵害所必需的，即使防卫行为在强度、后果等方面超过不法侵害方可能造成的损害，也不能认为是超过了必要限度。"[2]"足以制止不法侵害"本身就赋予了防卫人很高的防卫限度，因为防卫限度越高越容易满足这个条件。当然，"必需说"下的防卫限度也不是无限的，必须"未明显超过必要限度造成重大损害"才属正当防卫。本文认为，"足以制止不法侵害"前提下的"明显超过必要限度"和"重大损害"需要结合防卫人遭遇不法侵害时的特定情境来综合判断，[3]且应站在防卫行为人的角度，以其当时面临的特殊处境视角来判断。[4]判断防卫行为是否"明显超过必要限度"要以防卫时的全部客观事实为依据，[5]着重考虑四个因素，这些因素的充分考量既能够避免传统"必需说"走向另一个极端，进而将"足以制止不法侵害"的抽象标准具体化，也不拘泥于传统的"基本相适应说"的"法益衡量"标准，属于新的"法益衡量"标准。另外，"造成重大损害"虽然不是传统两大学说争论的焦点，但也应加以明确。最后，由于正

---

〔1〕 参见尹子文："防卫过当的实务认定与反思——基于722份刑事判决的分析"，载《现代法学》2018年第1期。

〔2〕 高铭暄、马克昌主编：《刑法学》（第9版），北京大学出版社、高等教育出版社2019年版，第131页。

〔3〕 参见冯军："防卫过当：性质、成立要件与考察方法"，载《法学》2019年第1期。

〔4〕 参见姜涛："正当防卫限度判断的适用难题与改进方案"，载《中国法学》2019年第2期。

〔5〕 参见张宝："防卫紧迫性判断标准的刑法教义学诠释"，载《中州学刊》2018年第5期。

当防卫案件的复杂性非常考验法律判断和事实判断的结合度，很容易出现部分事实难以查清和处理意见分歧，面对案涉诸多疑问的情形，古老的"存疑有利被告"原则将派上用场。

（一）判断"必要限度"要考虑的因素

第一，防卫人判断能力和控制能力的削弱导致期待可能性降低。防卫人的能力会在事实层面影响其对防卫行为强度的控制力，进而在规范层面影响刑法对其在约束防卫行为强度方面的要求。[1]本文认为，应当以社会一般人而非理性人的思维设身处地去体会防卫人的处境，在侵害来临之际，防卫人会陷入激愤、恐慌、惊吓、紧张等复杂情绪之中，由此导致对自身行为的判断能力和控制能力减弱，不能合理预见其行为将会对侵害人产生何种程度的伤害，因而不能十分准确地把握防卫限度。防卫行为就像丛林情境下的应急反应，苛求防卫人在孤立无援、高度紧张的状况下做出刚好制止不法侵害的行为，明显违背常识常理常情和基本法理。防卫行为在刑法中也涉及刑事责任能力，无刑事责任能力的人"犯罪"的不负刑事责任，无刑事责任能力的人不能辨认或者控制自己的行为所以才能免责，相应地，在一个人辨认或者控制自己行为的能力由于非自愿原因削弱时，对其造成危害社会结果的行为应减轻认定、降格评价。行为人实施正当防卫时，不法侵害人让其陷入类似"限制刑事责任能力"的状态，所以法律应对其行为表现和造成的后果减轻评价，不能轻易认定其"明显超过必要限度"。在具体案件中应详细考察防卫人的实际判断和控制能力如何，能力越强对其防卫限度要求越严格，但在无法查明这些的情况下应考虑以对一般人防卫时防卫行为不造成伤害的期待可能性降低的标准，不苛责防卫人做出理性的防卫。笔者进一步认为实质上应当以行为人标准为原则，一般人标准为例外，如此更能表达一种符合社会情理的防卫标准，防卫的那个人毕竟是防卫人自己，并非局外人，没有人比防卫人自己更清楚防卫时的处境，该采取何种防卫措施，只要事后复盘其行为并非离谱，远远异于常人就是可以的，即行为人标准是主标准，一般人标准是辅助标准。

第二，防卫人防卫时可以收集的双方力量对比等信息。[2]防卫人能收集

---

〔1〕 参见邹兵建："正当防卫中'明显超过必要限度'的法教义学研究"，载《法学》2018年第11期。

〔2〕 参见邹兵建："正当防卫中'明显超过必要限度'的法教义学研究"，载《法学》2018年第11期。

越多的信息和越对自己有利的信息越能准确把握防卫尺度，事后考察这一因素时应站在防卫人防卫时其主观上认为收集到的信息，适当考虑一般人当时应当能够收集到的信息（控方举证证明），来对其防卫限度是否"明显超过必要限度"予以判断。对于信息不明情况的处理，有学者运用"汉德公式"证明了在不法侵害信息不对称的情况下，不法侵害人承担较多不确定风险的合理性。[1]在双方力量对比相当的"互殴"案件里，2020年8月28日最高人民法院、最高人民检察院、公安部联合出台的《关于依法适用正当防卫制度的指导意见》明确指出，因琐事发生争执，双方均不能保持克制而引发打斗，对于有过错的一方先动手且手段明显过激，或者一方先动手，在对方努力避免冲突的情况下仍继续侵害的，还击一方的行为一般应当认定为防卫行为。

第三，将防卫行为的激烈程度与不法侵害行为的危险程度和紧迫程度进行对比。不法侵害者一般是有预谋、有准备的，而防卫人则相反，在防卫人事先已经预见到不法侵害的情况下，可以要求防卫人选择适当的防卫手段，[2]但在大多数防卫人没有对不法侵害预见的情况下，防卫人处于绝对弱势地位，应允许防卫人有激烈的防卫行为，包括使用增强防卫能力的工具，当然，不法侵害行为越危险、紧迫性越高，防卫程度就可以越激烈，这是一个动态的标准。本文认为，防卫的必要性以彻底消除不法侵害为限，这个限度应以防卫人的主观认识为主，只要防卫人自己觉得必要就可以提高防卫的激烈程度，防卫人若合理地相信不法侵害人有继续侵害的可能仍可继续防卫，不法侵害人进一步反击导致危险升高，防卫人可以采取更为激烈的防卫。陈璇教授在分析防卫人所享有的"误判特权"边界时也认为，当防卫人对不法侵害发生时的客观严重程度发生误判时，由于该主观认识与客观状态出现不一致而导致的防卫人与不法侵害人利益之冲突可归责给不法侵害一方，所以此时防卫人享有合理误判特权，[3]当然，检方可举证推翻该合理性；辅以适当考虑客观因素，要求防卫人对防卫限度有适度掌控力来减少对不法侵害人的不必要

---

〔1〕 参见逄晓枫、刘晓莉："正当防卫的理性反思：基于效率的立场——由'昆山宝马司机砍人反被杀案'引发的思考"，载《东北师大学报（哲学社会科学版）》2022年第1期。

〔2〕 参见张明楷："正当防卫的原理及其运用——对二元论的批判性考察"，载《环球法律评论》2018年第2期。

〔3〕 参见陈璇："正当防卫中的'误判特权'及其边界"，载《中国法学》2019年第2期。

的伤害。比如现场环境，醉酒的人为不法侵害人，其行动能力受限，危险性可能不及常人；防卫行为发生在夜晚，防卫人视线受限，对防卫尺度的把握能力可能比白天要弱等客观的可见的因素。

第四，对比防卫人要保护的法益和不法侵害人受损的法益大小。这里是将"基本相适应说"中的"法益衡量规则"加以改造，作为判断防卫限度的因素之一。"必需说"被诟病的是抛弃法益衡量，是不现实的和容易走极端的，因此本文认为有必要保留防卫过当判断中的"法益衡量规则"。"法益衡量规则"是对"必需说"防卫"必要性"的"相当性"补充，是一种修正要素。[1]如有学者强调，从宪法中有关公民权利的规定，能够推断出"利益衡量"在防卫限度判断中的必要性。[2]"基本相适应说"中的"法益衡量规则"要求防卫人通过防卫行为保护的法益与防卫行为损害的侵害人之法益之间应当保持均衡，前者在价值上高于或者等于后者的情况下才允许正当防卫。改造后的"法益衡量规则"应当承认防卫人保护的法益在价值上低于不法侵害人所损失的法益的情况下可以进行正当防卫。在此基础上，防卫人要保护的法益越大越允许防卫人进行高强度的防卫。就像商品价值决定商品价格一样，防卫人要保护的法益，即不法侵害人要侵害的法益价值量直接决定了防卫人可以回击的强度。值得注意的是，如陈兴良教授所言，如果仅仅为保护轻微权益，就造成了不法侵害人重大伤亡的，那么即使非此不能保护，这种防卫也是逾越限度的，因为保护的权益的性质决定了其不是为制止正在进行的不法侵害所必需。[3]

（二）判断"重大损害"的标准

首先，从绝对标准上来看。轻伤不属于重大损害，[4]重伤及以上损害才算。从体系解释的角度来讲，"重大损害"应该是指重伤及以上后果。[5]因为从《刑法》分则中看，故意伤害造成他人轻伤及以上后果的，才构成故意

---

〔1〕 参见吴颖超、吴光侠："论正当防卫与防卫过当的成立要件及认定方法——以93号指导案例的故意伤害为视角"，载《法律适用》2019年第22期。

〔2〕 参见徐成："防卫限度判断中的利益衡量"，载《法学研究》2019年第3期。

〔3〕 参见陈兴良：《正当防卫论》（第3版），中国人民大学出版社2017年版，第134~135页。

〔4〕 参见张明楷："故意伤害罪司法现状的刑法学分析"，载《中国检察官》2013年第19期。

〔5〕 可能会有反对者提出不法侵害十分微小的情况下防卫造成轻伤能否成立防卫过当的问题，笔者认为针对十分微小的不法侵害的正当防卫属于民法上的正当防卫，不具有刑法上正当防卫的防卫前提，所以谈不上防卫过当与否问题，此时防卫造成轻伤构成故意伤害罪的按照故意伤害罪定罪。

伤害罪，而防卫侵害行为的"不法"程度低于一般的法益侵害行为，不能将二者等同对待，所以如果正当防卫和故意伤害都造成"轻伤"损害的，前者是防卫性质的，显然不能和故意伤害一同入罪，而应出罪。[1]既然防卫行为造成轻伤不能入罪，防卫过当行为至少是造成"重伤"的。又因为造成构成犯罪的损害才需要用正当防卫这个违法性阻却事由来免责，没有造成构成犯罪的损害直接不构成犯罪，用不着正当防卫制度出场，所以"轻伤"以下程度的损害谈不上"重大损害"。将"重大损害"理解为重伤及以上结果也为最高司法机关所认可。[2]

其次，从相对标准上来看。防卫造成的损害远大于不法侵害人造成的损害[3]（或可能造成的损害），要高两个层级的伤害才算重大损害。笔者认为，如不法侵害者的行为可能造成轻微伤时，防卫人对不法侵害者造成轻伤的，不应当轻易认定为防卫过当；[4]应然"必要限度"内的防卫措施如果不应该造成任何伤害或者仅应当造成轻微伤害，而现实的防卫措施造成了重伤以上的伤害，此时才应将后者评价为"明显"超过必要限度。[5]即只有应然防卫行为和实然行为损害存在跨越性差异才能认定为具有明显性。[6]张明楷教授对此通过将不法侵害所应适用刑罚的轻重和防卫损害结果进行比较来判断防卫行为是否过当也得出了相似结论。[7]另外，在比较防卫造成的损害和不法侵害人造成的损害时，应当强调不法侵害人造成的损害是包括可能损害的，即危险也算损害，危险和实害结果可以等量观之，因为不可能要求不法侵害

〔1〕 参见尹子文："防卫过当的实务认定与反思——基于722份刑事判决的分析"，载《现代法学》2018年第1期。

〔2〕 参见最高人民法院、最高人民检察院、公安部、司法部于2015年3月2日发布的《关于依法办理家庭暴力犯罪案件的意见》第19条第1款；中华人民共和国最高人民法院刑事审判第一庭、第二庭编：《刑事审判参考》（总第4集），法律出版社2004年版，第104页；最高人民检察院发布的第十二批指导性案例中的朱凤山故意伤害（防卫过当）案（检例第46号）的"指导意义"中指明，防卫过当中，重大损害是指造成不法侵害人死亡、重伤的后果，造成轻伤及以下损伤的不属于重大损害。

〔3〕 参见张明楷：《刑法学》（第5版），法律出版社2016年版，第312页。

〔4〕 参见张明楷："故意伤害罪司法现状的刑法学分析"，载《中国检察官》2013年第19期。

〔5〕 参见吴允锋："正当防卫限度的判断规则"，载《政治与法律》2018年第6期；赵金伟："防卫行为相当性的重新解构"，载《甘肃政法学院学报》2018年第1期。

〔6〕 参见储陈城："防卫过当判断中'行为限度单独标准'的证成——基于刑法与刑事诉讼法的交叉论证"，载《法律科学（西北政法大学学报）》2020年第4期。

〔7〕 张明楷："防卫过当：判断标准与过当类型"，载《法学》2019年第1期。

人给防卫人造成实质损害后才允许防卫，那样没有任何意义。[1]从《刑法》第20条第3款有关特殊防卫的规定中也可以窥见前一款"重大损害"的标准。该款认为，针对符合"行凶"和"其他严重危及人身安全的暴力犯罪"的不法侵害，正当防卫就没有限度要求，即不存在"明显超过必要限度"和"造成重大损害"的可能性，可以致不法侵害人死亡。即当不法侵害人有可能造成防卫人重伤时防卫人就可以致死该侵害人。[2]该款对于明确是否"明显超过必要限度"的判断标准也有指导意义，当不法侵害为类似该款中的不法侵害时，防卫人的任何防卫行为都可推定为未"明显超过必要限度"。"昆山反杀案"和"河北涞源反杀案"都是以此标准认定为正当防卫的，完全正确。

（三）贯彻存疑有利于防卫人原则

不确定有没有明显超过必要限度，推定没有明显超过必要限度，不确定有没有造成重大损害，推定没有造成重大损害。司法办案人员中有人认为成立正当防卫，有人认为成立防卫过当，两边势均力敌或前者略弱于后者，法庭中控辩双方掌握的对己方有利的证据相当或对辩方有利的证据略微少于控方，这时候就必须适用"存疑有利被告人（疑点利益归于被告）"原则，宣告防卫人的防卫行为是正当的。尽管传统的"存疑有利被告人"原则主要适用于案件事实不清的情况，但对一个案件的认定，事实判断和价值判断是不能完全分开的，法律判断是法律事实和法律价值综合判断的结果，不能因为法律规定、法律认识不清，就由此产生对行为人不利的后果，相反，应适用由此导致的对行为人有利的一面，所以即使案件事实清楚，对法律适用的争议也应当采用有利于被告人的一面意见。[3]针对案件事实的查明，正当防卫虽然作为违法性阻却事由似乎应当由辩方举证，但"有罪"和"无罪"是相对立的两面，而非相互割裂的，我国法律要求司法机关查明的案件事实包括

---

〔1〕 最高人民检察院发布的第十二批指导性案例亦指出，不法侵害行为既包括实害行为也包括危险行为，对于危险行为同样可以实施正当防卫。

〔2〕 最高人民检察院发布的第十二批指导性案例对"行凶"的客观要件作了阐述，认为要以杀人、抢劫、强奸、绑架为参照，通过比较暴力危险程度和刑法给予惩罚的力度等综合作出判断，尤其重视以下两个因素：侵害的对象是生命健康、人身自由和性羞耻心这类人身法益；侵害的过程使用犯罪程度的暴力，结果有可能造成他人重伤或死亡。这说明重伤及以上是"行凶"的明显标志。

〔3〕 法律意见分歧是常见的，这里虽然说要在意见分歧时采纳有利于被告人的意见，但并非所有正当防卫案件，只要出现分歧就都朝着有利于被告人的方向去认定，要意见分歧很大，对被告人有利的意见可以和反对方抗衡时才能适用有利于被告人的意见。

犯罪嫌疑人、被告人有罪、无罪、罪轻、罪重的全部事实，所以查明的所有事实中有证据指向被告人存在正当防卫可能时，构成"合理怀疑"，控方必须进一步举证排除该合理怀疑才能达到证明"有罪"的标准。在证明正当防卫是否存在时要重视"以普通人的认识水平判断"，强调经验常识的作用，[1]否则在不法侵害人已经被防卫人防卫出损害结果而防卫人自身被侵害的结果不明显时很容易把防卫行为看成犯罪行为，因此法庭对正当防卫抗辩的提出要谨慎对待，仔细查明。

存疑有利于防卫人原则是对防卫人进行有利推定的原则，可以从美国关于正当防卫的"城堡法"制度中寻找到相关依据。美国"城堡法"是其正当防卫制度的重要组成部分，它将一个人的住宅看成是神圣不可侵犯的地方，对于入侵者，住宅主人有权行使防卫权，这个防卫权经过发展，其现在已经非常大，如新闻中出现的美国公民合法开枪击毙进入其住宅之人的情况，即为"城堡法"的反映。美国"城堡法"非常倾向于保护防卫人的利益，体现为三点：一是打破了普通法的"理性人"判断标准的限制，以"行为人合理（诚实）相信"的主观标准代之，并且，对于如何判断"行为人合理（诚实）相信"是以"推定"论之；二是对"合理恐惧"的认定是采用推定原则；三是对"暴力或武力不法"认定的推定原则，即屋主合理相信有不法侵入，产生了合理恐惧，就可以进行防卫，甚至可以使用致命武力针对任何不法侵害予以回击。[2]"城堡法"对防卫的条件几乎都采用"推定"或"主观"标准，对防卫人极其有利。当然，"城堡法"也赋予检察机关对"合理确信"予以推翻的权力，承担相应的"不合理确信"举证义务。"城堡法"将公民的住宅安全利益置于很高的受保护地位，这对于陌生人社会里大众的生命财产安全保障来说具有重要意义，对此法律可赋予防卫人更高的防卫限度。

"辱母杀人案""陕西咸阳反杀案""河北涞源反杀案""见义勇为反被拘案""昆山反杀案"在我国法律实务界、法学理论界和外界都引起了很大讨论，各方意见不一。如"辱母杀人案"二审中于欢的辩护人提出了于欢的防

---

〔1〕 参见谢澍："正当防卫的证明难题及其破解——激活正当防卫制度适用的程序向度"，载《政治与法律》2020年第2期；洪为民："以香港为例看普通法地区的'正当防卫'法律处理"，载《法律适用》2020年第9期。

〔2〕 参见姜敏："正当防卫制度中的'城堡法'：渊源、发展与启示"，载《法学评论》2018年第5期。

卫行为未超过必要限度的辩护意见，控辩双方意见明显相左，一方认为是防卫过当，一方认为是正当防卫，各有各的理由支持，都有一定的合理性；王某的辩护人与检方也是各持己见；公检两方也曾对赵某芝是否为正当防卫存在分歧；赵某事发时被以涉嫌故意伤害罪刑事拘留而后检方以防卫过当和正当防卫对其作出不起诉决定；于海明案发后先是被刑事拘留而后公安机关撤案，认定其为正当防卫。相关学者和社会人士也表达了自己的见解，不尽相同。对此若遵循"存疑有利于防卫人"原则，应认定五起案件的防卫人的行为均构成"正当防卫"。

当然，如果按"城堡法"标准判断，"辱母杀人案""河北涞源反杀案""见义勇为反被拘案"三起案件防卫人的行为成立"正当防卫"。"城堡法"对防卫限度要件多采防卫人主观标准，即"行为人合理确信"，应用到该三起案件中，于欢遭受不法侵害的地方是其母亲经营的公司，王某元一家和邹某滤在自己家中，都属于"住宅"遭受不法侵害，不法侵害人要么实施非法拘禁、打骂侮辱，要么实施杀人，要么实施殴打等行为，于欢、王某元一家和赵某完全有理由相信不法侵害人正在进行不法侵害，且合理相信其致死致伤不法侵害人对制止不法侵害是完全有必要的，故其行为成立"正当防卫"。

四、"折中说"下防卫限度标准归纳[1]

（一）防卫过当构成要件

本文尝试从正当防卫的反面——防卫过当入手，以刑法入罪时的犯罪构成要件方式，搭建防卫过当的犯罪构成要件，这样就能将不符合防卫过当犯罪构成要件的正当防卫排除出去，实现正当防卫的无罪化处理。如前所述，"折中说"既要满足"必需说""足以制止不法侵害（为制止不法侵害所必需）"的防卫限度前提条件，又要受到"防卫人期待可能性大小""防卫人收集信息的多少""防卫强度和不法侵害危紧程度的大小""防卫人法益与不法侵害人法益大小"等具体指标控制，而不彻底抛弃"基本相适应说"，还要考虑"防卫实害大小"和"存疑时的认定"这两个对防卫人极可能有利的因素，这样为正当防卫的限度要件提供的方案才更可靠。防卫过当犯罪的构成要

---

〔1〕 其实就是对前文"必需说"改进后的另一种表达方式，笔者倾向"折中说"应建立在"必需说"之上而非"基本相适应说"之上。

件会让上述方案更加简洁明晰，让实务中处理正当防卫案件有操作性较强的标准作为依据。该构成要件体系可以浓缩为一个防卫过当判断顺序图（见下图）。

防卫过当=足以制止不法侵害+明显超过必要限度+造成重大损害-存疑

明显超过必要限度	造成重大损害
=防卫人期待可能性较大	=防卫损害致重伤及以上
+防卫人可收集信息多且对自己有利	+防卫损害高于不法损害两个层级及以上
+防卫激烈程度远高于不法侵害危紧程度	
+防卫损害的法益远大于要保护的法益	

防卫过当判断顺序图

首先，只有防卫行为"明显超过必要限度"和"造成重大损害"两个条件都满足时才能成立防卫过当犯罪。其次，分别对"明显超过必要限度"和"造成重大损害"两个母条件进行拆分，只有拆分后的全部子条件都满足时，两个母条件才能成立。最后，"足以制止不法侵害"和"存疑有利于防卫人"两个条件的作用在于理念的贯穿，时刻提醒判断者考虑防卫人若不如此行为能否制止不法侵害，防卫人的防卫行为必须足以制止不法侵害，如果防卫行为程度轻到连不法侵害都制止不了，那么就不可能成立防卫过当；以及在具体子要件判断时遇到存疑的、模糊的情况要将利益天平倾向防卫人，只有对各个条件的成立都准确查明并且各相关方对处理结果没有较大异议，才能考虑认定防卫过当，否则如果有情况没有查明或各相关方对已查明的情况或处理结果有较大异议，存在正当防卫的合理怀疑，就不能认定防卫行为成立防卫过当。

"明显超过必要限度"条件成立的基础是：其一，防卫人期待可能性较大。即防卫人对防卫行为可能给不法侵害人造成的损害有较大的预见能力。如果防卫人很难预见甚至不能预见到该损害，那么其防卫行为就不过当。其二，防卫人可收集信息多且对自己有利。防卫人在防卫行为瞬间做出前和做出时对不法侵害人和自己以及现场环境等可能影响自己防卫限度的信息了解得比较多，并且其中有利于自己的信息居多，这些信息会对防卫人的判断和控制能力产生有利影响，我们就要对其防卫行为进行较严格的限制：如果在有利自己的方面很充分时防卫人仍对不法侵害人采用激烈的方式，从而也造成了严重后果的，成立防卫过当；反之，如果防卫人可以收集了解的信息少且对自己不利，就难以说其行为成立防卫过当。其三，防卫人的防卫行为的激烈程度必须远远高于他所面临的不法侵害的危险程度和紧迫程度。比较的对象是不法侵害的危险程度和紧迫程度共同综合出来的程度，也可称为"不法侵害的激烈程度"，如果防卫行为的激烈程度略高于、等于甚至低于不法侵害的危险程度和紧迫程度，就不成立防卫过当。其四，防卫人损害的不法侵害人的法益远大于其所要保护的法益。如果前者小于、等于或者略大于后者，不成立防卫过当。

"造成重大损害"条件成立的基础是：其一，满足"绝对重大"条件，即防卫人的防卫行为给不法侵害人造成了重伤及以上的损害，如果没有造成重伤及以上的损害，就绝对不成立防卫过当。其二，满足"相对重大"条件，即防卫人的防卫行为给不法侵害人造成的损害高于不法侵害人给防卫人造成的损害或危险至少两个层级，如果没有造成高两个层级及以上的损害，就相对不成立防卫过当。

以上各个拆分出来的子条件既是相互独立的，又是相辅相成的，严格意义上讲，只要有一个条件不满足，就无法将防卫人的防卫行为定性为防卫过当，但各个条件可能互相影响，在判断时不是机械的，需要结合具体案情综合考量，尽管存在判断上的难度，但标准是相对清晰的，能够消除部分原有的"基本相适应说"或"必需说"的模糊性，给司法人员一个可操作的标准。并且对各条件的判断可遵循一定的逻辑顺序，即先"明显超过必要限度"后"造成重大损害"，"足以制止不法侵害"和"存疑有利于防卫人"贯穿始终。以上保证了不遗漏评价，具有全面性，既增加了判定为防卫过当的难度也不至于遗漏犯罪。

（二）所举案例检验

将上述条件放到案例中进行检验综合考量可得，五个案例中的防卫行为都足以制止不法侵害，结果也显示确实制止了不法侵害，所以都可以往下一步判断，判断过程中部分案例会因存疑而不得不作出有利于防卫人的认定：首先，将判断是否明显超过必要限度的四个因素放置于所列举的案例中，其合理性可以得到一定程度的验证（见表1）。由于本文所选取的案例在笔者看来都应当认定为正当防卫而非防卫过当，所以在上述四个因素应用于案例时都会得出有利于防卫人的结论，现实中只要认真考虑以上因素，即便构成防卫过当也是合理的。其一，所举案例都符合期待可能性降低的标准，不足以认定防卫过当。对于防卫人防卫时足以引起其责任能力降低的主观情绪和客观情形不可不察，正是基于这些责任能力降低因素才使得在对比防卫行为和不法侵害时无法仅仅从"基本相适应"出发，基本相适应本身是做不到的，因为责任能力降低可能导致防卫后果难以预见或者说难以避免。主观情绪主要是防卫人防卫时的激愤或惊吓等，客观情形主要是防卫手段具有即时性、随机性，是随手从防卫现场拿起顺手的可以防卫的武器，可谴责性小。表1相应处提出的因素在具体案例中都可以被视为防卫人期待可能性降低的因素，据此可以证成正当防卫。其二，所举案例都符合防卫处弱势地位的信息较多的情形，不足以认定防卫过当。在防卫人身处弱势时，即便造成严重的防卫结果，也很难认定构成防卫过当，因为此时防卫人的利益更难保护，应允许更强的防卫。从表1中列举的相应案例中防卫人的处境可以看出，此时制止不法侵害难度较大，不能认定构成防卫过当。其三，所举案例都符合侵害危险紧迫程度很高的情况，会带来同前一个要素相同的结果，防卫难度升高。表1中相应列明的情形发生在任何一个人身上都是十分危险的，防卫人采取的防卫手段并没有过激，不构成防卫过当。其四，所举案例都符合防卫人要保护的法益更大或不明显小于造成的法益侵害。表1中所体现出来的生命健康权法益是最大的，无疑相应案例不构成防卫过当，即使是自由与尊严，虽说从现实生存角度考量重要性不及生命，但人之属性特殊，自由与尊严也时常被认为是最高位阶的价值，所以不论怎样都不能说防卫人保护的法益明显小于造成的法益侵害，因而也就没有明显超过必要限度，不构成防卫过当。

表 1　防卫必要限度判断因素

	辱母杀人案	陕西咸阳反杀案	河北涞源反杀案	见义勇为反被拘案	昆山反杀案
期待可能性降低的因素	母亲受辱、自由受限、随手拿刀	被言语和动作挑衅、扭打过程随手攻击	被骚扰威胁、深夜被闯住宅	踢打行为随机	争夺刀具中随手捅刺
防卫处弱势地位的信息	不法侵害人十余人之多、报警没有起到多大作用、被卡脖颈	求情被拒和"被弄死"威胁、被击打颈部	深夜被扰、被刀具甩棍威胁	先遭到两拳击打	不法侵害方人多势众、被推搡踢打和砍刀击打、被争夺砍刀

续表

	辱母杀人案	陕西咸阳反杀案	河北涞源反杀案	见义勇为反被拘案	昆山反杀案
侵害危紧程度高的征表	警察对不法侵害纵容的情况下侵害危险程度骤然升高	"你死我活"的互殴状态下不出手就等于等死伤	被人携带刀棍入侵住宅时稍微不及时有效反击就可能被对方致死	他人和自己都被打	被砍刀追砍"行凶"
防卫人法益更大的体现	人身安全和自由、人格尊严	生命健康权	生命健康权、住宅安宁权	生命健康权	生命健康权
结论	没有明显超过必要限度	没有明显超过必要限度	没有明显超过必要限度	没有明显超过必要限度	没有明显超过必要限度

其次，将判断是否造成重大损害的两个因素放置于所列举的案例中，其合理性也可以得到一定程度的验证（见表2）。从绝对标准上看，"辱母杀人案""陕西咸阳反杀案""河北涞源反杀案""见义勇为反被拘案""昆山反杀案"五起案件都造成了"重大损害"。从相对标准上看，应把整体过程中防卫人所保护法益受到的损害抑或危险同防卫人对不法侵害人造成的损害进行比较。于欢防卫时，杜某浩等人的不法侵害对于欢及其家人造成的累积的生命财产和人格尊严等权利实害和威胁已经非常大，至少是相当于"轻伤"损害或"重伤"损害的。王某防卫时已经遭受李某扔烟灰缸、掀椅子、递酒瓶和击打颈部，挑衅加上实质侵害才激发王某的反击，后面双方扭打，后果无法预测，都有可能给对方造成重伤或死亡结果。王某持刀、棍夜闯王某元家，完全可能造成王家人死伤结果。李某殴打邹某滤造成轻伤的可能性是极大的。刘某龙持砍刀击打于海明，对于海明可能造成死伤结果。相对标准要求防卫人造成的损害比不法侵害人造成的损害至少高两个层级才算"造成重大损害"，对于上述五个案件来说，于欢可致不法侵害人重伤无疑，能否造成死亡存疑，其他四案皆在损害限度内。综合绝对标准与相对标准的判断结果，于欢的行为是否"造成重大损害"存疑，其他四案皆未"造成重大损害"。

表2　防卫重大损害判断因素

	辱母杀人案	陕西咸阳反杀案	河北涞源反杀案	见义勇为反被拘案	昆山反杀案
防卫损害是否重伤及以上	是	是	是	是	是
防卫损害是否高于不法损害两个层级及以上	存疑	否	否	否	否
结论	没有造成重大损害	没有造成重大损害	没有造成重大损害	没有造成重大损害	没有造成重大损害

余　论

除了"辱母杀人案"和"陕西咸阳反杀案"二审判处防卫过当，"昆山反杀案""河北涞源反杀案""见义勇为反被拘案"均在审前程序就被认定为"正当防卫"，或撤案，或不起诉，可见司法机关越来越敢于作出"正当防卫"的认定，不断为广大民众明确"正当防卫"的判断标准，由"基本相适应说"转向"必需说（折中说）"的趋势已经显现，未来关于正当防卫限度要件的研究应该围绕"折中说"，使之更加细化，更加具有可操作性和合理性。

正当防卫观念与法理

正当防卫不是完美防卫

金泽刚 *

> 对正当防卫的苛求，只会挫伤善良民众打击违法犯罪，维护社会正气的积极性。只有站在一般民众的立场，谅解正当防卫的不完美性，正当防卫之良法才能成为制止和打击恶徒的利剑，而不是飘浮在远处的海市蜃楼。

不久前，司法机关判决的两起因实施防卫而被判有罪的案件引人关注。一起是陈某酒后持刀闯入前妻卧室，其前妻的现任老公王某为保护自己和怀孕9个月的妻子与其搏斗，夺刀刺中其致其身亡，北方某市中级法院一审以故意伤害罪判处王某有期徒刑5年；另一起是南方某市中级法院判决的"90后"少女施某某捅死性侵大叔案，法院一审以故意杀人罪判决施某某有期徒刑4年，这一北一南两起案件，其过程都是被害方先实施侵害，结果被刺身亡，防卫方则被以故意犯罪判刑。笔者相信，这两起案件的判决结果，必定是司法机关理性所为，但其裁判的理由和价值导向值得大家思考。

首先，检察机关的有罪起诉存在认识误区。就以这两个案件为例，公诉机关都把被告人的防卫行为划分出两个阶段，前为正当防卫，后是故意犯罪。在北方的案件中，检方将整个案发经过划分成陈某持刀时和王某夺刀后两个阶段。在前一阶段陈某占有主导优势并对王某夫妇实施侵害，而在后一阶段

---

* 同济大学法学院教授。

本文已发表于2013年1月16日《法制日报》。

王某因为"情绪紧张"，仍继续对陈某实施刺扎，导致陈某被刺中多刀而亡，属于防卫过当。在南方的案件中，旋某某面临可能的性侵害，先是持刀反抗，有正当防卫性质，但在后半段，杨某某身中多刀倒地，旋某某继续持匕首捅刺其头部致其死亡，就有剥夺他人生命的主观故意，属故意杀人。这样的划分就得出如下等式：正当防卫+防卫过当（或者故意犯罪）= 防卫过当（或者故意犯罪）。笔者认为，这样的划分是一种纯粹的理论假设，不仅有悖法律逻辑，也缺乏法理根据，更与作为一般人的当事者实际情况不符。

在刑法理论中，无行为则无犯罪，而行为可以包含多个举动或者动作。就像一个故意杀人行为可能由多个动作组成一样，不能因此把它们划分出多个故意伤害和故意杀人罪。笔者一直强调，定罪要坚持主客观相一致原则，即行为人实施犯罪时的主观意图和行为人的实行行为相一致，如果是基于一种主观意图而实施的行为，就不能将该行为包含的系列动作予以割断，分离出几种不同性质的行为来。而这两起案件的行为人的主观意图又是什么呢？以南方的案件为例，当杨某某洗澡后光着身子上前提出性要求时，其不法侵害已经开始。被杨某某骗进家中的被告人旋某某持匕首叫他不要靠近，"否则不客气"。在对峙推拉时，被告人在杨某某的锁骨上刺了一刀。两人争夺间，匕首还划伤了被告人的左腿，鲜血直流。慌乱的被告人拼命乱捅，致使身中数刀的杨某某倒在地上。据事后检验，此时杨某某已经失去反抗能力，不及时抢救也会身亡。但被告人因害怕威胁尚在，持匕首对杨某某头、颈部砍、刺。以上先后刺、砍杨某某的过程，在客观上是一个连续的防卫过程。即使杨某某在倒下后一时未见有侵害行为，但基于被告人对当时情况的主观判断，其砍、刺行为还是出于防卫的目的。也就是说，被告人前后连续刺、砍杨某某的过程只有一个主观意图，那就是自我防卫。

有人质疑，在杨某某失去反抗能力后被告人为何还要继续捅刺，这实际上是个伪命题。须知，在当时的搏斗情景下，杨某某丧失侵害能力这个事实是法医在事后判断出来的。旋某某是一个面临性侵害的 18 岁少女，身处的是一个经过激烈搏斗、鲜血四溅的罪案现场，其精神紧张和内心的惊恐可想而知，此情此景她还能够去分析案情，查看眼下的杨某某还有无继续侵害自己的能力吗？那种认为杨某某倒下后，被告人可从容离开或选择报警的说法只是电视剧式的完美结局而已。我们不妨反过来想想，如果倒下的杨某某并没有失去侵害能力，而被告人旋某某作出错误判断，放松了警惕，那么杨某某反扑加害于旋某某，现在的被告人还能保护自己吗？果真如此，法律是不是又会反过来为被告人可惜呢？

对于这个问题，我们始终不能忘记正当防卫制度的出发点是什么，它应该保护谁的权益。实践证明，正是因为以往的正当防卫制度缺乏防卫的应有效果，我国 1997 年《刑法》增设了"无限防卫"的规定，即第 20 条第 3 款规定："对正在进行行凶、杀人、抢劫、强奸、绑架以及其他严重危及人身安全的暴力犯罪，采取防卫行为，造成不法侵害人伤亡的，不属于防卫过当，不负刑事责任。"依照上述规定，只要是对"正在进行行凶、杀人、抢劫、强奸"等严重危及人身安全的暴力犯罪，采取防卫行为，造成不法侵害人伤亡的，就"不属于防卫过当"，为什么还要对防卫人的防卫行为分阶段剖析呢？如果上述两案的被告人在遭遇对方侵害时，是一掌致死对方，那也许就是一些人眼中的正当防卫了，但正当防卫能够如此完美么？

在判断防卫限度的问题上，对防卫者不该提出不切实际的要求。以计算机般的精密去考量防卫是否适度，其直接后果就是让善良民众有心防卫却不敢防卫。在侵害与被害之间，被害者往往已处于弱势地位，如果此时再被防卫的条件捆绑手脚，他又如何还能有胆量选择防卫？若当匪徒已经把刀架在受害者的脖子上才可以开始防卫；当匪徒拿棍棒殴打受害者时，才能找根相似的棍棒予以还击，如此一来，又有几个人能够达到防卫的目的？难道要成立正当防卫，受害者必须像法学家或者刑侦专家那样能够预测推演，像机器人那样能轻重适当，下手精确？不然，那些勇斗歹徒者，就得先做好"被"犯罪的准备。现实中制止匪徒的英雄们经常流血牺牲，其中有一个重要原因，那就是英雄们总怕主动出手，顾虑一旦击伤或杀死匪徒，自己可能面临牢狱之灾。可见，对正当防卫的苛求，只会挫伤善良民众打击违法犯罪、维护社会正气的积极性。

司法的教育导向意义远远超过它所裁判的案件本身，笔者期望不再有人说，在遭受打劫时掏刀不如掏钱。只有谅解正当防卫的不完美性，正当防卫之良法才能成为制止和打击恶徒的利剑，而不是飘浮在远处的海市蜃楼。

失主开车撞伤小偷：正当防卫认定别扩大化也别机械化

金泽刚 *

对"追小偷"案件的处理，既要避免"强人所难"式要求，也要避免"只论动机，不看限度"。

"失主开车追3公里撞伤小偷'涉嫌故意伤害'"一事，这两天引发舆论热议。

事情由来是：江苏南通男子孙某近日发现车内钱包被盗，见不远处盗窃者卞某正骑着电动车要跑。孙某开车追了三四公里，最终直接将其撞倒。经诊断，卞某左腿骨折。如今，卞某在医院被监视居住，孙某因为涉嫌故意伤害，被依法取保候审。

"钱被偷后追小偷"，这是合乎人之常情的举动，可在此事中，作为失主的孙某开车撞伤盗窃者的情节，却为此事的性质认定增添了难度：当地警方的处理保留了弹性空间，认为他"涉嫌故意伤害"，但又作出取保候审的处理。而孙某自述"自己家庭困难，被偷的钱是他下个月的房租"的情况，更是增添了此事的话题性。

不能只看撞人那一刻，还要结合整体追赶过程来看

毫无疑问，这是又一起"好人"与"坏人"作斗争，结果"伤敌亦自损"的案件。近年来，这类案件时有发生，如唐山小伙朱某彪追赶肇事逃逸者张某焕致其被火车撞身亡案、福建男子追小偷致其身亡被起诉事件等，也屡屡引发争论，并经历了性质认定上的"变化"。

更具贴近性的，是6月11日岳阳市中级法院审理的"小偷被失主驾车追赶致伤反告失主案"，该案一审按照一般机动车交通事故责任纠纷判决，二审则认定失主是正当防卫。

同样是"追小偷"，该案中孙某由被害人变成了被告人，其行为又该怎么

---

* 同济大学法学院教授。

本文已发表于 2020 年 6 月 25 日《新京报》。

认定？当地警方认为涉嫌"故意伤害"，网上很多人则倾向"正当防卫"。依笔者看，其角色转换需要从不同角度加以认识，而司法层面的考量要兼顾法理、事理和情理。

就该案来说，发现自己财物被偷后，当场追赶疑似小偷者，符合《刑法》规定的正当防卫的前提条件。现在的问题是，直接将小偷撞倒的行为，其性质是否为"明显超过必要限度造成重大损害"呢？

在笔者看来，这里不能仅仅考察孙某撞倒盗窃者卞某那一刻的行为，还要联系整个追赶过程来看。在孙某具备了正当防卫前提条件的情况下，比起车内财产遭受的侵害与卞某人身遭到撞击，撞击造成的损害和危险要大得多。在这个意义上，孙某的行为"超过了必要限度"，系防卫过当。

但判断"是否超出限度"，还得看有无造成重大损害。卞某的伤情自然也是个要考虑的因素。

既符合法律又不悖情理，正当防卫认定需拿捏好善治分寸

是否属于正当防卫是一方面，若认定是防卫过当该不该被处罚是另一方面。现在看来，当地警方认定是故意伤害但允许取保候审。若失主孙某确实防卫过当了，采取"取保候审"的偏宽松处理，无疑是合乎情理的。

毕竟，对于犯罪的认识，必须强调其危害社会的本质特征。就以将小偷撞伤这一行为而论，看待其危害性时，不能忽视被民众广为认同的基于情与理的评价。"只要造成了伤害就要追究刑事责任"，很容易陷入机械执法的泥潭。

更何况，在类似追小偷的案件中，是否追究刑事责任，不能只以结果论。在有些类似案件中，失主或见义勇为者追赶小偷前，小偷不仅有错在先，还一错再错——被发现后拒不交还盗窃的财物，这也赋予了追赶和保护财物行为以正当合法性。该案就存在这种情况，依照《刑法》对于防卫过当"应当减轻或者免除处罚"的规定，对孙某免除处罚也恰如其分。

事实上，对"追小偷"之类的行为的认识，还涉及公民的另一种权利义务关系。根据《刑事诉讼法》的规定，对于正在实行犯罪或者在犯罪后即时被发觉的人，任何公民都可以立即将其扭送公安机关、人民检察院或者人民法院处理。当然在扭送过程中，不能故意伤害嫌疑人。

从维护社会治安、鼓励公民同违法犯罪作斗争的角度讲，任何人及时制

止犯罪，都应该得到法律的支持。对于在此过程中的"次生伤害"，必须置于具体情境下考量，也必须兼顾法理、事理和情理。

进一步讲，从"辱母杀人案"到"昆山反杀案"，再到"见义勇为反被拘案"，近年来有关正当防卫的讨论已有太多。是正当防卫还是防卫过当，如何对类似案件定性，不仅事关双方切身权益，也事关整个社会的司法导向。在司法实践中，厘清正当防卫的边界，让类似案件判决既符合法律，又不悖情理，确实需要格外审慎。

对司法部门和公众来讲，也有必要意识到，正当防卫认定既不必扩大化，也不能机械化，而要把握好不偏不倚的分寸。

如最高人民检察院副检察长孙谦指出的，一方面对法与不法明确的犯罪、反击型案件，要鼓励大胆适用正当防卫，纠正以往常被视作"正常"的保守惯性，避免对防卫行为作过苛、过严要求；另一方面，司法实践也不能矫枉过正，防止"一刀切""简单化"。要坚持具体案件具体分析，常见的比如"假想防卫""挑拨防卫""事后防卫"等，都不是《刑法》规定的正当防卫，这些行为可能构成犯罪，要承担刑事责任。

对"追小偷"案件，显然也该如此，既要避免"强人所难"式要求，也要避免"只论动机，不看限度"的情况。要让每起个案的办理，都经得起法治检验。

正当防卫应允许"反击式伤害"

金泽刚 [*]

正当防卫既然允许对不法侵害人造成一定损害，司法实践中就该将保障"以正义对非正义"的制度设计落到实处。

2018年12月18日，最高人民检察院印发了第十二批指导性案例，涉及的四个案例均是正当防卫或者防卫过当的案件。引发社会广泛关注的"昆山反杀案"也在其中。就此次下发指导性案例的背景、内容和意义，最高人民检察院副检察长孙谦表示，总体来看，立法设计正当防卫的初衷在司法实践

---

* 同济大学法学院教授。

本文已发表于2018年12月21日《新京报》。

中并未得到充分实现，这是促使最高人民检察院集中发布与正当防卫相关案例的直接原因。

公民在来不及请求国家保护时，通过私力救济的方式维护自己或者他人的合法权益，是符合现代国家的法治精神的。正如最高人民检察院副检察长孙谦所言，从本质上看，正当防卫不是"以暴制暴"，而是"以正对不正"，是法律鼓励和保护的正当合法行为。

防卫人对不法侵害人造成一定损害，在特殊情形下即使出现致伤、致死，也是法律所允许的。这不仅可以有效震慑不法侵害人甚至潜在的犯罪人，也可以鼓励民众勇于同违法犯罪作斗争，体现"正义不向非正义低头"的价值取向。

我国《刑法》第20条对正当防卫制度的起因、条件、限度等因素作出了明确的规定，但司法认定正当防卫，需要同时具备起因、时间、对象、限度等多个要素条件，而每个要素涉及很多具体问题，受执法理念和执法环境等因素的影响，使得各地对正当防卫的尺度把握不够统一，有的甚至争议很大，立法倡导的"以正义对非正义"的制度设计很多时候没有被践行。

具体而言，面对实践中发生的一方先恶意侵害另一方导致被侵害方实施防卫的很多案件，讨论是否适用正当防卫时过于苛刻，往往是在"理性假设"的基础上，苛求防卫人作出最合理的选择，把正当防卫当成是一种"完美防卫"，特别是在致侵害人重伤、死亡的案件中，不善或者不敢作出认定。

有时对案件作过于简单化的判断，以谁先动手、谁被打伤等客观结果为准，没有综合考量前因后果和现场的具体情况。有的防卫行为过程错综复杂，在判断上认识不一，分歧意见大，而这个时候司法机关无论作出什么样的认定，都容易受到不同方面的质疑。但其实只要是透过现象把握正当防卫的实质，就能经得起舆论的质疑。

于欢、于海明等案件被舆论曝光后，是否该认定为正当防卫，专家学者和网络评论异常激烈，民众的呼声真正受到了重视，裁判结果顺了民意，亦合乎法律。如今，这些案件虽已尘埃落定，但为了指导司法机关今后更好地处理类似的案件，最高人民检察院专门出台一批与正当防卫相关的指导性案例，进一步具体、形象地明确了正当防卫的界限把握，以解决法律适用中存在的突出问题，保证法律实施的统一，促使社会正义的实现。

新时代背景下，民众对民主、法治、公平、正义、安全提出了更高的希望和要求，此次最高人民检察院针对正当防卫专门出台指导性案例，必将使各级司法机关今后面对类似案件时，处理更加从容、更加理性、更加符合法律规定正当防卫制度的目的，同时也能满足民众对美好生活的追求，实现社会效果和法律效果的协调统一。

将恋爱不成入室行凶者反杀，该适用"无限防卫"

金泽刚 *

岁末年初，又一起"反杀案"引发关注。河北涞源的大二学生小菲与王某相识后，王某向小菲表达了爱意，但被小菲明确拒绝。然而，王某并不死心，多次到小菲的学校、家中进行跟踪骚扰。2018 年 7 月 11 日，王某带着甩棍和水果刀翻墙又一次进入小菲家，并与小菲及小菲的父母发生了严重的肢体冲突，后王某在混乱的打斗中死亡。

对于此案，小菲虽被取保候审，但其父母却仍处于被羁押状态。问题就出在了涞源县公安局和检察院的看法不一致。公安机关要求以故意杀人罪追究刑事责任，而涞源检察机关没有认同公安机关的意见。从涞源检方给该县公安局发出的《对犯罪嫌疑人、被告人变更强制措施建议书》来看，小菲父母是"为保护一家三口人的生命安全杀死王某，实属无奈，其行为具有刑法规定的正当防卫性质"。

可见，对于这起案件，无论是起因，还是王某长期骚扰小菲，特别是当天携带凶器入室行凶的行为，应该是事实清楚、没有争议的。只是在这种情况下，小菲及父母的行为是正当防卫，还是属于防卫过当呢？

其实，依据《刑法》对正当防卫的规定，答案并不难找。《刑法》第 20 条在规定一般的正当防卫制度时，于第 3 款特别规定了"特殊防卫"制度，也叫"无限防卫"，即"对正在进行行凶、杀人、抢劫、强奸、绑架以及其他严重危及人身安全的暴力犯罪，采取防卫行为，造成不法侵害人伤亡的，不属于防卫过当，不负刑事责任"。王某当天的行凶行为是否符合这一款的规定并不难判断。

---

* 同济大学法学院教授。

本文已发表于 2019 年 1 月 19 日《新京报》。

从媒体报道来看，公安机关要求本案定故意杀人（否定正当防卫）的一个理由是，王某的致命伤出现在小菲父亲用铁锹的打击行为和王某倒地后小菲母亲用菜刀在其颈部的劈砍行为中。涞源公安局也正是凭借这一细节认为小菲父母有杀人故意嫌疑，且手段较为残忍，已经超出了防卫的限制。

问题是，无限防卫制度本身的规定很清楚，即对正在进行行凶、杀人、抢劫、强奸、绑架以及其他严重危及人身安全的暴力犯罪，防卫人采取防卫行为，造成不法侵害人伤亡的。这就排除了小菲父母的行为是防卫过当，更不属于故意伤害或者故意杀人，是应该不负刑事责任的。也就是说，在无限防卫的情况下，防卫人不必要控制防卫的限度。否则，无限防卫就没有特别规定的意义了。

更何况，本案还要考虑发生的地点是他人住宅内，以及三名防卫人属于家人关系的特殊性，这也是司法应当考虑的人情世故与基本公理。毫无疑问，住宅是公民个人的私人场所。"风可进，雨可进，国王不可进"的法律谚语就充分说明了这点。父母护子的心情同样也不难理解。

对于侵入住宅的行凶者予以严厉的反击与法律规定正当防卫的精神无疑是一致的。正当防卫主客观上都是一个过程，是一个整体性行为，决不可拘泥于防卫人实施的其中某一个"过分"的动作，以此否定其整体的防卫性质。总之，司法不可将防卫人的防卫行为理想化，在特殊防卫的案件中尤其如此。

女摊主割伤城管，认定正当防卫并非鼓励暴力抗法

金泽刚 *

最近，重庆一段"城管追打商贩，商贩用刀划伤城管"的视频热传。

9月13日，重庆警方作出了处理：商贩杨某的行为系正当防卫，城管杨某桥的行为构成殴打他人，被予以行政拘留；此外，商贩杨某还因为构成阻碍执行职务，根据《治安管理处罚法》予以警告处罚。

此事的经过是：9月7日，重庆市某城管执法大队在执法时，遇水果摊主杨某占道经营，城管队员将占道物品抬进店内，并责令其不得再行占道。杨

＊ 同济大学法学院教授。

本文已发表于 2020 年 9 月 14 日《新京报》。

某与城管队员发生争执，并将果筐砸在城管队员面前，致城管队员杨某桥右手被果筐划伤。城管队员杨某桥与杨某发生争吵，情绪失控上前追打杨某。杨某在躲让过程中抓起店内西瓜刀挥舞，致杨某桥左手多处切割伤及肌腱、神经断裂伤。

"城管打人"与"正当防卫"两个热点话题交汇融合，再辅之以现场视频，的确引人关注。此前的正当防卫案件多是针对社会人员的不法侵害，本案的特殊性在于，商贩面对的是城管队员，且是在城管执行公务期间。而对其"正当防卫"的认定，则传递出这样一种理念：针对公职人员在执行职务过程中的不法侵害，公民同样拥有正当防卫的权利。

根据 2017 年颁布施行的《城市管理执法办法》第 27 条，城市管理执法人员开展执法活动，可以依法采取以勘验、拍照、录音、摄像等方式进行现场取证，询问案件当事人、证人等多种法律、法规规定的措施。本案中，城管队员禁止杨某占道经营没问题，但情绪失控追打杨某，则系滥用职权性质，已非依法执行职务的行为。

城管队员杨某桥的行为虽起因于行政管理执法，但其追打商贩的行为是否属于"不法侵害"呢？

最高人民法院、最高人民检察院和公安部出台的《关于依法适用正当防卫制度的指导意见》（以下简称《指导意见》）对"不法侵害"的定义是：不法侵害既包括侵犯生命、健康权利的行为，也包括侵犯人身自由、公私财产等权利的行为；既包括犯罪行为，也包括违法行为。杨某桥在店铺内追着商贩杨某打，明显侵犯了杨某的健康权利，杨某具备正当防卫的前提条件。

不过，杨某将果筐砸在城管队员面前，致杨某桥右手被划伤也是事情的起因，二人之间是否属于相互斗殴，也是本案认定正当防卫需要考量的问题。

为明晰正当防卫与互相斗殴之间的关系，避免司法误区，《指导意见》对此特别明确规定，因琐事发生争执，双方均不能保持克制而引发打斗，对于有过错的一方先动手且手段明显过激，或者一方先动手，在对方努力避免冲突的情况下仍继续侵害的，还击一方的行为一般应当认定为防卫行为。

本案中，杨某桥失控对商贩杨某进行追打，在杨某逃避的过程中仍不放弃追赶，杨某随手拿出西瓜刀挥舞致杨某桥受伤，具备防卫意图，而非相互斗殴。

还有一点，涉事商贩的伤害是否防卫过当？《指导意见》明确，应当考虑双方力量对比，立足防卫人防卫时所处情境，进行综合判断；不应当苛求防卫人必须采取与不法侵害基本相当的反击方式和强度。而且，造成轻伤及以下损害的，不属于造成重大损害。据此，杨某的伤害行为，不属防卫过当。

必须强调，这次商贩伤人案不同于单纯地遭受暴力侵害而实施正当防卫，杨某占道经营和妨害城管执法在先，存在行政相对人的过错，被依法予以警告处罚。对杨某桥殴打他人的行为，亦依法予以行政拘留。依法行政处理与认定正当防卫在这起案件中各司其职，一码归一码，没有矛盾，这无论是对依法行政，还是对广大市民和商户遵纪守法，都具有警示教育意义。

扩展开来，这一案件对于执法者的执法限度也提出了更高的要求。此番对商贩"正当防卫"的认定，则进一步要求执法者必须严格依法执法；而一旦执法行为变成"不法伤害"，那么公民随时拥有正当防卫的权利，这便是"以权利制约权力"。

正如有评论所说的：在正当防卫新规的加持下，该案颇具示范价值——明确针对公职人员在执行职务过程中的不法侵害，也可以正当防卫。在强拆、打砸抢式征收、暴力执法等现象偶现的情况下，这也能进一步明确很多边界，对某些不法职务行为形成吓阻。

当然，这并不是鼓励暴力抗法，更不是置执法者的安危于不顾。对每个案件还是得还原到现场去作出公正的裁决。但无论是普通公民还是执法者，都应在法律的框架下行动，一旦"出格"，法律面前，一视同仁。

抵抗强拆构成正当防卫，具有标杆意义

金泽刚 *

2020 年 11 月 27 日，最高人民检察院发布 6 起正当防卫不捕不诉典型案例，进一步明确正当防卫制度的统一适用标准，准确把握执行今年 8 月最高人民法院、最高人民检察院和公安部联合发布的《关于依法适用正当防卫制度的指导意见》，为促进严格执法公正司法提供有效的指引。

其中，案例二系河北省辛集市的耿某华正当防卫不批捕案，该案由暴力

＊ 同济大学法学院教授。

本文已发表于 2020 年 12 月 3 日《法治周末》。

拆迁所引起,造成两人重伤等后果。案件发生于 2017 年 10 月 1 日凌晨 2 时许,康某某受托后,纠集卓某某等八人赶到项目所在地强拆民宅。他们在康某某的带领下,携带橡胶棒、镐把、头盔、防刺服、盾牌等工具,翻墙进入耿某华家中。耿某华妻子刘某某在院中被人摁住架走。耿某华随后持一把农用分苗刀出来查看,在强拆人员对其进行殴打,欲强制带其离开房屋时,耿某华遂用分苗刀乱挥、乱捅,将强拆人员王某某、谷某明、俱某某三人捅伤。随后,其他拆迁同伙人员将耿某华按倒在地,并将耿某华架出院子。与此同时,康某某组织其他人员使用挖掘机等进行强拆。当晚,强拆人员将受伤的王某某等三人以及耿某华等人送往医院救治。经鉴定,王某某、俱某某二人损伤程度均构成重伤二级,谷某明、耿某华因伤情较轻未作鉴定。经勘验检查,耿某华部分房屋被毁坏。

案发后,公安机关对强拆人员以故意毁坏财物罪立案侦查,后康某某等人被分别判处有期徒刑 2 年 6 个月、3 年 2 个月等相应的刑罚。对于耿某华,公安机关则以涉嫌故意伤害罪立案侦查,后被提请批准逮捕。公安机关在提请逮捕时认为,耿某华的行为属于防卫过当。

辛集市人民检察院在对该案审查过程中,经研究认为,卓某某等人的行为属于正在进行的不法侵害,耿某华的行为具有防卫意图,其防卫行为没有明显超过必要限度,本案不符合特殊防卫的规定,但依据《刑法》第 20 条第 1 款的规定,耿某华的行为属于正当防卫,故依法作出不批准逮捕决定。同日,公安机关对耿某华作出撤销案件决定。

从该案起因来看,开始的不法侵害行为并非严重的暴力犯罪,这就涉及能不能实行正当防卫的问题。最高人民法院、最高人民检察院和公安部《关于依法适用正当防卫制度的指导意见》第 5 条规定,"正当防卫的前提是存在不法侵害。不法侵害既包括侵犯生命、健康权利的行为,也包括侵犯人身自由、公私财产等权利的行为;既包括犯罪行为,也包括违法行为。不应将不法侵害不当限缩为暴力侵害或者犯罪行为。对于非法限制他人人身自由、非法侵入他人住宅等不法侵害,可以实行防卫"。

案件发生于 10 月 1 日的凌晨 2 时许,康某某纠集卓某某等八人,携带橡胶棒、镐把、盾牌等工具,翻墙进入耿某华家中。他们先是强行架走了耿某华的妻子刘某某,对随后出来查看的耿某华,也是进行殴打,试图强制带离,不法侵害昭然若揭。所以,正当防卫的前提条件已经具备,耿某华能够实施正当防卫。

而且，深更半夜，面对多人带着凶器入室围攻，在先出门的妻子已经不知所踪的情况下，耿某华被迫持刀反抗，其防卫行为虽然客观上造成了二人重伤的重大损害，但耿某华是在被多人使用工具围殴，双方力量相差悬殊的情况下进行防卫的，综合不法侵害行为和防卫行为的性质、手段、强度、力量对比、所处环境等因素全面分析，其防卫行为没有明显超过必要限度，应当认定为正当防卫，依法不负刑事责任。

另外，此案不法侵害的主要目的是强拆，是对财产权利实施的暴力，对耿某华夫妇人身伤害的主要方式和目的是强制带离现场。虽然强制带离和围殴也是对耿某华夫妇人身的伤害，尤其是携带凶器殴打耿某华的行为带有"行凶"的性质，但本案的不法侵害主要还是针对公民的住宅安宁、人身和财产安全，而不是针对公民人身的严重暴力犯罪。

所以，即使防卫的性质具有一定竞合的成分，综合分析本案的具体情况，不法侵害行为在性质上不属于《刑法》第 20 条第 3 款规定的"行凶、杀人、抢劫、强奸、绑架以及其他严重危及人身安全的暴力犯罪"，应当适用一般防卫的法律规定。

暴力拆迁是一个棘手的老问题。早在 2011 年 1 月国务院发布实施的《国有土地上房屋征收与补偿条例》就明确规定了未签订补偿协议不得强制拆迁，并取消了行政强拆。2011 年 3 月中共中央纪委办公厅、原监察部办公厅发布实施的《关于加强监督检查进一步规范征地拆迁行为的通知》也明确规定，严禁违法违规强制征地拆迁。但是，暴力强拆的情况还是时有发生。

从法律角度看，暴力强拆致人伤亡时，其责任的承担出现了"刑民交叉"的特点。若开发商用简单粗暴的方式实施强拆，其行为就可能触犯刑律，构成非法侵入住宅，故意毁坏财物，或者故意伤害等罪名，只要构成犯罪，就应该坚决依法追究刑事责任。当事人之间的民事纠纷不能成为侵害公民住宅安宁和人身权利的借口，更不可花钱买刑。

与此同时，在这类案件办理中，司法机关应该在查明事实的基础上，既要依法惩治犯罪，又要保障无辜的人不受刑事追究。对于那些具有正当防卫和紧急避险性质的正当行为，司法必须明辨是非曲直，保护防卫人和紧急避险人的合法权益，从而妥善处理拆迁矛盾纠纷，促进社会和谐稳定发展。

正当防卫纠偏必须回归防卫的本源

金泽刚 *

我国正当防卫的历史源远流长。《尚书》规定的"眚灾肆赦"（因过失犯罪可以从宽处理，得到赦免）可以说是正当防卫制度的萌芽，此后《周礼》《汉律》《唐律》皆有类似规定。受时代局限，中国古代正当防卫的规定比较零散，缺乏体系性，而且，在封建纲常伦理之下，官民之间、父母子女（儿媳）之间不存在防卫之说。直至 1912 年，《大清新刑律》借鉴西方法制，确立了阻却违法事由，正当防卫的概念被正式提出。

中华人民共和国成立后，1979 年颁布的《刑法》第 17 条对正当防卫作了具体规定，包括界定正当防卫和防卫过当，为司法机关处理涉及正当防卫案件提供了规范根据。然而，正当防卫在司法实践过程中出现了一些偏差，特别是司法者难以把握正当防卫和防卫过当的界限，面对争议，防卫人反而容易成为获罪一方，这种司法导向无助于鼓励公民运用正当防卫与违法犯罪行为作斗争。1985 年，最高人民法院审判委员会在一次会议上总结审判经验时指出："对于公民自觉地与违法犯罪行为作斗争，应当予以支持和保护。人民法院在审判工作中，要注意把公民在遭受不法侵害而进行正当防卫时的防卫过当行为，与犯罪分子主动实施的犯罪行为区别开来，做到既惩罚犯罪，又支持正义行为。"

源于此，1997 年《刑法》修订时对正当防卫的规定作了两点修改，一是将防卫过当从 1979 年《刑法》的"正当防卫超过必要限度造成不应有的危害"修改为"正当防卫明显超过必要限度造成重大损害"，放宽了防卫的限度条件。二是增设了无过当防卫制度，对于严重侵害人身权利的暴力犯罪进行正当防卫的，即使造成侵害人重伤、死亡的后果，也不属于防卫过当，不负刑事责任。这就有利于公民放心地进行防卫。

然而，在后来的司法实践中，认定正当防卫的个案还是不多见，最近几年，在一些个案的影响下，这一形势有所转变。正当防卫原本是公民在面对

---

* 同济大学法学院教授。

本文已发表于 2021 年 1 月 20 日《法治日报》。

不法侵害时，因来不及寻求公权力救济而实施的自我拯救，也包括第三人伸出援手，制止不法侵害的救助行为，后者即见义勇为。由于不法侵害在先，防卫人遂具有天然的道德优势，即为公理，这也是评价正当防卫的社会价值基础。正当防卫是"以正对不正"，而"正义无需向邪恶退让"。笔者在早先的研究中提出"先害人"的概念，正是要突出防卫人具有先天的道德优势。只有认识到这一点，重视"不法侵害"在先的事实，才能认清正当防卫的性质、防卫需要的手段以及防卫可能造成的后果，从而作出正确的评价。

对于先害人先予打击的侵害优势，防卫人基于道德优势予以对等反击，这就决定了要宽容防卫人为了能有效防卫，可能给不法侵害人造成死伤等损害结果。2017年"辱母杀人案"和2018年"昆山反杀案"就是如此。后来，"河北涞源反杀案""丽江反杀案"等系列案件，也都得到了舆情的支持，防卫人的道德优势得以显现，这些案件的及时回应大大扭转了防卫人的弱势地位。

在个案推动基础上，2020年8月，最高人民法院、最高人民检察院、公安部联合发布《关于依法适用正当防卫制度的指导意见》，弥补了正当防卫制度没有司法解释的缺憾，也厘定了正当防卫的一些基本规则，如在判断防卫是否"明显超过必要限度"时，不苛求防卫人必须采取与不法侵害基本相当的反击方式和强度；对于非法限制他人人身自由、非法侵入他人住宅等不法侵害，可以实行防卫；司法机关要切实转变观念，敢于担当，摒弃"唯结果论""和稀泥"等执法司法惯性。

刑法评价的中心应是行为，而非结果。为了克服正当防卫判断中的"唯结果论"，需要将评价重心转移到防卫行为上，即使防卫结果大于侵害结果，只要防卫手段具有必要性，也应当成立正当防卫。防卫行为的必要性应当与结果分开判断，绝不是结果优先。只有在同时具备行为过当与结果过当的条件下，才能认定为防卫过当。

总之，正当防卫的本质存在由以个人为本位的自我保护，向法秩序维护的发展偏向。唯有坚持国家本位和个人权利保护的兼容，坚持人的本性与法规范之间的利益平衡，尊重防卫人应有的道德优势，才能回归正当防卫的本源。

防卫限度判断规则的体系化展开

江　溯 *

摘　要： 考察 2017 年至 2019 年的防卫过当判决，发现 71.79% 的判决直接认定防卫过当，而经过衡量得出防卫过当结论的判决基本缺乏判断"明显超过必要限度造成重大损害"的步骤和规则。因此，未明确规定防卫限度判断逻辑与具体规则的最高人民法院、最高人民检察院、公安部《关于依法适用正当防卫制度的指导意见》无法全面解决实践的主要问题。近来研究注重防卫限度判断的构造和逻辑，有助于解决实践问题，但由于缺失统合考量因素的载体和具体衡量途径，理论的可操作性和稳定性有待改善。应基于我国实定法体系、新司法解释、司法经验与理论资源，体系性阐述能有效影响司法的防卫限度判断规则。防卫限度判断规则体系应以必需说为基础立场，将防卫行为与结果视为一体，分步且递进地判断"重大损害""明显超过必要限度"、过当防卫与重大损害的因果关系，过滤式排查防卫过当。其中，"重大损害"应为重伤以上的结果，并予以最先判断以筛查判断范围；"必要限度"应在类型化四种不同位阶法益的基础上，主要衡量不法侵害强度（罪刑）和防卫强度（假定罪刑）的相当性，并主要考量统计发现的 20 多个因素。该规则体系提供了明确的判断步骤、考量因素及其载体、衡量途径与具体规则，适用于最高人民法院、最高人民检察院相关指导性案例时，表现出优良的可操作性与稳定性。

关键词： 防卫限度　判断规则　体系化

---

* 北京大学法学院副教授，博士生导师。

本文已发表于《法律科学（西北政法大学学报）》2022 年第 1 期。

一、问题与研究思路

我国防卫制度实际"沉睡"的问题已经为最高司法机关所认识。[1]在司法认定层面，该问题集中体现为法院往往对防卫限度提出严苛的要求，将很多正当防卫认定为防卫过当。[2]可以说，不当认定防卫过当是司法实践否认正当防卫成立的常见方式。因此，合理地认定防卫限度对激活"沉睡"的正当防卫制度极为重要。

2020 年 8 月 28 日，最高人民法院、最高人民检察院、公安部联合发布了《关于依法适用正当防卫制度的指导意见》（以下简称《指导意见》）。《指导意见》第 11 条至第 14 条对"防卫过当的具体适用"进行了集中规定。其中，第 11 条规定了防卫过当应具备的两个条件——"明显超过必要限度"与"造成重大损害"；第 12 条规定了认定"明显超过必要限度"的考量因素、判断时点与判断的主体标准，进而总结式地提出了限度过当的认定标准；第 13 条规定了"造成重大损害"的范围。可见，《指导意见》关于防卫过当具体适用的规定颇为翔实。那么，《指导意见》能否满足司法实践的需求，从而保障司法实践可以合理认定防卫限度？答案主要与两个问题相关：其一，司法实践对防卫过当，即防卫限度的认定是否真的存在问题？若存在问题，那又是什么样的问题？其二，《指导意见》是否为司法实践中存在的问题提供了合理的解决方案？

对于上述问题，理论界与实务界也普遍认同。已有研究认为实践中存在片面强调武器对等、唯结果论等。然而，已有研究所发现的问题可能并不全面、客观，尚未从统计学层面上客观了解防卫限度司法认定的事实状态以及司法认定防卫过当的方式与依据，从而并未客观把握司法认定防卫过当所存在的问题。因此，立足既有研究，我们可能无法回答《指导意见》是否为实践问题提供了合理的解决方案。

本文旨在阐述能够有效解决司法困境的防卫限度认定规则体系。即首先考察司法认定防卫过当存在的问题，据此判断《指导意见》能否解决实践问

---

〔1〕 "最高检副检察长孙谦就第十二批指导性案例答记者问"，载 http://www.xinhuanet.com//legal/2018-12/19/c_ 1123877285. htm，2021 年 6 月 2 日访问。

〔2〕 陈兴良："正当防卫的司法偏差及其纠正"，载《政治与法律》2019 年第 8 期；姜涛："正当防卫限度判断的适用难题与改进方案"，载《中国法学》2019 年第 2 期。

题，进而从已有理论中挖掘有助于解决实践问题的资源，最后整合立法、《指导意见》与前述理论资源，完善或重述可以有效回应实践需求的认定规则体系。基于此，下文从三个部分递进展开。第一部分，以 2017 年至 2019 年的防卫过当判决书为样本，考察司法认定防卫过当的类型、根据与特征，以期发现司法认定的主要问题，并判断《指导意见》对此能否合理解决。在充分考虑对该问题各种可能答案的基础上，第二部分继续分析，如果《指导意见》难以解决司法认定的主要问题，则需考察已有理论解决实践问题的方案，把握理论的解释力、实践适用及其效果，以及哪些理论学说具有实践合理性并有助于认定规则体系的完善。在前述路径探索的基础上，文章第三部分从我国实体法体系出发，整合《指导意见》以及已有理论资源，重述防卫限度的认定规则体系，明确该体系的立场、判断的逻辑步骤、考量因素及其载体、具体途径与规则。

二、司法认定的主要问题与新司法解释的解决程度

通过考察既有判决认定防卫过当的类型、根据与特征，我们可发现司法认定中存在的主要问题，据此可判断《指导意见》是否为实践的主要问题提供了合理的解决方案。

（一）司法认定防卫过当的主要类型

在中国裁判文书网上以"防卫过当"为关键词，对裁判日期为 2017 年 1 月 1 日至 2019 年 12 月 31 日的刑事案由案件进行全文检索，共得到 5777 个结果。经筛选，本文将其中的 560 个[1]被认定为防卫过当的案件及其判决作为研究对象。通过对这些判决进行分析，我们能发现司法认定的防卫过当大致可分为五种类型（见表 1）。

表 1　防卫过当司法认定的主要类型

类　　型		频数	比例
1. 直接援引《刑法》第 20 条第 2 款		7	1.25%
2. 直接认定系防卫过当	持刀伤害或造成后果，系防卫过当	52	9.29%

---

〔1〕　若判决有二审、再审的，以最后生效的为准，并作为一个案件统计。

类 型		频数	比例
3. 直接认定明显超过必要限度造成重大损害	故意伤害、非法剥夺他人生命	57	10.18%
	持刀/持械/持凶器故意伤害、捅刺	107	19.11%
	造成后果，明显超过必要限度	124	22.14%
	直接援引明显超过必要限度	55	9.82%
4. 单因素对比	手段对比	20	3.57%
	结果对比	5	0.89%
5. 多因素衡量	一般侵害或徒手实施不严重侵害对比持凶器造成重大损害、损害结果	26	4.64%
	徒手侵害对比持刀连续捅刺、持刀捅刺多部位、持刀捅刺要害、乱刺	11	1.96%
	不法侵害被制止，仍继续行为	30	5.36%
	不法侵害被制止，多因素	16	2.86%
	多因素	43	7.68%
6. 其他	持续防卫、防卫强度大	7	1.25%

分析上述判决，第一种类型为直接援引《刑法》第20条第2款，裁判理由中无任何论证。第二种类为直接认定系防卫过当，如覃某创伙同他人故意伤害他人身体，致一人重伤二级的行为，法院认定属于防卫过当。[1]第三种类型为直接认定明显超过必要限度造成重大损害，又可分为四种子类型：①认定行为人故意伤害，造成后果，明显超过必要限度；[2]②认定行为人持械伤害，造成后果，明显超过必要限度；[3]③认定造成后果，明显超过必要限度；[4]

[1] 广西壮族自治区钦州市人民法院［2019］桂07刑终13号刑事判决书。

[2] 如刘某故意伤害他人身体，造成一人二处重伤，二处轻伤；刘某在遭受不法侵害时进行防卫，但防卫行为明显超过必要限度，造成重大损失，系防卫过当。参见沈阳市浑南区人民法院［2018］辽0112刑初634号刑事判决书。

[3] 如罗某锋持械打击被害人，防卫致被害人岑某1死亡，造成重大损害，其防卫明显超过必要限度，属防卫过当。参见广西壮族自治区百色市中级人民法院［2019］桂10刑终271号刑事判决书。

[4] 如袁某的防卫行为造成被害人重伤的重大损害后果，明显超过必要限度。参见广东省东莞市第一人民法院［2017］粤1971刑初2072号刑事判决书。

④直接援引明显超过必要限度。[1]第四种类型为经过单因素对比认定构成防卫过当，又可分为两种子类型：①以不法侵害手段对比防卫手段；[2]②以不法侵害结果对比防卫结果。[3]第五种类型为多因素衡量，又可分为五种子类型：①一般不法侵害对比持凶器造成重大损害的防卫；[4]②徒手的不法侵害对比持械连续打击、持械打击多部位、持械打击要害部位的防卫行为；[5]③不法侵害中止、被制止后，防卫人仍继续行为的情形；[6]④不法侵害中止、被制止后，考量多因素而认定防卫过当之情形；[7]⑤其他多因素考量情形，其中有的判决仅概括说明了考量多种因素，缺乏逻辑分析，[8]有的判决对考量的几种因素进行了简单罗列，[9]有的判决则较为具体地论述了防卫过当考量的因素。[10]

---

〔1〕 如李某峰为了使自己的人身免受正在进行的不法侵害，而采取的制止不法侵害的行为明显超过必要限度，致一人重伤，其行为构成故意伤害罪。参见河北省河间市人民法院〔2017〕冀 0984 刑初 130 号刑事判决书。

〔2〕 如蓝某 2 未携带、使用任何器械，也未对被告人蓝某 1 实施暴力攻击，而蓝某 1 使用铡刀对蓝某 2 的头部猛砍一刀，致其重伤二级；蓝某 1 的防卫行为明显超过了必要限度，造成了重大损害后果。参见四川省德阳市中级人民法院〔2019〕川 0681 刑初 6 号刑事裁定书。

〔3〕 如伍某军在自己的财产权利被杨某侵害时，两次将杨某摔倒在地，并用腿压住杨某胸口的行为具有防卫性质，但因其遭受损失的物质利益价值较小，却造成他人轻伤二级，明显超过必要限度，防卫过当。参见湖南省会同县人民法院〔2018〕湘 1225 刑初 79 号刑事判决书。

〔4〕 如徐某波面对一般的不法侵害，却采取了持刀捅刺的防卫行为，并致一人死亡，明显超过了必要限度且造成了重大损害后果。参见广东省高级人民法院〔2017〕粤刑终 351 号刑事裁定书。

〔5〕 如张某超手持剪刀对徒手的陈某 6 腿部等多处部位连续捅刺，其防卫行为造成被害人重伤的后果，明显超过必要限度造成重大损害。参见河南省新乡市中级人民法院〔2017〕豫 07 刑终 305 号刑事判决书。

〔6〕 如方某清虽受到刘某的不法侵害，但二被告人将刘某撕扯倒地后，仍继续对刘某进行殴打，已超过必要的防卫限度，属于防卫过当。参见湖南省桑植县人民法院〔2019〕湘 0822 刑初 28 号刑事判决书。

〔7〕 如田某在被害人与田某 1 倒地后继续用铁锹连续击打被害人头部、手部数下，在夺去被害人凶器后又继续对被害人实施殴打，致使被害人死亡；综合分析上诉人对被害人的敲打部位、次数以及力度，应当认定田某的防卫行为超过必要限度，造成重大损害，系防卫过当。参见河北省保定市中级人民法院〔2018〕冀 06 刑终 592 号刑事裁定书。

〔8〕 安徽省蒙城县人民法院〔2017〕皖 1622 刑初 97 号刑事判决书。

〔9〕 甘肃省定西市中级人民法院〔2017〕甘 11 刑终 88 号刑事附带民事裁定书。

〔10〕 如被害人"系吸毒人员，身体瘦小，而杨某祥身体较高大，虽被绊倒，但并未实际倒下，仅是侧身并处于水泥台阶上方，可以采取其他方式阻止被害人的行为；杨某祥用弹簧刀刺杀被害人谢某 1 心脏等要害部位导致被害人受伤后死亡，在客观上已对谢某 1 造成了重大损害，而杨某祥只是手部受了一点轻微伤，两相比较，杨某祥的行为明显超过了防卫的必要限度"。参见贵州省铜仁市中级人民法院〔2017〕黔 06 刑初 76 号刑事判决书。

（二）实践的主要问题与新司法解释的解决程度

1. 司法认定防卫过当存在的主要问题

从司法认定防卫过当的类型中可以看出，大多数判决认定防卫过当极为简单，缺失说理过程，体现为前三种裁判类型。此类判决共 402 个，占比 71.79%，其中没有呈现出防卫过当认定的考量因素、思考逻辑与判断规则。仅有 151 个判决经过对比、衡量得出防卫过当的结论，占比 26.96%。其中有 25 个判决对手段、结果等进行单因素对比，有 126 个判决对不法侵害、防卫行为、防卫结果、防卫时间等进行多因素衡量。在宏观上，这 151 个判决大致遵循了从防卫行为到防卫结果的判断顺序，而且判断的重点基本在于防卫行为。

具体分析上述判决可以发现，首先，很明显的是，单因素对比中的手段对比、多因素衡量中的前四种类型的认定重点在于防卫行为。其次，在其他进行多因素考量的 59 个判决中，有 46 个判决的认定重点在于防卫行为。如朱某在实施防卫行为过程中持刀捅刺对方身体重要部位，造成重伤后，属于明显超过必要限度造成重大损害，其行为构成故意伤害罪。[1]但是，该 151 个判决基本缺乏对防卫行为和防卫结果过当的具体判断，即基本没有说明何为"必要限度"和"明显超过"必要限度，也没有说明何为"重大损害"。仅有 14 个判决使用"远远超过足以制止""超过了足以制止""强度上不具有必要性""手段与目的明显不相称"等表述。如曾某文能够认知其拿刀刺对方的防卫手段、强度，已经远远超过足以制止不法侵害人曾某某所实施的侵害行为的手段和强度，而本案所造成的实际后果也已经超出不法侵害人可能造成的人身安全损害后果，两者存在悬殊和明显的失衡，造成了不该有的重大人身伤亡的严重后果。[2]

综上，司法认定防卫过当的大部分判决缺失考量因素，普遍缺失思考逻辑与判断规则。因而，其认定极有可能以是否造成重大损害、是否持械为判断标准。根据表 1，181 个判决直接以造成后果认定防卫过当，占比 32.32%；整体上，243 个判决主要考虑后果而认定防卫过当，占比 43.39%。因此，防卫过当以"结果论"的倾向颇为明显。另外，144 个判决直接以持械防卫造

---

[1] 苏州市姑苏区人民法院 [2017] 苏 0508 刑初 445 刑事判决书。同样的裁判逻辑可见山东省威海市中级人民法院 [2017] 鲁 10 刑初 3 号刑事判决书。

[2] 广东省潮州市中级人民法院 [2019] 粤 51 刑初 1 号刑事判决书。同样的裁判逻辑可见河南省渑池县人民法院 [2019] 豫 1221 刑初 121 号刑事判决书。

成后果认定防卫过当，占比 25.71%；整体上，213 个判决主要考虑持械防卫造成后果而认定防卫过当，占比 38.04%。因此，防卫过当以"持械论"的倾向也颇为明显。而这两种倾向的成因在于，从经验事实上看，不法侵害在防卫时一般尚未产生重大损害，其危害尚未完全外化，而是否持械和防卫结果是可视的。因此，从表面上看，防卫行为造成的已然结果似乎超过了不法侵害所致的未然损害。然而，从实质上看，司法实践中之所以存在"结果论"和"持械论"等表面化倾向，其关键还在于判断因素、步骤与规则的普遍缺失。这意味着，已有研究所提炼出的"强调武器对等""唯结果论"等问题，实际上是上述规则缺失的附随现象，后者才是司法实践中的主要问题。

2.《指导意见》的规则指明

在明确问题所在之后，我们便可以观察新司法解释对此的解决程度。对于判断因素缺失的问题，《指导意见》第 12 条指明了不法侵害的程度、防卫的程度、双方力量对比等综合要素与标准，能为实践认定防卫过当提供比较翔实的考量因素。然而，对于判断逻辑步骤与规则缺失的问题，《指导意见》则难以妥善解决。《指导意见》第 11 条规定，认定防卫过当应当同时具备"明显超过必要限度"和"造成重大损害"两个条件，缺一不可。第 12 条除了规定上述考量因素，还规定不应当苛求防卫人必须采取与不法侵害基本相当的反击方式和强度；通过综合考量，对于防卫行为与不法侵害相差悬殊、明显过激的，应当认定防卫明显超过必要限度。第 13 条规定，"造成重大损害"是指造成不法侵害人重伤、死亡。造成轻伤及以下损害的，不属于重大损害。据此，《指导意见》规定了防卫限度判断的条件、考量因素、判断时点、判断的主体标准、过当的界限、"造成重大损害"的范围等，但并未明确这些因素的逻辑关系，亦未提供衡量不法侵害与防卫强度相关因素的具体途径与规则。因而，《指导意见》仅部分地解决了防卫过当实践认定的主要问题，其具体适用可能欠缺可操作性。

三、已有理论对实践问题解决的程度与改善方向

既然《指导意见》无法完全解决防卫过当认定的主要问题，那么我们思考的路径就必然要转向挖掘已有的理论资源。在评析关于防卫限度判断已有理论的基础上，本部分通过考察相关理论内容本身的解释力，以及理论与实践的契合度双重视角，剖析已有理论解决实践问题的可行性，并在最后反思

已有理论对实践问题的解决程度、不足与改善方向。

（一）理论概述

学界对防卫限度相关理论的讨论呈现出某种视角的转移。传统视角对防卫限度的判断主要在三种学说间展开：其一，必需说认为只要防卫措施是制止不法侵害所必需的，即使防卫行为在强度、后果方面超过了不法侵害可能造成的损害，也不能认为超过必要限度；其二，基本相适应说主张比较防卫行为与不法侵害行为的方式、程度、后果等，分析二者是否相适应；其三，相当说主张原则上应以足以制止不法侵害为标准，同时要求防卫行为与不法侵害行为在手段、强度、后果等方面不存在过于悬殊的差异。近年来关于防卫限度的研究集中于"明显超过必要限度造成重大损害"的构造和判断逻辑。围绕超过必要限度与造成重大损害的关系，存在一体说与二分说的争论，二者在如下范畴内存在对立。

1. 防卫行为与防卫结果

就防卫行为与防卫结果的关系，一体说认为二者缺一不可、相辅相成、互为一体。只有防卫行为的强度超过了"必需"的限度，才会造成重大的危害结果，而防卫行为造成重大的损害，则是由于防卫行为超过必需的强度所致。不可能存在所谓的行为过当而结果不过当或结果过当而行为不过当的情形。[1]而与之相对，持二分说的学者均认为"明显超过必要限度"与"造成重大损害"是两个独立的条件，并且绝大多数学者均认为"明显超过必要限度"优先于"造成重大损害"、防卫行为优先于结果的判断。[2]

2. 具体思路

在具体判断思路上，两种理论同样存在路径分歧。一体说根据判断重点的不同，也存在些许的路径分野。其中，张明楷教授在防卫行为与结果一体化判断的基础上，主张将"超过必要限度造成重大损害"和"明显"分离并进行先后判断。就前者而言，采用一体说并不意味着只要造成重伤或者死亡就是重大损害与防卫过当，而是仍需进行综合判断。[3]进而，论者根据不法侵害的类型差异（严重危及人身安全的暴力犯罪、其他普通犯罪、违反治安

---

[1] 参见马克昌主编：《犯罪通论》，武汉大学出版社1999年版，第754~755页。

[2] 持此观点的学者有肖中华、冯军、梁根林、周光权、劳东燕、陈璇、邹兵建、郭泽强、汪雪城等。

[3] 张明楷："防卫过当：判断标准与过当类型"，载《法学》2019年第1期。

管理处罚法并造成轻伤）确立了防卫限度判断规则的结果框架。与上述路径不同，彭文华教授以"重大损害"作为正当防卫限度的判断标准，因为"重大损害"较之"明显超过必要限度"更为客观、具体、可操作。"重大损害"的一般标准是不法侵害可能造成的损害结果的上一层级中较重的结果。[1]二分说在判断思路上的差异，集中体现在"行为限度"的判断规则上，具体存在两种思路。第一种思路即将"明显超过必要限度"拆分为"必要限度"和"明显超过"。其中，"必要限度"是指最低强度的有效防卫行为的强度，"明显超过"是指防卫行为给不法侵害人造成的危险比最低强度的有效防卫行为造成的危险至少高出一个档次。[2]第二种思路则主张整体判断防卫行为，认为行为过当是以一个制止不法侵害所不必要的多余行为为核心内容的。[3]

（二）理论解决实践问题的程度与不足

1. 关于必需说、基本相适应说与相当说

就理论本身而言，基本相适应说和相当说提出了判断防卫限度所要考虑的手段、强度、后果等因素，三个学说也都提出了过当的大致标准。但显然，三个学说仅从整体着眼解决防卫限度的问题，偏向于结果判断，而未理顺防卫限度的具体判断逻辑，特别是防卫行为的限度，无法为"明显超过必要限度造成重大损害"提供具有可操作性的判断模式、逻辑与规则。因此，理论的解释力存在明显缺陷。

在理论的实践适用、理论与实践的契合关系方面，这三种学说的境遇也值得我们反思。根据表1，71.19%（402个）直接认定防卫过当的判决没有契合或者采用理论上的任一观点。4.46%（25个）经单因素对比而认定防卫过当的判决体现了基本相适应说的立场。在22.5%（126个）经多因素衡量而认定防卫过当的判决中，前两种子类型接近基本相适应说的立场；第三、四种子类型接近相当说的立场；其他多因素考量情形的防卫过当案件的判决虽然都表明防卫行为"明显超过必要限度"，由于其并未阐明何为"必要限度"与何为"明显超过"，因此很难说采用了相当说的立场，但其衡量的过程接近基本相适应说的思维。综上，整体而言，大多数判决没有契合或采用传

---

〔1〕 彭文华："论正当防卫限度的重大损害标准"，载《江汉论坛》2015年第7期。
〔2〕 邹兵建："正当防卫中'明显超过必要限度'的法教义学研究"，载《法学》2018年第11期。
〔3〕 冯军："防卫过当：性质、成立要件与考察方法"，载《法学》2019年第1期。

统理论上的某一观点，约 11.07% 的判决接近或部分采用基本相适应说，约 8.21% 的判决接近相当说，没有判决采取必需说。

2. 关于一体说和二分说

就理论本身而言，一体说和二分说强调防卫行为与结果的必要性与独立性，注重防卫限度判断的构造和逻辑，尤其是将重心置于行为限度判断的逻辑步骤与规则，这对于解决前述司法认定中的主要问题极有帮助，但两学说仍有待进一步发展完善。首先，对于限度判断中的考量因素应以何种途径或载体统合起来，两说的说理尚不明确，其次，两说认定防卫过当具体标准的具体化程度与可把握性也需改善。据此，虽然两说解决问题的努力方向值得肯定，其所发展出来的判断规则也很有价值，但囿于上述缺陷，理论在司法适用中缺乏可操作性和稳定性。

同样，我们可以考察两个理论的实践适用，以及理论与实践的契合关系。由于直接认定防卫过当的 402 个判决没有表述如何推导"明显超过必要限度造成重大损害"，我们无法看出其与一体说、二分说之间的关系。而 151 个经对比、衡量得出防卫过当结论的判决与一体说、二分说的契合关系大致如下：其一，将"明显超过必要限度造成重大损害"作一体化判断的有 98 个判决。[1] 其二，将"明显超过必要限度造成重大损害"分为防卫行为与防卫结果予以判断的有 53 个判决。其中，简单区分行为和结果的判决有 7 个，[2] 首先论述防卫行为明显超过必要限度，然后论及行为造成了重大损害结果的判决有 33 个。[3] 其三，直接指出防卫行为明显超过必要限度的判决有 13 个。[4] 整体而言，"明显超过必要限度造成重大损害"的实践与理论呈现弱契合度。

---

〔1〕 如赵某新在实施正当防卫过程中持刀刺中周某、姜某 1 数刀，致二人死亡，赵某新的防卫行为明显超过必要限度。参见黑龙江省佳木斯市郊区人民法院 [2019] 黑 0811 刑初 39 号刑事判决书。同样的裁判逻辑可见四川省夹江县人民法院 [2017] 川 1126 刑初 143 号刑事判决书。

〔2〕 如王某晶在生命安全未受迫切威胁的情况下持锐器向宋某 1 的腹部、颈部等部位刺戳，且导致宋某 1 重伤二级、伤残程度九级的严重后果，造成宋某 1 重大损害，明显超出了当时情况下必要的防卫限度。参见甘肃省定西市中级人民法院 [2017] 甘 11 刑终 88 号刑事附带民事裁定书。

〔3〕 孙某华的行为已明显超过了必要限度，导致被害人重伤二级的严重损害后果，属于防卫过当。参见海南省藏族自治州中级人民法院 [2019] 青 2523 刑初 18 号刑事判决书。同样的裁判逻辑可见广东省东莞市第二人民法院 [2017] 粤 1972 刑初 430 号刑事判决书。

〔4〕 孔某君持刀多次追赶捅刺刘某 3 的行为，已明显超出了制止不法侵害的行为限度。参见山东省利津县人民法院 [2018] 鲁 0522 刑初 186 号刑事附带民事判决书。同样的逻辑可见广东省蕉岭县人民法院 [2017] 粤 1427 刑初 3 号刑事判决书。

（三）理论改善方向

通过以上阐析，我们发现《指导意见》和已有理论尚不足以合理解决防卫过当司法认定的主要问题。其一，前文已经指出，《指导意见》无法全部解决防卫过当司法认定的主要问题。另外，《指导意见》所规定的考量因素是否全面，以及司法实践中还存在哪些应予考量的因素，这些都有必要进一步核实与补充。其二，近来研究注重防卫限度判断的构造和逻辑，尤其注重行为限度判断的逻辑步骤与规则，这对于解决防卫过当司法认定的主要问题极有帮助。然而，如上文所述，相关理论的可操作性和稳定性欠佳。因此，其仍无法合理解决防卫过当司法认定的主要问题。

基于《指导意见》和已有理论的不足，未来研究应从以下几个方面加以完善：其一，阐释防卫限度的行为与结果、"明显超过必要限度造成重大损害"判断的逻辑步骤。其二，核实或补充不法侵害和防卫相关的考量因素，并提供统合这些考量因素的载体，使这些因素具备可对比、衡量的统一标准。其三，明确防卫过当的标准，并提供可操作的衡量途径、具体规则。据此，理论改善涉及防卫限度的立场、判断的逻辑步骤、考量因素、统合考量因素的载体、衡量途径、具体判断规则，此乃体系性的工作。笔者即将进一步尝试如何构建体系化的防卫限度判断规则。

四、防卫限度判断规则体系化阐述

在充分吸收、借鉴《指导意见》和已有理论资源的基础上，应当进一步探索完善防卫限度的判断规则，为司法认定提供一个可操作性优良、具有有效性与影响力的判断规则体系。而且，所重述的判断规则体系应具备立法、实践根据。因此，该体系应基于我国宪法、刑事诉讼法、刑法等实定法体系，应正视司法事实，并吸收司法合理经验。

（一）防卫限度的立场与标准：必需说

1. 必需说的合理性

关于防卫限度立场的整体性判断层面，权利本位视角的必需说更具合理性。[1]从实定法出发，应当认为《刑法》第20条第1款和第2款在基本体现

---

[1]　大多数研究正当防卫有影响力的学者采用了这一立场，如陈兴良、梁根林、劳东燕、王钢、冯军、周详、吴允锋、尹子文等，强调必要性的学者有周光权、陈璇等。

必需说立场的同时，也对必需说进行了一定限制。详言之，这两款共同规定了防卫限度，即正当防卫的限度不仅要求能有效制止不法侵害，且应排除"明显超过必要限度造成重大损害"这一特殊情形。根据第 20 条第 1 款的规定，只要是为制止不法侵害的行为，即便对不法侵害人造成了损害（包括一般损害和重大损害），也属于正当防卫。这意味着，只要防卫行为是制止不法侵害的必要措施，即便造成重大损害，仍为正当防卫，这显然体现了必需说的立场。

在明确第 1 款与必需说的理论关系后，问题便转换为如何理解第 2 款与必需说的关系。当防卫行为所损害的法益不成比例地远大于所保护的法益时，刑法学界普遍否定正当防卫的成立。[1] 如何解释此处对防卫权的限制，就是防卫限度必需说不容回避的难题。如果第 1 款的损害包括一般损害和重大损害，那么我们可以将"制止不法侵害，造成损害"的可能情形大致分为以下六类：行为刚好制止不法侵害，造成一般损害；行为刚好制止不法侵害，造成重大损害；行为一般过限制止不法侵害，造成一般损害；行为一般过限制止不法侵害，造成重大损害；行为明显过限制止不法侵害，造成一般损害；行为明显过限制止不法侵害，造成重大损害。基于必需说的视角，明显过限制止不法侵害、造成重大损害的行为，本属于第 1 款规定之情形，立法者只是借由第 2 款对该种情形加以例外的特别规定。相应地，"明显超过必要限度且造成重大损害"就不再属于"必需"。故此，我们可以把第 2 款视为第 1 款的特殊规定，两款均建立在必需说的理论基础之上。因此，我国实定法所采取的必需说并非理想类型的必需说，而是有限必需说。

从正当防卫的根据来说，各种主张均承认防卫是一项权利，亦强调防卫权本位。《指导意见》第 1 条亦明确规定，正当防卫是法律赋予公民的权利。如果承认正当防卫是权利，是"与生俱来的法"（西塞罗语），探讨其"必要"限度，就应当以必需说为基本立场。而且，必需说对于解决司法困境极为必要。实践中，持械防卫且造成严重后果的被认定为防卫过当的概率颇高。然而，持械和损害考虑的是防卫的"侵害性"，这说明司法并未从防卫权的视角和立场出发，并未考虑防卫的"必需性"，也更加说明了以必需说进行观念纠偏的必要性。

---

[1] 王钢："正当防卫的正当性依据及其限度"，载《中外法学》2018 年第 6 期。

2. 必需说与利益衡量

在必需说的基础上，我们还需进一步探讨防卫限度判断是否需利益衡量，对此存在三种立场：完全无需利益衡量、应当全面利益衡量、原则上不进行利益衡量但在利益极度失衡时需要利益衡量。如果强调权利的正当性在于自身、"权利无需向不法让步"以及必需说的立场，那么就易于得出完全无需利益衡量的结论，甚至会主张其与利益衡量相冲突。而利益衡量的基本观念是功利主义，在他人利益发生冲突时，作为判断最大利益净余额方法的衡量必然要同时考虑冲突的利益。但是，完全不进行利益衡量，将所谓微财杀人行为认定为正当防卫，也属不妥。《指导意见》第 10 条也明确规定，对于显著轻微的不法侵害，行为人在可以辨识的情况下，直接使用足以致人重伤或者死亡的方式进行制止的，不应认定为防卫行为。最高人民法院研究室主任姜启波在《指导意见》新闻发布会上表示，为正当防卫适当"松绑"，鼓励见义勇为，依法保护公民的正当防卫权利是完全必要的，但也必须注意和强调，"松绑"必须在法治框架内进行。[1]这意味着，针对微小侵害行为所采取的重行为是否属于防卫行为，须经在法治框架内衡量。既然承认在法益极度失衡情形下需要利益衡量，那么这一问题就转化为在正常情况下（法益非极度失衡）是否需要衡量。

应当认为权利本位与必需说并不必然排斥利益衡量，毋宁说其更需要利益衡量，而且应全面衡量。首先，防卫权利确实应得到保护，但这种保护不是绝对的，而应当有所限制，且该限制已由实定法明确规定。我国《宪法》[2]《刑事诉讼法》[3]规定了基本权利、基本权利的限制及其程序。《宪法》第 33 条至第 50 条规定了公民基本权利，第 51 条规定了基本权利之限制。但《宪法》第 51 条是单纯的法律保留，[4]作为加重法律保留，《宪法》第 37 条对基本权

---

〔1〕 "最高法举行关于依法适用正当防卫制度《指导意见》新闻发布会"，载中华人民共和国国务院新闻办公室网站：http://www.scio.gov.cn/xwfbh/qyxwfbh/Document/1686527/1686527.htm，2021年6月2日访问。

〔2〕 如《宪法》第 33 条、第 37 条、第 51 条对公民基本权利和义务的规定。

〔3〕 如《刑事诉讼法》第 12 条、第 81 条对无罪推定及逮捕条件的规定。

〔4〕 参见杜强强："基本权利的规范领域和保护程度——对我国宪法第 35 条和第 41 条的规范比较"，载《法学研究》2011 年第 1 期。

利的限制及其程度更为清晰。[1]根据该条规定，非经人民检察院批准或者决定或者人民法院决定并由公安机关执行，任何公民不受逮捕。而《刑事诉讼法》第 81 条规定，公民受逮捕的必要条件是有证据证明有犯罪事实，而何为犯罪，须参照《刑法》规定。此外，我国《刑法》"超过必要限度"的用语也显然包含了对衡量的要求。

其次，无法从正当防卫根据之权利说直接推导出防卫的限度及其是否需要衡量。正当防卫之根据解决的是防卫何以正当的问题，防卫限度解决的是防卫武力的程度问题，二者分属不同层面。即便容许进行防卫，并不意味着所有防卫措施都具有合理性。而且，从实定法出发，《刑法》第 20 条第 2 款强调"正当防卫明显超过必要限度造成重大损害"，即具有"正当性"的防卫行为仍需判断是否于合理限度之内。

最后，即便采纳了必需说，但何为必需本身即涉及衡量。根据《刑法》第 20 条第 1 款，防卫行为能否有效制止不法侵害，首先必须经过判断。另外，如果第 20 条第 2 款意在明确一种有限必需说，"明显超过必要限度"本身也需要衡量。故此，《刑法》第 20 条不仅体现了必需说的立场，且明确了利益衡量的必要。

（二）防卫限度判断的步骤、因素、载体与规则

1. 防卫行为与结果的一体性和判断步骤安排

从我国正当防卫的规范文本与实践逻辑出发，只有防卫行为明显超过必要限度，且造成重大损害的，才成立防卫过当。换言之，防卫过当由行为过当和结果过当构成，行为过限与重大损害缺一不可，且二者要具有因果关系。据此，行为过限与重大损害应被视为整体。

本文主张的防卫行为与结果的一体性不同于部分学者主张的一体化。该部分学者认为，只有防卫行为的强度超过了"必需"的限度，才会造成重大危害结果，而防卫行为造成重大损害，则是由于防卫行为超过必需的强度所致。这一观点将防卫行为与结果的关系作为防卫限度的判断要素之一，忽略了司法实践中可能存在的超过必要限度的防卫行为与结果之关系的事实状态，

---

〔1〕《宪法》第 37 条体现了加重法律保留，即为了不妨碍公民基本权利的享有和行使，对该权利限制的可能性和条件作了更加明晰化的预设，可见《宪法》直接规定了限制公民某项基本权利的条件。参见高慧铭："基本权利限制之限制"，载《郑州大学学报（哲学社会科学版）》2012 年第 1 期。

忽略了行为过限但未造成重大损害的情形。笔者认为，防卫限度一体化性是指，防卫过当由防卫行为过当与重大损害构成，且只有发生了重大损害，才需判断正当防卫是否明显超过必要限度，而重大损害必须是由明显超过必要限度的防卫行为造成的。

防卫行为与结果一体，并不意味着其在判断上的不可分割。相反，防卫限度判断应是一个考量多因素的、有步骤的体系性判断。其直接规范根据是《刑法》第 20 条中的"制止不法侵害""正当防卫明显超过必要限度造成重大损害"。防卫限度应拆解为"明显超过必要限度""造成""重大损害"进行判断。判断的具体步骤为"重大损害"→"明显超过必要限度"→过当行为与重大损害之因果关系。将"重大损害"作为第一个步骤，意在使之成为审查防卫过当的门槛，只有造成特定了程度的结果，才需审查防卫行为是否过当。因而，该步骤能有效限制防卫过当的判断范围，在防卫限度的判断中，先要确定的是结果的过当性。[1]当然，这样安排并非表明防卫结果优先于防卫行为。毋宁说，防卫限度判断重点仍在于防卫行为，因为不法侵害和防卫行为可能造成的结果受制于"必要限度"，亦即结果强烈依附于行为。因而，下文所述防卫限度判断的具体步骤也是一种阶层式的过滤体系。

2. 步骤一："重大损害"

对重大损害含义的理解，存在绝对意义与相对意义之争，前者是指特定的、静态的损害结果，后者是指经衡量的、动态的损害结果。笔者认为，动态衡量对于重大损害的认定而言没有太大现实意义。在不法侵害尚未造成结果的通常情况下，其造成结果的危险已蕴含于行为中，因此，不法侵害及其危险在"必要限度"中已进行过一次衡量，这意味着动态意义上的重大损害衡量，已经在必要限度判断中完成。若不法侵害可能造成重伤，则为了有效制止该不法侵害，防卫行为的必要限度允许造成重伤，而"明显超过必要限度"则是指防卫造成重伤致残的程度。所以，在上述情形下便不用判断"防卫明显超过必要限度且造成重伤"和"防卫明显超过必要限度且造成重伤致残"是否过当，而仅需判断"防卫明显超过必要限度且造成重死亡"这一种情况。由于可能造成死亡的防卫行为已经被判断为"明显超过必要限度"，防卫实际造成的死亡自然比不法侵害可能造成的重伤的程度"重大"。

---

[1] 陈兴良："正当防卫的司法偏差及其纠正"，载《政治与法律》2019 年第 8 期。

在"重大损害"的范围上,《指导意见》第 13 条规定,"造成重大损害"是指造成不法侵害人重伤、死亡。造成轻伤及以下损害的,不属于重大损害。据此,《指导意见》从绝对、静态意义上理解重大损害,且将其限缩为"重伤、死亡",而这一限定也具有实践根据。首先,在防卫财产的情况下,由于人身法益的位阶一般高于财产法益,造成轻伤的可认定为重大损害,但实践中绝大多数防卫都涉及人身,[1] 讨论防卫人身的重大损害界定更具有普遍性和现实意义,因而本文主要在防卫人身层面上阐述"重大损害"。其次,在司法认定的"重大损害"中,重伤共 182 个,占比 47.03%,死亡共 145 个,占比 37.47%,轻伤共 60 个,占比 15.50%。这也在某种程度上说明了,司法倾向于将重伤以上的特定损害结果认定为重大损害。

此外,将重大损害理解"重伤、死亡",也具有充分的规范与理论根据。首先,该理解符合立法及其司法解释的基本立场。其一,《刑法》第 20 条第 1 款与第 2 款分别使用了"损害""重大损害"的表达,已经表明损害重大与否在判断上的特殊性。其二,《刑法》第 95 条规定,重伤是指"使人肢体残废或者毁人容貌;使人丧失听觉、视觉或者其他器官机能;其他对于人身健康有重大伤害"。若将重大损害与重大伤害等量齐观,那么重大损害也应理解为重伤以上后果。其三,我国相关司法解释也秉持了这一限缩立场。例如,《刑法》第 134 条、第 135 条和第 135 条之一等规定的责任事故类犯罪中,构成要件结果为"发生重大伤亡事故或者造成其他严重后果"。根据最高人民法院、最高人民检察院《关于办理危害生产安全刑事案件适用法律若干问题的解释》第 6 条,其包括"造成死亡一人以上,或者重伤三人以上"。再如,最高人民法院、最高人民检察院、公安部、司法部联合发布的《关于依法办理家庭暴力犯罪案件的意见》规定,防卫行为造成施暴人重伤、死亡,且明显超过必要限度,属于防卫过当。

其次,该理解符合故意伤害罪成立要件以及防卫过当减免处罚的规定。司法实践中绝大多防卫过当均被认定为故意伤害罪,[2] 而故意伤害罪要求造成轻伤以上的结果。如果将造成轻伤的防卫认定为防卫过当成立故意伤害罪,

---

[1] 在 560 个判决中,不法侵害针对人身法益以及针对人身及财产法益的共 532 个,占比 95%;针对财产法益的共 28 个,占比 5%。

[2] 在 560 个判决中,538 个认定防卫过当行为构成故意伤害,占比 96.07%。

那么该认定可能会脱逸于故意伤害罪的构成要件，这是因为防卫过当造成的轻伤并非等同于纯粹侵害所造成的轻伤。详言之，一般认为防卫过当减免处罚的根据在于不法的减轻和责任的减少。就不法的减轻而言，由于具有防卫性质，过当行为的不法程度低于纯粹侵害行为。因此，过当防卫造成轻伤的不法含量，便达不到故意伤害罪所要求的纯粹伤害造成轻伤的不法程度。

最后，将重大损害理解为重伤以上后果，也符合指导性案例意见。最高人民检察院在检例第 46 号"朱凤山故意伤害（防卫过当）案"中明确，防卫行为的强度不具有必要性并致不法侵害人重伤、死亡的，属于明显超过必要限度造成重大损害。在《刑事审判参考》（总第 38 集）第 297 号"赵泉华故意伤害案"中，法院明确重大损害不等于一般损害，"应当把握在没有造成不法侵害人人身重大损害，包括重伤以上这一限度内"。[1]

3. 步骤二："明显超过必要限度"

结合《刑法》第 20 条第 1 款与第 2 款的表述，我们可以将"明显超过必要限度"进一步分为"必要限度"和"明显超过"，分别判断。

（1）"必要限度"。

必要限度是指刚好有效制止不法侵害的防卫程度。虽然实践中不乏防卫行为小于或等于该程度便有效制止了不法侵害的情形，但这种情形本就在必要限度之内。详言之，根据前述第 20 条第 1 款与第 2 款的关系，制止了不法侵害的防卫行为被一般性地推定为符合防卫限度要求。因此，防卫行为强度小于不法侵害强度即已制止的情形并不涉及必要限度的判断。据此，必要限度真正要探讨的问题是刚好制止不法侵害的界限。一般而言，为了"制止不法侵害"，防卫行为应具备与不法侵害相当的程度，如此，可以将必要限度理解为不法侵害强度与防卫行为强度的相当性。或许会有人质疑，防卫行为与不法侵害强度相当，就能有效制止不法侵害吗？特别是，针对防卫行为强度大于不法侵害方能制止不法侵害的情形，这实际上已经是既成事实或已进行过判断，以及如果未经必要限度判断，怎能得出防卫强度大于不法侵害强度的结论？实际上，"必要限度"是一个假定性的判断，因为一般而言，在判断防卫过时，不法侵害尚未产生结果而防卫已经完成并产生了重大损害，何种

---

　　[1]　参见中华人民共和国最高人民法院刑事审判第一庭、第二庭编：《刑事审判参考》（总第 38 集），法律出版社 2004 年版，第 104 页。

程度的防卫刚好能制止不法侵害无法进行直接的物理性衡量。故此，将必要限度理解为不法侵害与防卫行为强度的相当性并无障碍。

虽然《指导意见》第12条罗列了防卫限度衡量应当综合考量的诸多情节，但实际上，如果仅观察不法侵害端与防卫端的因素进而进行力量对比，可能很难得出稳定的结论。在判决中，法官通常也会描述不法侵害与防卫方面的事实，但对防卫限度的实际认定结果却往往差强人意，其主要原因就在于法官不清楚如何统合这些因素，不清楚衡量载体与途径。不法侵害强度与防卫行为强度是否相当应基于实定法进行衡量，而非抽象判断，具体可以参照如下两个标准。首先，进行法定刑的衡量，即不法侵害所涉罪刑和防卫行为所该当之构成要件所涉"罪刑"（假定罪刑）是否相当，因为法定的罪刑基本上体现了行为的危害程度。由于定罪量刑的机制已经非常成熟，基于此展开的"必要限度"判断路径更明确、可操作性更强，而可能影响判断的诸多因素也可通过附着于"罪刑"这一衡量载体与基准而实现体系化、定型化，判断结果也更稳定；另外，罪刑考量机制为人熟知，"必要限度"判断更易于被普遍接受。其次，相当性还受法益位阶高低的影响。因此，必要限度的判断，应以实践中防卫所涉不同位阶法益的类型化区分为基础，主要衡量不法侵害的强度、罪刑和防卫的强度、假定罪刑之相当性。表2展示了司法实践中不法侵害的类型，可以作为类型化防卫法益的事实基础。

表2　560个判决所认定的不法侵害类型

不法侵害类型		频数	比例
单一型	钝器击打	105	18.75%
	锐器砍、刺	59	10.54%
	徒手殴打	220	39.29%
	非法限制人身自由	5	0.89%
	放火	2	0.36%
	刺激性喷雾喷射	2	0.36%
	非法侵入住宅	12	2.14%
	侵犯财产	26	4.64%

不法侵害类型		频数	比例
复合型	暴力追赶（如锐器砍、刺+追打）	42	7.50%
	暴力非法限制人身自由（如非法拘禁+侮辱+徒手殴打）	9	1.61%
	暴力非法侵入住宅、非法侵入住宅侵财	25	4.46%
	暴力侵犯财产（如锐器砍、刺+侵犯财产）	8	1.43%
	其他（如钝器击打+徒手殴打）	45	8.03%

实践中，直接侵害生命、健康的不法侵害占比约 86.70%，对人身使用暴力侵犯其他法益的情形占比约 6.25%，侵犯人身自由、人格权、住宅安宁以及侵犯财产的占少数。基于司法现实的不法侵害类型以及理论上对法益的划分，"必要限度"与不法侵害的强度、罪刑和防卫的强度、假定罪刑相当性的判断可进行如下类型化处理。

第一，对于持械伤害人身、徒手殴打等直接侵害生命、健康法益的不法侵害，应根据行为的性质及其可能产生的结果或危险等因素判断该不法侵害的罪刑；而由于防卫行为一般为针对不法侵害人的"伤害""杀人"，应根据防卫行为的性质、后果等因素判断防卫行为的假定罪刑；大致以不法侵害的刑罚和防卫行为的假定刑罚之相当认定必要限度。值得注意的是，不法侵害的罪刑判断不仅要考虑已经发生、正在发生的不法侵害，还须考虑将要紧迫发生的不法侵害的罪刑。如多人围殴防卫人，防卫人为了逃脱，用石块砸不法侵害人，造成其死亡的，多人围殴轻者可能致轻微伤，重者可能致死亡，若不法侵害当时仅造成轻微伤或轻伤，不能仅以故意伤害罪（致人轻伤）所对应的 3 年有期徒刑作为衡量防卫行为必要限度的量，而仍需考虑多人围殴可能持续、升级，产生其他后果这一紧迫的危险，综合现实不法侵害的罪刑与紧迫危险的罪刑以确定最终的必要限度。

定罪量刑须依托具体因素，衡量不法侵害的罪刑和防卫的假定罪刑亦须凭借相应因素。《指导意见》第 12 条提供了衡量不法侵害与防卫的诸多因素，这与 2018 年最高人民法院发布的指导案例 93 号"于欢故意伤害案"裁判要旨所确认的考量因素基本相同。[1]而二者确认的考量因素是否全面、合理，须以司法经验事实核实、补充。表3展示了560个判决认定防卫过当涉及的因素，我们可以基于此对《指导意见》第12条规定的考量因素加以补充、完善。

表3　560个判决认定防卫过当的主要考量因素

类型	子类型的频数与比例		
不法侵害针对的法益	人身：509，90.89%	财产：28，5%	人身及财产：23，4.11%
不法侵害的类型	单一型：431，76.96%		复合型：129，23.04%；
不法侵害的时间	正在进行：524，93.57%	紧迫：14，2.50%	行为结束但危险状态继续：22，3.93%
持械不法侵害	持械：298，53.21%	未持械：262，46.79%	
持械防卫	516，92.14%	44，7.86%	
防卫手段	殴打：61，10.89%	伤害：491，87.68%	杀人：8，1.43%
防卫特殊场所	住宅：102，18.21%	店铺：29，5.18%	汽车：6，1.07%
	宿舍：10，1.79%	办公室：6，1.07%	
防卫结果	重伤：260，46.43%	死亡：207，36.96%	轻伤：93，16.61%
防卫方人数 V. 不法侵害方人数	一对一：243，43.39%	多对多：67，11.96%	
	一对多：212，37.86%	多对一：38，6.79%	

综合司法实践与指导性案例，必要限度的考量因素主要包括不法侵害针对的法益、手段、时间、类型、持械情况、人数、力量对比、继续可能性、危险或实害结果，以及防卫法益、时间、地点、环境、手段、类型、持械情况、人数、力量对比、结果，等等。

第二，对于指向生命、健康以外的其他法益的不法侵害，如暴力非法限制人身自由、暴力非法侵入住宅、暴力侵犯财产等，虽然其侵犯的主要是自由、住宅安宁、财产等法益，但我们应考虑暴力行为升级至危及生命、健康

---

〔1〕 最高人民法院第18批指导性案例之指导案例93号"于欢故意伤害案"的裁判要旨明确，判断防卫是否过当，应当综合考虑不法侵害的性质、手段、强度、危害程度，以及防卫行为的性质、时机、手段、强度、所处环境、损害后果等情节。

的危险，并着重考虑该危险性对于不法侵害罪刑的影响。具体而言，如果暴力逐渐升级至侵害健康、生命的程度，如强制猥亵、侮辱所使用的暴力达到该程度，可以直接按照前一情形判断必要限度；如果暴力程度一般，但《刑法》在具体规范中已对该暴力因素进行明确规定，如"非法拘禁罪，具有殴打情节的，从重处罚"，即可据此大致认定该不法侵害对应的刑罚；若《刑法》未明确规定该暴力因素的刑罚，可以根据一般量刑规则认定该不法侵害的刑罚。在认定不法侵害的罪刑之后，再判断防卫的假定罪刑，最后比较二者是否相当以确定必要限度。

第三，对于纯粹侵害自由、性羞耻心、一般人格权等其他人身法益的情形，由于生命法益位阶高于上述法益，一般不可以杀人方式进行防卫，应采用伤害手段进行防卫，这意味着不法侵害强度与防卫行为强度的相当性主要表现为不法侵害的罪刑与故意伤害的罪刑相当。

第四，在侵害纯粹财产法益时，由于生命、健康法益高于财产法益，首先，不可以杀人方式进行防卫；其次，以伤害方式进行防卫的，当防卫行为的假定罪刑低于不法侵害的罪刑的一个档次时，可以认为不法侵害强度与防卫行为强度相当。

（2）"明显超过"。

在"必要限度"之后，应进行"明显超过"的判断。何为"明显超过"？《指导意见》第12条规定，不应当苛求防卫人必须采取与不法侵害基本相当的反击方式和强度……对于防卫行为与不法侵害相差悬殊、明显过激的，应当认定防卫明显超过必要限度。而如前所述，"相差悬殊、明显过激"才是属于"明显超过"探讨的范围，《指导意见》对此提供的基准是不明确的。笔者认为，"明显超过"是指防卫行为的强度高不法侵害的强度至少两个等级。详言之，必要限度等于刚好制止不法侵害的程度，而超越该限度的防卫等级可以分为一般超过、明显超过，故此，"明显超过必要限度"与"必要限度"之间应至少存在一个差值。如不法侵害为一般殴打（可能造成轻微伤），那么防卫行为只有造成重伤才能视为"明显超过"。以此类推，可能造成重伤致残的防卫行为对应可能造成轻伤的不法侵害，可能造成死亡的防卫行为对应可能造成重伤的不法侵害。总而言之，如果防卫行为的强度刚刚超过或一般超过不法侵害的程度，则并非"明显超过"而仍在防卫限度之内。

关于防卫限度判断的时点与主体标准，《指导意见》的立场应予肯定。《指导意见》第2条和第12条规定，要立足防卫人防卫时的具体情境，结合一般人在类似情境下的认知与可能的反应，把握防卫条件。对"明显超过必要限度"的判断时点应采行为时视角，这是因为防卫人在防卫时判断必要限度所考量的因素均出现于行为当时。若以事后视角查明所有事实，有违立法规定，也与正当防卫制度权利本位、偏重保护个人法益之根据不符。

4. 步骤三：过当防卫与重大损害的因果关系

"明显超过必要限度"的防卫行为与重大损害间应存在因果关系，即能将重大损害归责于明显超过必要限度的防卫行为。这一因果关系要求过当行为要么直接造成重大损害，要么所造成的非重大损害可以转化成重大损害，而过当行为本身包含造成重大损害的现实危险（见下图）。

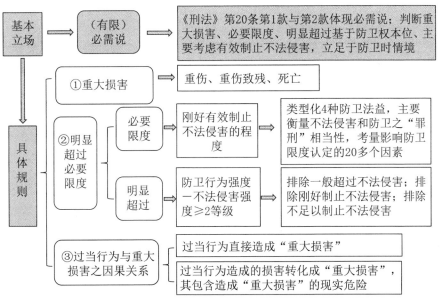

"明显超过必要限度造成重大损害"判断规则体系

五、防卫限度判断规则体系的适用检验

为说明上述规则体系的可操作性与稳定性，本部分将结合最高人民法院、

最高人民检察院于 2018 年发布的防卫过当相关指导性案例，[1]对其进行检验。本部分的研究目的是检验判断规则体系的适用，遂不对案件相关检察意见、裁判推理展开分析，同时，为了更直接、清晰地呈现操作过程与效果，笔者将主要展示规则体系的适用步骤。

（一）于欢故意伤害案

基本案情：2016 年 4 月 14 日 16 时许至 20 时，赵某、杜某 2 等 11 人到于欢的母亲苏某经营的山东源大工贸有限公司讨债，在财务室内、餐厅外盯守，在办公楼门厅外烧烤、饮酒，催促苏某还款。其间，赵某、苗某离开。20 时 48 分，苏某、于欢按郭某要求到一楼接待室。21 时 53 分，杜某 2 等人进入接待室。杜某 2 用污秽语言辱骂苏某、于欢及其家人，将烟头弹到苏某胸前衣服上，将裤子褪至大腿处裸露下体，朝坐在沙发上的苏某等人左右转动身体。杜某 2 用手拍打于欢面颊，其他讨债人员则实施了揪抓于欢头发或按压于欢肩部不准其起身等行为。22 时 17 分，民警朱某带领 2 名辅警到达接待室。22 时 22 分，朱某警告双方不能打架，然后带领辅警到院内寻找报警人。于欢、苏某欲随民警离开接待室，杜某 2 等人阻拦，并强迫于欢坐下。杜某 2 等人卡于欢项部，将于欢推拉至接待室东南角。于欢持刃长 15.3 厘米的单刃尖刀，警告杜某 2 等人不要靠近。杜某 2 出言挑衅并逼近于欢，于欢遂捅刺杜某 2 腹部一刀，又捅刺围逼在其身边的程某胸部、严某腹部、郭某 1 背部各一刀。22 时 26 分，辅警返回接待室。经辅警连续责令，于欢交出尖刀。杜某 2 等四人被送至冠县人民医院。次日 2 时 18 分，杜某 2 因腹部损伤造成肝固有动脉裂伤及肝右叶创伤导致失血性休克死亡。严某、郭某 1 的损伤均构成重伤二级，程某的损伤构成轻伤二级。[2]

依据本文的判断规则体系，第一步判断是否存在"重大损害"。本案中防卫行为造成 1 人死亡、2 人重伤，存在重大损害。第二步判断"明显超过必要限度"。首先分析"必要限度"，主要考虑不法侵害强度与防卫行为强度，以

---

〔1〕 最高人民法院发布的第 18 批指导性案例共四个，于欢故意伤害案为其中唯一的刑事案件；最高人民检察院发布的第十二批指导性案例共四个，均为正当防卫或防卫过当的案件，即陈某正当防卫案、朱凤山故意伤害（防卫过当）案、于海明正当防卫案、侯雨秋正当防卫案。裁判要点、要旨与防卫过当主要相关的案件包括于欢故意伤害案、陈某正当防卫案、朱凤山故意伤害（防卫过当）案，故选择该三个案件予以分析。

〔2〕 山东省高级人民法院［2017］鲁刑终 151 号刑事附带民事判决书。

及二者"罪刑"是否相当。在不法侵害强度方面，须同时考虑已经发生、正在发生的不法侵害以及紧迫的不法侵害。于欢所面临的已经发生、正在发生的不法侵害为非法拘禁并存在殴打、强制猥亵、侮辱，属于侵害行为蕴含危及生命、健康的其他法益情形。从罪刑上看，聚众或者在公共场所当众强制猥亵他人或者侮辱妇女的，应处 5 年以上有期徒刑；非法拘禁他人，具有殴打、侮辱情节的，在 3 年有期徒刑内从重处罚。在防卫行为强度方面，于欢在当时情形下持刃警告不法侵害人不要靠近，但被不法侵害人出言挑衅并逼近，说明紧迫的持刀防卫（"故意伤害罪"，可能致人轻伤、重伤、死亡）并未有效制止不法侵害，意味着不法侵害的强度已经超过故意伤害罪（重伤以上）的强度。在二者"罪刑"衡量上，考虑不法侵害人数众多、不法侵害持续时间较长、警察出警但未能制止不法侵害等诸多因素，"故意伤害致重伤"以上强度的防卫才可能制止不法侵害。综合现实和紧迫的不法侵害及其罪刑，不法侵害的刑罚应为 10 年以上有期徒刑、无期徒刑或者死刑。于欢持刀防卫造成一死两重伤，其防卫行为符合"故意伤害罪"构成，且其刑罚为 10 年以上有期徒刑、无期徒刑或者死刑。因此，不法侵害强度与防卫强度相当，亦即于欢防卫行为的强度属于"必要限度"之列，无需进行"明显超过"必要限度判断。防卫限度判断就此终结，可以得出防卫行为符合正当防卫限度之结论。

（二）陈某正当防卫案

基本案情：2016 年 1 月初，因陈某（未成年人）在甲的女朋友的网络空间留言示好，甲纠集乙等人，对陈某实施了殴打。1 月 10 日中午，甲、乙、丙等 6 人（均为未成年人），在陈某从中学大门走出后，尾随、拦住、抓住并围殴陈某。乙的 3 位朋友（均为未成年人）加入围殴。有人用膝盖顶击陈某的胸口、有人持石块击打其手臂、有人持钢管击打其背部，其他人对其或勒脖子或拳打脚踢。陈某掏出随身携带的折叠式水果刀（刀身长 8.5 厘米，不属于管制刀具），乱挥乱刺后逃脱。部分围殴人员继续追打并从后投掷石块，击中其背部和腿部。陈某逃进学校，追打人员被学校保安拦住。陈某在反击过程中刺中了甲、乙和丙，经鉴定，该 3 人的损伤程度均构成重伤二级。陈某身体多处软组织损伤。[1]

---

〔1〕 陈某正当防卫案（检例第 45 号）。

同依前述规则体系，第一步判断是否存在"重大损害"，防卫行为造成 3 人重伤，存在重大损害。第二步判断是否"明显超过必要限度"，首先分析"必要限度"。在不法侵害强度方面，陈某所面临的不法侵害为 9 人抓住并围殴，用膝盖顶击胸口、石块击打手臂、钢管击打背部、勒脖子、拳打脚踢，不法侵害的性质为故意伤害罪，从伤害样态、加害人数等因素来看，不法侵害极有可能造成重伤以上后果。在防卫强度方面，在当时情形下，陈某用折叠式水果刀乱挥乱刺后逃脱，部分围殴人员继续追打并投掷石块，说明持刀防卫（致人重伤）并未有效制止不法侵害，意味着不法侵害的强度已经超过故意伤害罪（重伤以上）的强度，防卫措施一般应采取"故意伤害致人重伤"以上的强度才可能制止不法侵害。而事实上，不法侵害是被学校保安制止的。据此，陈某持刀防卫致人重伤的"罪刑"轻于不法侵害之故意伤害罪（重伤以上）的罪刑，二者不具有相当性，即陈某的防卫尚未达到"必要限度"，无需进行"明显超过"必要限度判断。防卫限度判断就此终结，可以得出防卫行为符合正当防卫限度之结论。

（三）朱凤山故意伤害（防卫过当）案

基本案情：朱凤山之女朱某 1 与被害人齐某 1 系夫妻，朱某 1 已于 2016 年 1 月提起离婚诉讼，齐某 1 不同意离婚，常到朱凤山家吵闹并将朱家玻璃及朱某 1 汽车玻璃砸坏。2016 年 5 月 8 日 22 时许，齐某 1 酒后驾车到朱凤山家找朱某 1，朱某 1 不在家中，朱凤山不让齐某 1 进院，齐某 1 在朱凤山家门外吵骂后被劝离。23 时许，齐某 1 驾车返回，攀爬朱凤山家大门欲强行进入，朱凤山报警并持铁叉阻拦，齐某 1 爬上院墙用瓦片掷砸朱凤山。朱凤山遂从屋内拿取尖刀一把，上前与跳入院中的齐某 1 发生撕扯，朱凤山持尖刀刺中齐某 1 胸部一刀，造成齐某 1 主动脉、右心房及肺脏被刺破致急性大失血死亡。[1]

本案防卫行为造成一人死亡，存在第一步判断中的重大损害。第二步判断"必要限度"，朱凤山所面临的已经发生、正在发生的不法侵害为齐某 1 攀爬院子大门欲强行进入、在墙上用瓦片掷砸、跳入院内与其撕扯，其属于侵害蕴含危及生命、健康的其他法益情形。从罪刑上看，在墙上用瓦片掷砸、撕扯，一般可能造成轻微伤、轻伤，不法侵害可认定故意伤害罪（轻伤），如

---

[1] 河北省高级人民法院［2017］冀刑终 135 号刑事判决书。

此，就不法侵害强度和防卫强度相当性来说，防卫的"必要限度"应为故意伤害罪（轻伤）。防卫人在撕扯过程中持刀直接捅刺齐某的要害部位致其死亡，其强度超过有效制止该不法侵害防卫强度三个等级，属于"明显超过必要限度"。第三步判断是，不法侵害人因主动脉、右心房及肺脏被防卫人持刀刺破致急性大失血死亡，死亡可归责于"明显超过必要限度"的防卫行为。故此，朱凤山的防卫"明显超过必要限度造成重大损害"，系防卫过当。

综上，通过对最高人民法院、最高人民检察院指导性案例的适用检验，本文的防卫限度判断规则体系的优势已经显现。首先，判断步骤清晰，且每一个步骤均具有过滤功能，因此，防卫限度判断简约、精炼。其次，基于实定法的明确载体与基准——罪刑，多种考量因素获得体系化、定型性的思考，因此，"必要限度"判断的可操作性优良，易于普遍化，结果稳定。

六、结语

激活我国实际上"沉睡"的正当防卫制度，使正当防卫成为公民真正享有的权利，需要既有规范为司法实践真正存在的问题提供合理的解决方案。考察 2017 年至 2019 年的防卫过当判决，可以发现 71.79% 的判决直接认定防卫过当，而经过衡量得出防卫过当结论的判决基本缺失"明显超过必要限度造成重大损害"的判断步骤和规则。因此，未明确规定防卫限度判断逻辑与具体规则的《指导意见》无法全面解决实践中的主要问题。

规范供给不足之处，理论即应有所作为。近来的理论研究注重防卫限度判断的构造和逻辑，这对于解决实践中的主要问题很有帮助。然而，已有研究并未注意防卫限度的行为与结果这两个条件的判断顺序，最重要的是，其尚未明确提出统合考量因素的载体或具体衡量途径，因此，其仍无法合理解决实践中的主要问题。基于《指导意见》和已有理论的贡献与不足，理论应发展一个可操作性理想的防卫限度判断规则体系。该体系必须基于且旨在有效影响司法，并在我国实定法体系下具备融贯性。所重述的防卫限度判断规则体系以必需说为基础立场，将防卫行为与结果视为一体，分步且递进地判断"重大损害""明显超过必要限度"，以及过当防卫与重大损害之因果关系，过滤式排查防卫过当。本文认为，"重大损害"应为重伤以上的结果；"必要限度"应在类型化防卫直接侵害生命/健康、侵害蕴含生命/健康的法益、侵害纯粹自由/性羞耻心/人格等法益、侵害纯粹财产法益的基础上，主要衡量不法侵害的强度、罪刑和防卫的强度、假定罪刑之相当性，且将可能影响防卫限度认定的约 20 个因素纳入其中综合考量。该体系提供了明确的判断步骤、考量因素及其载体、具体规则，具有优良的可操作性与稳定性，对于解决防卫过当认定问题十分必要。

最后须明确的是，防卫过当司法问题的解决，不应依赖立法修改，也不应过度依赖司法解释，理论应该也能够发挥合理引导实践的机能。而理论能否有效引导实践，关键在于其能否准确把握实践中的紧迫问题，并有针对性地提供可操作的解决方案。关注中国实践问题，提供本土解决方案，是理论获得实践有效性的必经之路，也可能是中国刑法教义学获得实质发展的理性途径。虽然必须承认正当防卫、防卫过当司法困境的成因复杂，但正视和解决实践中的主要问题更紧迫，也更有现实意义。

正当防卫评判中的分层理论及非刑事手段的适用

傅跃建 *　张洪峰 **

摘　要：解决正当防卫适用中所引发的诸多争议，可以从法律概念存在精确和模糊区域的必然性、适用方法论的多元性、与社会习惯规则的连接等方面寻找出路；在此基础上，通过分析防卫行为的质、量和时间要素进行考量，可以将其分成明确的正当防卫、衡平的正当防卫、衡平的防卫过当和明确的防卫过当四个层级，予以不同的法律评价；对于衡平的正当防卫，可以通过立法与司法解释的调整、司法判例及指导性案例等予以确立，对于衡平的防卫过当，可以考虑用非刑法手段予以处置。

关键词：正当防卫　分级与分类　非刑法处置

2016 年以来，"辱母杀人案""昆山反杀案""见义勇为反被拘案""河北涞源反杀案""丽江反杀案"等一系列案件，把正当防卫的适用推上了舆论的风口浪尖。关于这几个案例是否构成正当防卫、是否属于防卫过当，在社会上、学术界和司法实践中引起了极大的争议。各方学者名家对于如何认定正当防卫，如何判断防卫限度等观点迭出。如对正当防卫提出"必需说""基本相适应说""折中说"和"原则与例外说"四种学说，[1]对判断防卫过当有防卫行为与防卫结果的"一体法"[2]"二分法"[3]等。笔者认为，解开正当防卫争议的这个"结"，不能停留在形式法层面的论争，而应当另寻出

---

　* 浙江省金华市人民警察学校教授、中国犯罪学学会副秘书长、中国刑法研究会理事。

** 浙江省金华市人民检察院第二检察部主任。

　〔1〕　参见周详："防卫必要限度：学说之争与逻辑辨正"，载《中外法学》2018 年第 6 期。

　〔2〕　参见陈兴良：《刑法适用总论（上卷）》（第 3 版），中国人民大学出版社 2017 年版，第 310 页。

　〔3〕　参见周光权："正当防卫的司法异化与纠偏思路"，载《法学评论》2017 年第 5 期。

路。为此，笔者试从对正当防卫的法理与实践的再分析、正当防卫及防卫过当的分级与分类、防卫过当的非刑法处置进行探讨。

一、拨开表层看实质——正当防卫法理和实践的再剖析

依笔者看来，当前对正当防卫适用的争议主要停留在法的规范层面的理解，如果要更好地解决这个问题，还需要从法理和实在法层面再做一个剖析。

（一）法律概念的精确性与模糊性的矛盾

首先，让我们溯回到经典法理层面，英国法学家哈特在《法律的概念》一书中指出："所有法律概念都包含'核心地带'与'边缘地带'两部分，在'核心地带'，概念是明确而可知的，而在'边缘地带'，概念是模糊而充满歧义的。"〔1〕正当防卫之所以引起诸多分歧，也是源于其概念和内涵、外延的精确性和模糊性矛盾的普遍规律。例如，对于盗窃田中庄稼的小偷，直接开枪将其击毙，无论是防卫行为还是防卫结果，确定地属于防卫过当；而对于拿着刀具意欲杀害人质的歹徒，直接予以击杀也属于无争议的正当防卫。但在这明确而无异议的概念之外，总是存在着模糊地带，与此同时，正当防卫所对应的案件事实又具有开放性、发散性和流变性，还会因人而存在不同立场和认识，这也加剧了法律适用的复杂性和不确定性，使得对案件事实与法律的认定存在着不同的看法。这正如亚里士多德所说，"并非事实的本身，而是对事实的解释，使人们产生分歧"。〔2〕解决这个问题，不可能依靠一种所谓的"权威和正确学说"而完全或者一劳永逸地解决，还是需要从多元的方法论上来考虑。

（二）对防卫限度的解读存在方法论的非周延性

从对防卫过当争议的焦点看，各方主要从单一法律规范的方式进行分析，少数也考虑了伦理学的立场。例如，认为于海明构成防卫过当的观点主要对防卫行为的时间因素进行了严格的法律规范解读，〔3〕而支持于欢构成正当防卫的观点，无疑从道德层面考虑了其反击母亲所受侮辱的孝道。笔者认为，对"防卫过当"这一概念的分析，还要借助其他的方法论，才能达到客观、

---

〔1〕 ［英］哈特：《法律的概念》，张文显等译，中国大百科全书出版社1996年版，第16页。

〔2〕 ［美］查尔斯·赫梅尔：《自伽利略之后：圣经与科学之纠葛》，闻人杰等译，宁夏人民出版社2008年版，第3页。

〔3〕 冯军："防卫过当：性质、成立要件与考察方法"，载《法学》2019年第1期。

全面、符合逻辑的综合判断的要求。

第一，从公权力执法的例外角度来分析。法治社会发展到今天，私力救济、同态复仇的规则已经被整体性抛弃，针对非法暴力的惩治，原则上由国家公权力垄断，而正当防卫，则是在紧急情况下国家公权力的一种特殊授权。"正当防卫是国家暴力垄断的例外。在公民受到正在进行的不法侵害的情况下，法律赋予公民防卫权，这种防卫权就是一种合法暴力，它是对国家暴力的必要补充。"[1]那么，如果针对不法侵害换位为公权力执法，相对而言要容易判断得多，争议也少得多。私力救济由于个体的差异，缺乏公权力执法的规范性和程式化特征，更容易引起争议。那么，在判断行为人是否属于防卫过当时，也可以参照在当时情况下，如果国家公权力在场的话，应该采取什么样的手段和行为来进行类比性的判断和评价。

第二，从生物学的角度进行思考。这是不同于以"理性人"模型为基础的法律分析观点，在公权力执法的场合，"理性人"是基本成立的。但在私力救济的情况下，对于行为者这样一个具体的"人"，应当充分考虑其作为生物特性的因素。《德国刑法典》第33条规定，"如果行为人出于无措、恐惧或是震惊而超出防卫限度，其不受刑罚处罚"。例如，在"河北涞源反杀案"中，入户侵害人王某在倒地后王某元夫妇继续对其实施殴打致其死亡，显然是出于对其继续侵害的恐惧、担忧和气愤，这在检察机关的不起诉决定书中也作了陈述："基于对不法侵害行为的愤怒等原因，在不法侵害结束后的短暂时间内持续实施防卫行为，可谓人之常情，法律不能对防卫人提出苛刻的要求。"[2]从这个角度考虑，也应该承认部分人存在误判的客观可能性，而误判也应当得到一定程度的允许。"在被防卫者以违法的方式制造了利益冲突的前提下，无论是对于侵害强度还是对于侵害持续时间的误判，均需根据防卫人个人化的事前标准考察误判是否具有合理性，在合理性的范围内肯定误判特权的成立。"[3]

第三，从数学角度来理解。这里讲的数学角度主要指概率统计学，指通常情况下不会出现的小概率事件，是一种隐藏在过失或者意外层面之下的规律性的东西。这种方法应当作为评判法律事件的一个重要因素，如果在判断

---

[1] 陈兴良："正当防卫的司法偏差及其纠正"，载《政治与法律》2019年第8期。

[2] 张明楷："防卫过当：判断标准与过当类型"，载《法学》2019年第1期。

[3] 陈璇："正当防卫中的'误判特权'及其边界"，载《中国法学》2019年第2期。

防卫过当时不考虑这个因素，那就不是一种负责任的态度。例如，在"见义勇为反被拘案"中，赵某将李某拉倒在地并向其腹部踹了一脚，这一行为本身不能被认定为明显超过必要限度，重伤结果并不是赵某主观上故意追求的，因为在通常情况下，这种行为不会造成重伤后果，这是一种数学上的小概率事故。为此，笔者认为，除非行为人有故意或者重大过失，对于小概率事件造成危害后果的防卫行为，在进行法律评价时需要十分慎重。

（三）与超法律的社会规范、自然法则之间的连接

在对侵害行为的抵抗、防卫行为进行评价时，除了运用法律规范、法律权利，也应当"接地气"，因为对不法侵害进行抵抗的行为人，不仅是一个个"具体的人"，而且是像电影《阿凡达》中描述的那样，与特定的社会土壤存在广泛的"精神连接"，一些超法律的社会与习惯法则在影响着他。

第一，要考虑法律调整范围的局限性。对正当防卫的判断不能在自己的小院子"兜圈子"，还要多做开放性的交流和理解。"一般人根据自己的生活经验与法感情得出的结论，或许是最值得司法人员倾听的。"〔1〕每一个具体的人都与他所在社会环境有着紧密的连接，对这种连接的理解是评判防卫行为的重要环节。根据学者对裁判文书网中有关正当防卫案件的调研结果，真正对认定结果有重大影响的因素，是"损害后果""被害方谅解"。〔2〕因此，只有将关注点由立法、司法进一步扩展至包括立法、司法、社会生活在内的"多元主体互动、互构的去中心化视角"，才可能促成法律正义在社会现实生活中的实现。〔3〕

第二，要考虑人的尊严在社会规则中的重要价值。在中国的社会文化中，"士可杀不可辱"是一种十分重要的法则，对人的尊严的保护体现了对社会法则的尊重，人的尊严是高于实在法上法律权利的一种法律地位。〔4〕例如，在"山东于欢案件"中，于欢对侵犯者的抵抗不仅仅是一种法律权利，更是超越实在法的一种地位；再如在"海南三亚陈某杰案"中，二审法院认为，陈某杰作为一个男人和丈夫，在自己的妻子被调戏，自己被辱骂并被围殴之时，用小刀刺、划侵害人致其死亡，构成正当防卫。"尊严给予了人们对抗外来侵犯

〔1〕 参见张明楷："防卫过当：判断标准与过当类型"，载《法学》2019年第1期。
〔2〕 参见赵军："正当防卫法律规则司法重构的经验研究"，载《法学研究》2019年第4期。
〔3〕 参见赵军："正当防卫法律规则司法重构的经验研究"，载《法学研究》2019年第4期。
〔4〕 参见胡玉鸿："人的尊严的法律属性辨析"，载《中国社会科学》2016年第5期。

的权能与资格，由此可派生出法律上的防御权与请求权：防御权是指在人的尊严受到侵犯时，当事人可以主张对国家、社会及他人的对抗性权利，以使自己的尊严不至于被贬损。"[1]例如，沉默权、拒绝非法搜查权即体现了对人的尊严的保护，而对非法侵害的抵抗，同样体现了对人的尊严的保护。

二、防卫行为的分层设想——解决争议的基础性思考

在认定正当防卫与防卫过当的时候，必须承认法律规定无法概括所有的现实社会行为，承认法律概念所存在的模糊地带和不确定性，为此，我们应当运用多元化的方式，考虑个人与社会、习惯法则的连接，为解决正当防卫存在的争议寻找出路。笔者认为，可以对正当防卫及防卫过当作一个分类和分级，并针对不同的类级采取不同的应对方式。

（一）正当防卫的精确与模糊区间的认定与操作问题

前面从理论上讨论了正当防卫的精确与模糊区间的问题，但真实的案例还需要进行具体和现实的认定，如何增强判定的可操作性？有没有一些具体的标准和参照系？其实有一个参照系，之前已经谈过，就是公权力执法和理性人模型的假设。假设当不法侵害发生时，国家执法力量例如警察组织就在现场，那么公权力执法将如何实施就是一个重要参照，然后再结合防卫行为人本身的具体特点，并运用各种方法论和因素进行综合评价。从这个视角来看，防卫行为人相当于在紧急情况下代行执法者角色，如果他属于正常履职，那么就是正常的正当防卫，如果他有故意或者重大过失造成不应有的损害，则须承担相应的责任，换位到私力救济（防卫行为）中，则可能成立防卫过当。因此，如果防卫行为人如公权力执法一般，则构成明确的正当防卫，如果结合了自身的特点，则可能属于模糊的区间，需要结合当事人的具体情况进行衡平的判断和评价。

（二）防卫行为中的质、量与时间因素三要素

根据《刑法》第20条关于正当防卫的规定，对防卫行为进行评价时，可以将其分解为质、量和时间因素三个要素，防卫限度过当相应分为质的过当、量的过当、时间的过当及其组合。这种划分，也有区别，如有的将超过时间

---

[1] 胡玉鸿："人的尊严的法律属性辨析"，载《中国社会科学》2016年第5期。

限制的过当称为量的过当。[1]同时，笔者在对这三个要素进行分析时，也结合其他多元方法进行综合分析。所谓防卫的"质"，是指行为手段、工具和力量的相当性；"量"指行为在数量级、持续性、造成的后果的对应性；"时间"要素则指对时间起点和终点的把握。时间要素通常理解为不早不迟，提前防卫和侵害终止后防卫均被认为不法。

（三）根据多元方法可以将防卫行为分为四个层级

根据法律概念的精确性和模糊性定律，并结合公权力补充的视角、对人性和生物学的考察、概率考察、社会生活和实践考察，防卫行为可被大致分成四个层级：

第一层级，明确和精准的正当防卫。也即无论是防卫的质、量和时间要素都比较合适和准确，属于典型的、精确意义上的正当防卫。例如，对于带着匕首闯入幼儿园砍杀儿童的歹徒，幼儿园职工紧急关头直接拿起木椅重击其头部但致其死亡，无论从防卫的质、量和时间要素上都没有争议。如果放在公权力在场的场合，警察采用的方式也是类似的。

第二层级，衡平的正当防卫。这一层级位于正当防卫精确区间之外，对于是否成立正当防卫不具有直观性，属于结合其他因素和方法综合判断为正当防卫的情形，称为衡平的正当防卫。仍以"河北涞源反杀案"为例，在这个案件中，当晚王某带刀闯入王新平家中，王新平夫妇使用农具予以抗击，由于王某追赶和伤害王新平女儿，王新平夫妇在合力将其打倒在地后，出于恐惧和担忧继续对其进行殴打致其死亡，在这种情况下，从质的角度符合正当防卫，但从量和时间要素上看，虽然有不足之处，但结合伦理学、生物学（人性学）和社会法则等角度，依然可认定为正当防卫。

第三层级，衡平的防卫过当。譬如从质的角度看，已经超出了正当防卫的范畴，但在量和时间要素上又未超出范围。例如，对于正在扒窃他人财物的人，直接用水果刀刺其要害但未刺中。这种防卫行为属于在"质"的方面已经超出必要限度，但在"量"上没有造成危害后果。还有的情况是从质的角度看没有超出必要限度，但量或者时间超出，或者质、量和时间超限的其他组合。例如，甲看到乙意欲猥亵自己的女朋友，愤而上去对其胸部击了一拳，不料乙被击倒后正好头部撞在路边的石头上导致死亡，这种属于质不过

---

〔1〕 参见张明楷："防卫过当：判断标准与过当类型"，载《法学》2019 年第 1 期。

当，但在量上造成了严重后果的情况，构成衡平的防卫过当。再如，不法侵害结束后，超过时间限度的防卫行为造成了非重大的普通损害如轻伤害，也属于这种情况。

第四层级，另一端的顶端，也即明确的防卫过当。对于明确的、直观的防卫过当，按照刑法的规定应当从轻或者减轻处罚，不属于本文研究的重点。

三、路径设想——防卫行为的司法衡平与非刑法处置

笔者认为，对于解决正当防卫问题上的争议，可以对正当防卫与防卫过当的外延进行司法上的衡平，分别采取不同的措施，并考虑非刑法处置手段的引入。

（一）防卫行为的司法衡平

精确的正当防卫与精确的防卫过当比较直观，而对于第二和第三层级，即衡平的正当防卫和衡平的防卫过当如何认定？前文分析了从质、量和时间三个要素的分类方式，但这只是具体的分析方式，如何把它上升到规范的层面？笔者认为，一方面可以把经过司法实践总结出来的经验，对一些有争议的行为是否构成正当防卫或者防卫过当进行总结，通过立法或者司法解释确立下来。另一方面，由于我国属于成文法系国家，可以借鉴普通法系国家的做法，通过司法判例或者指导性案例的方法，在典型案例中将是否属于防卫过当、是否属于"正在进行"等不确定性概念明确化，来扩大精确认定正当防卫和防卫过当的范围。"法条休眠主要存在于立法和司法的连接处，而法律解释正是有效对此二者进行连接的'传送带'。如何通过司法路径尽可能'权威地'将一定裁判标准公之于众并使之信服，就成为激活休眠法条的关键。"[1]例如我国最高人民检察院发布的指导性案例，就是一个行之有效的方式。

（二）防卫行为的非刑法处置设想

对于第三层级的防卫行为，也就是衡平的防卫过当，鉴于实际情况，虽然难以认定为正当防卫，但可以采用非刑事手段进行处置。对于这个问题，国内已有学者对其作出了初步探讨，如有学者认为，立法需要对正当防卫条款进行修正：一是基于"法律不强人所难"的法理，对防卫过当进行二分，区分需承担刑事责任的防卫过当与不需承担刑事责任的防卫过当，前者即保

---

〔1〕 宋保振："激活正当防卫条款的有效方式"，载《中国社会科学报》2018年12月19日。

留现有规定，后者则增加行为人在"高度恐惧、慌乱、愤怒"等期待不能情况下实施防卫过当的，属于责任阻却事由，不承担刑事责任。[1]对于《德国刑法典》第33条的规定（恐惧、慌乱、愤怒下的防卫行为），也有学者提出了类似的观点，"既然这种情形下的防卫人确实没有期待可能性因而没有责任，即使在不法层面属于防卫过当，也不能让防卫人承担防卫过当的刑事责任。另一方面，出于一般预防的考虑，对这种情形的防卫过当，也不应当追究刑事责任"。[2]

笔者认为，如果单纯运用法律手段来解决防卫过当的问题，会造成一些本来属于防卫过当的情况，进行扩大解释认定为正当防卫，容易产生同类的行为不同的理解和不同的判断。而引入非刑法处置手段，如民事赔偿责任、行政处罚责任等，既符合法律的一般精神，也即保护合法权益、惩治非法侵害，也契合了社会生活中的法则，能够更好地保障社会秩序。例如，在"昆山反杀案"中，也有学者提出了类似的观点，认为当侵害人已经丧失侵害能力，防卫人砍击其臀部的行为，已经属于防卫过当，至于其对当时的主观认识包括误认，也不影响过当的定性，只是影响法律后果。[3]

再回到公权力委托私力救济的视角，在公权力对非法侵害进行执法时，对于执法行为不当造成不应有的后果的，根据我国法律的规定，如果执法行为人有故意或者重大过失的，可以对其进行追责。追责的形式包括非刑法手段，例如行政责任、民事赔偿责任等，对于构成犯罪的依法追究刑事责任。这样，也为我们运用非刑事手段解决防卫行为的争议提供了法理的参考。

笔者认为，可以通过非刑法手段的情形主要包括以下几种：其一，出于人性的弱点所造成的防卫过当，如恐慌、惊吓、误判等造成的防卫过当。其二，对于因过失、意外等原因造成危害后果的防卫过当。其三，对于造成的后果较轻的防卫过当。对于以上几种情况，还可以比照当事人意思自治的范围，用类似于不告不理的自诉来解决。

---

[1] 姜涛："正当防卫限度判断的适用难题与改进方案"，载《中国法学》2019年第2期。
[2] 张明楷："防卫过当：判断标准与过当类型"，载《法学》2019年第1期。
[3] 冯军："正当防卫理论与实践问题辩驳"，载《中国检察官》2018年第18期。

正当防卫认定中的实质标准探析

周铭川 *

摘　要： 在正当防卫的认定中，正当防卫的各项成立条件仅仅是形式标准，行为在道德上的正当性则是实质标准，仅适用形式标准很容易导致认识分歧，应当以实质标准为指导，对形式标准进行解释。在非法拘禁案件中，应当区分非法拘禁本身和拘禁过程中随时可能发生的暴力这两种不法侵害，只有后者才是可能导致被拘禁者重伤、死亡的不法侵害，只有对后者才可以实行"无限"防卫。在长期遭受家庭暴力的受害人趁机重伤、杀死施暴者之类的案件中，可以将随时可能发生的暴力视为正在进行的不法侵害，从而认为受害人的行为成立正当防卫。

关键词： 正当防卫　形式标准　实质标准　非法拘禁　家庭暴力

长期以来，人们习惯于根据正当防卫的成立条件来认定某一攻击行为是否属于正当防卫，这虽然简便易行，但由于不同判断者对同一事实的看法不可能完全相同，导致经常发生不同判断者对同一攻击行为的性质各执己见的情况。

例如，在前几年轰动全国的"于欢故意伤害案"中，于欢为了摆脱讨债者对其母子人身自由的限制而持刀捅刺讨债者，致一人死亡两人重伤一人轻伤，其中一刀是趁对方逃跑时，追上去捅刺对方背部导致的，从而被一审法院以故意伤害罪判处无期徒刑。案件经媒体以耸人听闻的"辱母杀人案"广泛报道之后，二审法院不得不响应民意，以故意伤害罪防卫过当为由，改判

---

* 上海交通大学法学院副教授、硕士生导师，武汉大学刑法学博士，牛津大学访问学者。

有期徒刑5年。[1]撇开民意对司法审判的影响不谈，此案涉及的刑法问题主要是，对持续性的非法限制人身自由行为能否认定为作为正当防卫成立条件之一的不法侵害？如果能，则于欢的防卫行为是否属于防卫过当？虽然二审判决一锤定音，但理论上的争议远未平息。

又如，在"河北涞源反杀案"中，死者因求爱未成，屡次威胁王某及其家人，致使王某及其家人东躲西藏。案发当日23时许，死者携带两把水果刀、一根长51.4厘米的甩棍翻墙进入王某家院子中，与王某及其父亲、母亲对打，倒地后两次欲起身，被王某父母连续用菜刀、木棍击打至不能动弹为止。检察院认定王某父母成立特殊防卫，认为死者倒地之后，还两次欲起身，致使王某父母当时不能确定死者是否已被制伏，担心其再次实施不法侵害而继续防卫，所以不法侵害尚未结束。[2]有学者则认为，对不法侵害是否已经结束的判断是一种客观判断，在判断时不能掺入防卫人主观上能否合理地认为不法侵害尚未结束这种主观判断，因此该案属于事后防卫，只是由于王某父母主观上是出于防卫意图而非犯罪意图，所以其行为不构成故意犯罪而可能构成过失犯罪或意外事件。[3]

再如，即便在检察院已经通告昆山于海明夺刀砍杀刘某案成立正当防卫之后，还有学者撰文强烈反对，认为刘某在案发时血液中的酒精含量是87毫克/100毫升，已经超过了80毫克/100毫升的醉酒标准，正处于醉酒状态，实际上与精神病人一样都没有刑事责任能力；在刘某因醉酒而没有刑事责任能力时，检察院既不考虑于海明对刘某的攻击采取回避措施是否存在特别负担，又不考虑于海明是否知道刘某打斗时正处于醉酒状态，明显不符合正当防卫理论，此案至多能成立紧急避险。[4]

可见，适用形式标准所存在的最大问题，是不同判断者对具体行为某一相关因素是否符合正当防卫的同一项成立条件很容易产生认识分歧。之所以

---

[1] 参见山东省聊城市中级人民法院［2016］鲁15刑初33号刑事附带民事判决书；山东省高级人民法院［2017］鲁刑终151号刑事附带民事判决书。

[2] 参见"关于对'涞源反杀案'决定不起诉有关情况的通报"，载中华人民共和国最高人民检察院网站：https://www.spp.gov.cn/zdgz/201903/t20190303_410071.shtml，2020年11月23日访问。

[3] 参见王志祥："论正当防卫制度司法适用的纠偏"，载《法学论坛》2019年第6期。

[4] 参见冯军："昆山砍人案的冷思考，打捞那些被忽略的细节"，载《中国检察官》2018年第18期。

很容易产生认识分歧，则是因为相互之间缺乏一个共同的认定正当防卫的指导思想，无法围绕该指导思想对具体情形是否符合正当防卫的各项成立条件进行解释。如果用树干和树枝的关系来比喻，则正当防卫的各项成立条件仅仅是树枝，共同的指导思想则是树干，当忽略了树干或者缺少树干时，自然无法将各个树枝井然有序地串连起来。这个共同的指导思想，就是具体行为在道德上的正当性。实践中往往是民意首先一边倒地认为某一案件成立正当防卫，但公检法及刑法学者则倾向于认为是防卫过当或通常的故意犯罪，然后民意倒逼司法，迫使司法机关响应民意，作出符合民意的认定。这主要是因为公检法及刑法学者习惯于根据通常刑法理论去严格认定具体行为是否符合正当防卫的各项成立条件，而社会民众则倾向于根据其朴素的正义观和价值观去评价具体行为在道德上是否正当。虽然公检法及刑法学者在思考问题时，同样不可避免地将具体行为在道德上的正当性作为判断行为是否具有防卫性质的前理解，但是一旦套用正当防卫的各项成立条件，则很容易将行为在实质上的正当性撇到一边，导致形式与实质的冲突。

为了减少这种冲突，有学者在一些案件中不得不将并不符合正当防卫各项成立条件的情形勉强解释为符合正当防卫的成立条件，从而留下理论破绽。

例如，有学者认为，一个本来对被拘禁者生命权、健康权的危险性并不大的非法拘禁行为，可以因为行为的持续时间足够长而成为被拘禁者可以"绝地反击"的"行凶"行为，因为拘禁行为的不法侵害性能够持续累积到从量的角度来看总量已经很大、从质的角度来看足以评价为不法侵害人在"行凶"，从而，即使被拘禁者杀死拘禁者，也是无限防卫而不是防卫过当。[1]

笔者认为单纯的拘禁行为不可能导致被拘禁者重伤、死亡，只有拘禁过程中所伴随的严重暴力才可能导致被拘禁者重伤、死亡，若仅仅是单纯的拘禁而未伴随暴力，难以想象拘禁的持续会使被拘禁者遭受重伤、死亡的危险性升高到"行凶"的程度。例如，甲为讨债而将乙锁在房间内，每日三餐按时送到，虽然威胁乙若不老实就会殴打乙，但实际上直至乙被公安机关解救出来为止从未殴打过乙，显然，这种不伴随暴力的单纯的非法拘禁，仅仅侵犯乙的人身自由权，而不可能导致乙重伤或者死亡，不可能因为拘禁时间足

---

[1] 参见周光权："论持续侵害与正当防卫的关系"，载《法学》2017年第4期。

够长就变成足以导致乙重伤或死亡的"行凶"。如果认为"行凶"也可以是平和的、非暴力的，因而不伴随暴力的非法拘禁也属于"行凶"，则又明显违背"行凶"的文义。简言之，非法拘禁所侵犯的是人身自由法益，只有真实的暴力才能侵犯人的生命、健康法益，认为只要拘禁行为持续时间足够长就能严重侵犯生命、健康法益，是将暴力所能侵犯的法益视作拘禁所侵犯的法益。

其实，在类似案件中，根本没有必要将非法拘禁行为的不断持续解释为"行凶"，只要将非法拘禁所伴随的暴力解释为行凶即可。因为，阻止被拘禁者逃离的唯一有效办法，是当场实施暴力或者以当场实施暴力相威胁，否则，被拘禁者不可能老老实实让人拘禁。只要被拘禁者企图逃离，则拘禁者是肯定要实施暴力的，即使这种暴力尚未实施，也可以解释为随时可能实施的"正在进行的不法侵害"，认为被拘禁者可以针对这种随时可能发生的暴力攻击成立正当防卫即可。

反之，对单纯的非法拘禁实施暴力反击的，不一定能评价为具有防卫性质。例如，甲为讨债非法拘禁债务人乙，将乙锁在自家一房间里十几天，虽然经常威胁乙若不老实就殴打乙，但由于乙从未反抗，甲也从未实际殴打过乙，某日甲因有急事而让其13岁的儿子丙帮忙看管乙，乙见有机可乘就踢破房门，顺便几拳将站在门口阻止其逃离的丙打死。虽然乙主观上具有为了摆脱非法拘禁而逃离的防卫意图，能对其为了摆脱非法拘禁而踢破房门和推开丙的轻微暴力成立正当防卫，但是其在根本没有必要打死丙的情况下将丙打死，则很难说该杀人行为是正当的，不能评价为具有防卫性质，不应将逃离行为是否正当与杀人行为是否正当混为一谈。换言之，乙为逃离而踢破门、推开丙是正当防卫，但是，逃离时顺便将丙打死则是一个单独的故意杀人行为，不能将摆脱非法拘禁的防卫性质迁移至故意杀人上来，不能认为乙构成防卫过当的故意杀人罪。

又如，对长期遭受家庭暴力的受害人趁机重伤、杀死施暴者的案件，有学者认为成立紧急避险，因为暴力是各自独立、分次实行的，不能将各次暴力视为一个整体的暴力侵害，诸如受害人趁施暴者熟睡时重伤、杀死施暴者的情形，不符合正当防卫成立的时间条件，属于事前防卫。但是，可以认为成立防御性紧急避险，一方面，受害人有随时再次遭受暴力侵害的危险性；另一方面，由于危险是施暴者造成的，所以施暴者的生命法益的可保护性要明显降低。[1]这种解释是牵强的。如果不能认为这种随时可能实施的暴力是"正在进行的不法侵害",则同样不能认为它是一种"正在发生的危险";认为长期施暴者的生命法益的可保护性明显降低,则是典型的循环论证,是先有应当成立紧急避险的结论再认为受害人的生命法益更值得保护,而不是正常地从前提推出结论,并且也明显违背了人的生命价值不能比较的人性尊严原则。实际上,与其将这种情形解释为紧急避险,不如直接解释为正当防卫,既然受害人有随时再次遭受暴力侵害的现实危险性,则这种即将发生的暴力,正是法条中规定的"正在进行的不法侵害",不可能等到施暴者着手实施暴力之后才认定不法侵害"正在进行"。[2]

以上分析表明,仅仅考虑具体行为是否符合正当防卫成立的各项形式条件,尚不足以准确地认定正当防卫,必须考虑形式条件之后的实质条件,才可能减少认识分歧。本文的写作目的,是揭示正当防卫认定中的实质标准即行为在道德上的正当性对正当防卫认定的影响,为学界深入研究正当防卫提供一种思路。

一、正当防卫的判断因素是行为主客观要素之外的因素

在我国刑法通说看来,正当防卫是排除犯罪性的行为、[3]排除社会危害性的行为、[4]正当化行为、[5]正当行为。[6]在德日刑法通说看来,正当防卫是违法性阻却事由。[7]

两者的区别在于,我国刑法通说对正当防卫的界定,是从实质上指明正当防卫是什么,而没有考虑正当防卫在犯罪认定中的定位,或者说没有考虑正当防卫在犯罪论体系中的地位。事实上,我国多数刑法学教材都是在犯罪

---

〔1〕 参见陈璇:"家庭暴力反抗案件中防御性紧急避险的适用——兼对正当防卫扩张论的否定",载《政治与法律》2015年第9期。

〔2〕 参见张明楷:《刑法学(上)》(第5版),法律出版社2016年版,第202页。

〔3〕 参见马克昌主编:《犯罪通论》,武汉大学出版社1999年版,第709页。

〔4〕 参见刘宪权:《刑法学名师讲演录(总论)》,上海人民出版社2014年版,第216页。

〔5〕 参见田宏杰:《刑法中的正当化行为》,中国检察出版社2004年版,第3页。

〔6〕 参见高铭暄、马克昌主编:《刑法学》(第9版),北京大学出版社、高等教育出版社2019年版,第123页。

〔7〕 参见[日]大塚仁:《刑法概说(总论)》(第3版),冯军译,中国人民大学出版社2003年版,第368页。

构成理论之外单独探讨正当防卫理论的，所谓"四要件"犯罪构成理论都将正当防卫排除在外，正当防卫是在"四要件"之外的、另外用来排除犯罪性的事由。虽然这种人为的排除完全不符合实际，因为无论是在理论上还是在实践中，对某一行为是否构成犯罪的判断，都可能需要考虑该行为是否属于正当防卫，但无论是"四要件"理论的支持者还是该理论的反对者，都假定我国传统犯罪构成理论仅仅是"四要件"理论，而在犯罪认定过程中忽视正当防卫。

而德日刑法通说将正当防卫定位为"构成要件符合性、违法性、有责性"之第二阶层"违法性"中的违法性阻却事由，更加注重正当防卫形式上在犯罪认定中的地位而没有从实质上考虑正当防卫是什么，人们无法从这种形式的定位中得知正当防卫为什么可以阻却违法性。对于正当防卫为什么可以阻却攻击行为的违法性的问题，德日刑法通说是在正当防卫的正当化根据理论中讨论的。

尽管侧重点不同，但两者都存在不足。我国这种只注重实质而忽略形式的界定，导致我国"四要件"犯罪构成理论存在难以解决的矛盾：一方面，认为"犯罪构成是决定某一具体行为的社会危害性及其程度而为该行为构成犯罪所必须具备的客观要件和主观要件的有机统一、是成立犯罪的具体标准和规格"；[1]另一方面，一个完全符合犯罪构成主客观两方面要件的行为，却未必能够成立犯罪，还必须进一步判断该行为是否正当，从而导致"犯罪构成是认定犯罪的唯一标准和规格"这一概念无法坚持。[2]并且，对行为是否成立正当防卫的判断，是根据行为是否符合正当防卫的各项成立条件进行的，其判断标准明显是犯罪构成要件之外的独立的标准，甚至都不是攻击行为本身的主客观要素，以至于有学者认为"刑法中的正当化行为不是刑法意义上的行为要素"，"四要件犯罪构成理论没有也不可能为刑法中的正当化行为提供栖身之所"，"刑法中的正当化行为成了游离于犯罪构成体系之外、与犯罪构成体系不发生任何关系的活泼元素"。[3]虽然这种观点将行为的"正当性"与"行为"本身混为一谈是错误的，并且其批判"四要件犯罪构成理论没有

---

〔1〕 参见高铭暄、马克昌主编：《刑法学》（第9版），北京大学出版社、高等教育出版社2019年版，第47页。

〔2〕 参见许发民："二层次四要件犯罪构成论——兼议正当化行为的体系地位"，载《法律科学（西北政法学院学报）》2007年第4期。

〔3〕 参见田宏杰：《刑法中的正当化行为》，中国检察出版社2004年版，第143页。

也不可能为刑法中的正当化行为提供栖身之所"也是不必要的，因为正当化事由本来就是"四要件"之外的因素，没有必要也不可能让其"栖身"于"四要件"之中，但其已经认识到行为的主客观要素与正当性的判断因素之间的区别，则是比较有先见的。

而德日将正当防卫定位为违法性阻却事由，则既导致犯罪认定的实际顺序变成了"构成要件符合性→违法性阻却事由→责任阻却事由"，[1]从逻辑上讲本应积极判断某一具体行为有无"违法性"的判断实际上被行为人在实施该具体行为时有无"违法性阻却事由"的判断所代替，又导致犯罪论体系中的"违法性"和"有责性"实际上并不是犯罪认定过程中必须进行判断的违法性和有责性，而是理论体系意义上的违法性和有责性。之所以形成这种体系，与构成要件是违法有责类型有关。由于立法者是将其认为值得科处刑罚的行为类型作为犯罪规定在刑法中的，导致构成要件符合性具有推定违法性和有责性的机能，如果一个行为符合刑法规定的某个犯罪的构成要件，就可推定其具有违法性和有责性，所以在违法性阶层的任务不是判断行为有无违法性，而是判断有无违法性阻却事由，在责任阶层的任务不是判断有无责任，而是判断有无责任阻却事由，从而在有罪与无罪之间形成原则和例外的关系。并且，既然在犯罪认定过程中并不需要特意判断某一具体攻击行为是否具有违法性和有责性，则就不得不在犯罪认定的相关要素之外另外探讨违法性和有责性理论。

以上分析表明，无论是形式上刻意回避正当防卫在犯罪认定中的定位的我国犯罪构成理论体系，还是形式上将正当防卫作为违法性阻却事由的德日阶层式犯罪论体系，都存在难以克服的矛盾。尽管如此，两种犯罪论体系的共同点也很突出，那就是对具体行为是否符合犯罪构成要件的判断，与对该行为在整体上是否正当、是否"不违法"的判断，是分离且各自独立的，不能混为一谈。

换言之，虽然对正当防卫在犯罪认定过程中的定位不同，但两种犯罪论体系都有一个共同点，即对正当防卫的判断是与对行为是否符合犯罪构成要件的判断相分离的，对正当防卫的判断并非构成要件符合性判断的一部分，

---

〔1〕 参见〔日〕小野清一郎：《犯罪构成要件理论》，王泰译，中国人民公安大学出版社2004年版，第39页。

而是对一个符合构成要件的行为在实质上是否正当所进行的判断。正当防卫的成立条件与行为的主客观要素是完全不同的因素，这是提倡正当防卫认定的实质标准的必要前提。

二、判断行为是否正当的主要因素是行为动机是否正当

任何行为都是由主观要素和客观要素组成的统一体，一个典型的故意行为，是在人的认识和意志支配下实施的身体举动。如前所述，判断行为是否正当所依据的因素，并不是符合犯罪构成要件的行为本身的主客观因素，而是行为之外的因素，包括为什么实施行为（防卫动机）、在什么情况下实施行为（面临不法侵害）、在什么时间实施行为（不法侵害正在进行）、行为侵害的法益与保护的法益的大小对比（法益衡量）等，这些因素被归纳为正当防卫的成立条件。而虽然在判断行为是否正当时，要综合考虑防卫起因、防卫意图、防卫时间、防卫对象、防卫结果等多种因素，但防卫动机即为什么要实施行为是决定行为是否正当的主要因素。所谓"正当"，是指行为在道德方面"正当"，不是指行为在法律上"正当"，在法律上只有"合法""违法"概念而没有"正当""不正当"概念。刑法中要有正当防卫制度，则是因为刑法是最低限度的道德，刑法本身具有"法的伦理性、道义性的本质"，[1] 刑法必须维护最基本的道德而不能与之相违背。因此，一个符合社会道德的行为，即使是侵害法益的，也不应当受到刑罚处罚，就这一点而言，作为正当防卫正当化根据理论之一的"法益衡量说"并不符合实际。

在判断行为是否符合道德时，行为的动机是否良善，是其中很重要的因素。我国古代定罪量刑一直有重视道德善恶的传统。例如，《盐铁论·刑德篇》曰："法者，缘人情而制，非设罪以陷人也。故《春秋》之治狱，论心定罪。志善而违于法者免，志恶而合于法者诛。"[2]《春秋繁露·精华篇》曰："春秋之听狱也，必本其事而原其志。志邪者，不待成；首恶者，罪特重；本直者，其论轻。"[3]《汉书·薛宣传》曰："《春秋》之义，原心定罪。"[4]《汉书·

---

〔1〕 参见［日］小野清一郎：《犯罪构成要件理论》，王泰译，中国人民公安大学出版社2004年版，第39页。

〔2〕 参见王利器校注：《盐铁论校注》（定本），中华书局1992年版，第567页。

〔3〕 参见阎丽：《董子春秋繁露译注》，黑龙江人民出版社2003年版，第47页。

〔4〕 （汉）班固撰：《汉书》（下册），岳麓书社1993年版，第1268页。

王嘉传》曰："圣王断狱，必先原心定罪，探意立情。"[1]近现代刑法也建立在假设正常人具有相对意志自由的基础上，认为故意犯罪是明知不应违反却故意违反刑法规范，行为人对刑法规范持敌对态度，过失犯罪则是由于不小心、不谨慎而侵犯他人法益，主观上没有违法意图，因此两者的可责难性明显不同，对故意犯罪的惩罚要远比对过失犯罪的惩罚更重。虽然"动机"和"故意"不是同一个概念，前者是行为之前的因素，后者是行为本身的因素，但两者都是能反映行为人主观恶性大小的主观因素，都能反映行为人对刑法规范是否持敌对态度。就正当防卫而言，虽然行为人是故意实施攻击行为的，但其却不是有意要违反刑法规范的，而只是为了保护本人或他人的合法权益才不得不违反刑法规范，其违反刑法规范的客观行为并不反映其主观上也对刑法规范持敌对态度，因而其可谴责性大大减轻，在道德方面则是善良的甚至见义勇为的而非邪恶的，因而被社会公众认为不应受到刑罚处罚。

在伦理学上，判断一个行为是否正当，有动机论、效果论、动机效果统一论、动机效果分别论等不同观点。动机论认为，评价行为是否道德只应以行为的动机为依据，行为的道德性仅依赖于动机而与结果无关，代表者主要是康德、布拉德雷、儒家、基督教伦理学家等义务论者，其理论根据主要是"道德起源和目的自律论"，认为道德并非他物的手段，道德自身就是道德的目的，人创造道德是为了道德自身，是为了完善人的道德品质，使人与动物区别开来，实现人之所以为人者。效果论认为，评价行为是否道德只应以行为效果为依据，其主要是功利主义论者的观点，代表者包括边沁、穆勒、包尔生、梯利等。他们认为，一方面，价值是客体对主体目的的效用，行为的道德价值是行为对道德目的的效用，道德是实现目的的一个手段，道德存在的理由要归之于它的功用；另一方面，道德的目的是保障社会的存在发展，最终增进每个人的利益，实现每个人的幸福，幸福是道德的终极目的，行为的道德价值说到底是行为对社会和每个人利益的效用，因此道德评价是评价行为对社会和每个人利益的效用。动机效果统一论认为，评价行为的道德性既要考虑行为的动机，又要考虑行为的效果，只考虑动机或只考虑效果都是片面的。动机效果分别论则认为，对行为动机的评价与对行为效果的评价是分开的，前者评价的是人的道德品德，后者评价的是行为本身，比如在"好心办坏事"

---

〔1〕 （汉）班固撰：《汉书》（下册），岳麓书社 1993 年版，第 1308 页。

中，"好心"是指人的品德好，"坏事"是指办事的效果不好。[1] 就正当防卫的认定而言，在判断某一行为在整体上是否正当时，主要依据的是行为动机即为什么要实施行为的正当性，或者说实施行为的原因是否正当。

例如，成年人张三明知用刀猛砍李四会将李四砍死，并希望或者放任这种结果发生，而故意用刀将李四砍死，张三的行为符合故意杀人罪的构成要件，因为其主观上具有杀人故意，客观上实施了用刀砍死李四的杀人行为。但是，对张三能否以故意杀人罪追究刑事责任？这不能仅仅考虑张三是否故意砍死李四这一事实，还必须考虑张三砍死李四的原因是否正当，即其行为动机在道德上是否正当。设想以下几种情形：

（1）如果张三是因为报复寻仇或者为了与李四妻子通奸或者看李四不顺眼而砍死李四，则其杀人动机明显不正当，导致其杀人行为完全不正当，会被认定为故意杀人罪，甚至可能因动机卑劣而酌情从重处罚。

（2）如果张三是因为李四欠他巨款不还或者李四用很难听的话侮辱他而砍死李四，则其动机也不正当，但是主观恶性不如报复寻仇、通奸或单纯看李四不顺眼那么大，虽然对张三仍要按故意杀人罪论处，但是在量刑时会被酌情从宽处罚，甚至可能因被害人有公然实施侮辱行为的重大过错而大幅度从宽处罚。

（3）如果张三是为了保护自己或者其他人免遭李四的不法侵害而砍死李四，则其砍人动机在道德方面是正当的，甚至是见义勇为的，因而其砍人行为会被评价为正当防卫，张三不用对其砍人行为承担刑事责任，并在这种评价的基础上形成所谓"正没有必要对不正让步""个人保全""法秩序确证""不法侵害者的生命权、健康权的可保护性降低或不值得法律保护"等理论看法。甚至有学者认为，正当防卫中的故意不是犯罪故意，而仅仅是动作故意，因为不法侵害人的死亡不是一种危害社会的结果，对这种结果的认识和意志也就不是犯罪故意。[2] 这是循环论证，是首先认为行为人的行为成立正当防卫，再认定行为人的故意不是"明知其行为会发生危害社会的结果"的犯罪故意，而能首先认为是正当防卫的依据，又是认为行为人砍死他人的行为故意只是一种动作故意而不是犯罪故意。德日刑法理论区分构成要件故意、过

---

〔1〕 参见王海明：《伦理学导论》，复旦大学出版社 2009 年版，第 222~230 页。

〔2〕 参见曾粤兴："正当防卫的司法误区"，载《中国刑事法杂志》2019 年第 5 期。

失与责任故意、过失，则能有效避免这种循环论证问题，即凡是故意实施行为的，都具有构成要件故意，至于应否按故意犯罪承担责任，则是责任故意的问题，两者分别处于两个阶段，不能相互循环论证。例如，同样是故意用刀砍死对方，如果成立正当防卫，则既无责任故意又无责任过失；如果成立假想防卫，则仅按过失致人死亡罪承担责任，属于责任过失；如果成立通常的故意杀人罪，则属于责任故意；但三种情形中均具有构成要件故意，不能因为前两种情形中不能认定责任故意而认为前两种情形中不具有构成要件故意。另有学者由于仅承认责任故意概念、不承认构成要件故意概念，而将构成要件故意称为"行为意志"，认为"行为意志"不是"犯罪故意"而仅仅是支配行为人实施行为的认识和意志。

（4）如果张三是误以为李四正要砍他或砍第三人而先动手砍死李四，则其砍人动机在道德上是正当的，甚至是见义勇为的，似乎可以不追究刑事责任，但毕竟被砍杀的李四是完全无辜的，并且张三应当对其为什么要砍死李四的动机错误承担责任，因而对张三既要追究刑事责任又不能按故意杀人罪追究刑事责任，作为折中，只好按过失致人死亡罪追究刑事责任。通说在解释为什么是过失致人死亡罪时的理由是，张三应当想到李四不是不法侵害者，应当想到并不存在针对他或第三人的不法侵害事实，却由于疏忽大意而没有想到，以至于实施了本来不应该实施的防卫行为，造成了本来不应该发生的犯罪结果。但实际上，这样解释已经偏离了犯罪过失的定义，因为犯罪过失是指行为人对构成要件结果的心理态度，是应当预见到其行为可能发生构成要件结果，却由于疏忽大意而没有预见，或者已经预见而轻信能够避免。而在假想防卫中，行为人对其行为可能发生构成要件结果是明知的并且放任甚至希望发生的，不存在没有预见到或者轻信能够避免结果的问题。例如在本例中，张三对其用刀猛砍李四会将李四砍死这一事实是明知的并且放任甚至希望李四死亡结果发生的，不存在不明知用刀砍人可能砍死李四的问题，只是在为什么要用刀砍死李四的行为动机上产生了错误认识，是由于误以为李四正要对其或第三人实施不法侵害而决定先下手为强砍死李四。那么，动机错误是否一律影响责任故意，也不尽然，请看下一例。

（5）如果张三是误以为李四是其仇人而砍死李四，即使实际上所砍死的是张三的父亲，也要构成故意杀人罪，因为其行为动机在道德上完全不正当，无法使其砍人行为正当化，不能因为"张三应当预见到所砍杀的人不是其仇人，却由于疏忽大意而没有预见"之类的理由而评价为过失致人死亡罪，尽管张三确实是由于疏忽大意、没有仔细辨认清楚而错砍到他父亲的。对于这种对象错误，通说是以"动机错误不影响（责任）故意"来解释的，但实际上，不能笼统地说"动机错误不影响（责任）故意"，而只能说"犯罪动机错误不影响责任故意，但符合道德的动机错误（比如防卫动机错误）则可能影响责任故意，可能会将构成要件故意行为评价为过失犯罪"。之所以只是"可能"而非"必然"，是因为在法益对比明显失衡时，即使动机正当，行为在整体上也可能不正当。比如，为了保护自己的一只银戒指而开枪打死正在逃跑的小偷，该行为就难以被评价为正当，动机仅是决定行为是否正当的主要因素而不是唯一因素。

（6）在张三正要持刀猛砍李四之时，李四正瞄准张三或王五而准备开枪打死张三或王五，张三砍死李四的行为偶然地保护了他自己或王五的生命，但其主观上并无防卫意图。对于偶然防卫，彻底的结果无价值论认为不成立犯罪，因为客观上起到了防卫的效果，没有损害法益（虽然杀死了一人，但同时保护了一人，两相抵消，相当于没有损害法益）；彻底的行为无价值论则认为成立故意犯罪，因为行为人主观上具有犯罪故意，客观上实施了犯罪行为并导致了犯罪结果，折中说则认为偶然防卫成立故意犯罪未遂，因为一方面有犯罪故意和犯罪行为，另一方面又客观上起到了防卫效果、没有侵害法益。显然，偶然防卫是因为缺乏防卫意图这种正当动机而难以评价为行为正当的例子。

将以上例子综合分析可知，一个主客观特征完全相同的故意杀人行为，会由于道德方面对行为人所作所为是否正当以及正当程度而得到差异极大的法律评价，从完全无罪（正当防卫）、过失致人死亡罪（假想防卫）、故意杀人罪未遂（偶然防卫），到值得部分宽恕和完全不能宽恕的故意杀人罪，不一而足。这足以表明，决定某一行为是否正当、能否得到宽恕的主要因素，不在于该行为本身，而在于与行为相分离的"为什么要实施行为"的行为动机，是行为动机的正当性决定了行为在道德上的正当性。对行为与行为动机是可以分离评价并且必须分离评价的。具体行为本身是否为故意杀人行为，与该行为整体是否正当、能否得到宽恕，是两个不同的问题。

除了行为动机，防卫的必要性、防卫的强度、双方法益损害大小对比等因素，也可能影响对行为是否正当的判断。

例如，对于高度精神病人或者明显是少年儿童的不法侵害，通说认为应当先行躲避而不能径行防卫，只有在无法通过躲避以避免不法侵害时，才能实施防卫行为。[1]虽然这种"应当先逃跑、逃跑不了再说"的理论，在理论依据方面存在欠缺，但是在实质上则是合理的。比如，一个8岁小孩持刀砍杀拳王泰森，泰森应当先行逃跑，或者先将小孩手中的刀夺过来，只有在确实难以避免自己重伤或死亡时，才可以实施防卫行为，即使泰森可能在夺刀过程中被小孩捅伤，其也不能直接一拳将小孩打死，否则其打死小孩的行为不可能被评价为正当。少数学者将这种情形解释为紧急避险，但这可能引发更多理论难题。

又如，商场保安为了阻止小偷逃跑而开枪击毙小偷，即使在当时情况下是有效阻止小偷逃跑的唯一办法，具有防卫的必要性，但保安枪杀小偷的行为却难以被评价为正当，因为与小偷的生命权相比，商场被盗财物的价值可以忽略不计。在公交车上为了制止扒手扒窃而用刀将扒手的手臂砍断的，为了防止对方拿走自己的一个苹果而用铁锤将对方砸成重伤的，由于保护的利益和侵害的利益极不平衡，不可能具有正当性。[2]换言之，为了保护明显较小的利益而损害不法侵害者明显较大利益的，难以被评价为正当，即使主观上具有防卫意图，也不属于正当防卫或防卫过当。这是考虑了效果论的内容。

再如，2020年最高人民法院、最高人民检察院、公安部《关于依法适用正当防卫制度的指导意见》（以下简称《指导意见》）的相关规定，也表明《指导意见》的制定者并未严格局限于正当防卫的各项成立条件，而是规定在认定正当防卫时应当综合考虑多种因素，这些因素都是从实质上判断行为是否正当的因素，包括案件发生的前因后果和整体经过，案件的是非曲直，行为人对冲突升级是否有过错，不法侵害是否显著轻微，不法侵害是否因行为人的重大过错所引发，处理案件要做到法理情统一，要于法有据、于理应当、于情相容，要符合人民群众的公平正义观念，要实现法律效果与社会效果的有机统一，等等。[3]实际上，司法机关在办案时，通常会综合考虑多种因素，

---

〔1〕 参见高铭暄、马克昌主编：《刑法学》（第9版），北京大学出版社、高等教育出版社2019年版，第129页。

〔2〕 参见周光权："正当防卫的司法异化与纠偏思路"，载《法学评论》2017年第5期。

〔3〕 主要规定如：①在认定正当防卫时，要立足于防卫人防卫时的具体情境，综合考虑案件发生的整体经过，结合一般人在类似情境下的可能反应，准确把握防卫的时间、限度等条件；②要坚持法理情统一，维护公平正义，认定是否构成正当防卫、是否防卫过当以及对防卫过当裁量刑罚时，要注

不可能仅描述正当防卫的各项成立条件。例如，在"河北涞源反杀案"中，检察机关详细描述了该案发生的前因后果和整体经过，包括死者如何认识被告人女儿，死者如何反复纠缠、上门滋扰、以自杀相威胁、发送死亡威胁短信、扬言杀害王某兄妹、被告人一家东躲西藏、王某就读学校专门针对死者制定防范应急预案、警察多次训诫王某无效等细节，突出死者道德品质之恶劣，以反衬出被告人打死死者的行为的正当性。[1]

以上分析表明，在对行为是否正当的判断上，虽然防卫动机是主要因素，但案件发生的前因后果、防卫的效果、法益大小权衡、人们的公平正义观念等多种因素，都可能影响对行为的正当性评价，这些因素都属于实质标准的判断因素。

三、行为正当性标准在正当防卫认定中的具体运用

如前所述，在正当防卫的认定中，存在着道德评价这种实质标准。与实质标准相比，正当防卫的各项成立条件不过是形式标准而已。在适用形式标准时，应当以实质标准即行为在道德方面的正当性作为指导思想，当适用形式标准得出的结论明显与社会大众心目中的实质标准相抵触时，有必要根据实质标准来对行为是否符合形式标准重新解释。

以备受关注的于欢故意伤害案为例，如果仅仅适用形式标准，是难以认定于欢的行为为正当防卫的，必须根据实质标准来对形式标准重新解释。

首先，成立正当防卫要求存在正在进行的不法侵害。对此，一审判决的观

（接上页）重查明前因后果，分清是非曲直，确保案件处理于法有据、于理应当、于情相容，符合人民群众的公平正义观念，实现法律效果与社会效果的有机统一；③在区分防卫行为与相互斗殴时，要坚持主客观相统一原则，通过综合考量案发起因、对冲突升级是否有过错、是否使用或者准备使用凶器、是否采用明显不相当的暴力、是否纠集他人参与打斗等客观情节，准确判断行为人的主观意图和行为性质；④对于显著轻微的不法侵害，行为人在可以辨识的情况下，直接使用足以致人重伤或者死亡的方式进行制止的，不应认定为防卫行为；⑤不法侵害系因行为人的重大过错引发，行为人在可以使用其他手段避免侵害的情况下，仍故意使用足以致人重伤或者死亡的方式还击的，不应认定为防卫行为；⑥成年人对于未成年人正在实施的针对其他未成年人的不法侵害，应当劝阻、制止；劝阻、制止无效的，可以实行防卫；⑦明知侵害人是无刑事责任能力人或限制刑事责任能力人的，应当尽量使用其他方式避免或者制止侵害；没有其他方式可以避免、制止不法侵害，或者不法侵害严重危及人身安全的，可以进行反击等。

[1] "关于对'涞源反杀案'决定不起诉有关情况的通报"，载中华人民共和国最高人民检察院网站：https://www.spp.gov.cn/zdgz/201903/t20190303_410071.shtml，2020 年 11 月 24 日访问。

点是，虽然被告人的人身自由受到限制并曾遭到对方辱骂和侮辱，但是对方十余人均未使用工具，在派出所已经出警的情况下，被告人母子的生命健康权利被侵犯的现实危险性较小，不存在实施防卫行为的紧迫性，不存在正当防卫意义上的不法侵害。[1]言下之意，是本案中不能实施防卫行为，因为于欢母子的生命健康权利遭受侵犯的可能性不大。对于这一理由，反对者能很容易找到各种理由予以反驳，比如，刑法本身并未要求只能针对侵害生命健康权利的不法侵害实施防卫，并未要求不法侵害必须具有紧迫性、进攻性和暴力性，并未要求只有在对方使用工具或凶器时才能防卫等。正如二审法院所言："案发当时杜某2等人对于欢、苏某实施了限制人身自由的非法拘禁行为，并伴有侮辱和对于欢有推搡、拍打、卡颈部等肢体行为。当民警到达现场后，于欢和苏某欲随民警走出接待室时，杜某2等人还阻止二人离开，并对于欢实施推拉、围堵等行为，在于欢持刀警告时仍出言挑衅并逼近，实施正当防卫所要求的不法侵害客观存在并正在进行。于欢是在人身安全面临现实威胁的情况下才持刀捅刺，且其捅刺的对象都是在其警告后仍向前围逼的人，可以认定其行为是为了制止不法侵害。故原判认定于欢捅刺被害人时不存在正当防卫意义上的不法侵害确有不当，应予纠正。"[2]问题在于，两者都是过于形式的判断而脱离了实质标准，导致在理论上不可能达成一致意见，既然如此，则二审法院指责一审法院判决错误也就没有充足理由。例如，仅从杜某2等人阻止于欢母子跟随警察离开，并对于欢实施推拉、围堵等行为，在于欢持刀警告时仍出言挑衅并逼近等事实来看，根本得不出杜某2等人即将对于欢母子实施足以致人重伤、死亡的暴力攻击的结论。从本案发生的前因后果来看，杜某2等人随后更有可能实施的，仍然是单纯的非法拘禁而不是暴力，因为他们的目的是讨债而不是报复寻仇，其之所以在于欢持刀警告后仍敢出言挑衅并逼近，是因为仗着人多势众而不相信于欢真敢用刀捅人。在警察到现场告知讨债者"要账可以，但不准打人"之后，讨债者应当不会进一步实施更加暴力的行为，顶多仍是继续实施轻微殴打、侮辱、猥亵行为而已，而单纯的非法拘禁并不具有侵犯被拘禁者生命权、健康权的紧迫性、攻击性和暴力性，不能认为被拘禁者的生命权、健康权正面临着现实的损害

---

[1]　参见聊城市中级人民法院［2016］鲁15刑初33号刑事附带民事判决书。
[2]　参见山东省高级人民法院［2017］鲁刑终151号刑事附带民事判决书。

危险。反之，如果像二审法院那样认为本案中"实施正当防卫所要求的不法侵害客观存在并正在进行"，讨债者的非法拘禁行为具有导致于欢母子生命权、健康权遭受损害的现实危险，则无异于认为警察存在明显的失职渎职行为，要构成玩忽职守罪，因为本案中于欢等人已经多次报警，警察到达现场后仅仅是口头警告讨债者"要账可以，但不准打人"而未采取任何措施去制止杜某2等人的非法拘禁。而警察当时未采取任何措施制止杜某2等人非法拘禁的原因，显然不是警察与杜某2一方有勾结，而是因为警察认为杜某2等人仅仅是堵在于欢母子的公司里讨债而不会对于欢母子的生命权、健康权造成多大危害，因而默认了这种堵人讨债行为的合理性，至少在他们看来，这种堵人讨债行为并不属于典型的非法拘禁行为。而二审法院认为"于欢是在人身安全面临现实威胁的情况下才持刀捅刺"，则是将非法拘禁所侵犯的人身自由权与拘禁过程中可能发生的暴力行为所能侵犯的生命权、健康权混为一谈。因此，仅从形式条件来看，对本案的确不宜认定为正当防卫，即便勉强认定有防卫性质，也仍须同时认定防卫过当，但认定为防卫过当明显存在把对非法拘禁的防卫与对暴力行为的防卫混为一谈的问题。

其次，之所以要求作为正当防卫成立条件之一的不法侵害具有紧迫性、攻击性和暴力性，是因为只有具有这些特性，才能使遭受不法侵害者难以及时得到国家机关的救助，才有将防卫行为评价为正当防卫的必要，否则，如果遭受不法侵害者能够及时得到国家机关的救助，就不宜承认正当防卫这种私力救济。本案中，讨债者仅仅是非法限制于欢母子的人身自由，于欢母子及其公司员工仍然可以报警求助，事实上公司员工已多次报警，而警察出警之后，仅仅是警告讨债者"要账可以，但不准打人"即自行离开，说明于欢母子的生命权、健康权遭受损害的可能性并不紧迫，不能通过损害对方生命权、健康权的方式来保护其人身自由权。简言之，不伴随暴力的单纯的非法拘禁并不具有侵犯被拘禁者生命权、健康权的紧迫性、攻击性和暴力性，不能以造成拘禁者重伤、死亡的方式进行防卫。

再次，即使于欢自己认为讨债者在警察走后极可能实施暴力攻击而提前防卫，也不成立正当防卫，因为这只是他自己的想象而不是客观事实，并且他明知对方尚未实施暴力攻击，不能成为其可以持刀捅人的"正在进行的不法侵害"。这种事先防卫由于防卫人明知并不存在现实的不法侵害而仅能成立通常的故意犯罪。

　　最后，能否因为于欢摆脱对方非法拘禁的唯一办法就是持刀捅人，而认为其行为因具有防卫的必要性而成立正当防卫？同样不能，因为摆脱不法侵害的有效手段的唯一性，无法单独决定行为的正当性。例如，双腿瘫痪的甲承包一座果园，某日甲发现乙在他的苹果树上采摘苹果，就要求乙别摘，否则他只能开枪，但乙置之不理，甲迫不得已只好开枪，致乙当场死亡，虽然甲制止乙采摘苹果的唯一有效办法是开枪打乙，但由于甲的苹果与乙的生命在法益权衡方面反差太大，甲的枪杀行为无法被评价为正当，甲仍构成故意杀人罪，只能酌情从轻处罚。同理，在本案中，讨债者一方只是非法限制于欢母子的人身自由权，并且只是将他们围堵在他们自己的公司内不准离开，他们还可以在公司内办公、在公司的厨房里做饭，并且公司里面还有其他员工在正常上班，其他员工还可以正常报警或离开，将这种情形称为非法拘禁其实有点勉强。一旦于欢母子如约偿还债务，讨债者会自动解除非法限制。这种对人身自由的有限限制与讨债方"一死两重伤一轻伤"的生命权、健康权相比差别太大，导致对于欢的行为难以评价为正当。

　　可见，如果不首先考虑行为在整体上是否正当这一实质标准，而仅根据形式标准来分析，是难以认为于欢持刀捅人成立正当防卫的。但是，当时社会民众和许多刑法学者都认为于欢的行为应当成立正当防卫，所依据的显然是实质标准，其中，诸如讨债者脱裤子"辱母"之类的恶劣情节，极大地影响了人们的判断。

　　与形式标准具有相对明确而具体的多个条件相比，实质标准由于只有一个"社会通常观念""社会主流道德价值观"这种外延模糊的标准，因而在通常情况下难以单独适用。但是，在诸如山东于欢故意伤害案这种社会民众和专家意见几乎一边倒的情形中，一系列案内案外的情况，仍有助于裁判者形成于欢捅人行为是否正当的实质判断。近年来备受关注的"河北涞源反杀案""昆山反杀案""丽江反杀案""见义勇为反被拘案"等，都具有这种民意一边倒的特点。

　　首先，从讨债者一方的行为来看，多达11人的不法讨债者，从案发当天下午4时起至晚上10时止，一直在非法限制于欢母子的人身自由，期间还有言语和动作侮辱、轻微殴打等行为，其行为可能已经构成以下几种犯罪：①非法拘禁罪，因为长时间非法限制于欢母子的人身自由，根据司法解释的规定，非法拘禁具有殴打、侮辱等从重情节的，不需要长达24个小时即可定罪；②针对于欢的侮辱罪，因为讨债者多次公然以语言或动作侮辱于欢，并以当众脱裤猥亵侮辱于欢母亲的方式来侮辱于欢，显然属于侮辱行为情节严重；③针对于欢母亲的侮辱罪和强制猥亵、侮辱罪，因为公然侮辱情节严重并且还有涉及性方面的强制猥亵、侮辱行为；④寻衅滋事罪，因为长时间在于欢母子的公司内烧烤、喝酒，致使公司生产经营活动无法正常进行。其中，最令社会大众难以忍受的，是杜某2当众脱下裤子强制猥亵、侮辱于欢的母亲。为了防止可能继续发生的这种极端侮辱侵害而对非法拘禁行为实施暴力反击，具有完全的正当性。

其次，虽然正当防卫中的不法侵害必须具有紧迫性、攻击性和暴力性，必须是防卫人来不及请求国家机关的救助，否则没有必要通过激烈的方式来实现自我保全，但是，当遭受不法侵害的人无法及时得到国家机关的救助时，即使不法侵害并不具有紧迫性、攻击性和暴力性，仍应承认私人自我保全行为的正当性，因为在此时，只有私人的自我保全行为才能制止不法侵害，才能符合"正没有必要向不正让步"的基本精神。于欢母子在遭遇讨债方十余人长达6小时的非法拘禁、殴打、侮辱过程中，多次拨打市长热线和110电话寻求国家机关的帮助，但派出所民警到达犯罪现场后，仅仅说了一句"要账可以，但不准打人"就转身离去，于欢母子仍被对方非法限制人身自由。在于欢想跟随警察出去时，仍被讨债方强行制止并殴打。在这种情况下，如果不允许于欢自行采取防卫措施以保全其和母亲的合法权益，显然违背正当防卫的基本精神。

最后，从社会常理推断，讨债方11人是涉黑的职业讨债者，在对于欢母子实施长达6小时的非法拘禁、侮辱、殴打甚至当众脱裤强制猥亵、侮辱妇女等行为仍然讨不回非法债务的情况下，完全可能实施更加激烈的暴力行为以迫使于欢母子偿还债务。在这种情况下，于欢已经陷于完全不知道将会遭受何种不测后果的惊恐、慌乱之中，如果还不允许其实施自卫反击行为，还不承认其自卫反击行为具有正当性，就相当于否认正当防卫的价值、违背社会主流道德价值观。

因此，在诸如于欢故意伤害案这种社会舆论几乎一边倒地支持被告人的例子中，完全可以根据社会舆论来认为于欢的行为具有正当性、应当成立正当防卫，之后再根据实质标准来指导形式标准的解释，就很便捷了。

第一，成立正当防卫要求存在正在进行的不法侵害。对此，可以将于欢为了摆脱非法拘禁所可能遭受的暴力攻击作为"正在进行的不法侵害"。虽然这种不法侵害尚未实际发生，但是，从常理来看，只要于欢敢于为摆脱非法拘禁而首先实施暴力，就必然招致拘禁者实施更加严重的暴力，这种随时可能发生的暴力当然可以被评价为"正在进行的不法侵害"。换言之，根本没有必要将本身不可能导致生命权、健康权遭受损害的单纯的非法拘禁行为当作可以防卫的不法侵害，而只需要将被拘禁者为了摆脱非法拘禁所可能招致的严重暴力作为"正在进行的不法侵害"即可。与防卫挑拨的区别在于，为了摆脱非法拘禁而实施的轻微暴力不是一种违法行为，而防卫挑拨中的挑拨则是违法行为。

第二，成立正当防卫要求行为人主观上具有防卫意图，客观上针对不法侵害者本人实施防卫。本案中于欢用刀捅人，既是为了摆脱来自讨债方的不法侵害以恢复其母子的人身自由，同时也是为了预防有可能发生的更加激烈的暴力侵害，主观上具有防卫意图。这种防卫行为针对死者等不法侵害者实施，也符合正当防卫成立的对象条件。

第三，本案中争议较大的，还包括即使认定防卫性质，是否存在防卫过当问题。对此，可以解释为没有明显超过必要限度、不属于防卫过当。根据《刑法》第20条第2款的规定，防卫行为明显超过必要限度并且造成重大损害的，属于防卫过当，仍应负刑事责任，只是应当减轻或免除处罚，反之，如果防卫行为没有明显超过必要限度并且造成重大损害，则不属于防卫过当，包括虽然明显超过必要限度但并未造成重大损害、虽然造成重大损害但并未明显超过必要限度、既未明显超过必要限度又未造成重大损害等。从双方力量对比来看，讨债方共有11人，于欢一方只有母子两人，如果于欢想摆脱非法拘禁从而首先动手殴打讨债方，即使讨债方只用赤手空拳反击，也能很容易将于欢母子两人打伤甚至打死。讨债方在对于欢母子实施非法拘禁时，根本不需要动手打人，只需要几个人用手按住于欢母子使其无法动弹即可。反之，如果于欢母子想摆脱非法拘禁，则只有先动手伤害杀害讨债方才有可能摆脱，因为一旦于欢首先动手，则讨债方就有理由实施强烈反击，从而可能导致于欢母子重伤或者死亡，于欢母子也就无法顺利摆脱非法拘禁。因此，于欢如想顺利摆脱非法拘禁，首先动刀捅人并且立即捅死就是唯一可行的选择，难以想象除此之外还有其他手段。在这种紧急情况下，刺死刺伤对方11个人中的4个人，显然不属于明显超过必要限度的防卫过当行为。

四、结语

正当防卫中的所谓"正当"，是指行为在道德上正当。正如《指导意见》所言，法院判决既要考虑法律效果，又要考虑社会效果，要使判决结果符合人民群众的公平正义观念，符合人们朴素的道德价值观。只要行为是正当的，即使侵犯了法益，也不应当追究刑事责任。行为是否正当，是认定行为是否属于正当防卫的实质标准；正当防卫成立的各项条件，则是认定正当防卫的形式标准。过于注重形式标准而忽略实质标准，是对具体案件产生定性分歧的主要原因。故应当以实质标准为指导，对形式标准进行解释。案件发生的前因后果和整体经过、不法侵害者的一贯表现、防卫人的道德品质、所保护法益和所侵害法益的大小对比、双方的暴力力量对比等多种因素，都影响人们从总体上判断某一攻击行为的正当性。而决定行为是否正当的主要因素，则是防卫动机的正当性，对行为在道德上是否正当的评价，遵循的是以动机为主兼顾效果的动机与效果的统一论。

法益衡量视角下防卫过当罪刑关系实证研究

刘崇亮 *

摘　要：以法益衡量原则作为变量设计的思路，建立防卫过当案件罪刑关系的回归模型。第一次回归结果显示，虽然总体上防卫过当案件实现了罪刑相称，但作为基础罪量的危害结果和罪过对刑量的影响差距过大，罪过对刑量的影响极弱。第二次回归结果进一步表明，即便加入了七个情节罪量，危害结果也对防卫过当案件的刑量起着绝对支配作用。对 1997 年前后判决的防卫过当案件的刑量进行检验，结果显示两者并无差异，意味着防卫过当案件的刑量趋重。造成上述情况的原因在于法益衡量原则向量刑结果中心主义的异化。应当树立法益衡量原则下的综合量刑观，不仅应综合衡量实际发生的损害，还应综合衡量不法侵害可能造成的损害。在量刑指导意见中应当规定防卫过当的量刑准则以实现量刑规范化。

关键词：防卫过当　罪刑关系　法益衡量　回归分析

一、问题与研究进路

（一）法益衡量与防卫过当的诸问题

因为所持的价值立场与方法论的不同，关于正当化根据似乎陷入了非此即彼的"旋转门式的讨论"之中。持二元的行为无价值论渐成为有力学说，

＊ 上海政法学院副教授、佘山学者，法学博士，中国犯罪学会理事。

本文系作者主持的 2020 年教育部一般规划课题《再犯罪风险评估视野下中国监禁刑改革实证研究》（项目编号：20YJA820012）及 2020 年度上海市浦江学者项目《罪犯风险评估制度的本土化构建实证研究》（项目编号：2020PJC106）阶段性成果。本文已发表于《江汉论坛》2021 年第 7 期。

以结果无价值论为导向的法益衡量说或优势利益说受到了难以避免的批评。劳东燕教授认为基于结果主义逻辑的结果无价值论在正当化事由根据方面采取的是法益衡量说，这种"结果→行为"无论从解释论还是从方法论、逻辑或刑事政策的角度看都存在缺陷，从而导致广泛地认定防卫过当，过于缩小正当防卫的范围。[1]以行为无价值为基调的保护与法确证说贯彻了"行为→结果"的正当防卫的考察径路，主张防卫限度必需说、主观故意或过失说、行为与结果过当双重条件说、不法判断一般标准说等。但完全放弃法益衡量在正当防卫限度中的考察或无法真正实现理论自洽。张明楷教授指出，违法性阻却事由的成立，是对受法所保护的对应利益进行权衡的结果。在正当化事由的状态中，不违法的根据就在于所保护的利益要优于受到较低评价的利益，故本质上仍然需要对利害双方的利益进行比较和衡量。[2]不得不承认，在对紧急行为的违法判断逻辑结果中，若抛弃法益衡量的法理，法确证说无法说明为保护微小利益的情况下防卫行为的严格限制。即便秉持防卫限度必要说为通说的德国，有些学者也不得不承认法益衡量在保护微小利益情况下防卫行为中的价值。施特拉腾韦特教授和库伦教授认为防卫的必要性是从利益冲突的一般前提下推导出来的结论，而只有当为了挽救一个法益不可避免地要侵害另一个法益时，才会出现利益冲突。如果有几种方式可供选择，则只能选择侵害或者威胁最小的。比如使用拳头足以自卫时，就不能使用武器。两位教授进而认为："确切地说，上述情况是直接从利益衡量的基本思想出发，对正当防卫权作出了限制，被制止的损害和为了防卫所必需的对法益的损害之间的差异，不能超过所有的限度。那种防卫者要保护的法益与所威胁到的法益之间的适当性并不重要的规则过去得了广泛的认可，但现在却已过时。"[3]同样在我们国家，即便否定法益衡量说而坚持必需说的学者，也仅认为"原则上放弃法益均衡的考量"。[4]当防卫行为损害的法益与保护的法益并不悬殊时，无论采用法确证说还是法益衡量说都能够得出妥当的结论，但

〔1〕 劳东燕："防卫过当的认定与结果无价值论的不足"，载《中外法学》2015 年第 5 期。

〔2〕 张明楷："正当防卫的原理及其运用——对二元论的批判性考察"，载《环球法律评论》2018 年第 2 期。

〔3〕 ［德］冈特·施特拉腾韦特、洛塔尔·库伦：《刑法总论 I——犯罪论》（2004 年第 5 版），杨萌译，法律出版社 2006 年版，第 167~171 页。

〔4〕 陈璇："正当防卫与比例原则——刑法条文合宪性解释的尝试"，载《环球法律评论》2016 年第 6 期。

当两个法益相差悬殊时，又应当"例外考虑法益均衡"。如梁根林教授就指出，根据防卫行为维度的保护与法秩序确证，司法者在裁判正当防卫案件时，原则上只要认为防卫行为是为制止不法侵害、保护法益、确证法秩序所必需的，即为正当防卫，但并不意味着防卫行为是否过当的司法裁判就不需要在防卫行为对不法侵害人惹起的损害结果与不法侵害行为已经或者意图造成的侵害结果之间进行任何利益衡量。[1]

当需要考察的两个法益之间相差并不悬殊时，保护与法确证说、法益衡量说两者都能够成为解释根据，但当两个法益之间相差悬殊时，保护与法确证说却只能凭借"例外考量"。当这种"例外考量"不能够成为特殊情况（为了保护微小法益）的正当防卫是违法性阻却事由时，不法的判断当然就集中体现在了利益权衡的结果上。在防卫并不显得那么"凌厉"的日本，自然重视两个法益之间的衡量。如前田雅英教授就认为，关于不正侵害人的法益，容易认为在为了防卫正当法益的必要限度内，否定其法益性，但是未必在日本也同样有"应该对不正的侵害彻底地进行反击，即便不考虑保全侵害人的法益也是可以的"这一规范意识。[2]相较于日本，德国的正当防卫显得十分宽泛和"凌厉"。[3]但是即便如此，利益权衡在不少学者提出的正当防卫的正当化理论根据体系中仍占有重要的位置。如罗克辛教授指出，正当化理论根据体系都是建立在利益权衡原则和必要性的基础之上的，在一种不可避免的冲突情况中，只要一种牺牲对于保护更高的利益是必要的，那么牺牲这种被法律制度作出较低评价的利益就是符合法律的。[4]

当于欢等案件以复杂的实践样态呈现时，即使案件事实不存在争议，但理论的主张也容易与实践的判断产生矛盾。周详教授认为，要主张于欢的行为属于正当防卫，一定要找出其他不寻常的根据或理由来予以支撑，准确来说，必须采用不同于法益衡量的其他判断标准，才可能得出不同的结论；但是，"一些学者即使理论层面上原则支持防卫限度的必需说，而在对实践个案

---

〔1〕 梁根林："防卫过当不法判断的立场、标准与逻辑"，载《法学》2019年第2期。

〔2〕 ［日］前田雅英：《刑法总论讲义》（第6版），曾文科译，北京大学出版社2017年版，第219页。

〔3〕 ［德］约翰内斯·卡斯帕、陈璇："德国正当防卫权的'法维护'原则"，载《人民检察》2016年第10期。

〔4〕 ［德］克劳斯·罗克辛：《德国刑法学 总论：犯罪原理的基础构造》（第1卷），王世洲译，法律出版社2005年版，第262页。

中的理论却又通常回避了对'必需性'的分析与判断，习惯上采用的依然还是'法益衡量'标准"。[1]其实，或许可以这样认为，法确证说虽然普遍认为行为人通过防卫行为捍卫的是法的一般秩序，从而达到一般预防的效果，但从本源上来看，法秩序的背后仍然是法益的通用概念，即法的基本功能在于维护法益以保证社会秩序的正常。况且法秩序的维护只有通过法益衡量才可能真正保护了利益，而不是从目的意义上达到一般预防的效果。据上所述，笔者认为，对正当防卫及防卫过当诸问题的解决仍须建构在法益衡量的基础之上。

为此，笔者基于法益衡量的正当化根据理论这一视角来分析防卫过当的罪刑关系。

（二）防卫过当中罪刑关系问题的研究进路

当于欢案件二审判决尘埃落定后，对正当防卫诸问题的研究仍可谓方兴未艾，研究成果斐然，但令人遗憾的是，当所有的关注在于此案的定性——是正当防卫还是防卫过当时，人们往往忽略了对此案罪刑关系的考察。虽然对防卫过当案件的实证分析大都围绕着案件的司法判决展开，但这些实证分析仍然停留在对防卫过当的定性研究。[2]缺乏对防卫过当的罪刑关系问题的研究显然制约了对防卫过当的定性研究，因为毕竟刑法教义学对文本的解释终究需要回归到具体的司法过程之中，而司法实践中防卫过当的罪刑关系问题显然处于当前的研究空白。《刑法》第20条第2款规定了防卫过当应当负刑事责任，但是应当减轻或者免除处罚，这就意味着司法实践中防卫过当面临着罪与刑均衡的问题。相较于于欢案一审因故意伤害罪判决无期后民意的沸腾，二审被认定防卫过当而改判为有期徒刑5年后民意似乎并无太大反弹，但从严格的罪刑相称原则出发，即便在防卫过当成立的前提下，5年有期徒刑的判决是否合理，学界似无观点响应。

按照《刑法》第20条第2款规定的意涵，防卫过当案件中防卫行为必然存在造成不法侵害人伤亡之情形，通常违反《刑法》第232条、第233条、第234条及第235条之规定，而该四条中最高法定刑为死刑，最低法定刑为管制。虽然司法实践中正当防卫案件各种情节千差万别，但只有造成死亡或

---

〔1〕 周详："防卫必要限度：学说之争与逻辑辨正"，载《中外法学》2018年第6期。

〔2〕 此类研究虽然也注重对案件样本的收集，但仅有对防卫过当案件定性研究的样本。如尹子文博士收集722份刑事判决书对防卫过当的定性诸问题进行了研究。具体参见尹子文："防卫过当的实务认定与反思——基于722份刑事判决的分析"，载《现代法学》2018年第1期。

者伤害的案件才会被认定为防卫过当，即便应当减轻处罚，根据减轻处罚的基本规则，防卫过当案件最高可判处有期徒刑 15 年。尹子文博士通过梳理 722 份判决书样本发现，判处 7 年以上有期徒刑的有 41 人，占比 5.14%，最高判处有期徒刑 15 年。[1] 同样是防卫过当，造成死亡或者伤害的危害结果，但宣告刑的结果差异巨大，人们不禁会问，为何会产生如此严重的失衡感。

鉴于此，笔者将聚焦司法中防卫过当的罪量与刑量的实质关系，科学检验防卫过当案件的审判是否体现了罪刑相称。为了实现这一研究目的，本文的研究逻辑为：选取一定数量的防卫过当案例作为研究样本，以法益衡量原则作为变量设计的基本思路，按照刑法原理选定若干罪之变量，以刑量作为应变量，设计出罪量与刑量的回归模型，采用 SPSS20.0 作为统计分析工具，最终检验出防卫过当案件中罪刑之间的实质关系。

二、回归模型的建立与样本统计

笔者实证研究中所需要的回归模型的建立与样本描述统计具体如下。

（一）回归模型的建立

罪量与刑量存在四种关系，即完全相关、高度相关、部分相关及完全不相关。罪量与刑量从应然意义上讲应为完全正相关（即相关系数 r 值为 1），重罪重判，轻罪轻判，罚当其罪。[2] 但罪量既然属于一种对犯罪严重程度的综合评价，这种评价必然具有一定的模糊性。白建军教授认为对罪量的评价既非犯罪纯客观的属性本身的复写，又非评价者纯粹主观性的投射，罪量应区分为实然的罪量与应然的罪量，"实然罪量的基本形式就是法定以及宣告刑，实然的罪量与宣告刑之间不产生均衡与否的问题，它们本来就是同一事物"。[3] 但不管是实然罪量还是应然罪量，既然其本质上属于一种评价，就必然属于主观的范畴。刑量虽然系建立在罪量的基础之上，是否相称或均衡还受制于刑事司法过程中的各因素。在美国，即便在那些实施有法律约束力的量刑

---

〔1〕 尹子文："防卫过当的实务认定与反思——基于 722 份刑事判决的分析"，载《现代法学》2018 年第 1 期。

〔2〕 相关系数 r 值是 1 的时候表明完全相关，意味着一个变量能够完全精确地预测另一个变量的变化。但完美相关在社会科学中基本不可能出现，只可能在数学公式和物理或数字关系中出现。具体参见 [加] 达伦·乔治、保罗·马勒里：《心理学专业 SPSS14.0 步步通》（第 7 版），商佳音、胡月琴译，世界图书出版公司 2009 年版，第 138 页。

〔3〕 白建军：《罪刑均衡实证研究》，法律出版社 2004 年版，第 141 页。

准则的州，也因为各种的因素（包括政治、经济、心理、道德等），顾及法官的独立审判权而多少忽略了量刑准则的约束力。[1]因此，在刑事司法实践中法官判决的具体个案中，实然罪量与刑量（宣告刑）之间同样存在是否均衡之问题。

为了能够检视我国防卫过当案件中罪量与刑量的实质关系，具体假设与模型建构如下：

1. 一般模型：刑量=$\alpha+\beta_1$罪量+ε（模型中 α 指常量，β 指系数，ε 指残差）

上述理论模型表示刑量在本次研究中作为因变量，代表样本案件的真实判决刑期。罪量则作为自变量，代表样本案件的社会危害性严重程度与人身危险性大小。对于刑量的统计，因为防卫过当案件的处罚是根据《刑法》第20条第2款的规定，排除数罪并罚的情形，减轻或者免除处罚后的宣告刑只能是有期徒刑、拘役、管制及免予刑事处罚，另外因为附加刑与主刑量换算的异质性，故刑量最终仅统计有期徒刑、拘役、管制及免予刑事处罚。考虑到免予刑事处罚的性质，即免除刑事处罚同样是对犯罪行为的否定评价和谴责，因而具有刑事制裁的实质内容，[2]相较于有期徒刑与拘役而言，可以给其计值为"0"。另外，按照《刑法》第41条关于管制与有期徒刑的换算规定，主刑若为管制则刑量值折为有期徒刑的一半。

2. 法益衡量下的基础罪量作为自变量的模型1：刑量=$\alpha+\beta_1$危害结果+β_2罪过+ε

防卫过当案件的基础罪量较一般刑事案件的基础罪量具有一定的特殊性，即防卫过当案件的罪量须按照法益衡量原则进行判断。正当防卫造成不法侵害人的伤亡不违法，其与紧急避险的本质区别在于正当防卫坚持把"法益衡量"作为基础的同时，从被侵害人利益的绝对优越性出发，将不法侵害人的法益在必要防卫限度内彻底否定。[3]防卫过当之所以构成犯罪就在于在法益衡量的基础上考察，所损害的法益明显大于所保护的法益。

基于此，为了检验不受其他变量控制的情况下，仅考虑法益衡量下的罪量作为核心自变量对防卫过当案件刑量的影响，须对罪量进一步解析。罪刑相称，

〔1〕 Richard S. Frase, *Just Sentencing - Principles and Procedures for a Workable System*, Oxford University Press, 2013, p. 3.

〔2〕 张明楷：《刑法学》（第4版），法律出版社2011年版，第451页。

〔3〕 ［日］山口厚：《刑法总论》（第2版），付立庆译，中国人民大学出版社2011年版，第11页。

实质上就是对犯罪人适用的刑罚轻重与犯罪的危害性大小相适应。[1]为此，罪量在本文中就可转化为犯罪的危害性大小，而犯罪的危害性大小可以具化为客观与主观方面两个指标，即危害结果与罪过。具体指标量化的设想为：①危害结果。防卫过当案件的危害结果较普通刑事案件的危害结果小，如前所述在于遵循法益衡量的原则后有一部分防卫造成的实际损害与不法侵害造成的损害相抵消，故模型可以设计为：危害结果＝防卫造成的实际损害（简称为"损害$_1$"）－不法侵害造成的损害（简称为"损害$_2$"）。需要指出的是，对危害结果这一变量的考察，笔者在此处是根据在本次研究中收集到的所有样本案件判决书的实际情况来设定的，即在司法实践中，对基础罪量之一的危害结果的判断主要是根据损害$_1$与损害$_2$的实际比较结果展开的。例如于欢防卫过当案中，判决书认定："被告人于欢在本人及同伴人身受到侵犯、威胁的情况下，持刀故意伤害他人身体，致一人重伤，其行为已构成故意伤害罪。被告人于欢的行为属正当防卫，但明显已超过必要限度，并造成重大损害，系防卫过当，予以减轻处罚。"[2]该判决书并未提及防卫人可能会遭受到的法益侵害的程度，故此模型在计算危害结果上并不考虑防卫人的法益可能受损量。根据最高人民法院、最高人民检察院、公安部、国家安全部、司法部于2013年8月发布并于2014年1月实施的《人体损伤程度鉴定标准》及之前实施相关标准，防卫实际损害由重到轻可划分为死亡、重伤一级、重伤二级、轻伤一级、轻伤二级。[3]此变量可设计成定序变量，具体可把死亡换算成三个重伤一级，则相应分别赋值12、4、3、2、1。[4]计算规则是若损害对象（包括防卫损害与不法侵害之损害）为2人或2人以上则应当分值相加。②罪过。对防卫过当案件中的罪过形式界定，本文支持全面说，根据样本案件的实际情况，本

---

[1]　周光权：《刑法总论》（第3版），中国人民大学出版社2016年版，第56页。

[2]　参见江苏省无锡市滨湖区人民法院［2017］苏0211刑初476号刑事判决书。

[3]　2014年1月1日之前采用的鉴定标准为《人体重伤鉴定标准》（司发［1990］070号）、《人体轻伤鉴定标准（试行）》（法（司）发［1990］6号）和《人体轻微伤的鉴定标准》（GA/T146-1996），则意味着2014年1月1日之前判决适用的损害标准应当按照此规定。

[4]　关于死亡折抵三个重伤一级是否合理还可以探讨，毕竟并没有具体的法律规定，但根据2000年最高人民法院颁布实施的《关于审理交通肇事刑事案件具体应用法律若干问题的解释》第2条的规定，交通肇事具有死亡一人或者重伤三人以上，负事故全部或者主要责任的，处3年以下有期徒刑或者拘役，由此可以推测出司法实践中死亡一人与重伤三人是存在实际等量置换的，故本文亦把死亡结果取值三倍于重伤一级的分值。

次研究把防卫过当案件的主观罪过按照由重到轻分别划分为四个层级，即杀人故意、伤害故意、致人死亡过失、致人重伤过失，并分别赋值4、3、2、1。

3. 基础罪量与情节罪量作为自变量的模型2：刑量=α+β₁危害结果+β₂罪过+β₃自首+β₄共同犯罪+β₅限制刑事责任能力+β₆累犯+β₇赔偿损失+β₈被害人或家属原谅+β₉被害人亲属+ε

虽然同案同判的观念深入人心，但正像世上没有完全同样的两片叶子一样，司法实践中不会存在完全一样的个案，造成此情形的原因当然在于个案量刑情节的多样性和复杂性。故笔者从量刑基本原理及防卫过当案件的实际情况出发，在把危害结果与罪过作为核心自变量后，选取的控制变量应当尽可能全面反映量刑的差异化。[1]从一般经验看，这些变量至少应当包括自首、共同犯罪、限制刑事责任能力、累犯、赔偿损失、被害人或家属原谅、被害人亲属。这些反映量刑差异化的法定量刑情节及酌定量刑情节究竟在何种程度上影响刑量，还待后面具体检测之结果。

（二）样本描述性统计

为了实现上述研究目的，本文从北大法宝及中国裁判文书网上收集研究所需有效样本（判决书）共788份，并以这些研究样本为基础构建"中国防卫过当案例数据库"。[2]在这788份样本判决书中，共有818对罪刑关系。

首先，笔者对作为因变量的818个刑量以及相对应的核心自变量进行统计。因为本研究中的刑量、危害结果、罪过皆是定序变量，故可以进行常规的描述性统计，统计具体结果见表1。

表1　样本案件刑量、危害结果、罪过的统计量

		刑量	危害结果	罪过
N	Valid	818	818	818
	Missing	0	0	0

---

〔1〕　控制变量是指那些自变量以外所有影响检测结果的变量，只有将自变量以外的一切能引起的因变量变化的变量控制好，才能准确验证出所有的影响因子。参见郭秀艳：《实验心理学》，杨治良审订，人民教育出版社2004年版，第98页。

〔2〕　此次收集的样本为有效判决书，样本中若为同案一审、二审判决或裁定书，则剔除一审判决书。判决书判决日期大致从2013年10月至2019年10月。

续表

	刑量	危害结果	罪过
Mean	29.67	4.17	2.00
Std. Error of Mean	.983	.110	.007
Median	24.00	2.00	2.00
Minimum	0	1	1
Maximum	180	16	4

经过标准化检测，笔者发现统计指标皆产生有效值。具体而言，刑量的均值为29.67，危害结果的均值为4.17，罪过的均值为2。刑量的最大值为180，最小值为0；危害结果的最大值为16，最小值为1；罪过的最大值为4，最小值为1。

（1）从样本正态性分布来看，三个变量的均数标准误（Std. Error of Mean）均小于1.0，表明这三个变量都符合进一步统计分析的要求。罪过的均数标准误为.007，表明该变量的测量稳定性非常高。刑量的均数标准误为.983，危害结果的均数标准误为.110，说明这两个变量的离散程度也符合统计学的要求。[1]

（2）罪过的均数标准误仅为.007，为此需要对罪过的发生频率进行统计。从表2中可以看出，罪过中的过失判决频率仅为2.1%，为17个；杀人故意的判决频率也仅为2.1%，为17个；而伤害故意的判决频率高达95.8%，为784个。这表明刑事司法理论与实践样态存在着较大差异。理论上持防卫过当的罪过仅为过失的观点，在实践中就显得较为窘迫，毕竟司法判决中绝大部分会认定为故意。罪过是影响量刑的重要因素，但在防卫过当案件中罪过能够在何种程度上影响刑量还待最终的检测。

---

〔1〕 对于计算数值的峰度和偏度的均数标准误，数值越小表明测量的稳定性越高。正负1.0以内的峰度数值被公认为符合统计学的要求。具体请参见 ［加］达伦·乔治、保罗·马勒里：《心理学专业SPSS14.0步步通》（第7版），商佳音、胡月琴译，世界图书出版公司2009年版，第108页。

表 2 罪过发生频率

		Frequency	Percent	Valid Percent	Cumulative Percent
Valid	致人重伤过失	7	0.9	0.9	0.9
	致人死亡过失	10	1.2	1.2	2.1
	伤害故意	784	95.8	95.8	97.9
	杀人故意	17	2.1	2.1	100.0
	Total	818	100.0	100.0	

其次，笔者对七项情节变量进行统计。在本项研究中列入考察的七项控制变量皆是分类变量，因此对七个变量的无量纲化只能认定在属性上为"是"或者"否"，具体设置办法是"0"代表"否"，"1"代表"是"。关于控制变量的统计情况见表3。从具体情况来看，具有共同犯罪、累犯、被害人亲属、限制刑事责任能力的量刑情节的样本占比较少，分别仅占9.4%、3.8%、7.0%、2.2%，这也和其他普通的刑事案件基本一致。从经验上判断，防卫过当案件较其他普通刑事案件的自首率更高，本次收集的样本数据也证明了这一点，自首占到总体样本中的76.9%。

表 3 量刑情节统计情况

变量属性	自首	共同犯罪	累犯	赔偿	被害人或家庭原谅	被害人亲属	限制刑事责任能力
0	189	741	787	333	317	761	800
	23.1%	90.6%	96.2%	40.7%	38.8%	93.0%	97.8%
1	629	77	31	485	501	57	18
	76.9%	9.4%	3.8%	59.3%	61.2%	7.0%	2.2%

按照研究需要，本文将作两次多元回归分析。研究逻辑是：如果回归分析中的变量的标准化指标 Beta 值[1]足够强，强到足以解释该自变量对刑量

---

[1] Beta 值是为了解决 B 值因为不同的变量之前可能具有不同的度量测度而通常不能直接比较的缺点，而创设的一个标准化指标，使得不同变量之间能够进行直接的强度比较。具体参见［加］达伦·乔治、保罗·马勒里：《心理学专业 SPSS14.0 步步通》（第 7 版），商佳音、胡月琴译，世界图书出版公司 2009 年版，第 219 页。

的影响，并且检查刑量与各个自变量间的 R^2 值能够大到解释一定的方差量，就说明防卫过当案件的罪量与刑量之间总体相称。进行两次回归分析的目的在于检验当加入了情节罪量之后基础罪量与刑量的关系会在多大程度上发生变化，以证明在防卫过当案件中法益衡量在罪刑关系中的实质意义。

三、回归检验结果与发现

根据上述建立的回归模型及检验逻辑，进行两次多元回归分析，检验结果和研究发现具述如下。

（一）模型 1 的回归分析

笔者对仅考虑法益衡量下的基础罪量作为自变量的模型 1 进行回归分析，所有回归分析的基础数据输出见表 4 及表 5。在不考虑其他情节罪量的情况下，从刑法学的常识出发，危害结果与罪过应当是决定刑量的最为基础的两个因素，那么在本次的回归分析中究竟能够在何种程度上得到证明呢？

1. 模型 1 成立情况

从表 4 的输出数据来看，模型的耦合程度非常好。从初步的数据结果来看，多元 R 显示两个预测变量与因变量之间有充足的相关，R 值已经达到 .802，而且 P 值小于 .05，为 .000，说明具有统计学意义上的显著相关性，显示作为核心变量的危害结果与罪过能够真正决定刑量。另外，R^2 为 .643，这意味着刑量的 64.3% 方差能够被危害结果与罪过这两个变量进行解释。此模型的证成能够说明在防卫过当案件中，基本罪量决定着刑量，法官的司法过程基本符合刑法的常识、常理与人们日常经验中的常情。

表 4 模型 1 总体情况

Model	R	R Square	Adjusted R Square	Std. Error of the Estimate	Sig.
1	.802[a]	.643	.642	16.833	.000

2. 模型 1 回归分析结果

从表 5 输出的数据来看，本次检测的危害结果与罪过两个预测变量对刑量的解释在方向上为正相关，两者的回归系数分别为 6.945 和 15.936，常数为 -31.163，故模型 1 能够具体还原为：刑量 = -31.163 + 6.945（危害结果）+ 15.936（罪过）。但从两个预测变量在解释因变量中的地位与作用来看存在着较大差距，因为两者的 Beta 值差距较大，危害结果的 Beta 值为 .778，罪过的 Beta 值仅为 .116。

表 5　模型 1 回归分析结果

Model		Unstandardized Coefficients		Standardized Coefficients	t	Sig.
		B	Std. Error	Beta		
1	（Constant）	−31. 163	5. 804		−5. 370	. 000
	危害结果	6. 945	. 189	. 778	36. 829	. 000
	罪过	15. 936	2. 913	. 116	5. 471	. 000

a. Dependent Variable：刑量
b. sig. 值小于 0.05 意味着在统计学意义上显著相关

3. 对模型 1 回归结果的主要发现

在没有控制其他量刑情节对防卫过当案件的刑量影响后，由表 4 与表 5 可以认定作为反映基本罪量因素的危害结果与罪过的确决定着刑量，即基础罪量大刑量重，基础罪量小则刑量轻，符合罪刑均衡的总体要求与规律，但是我们似乎还不能够立即得出防卫过当案件就完全实现了罪刑相称。

（1）作为体现法益衡量最为具体与直接的变量，危害结果对于刑量的轻重具有基础性意义，但是笔者在研究中发现作为基础性罪量，司法实践中法官在量刑的指标体系中可能过于依赖危害结果的判断。正像危害结果的标准归回 Beta 值所显示的，危害结果对刑量的贡献是罪过的 6.70 倍，这种危害结果在基础刑量中的比例是否科学有待商榷。

（2）作为基础罪量的罪过虽然也证明的确与刑量具有统计学意义上的显著相关性，但罪过在防卫过当案件中的地位极不相称。笔者对所有样本案件中的过失防卫过当与故意防卫过当的刑量进行独立样本 T 检验，具体结果，见表 6。结果显示，过失防卫过当样本案件的平均刑量为 26.35，而故意防卫过当样本案件的平均刑量为 28.50，P 值为 .078，显示两者在 .05 水平上不具有统计学意义上的显著差异性。笔者又对防卫过当中故意伤害（致死）与故意杀人的案件中的刑量进行独立样本 T 检验，发现前者的平均刑量为 36.25，后者的平均刑量则高达 86.82，P 值为 .000，显示两者在 .05 水平上具有统计学意义上的显著差异性。这说明在司法中防卫过当只有认定为故意杀人其刑量才明显区别于过失防卫过当的刑量，但正如前面统计的结果，认定为故意杀人的防卫过当在整个样本中的占比仅为2.1%，这进一步证明，在防卫过当案件中，罪过在基础罪量中的地位较危害结果相差悬殊，相较于普通故意与过失犯罪的配刑刑量，至少可以说在罪过方面没有实现罪刑相称。

表6　防卫过当中不同罪过刑量T检验结果

	罪过	N	Mean	Std. Deviation	Std. Error Mean	Sig.
刑量	过失	17	26.35	16.852	4.087	.078
	故意	784	28.50	26.408	.943	

（二）模型2的回归分析

白建军教授指出，看上去合理的假设未必能够被证实，假设的最低要求是相对重的罪量能够匹配相对较重的刑量，单个被证实对刑量有显著影响的罪量因素未必能够与其他因素共同作用时也被证实影响显著。[1]对模型1的回归分析结果可以得出防卫过当案件的罪量与刑量高度相关，但是该模型仅考虑了核心变量与刑量之间的均衡关系，而一个案件不可能不会有别的量刑情节，所以模型1并不能够完全说明防卫过当的罪量与刑量的真正关系。当加入了控制变量后，即控制住量刑情节对核心变量与刑量之间关系的影响，防卫过当的基础罪量与刑量仍然是否均衡还有待对模型2的回归分析。具体结果与分析如下：

1. 模型2成立情况

同样，从表7的输出数据来看，模型的耦合程度也不错。模型2虽然加入了另外七个控制变量，但从初步的数据结果来看，多元R显示所有预测变量与因变量之间有充足的相关，R值已经达到.827，而且P值小于.05，为.001，说明具有统计学意义上的显著相关性。另外，R^2为.684，说明刑量的68.4%的方差能够由所有反映基础罪量和情节罪量的变量解释。但至于各个量刑情节具体对刑量的影响还需要看后面的分析。

---

〔1〕　白建军：“再论罪刑均衡”，载《新疆师范大学学报（哲学社会科学版）》2020年第1期。

表7 模型2总体情况

Model	R	R Square	Adjusted R Square	Std. Error of the Estimate	Sig.
1	.827ª	.684	.680	15.927	.001

2. 模型 2 回归分析结果

模型 2 加入了量刑情节这一控制变量后, 具体的回归分析结果见表 8。

表8 模型2回归分析结果

Model		Unstandardized Coefficients		Standardized Coefficients	t	Sig.
		B	Std. Error	Beta		
1	(Constant)	−24.284	5.699		−4.261	.000
	危害结果	7.110	.181	.795	39.251	.000
	罪过	15.946	2.780	.116	5.735	.000
	自首	−2.837	1.323	−.043	−2.145	.032
	共同犯罪	−6.153	1.391	−.089	−4.425	.000
	限制刑事责任能力	−2.918	3.966	−.015	−.736	.462
	累犯	7.091	2.934	.048	2.417	.016
	赔偿损失	1.879	2.653	.033	.708	.479
	被害人及其家属谅解	−8.635	2.703	−.150	−3.195	.001
	被害人亲属	−9.524	2.431	−.086	−3.918	.000

a. Dependent Variable: 刑量

(1) 从表 8 可以看出, 有两项假设指标因为没有满足条件而被证否, 不能够成为本项研究中的真正变量, 即对刑量并没有产生显著性影响。这两个变量是限制刑事责任能力与赔偿损失, 其 Beta 值分别是 −.015 与 .033, 较其他变量的 Beta 值更低, 显示没有进入变量应有影响力。这两个变量的 P 值分别为 .462 与 .479, 也表明在 .005 水平意义上两个变量与刑量没有显著相关性。按照《刑法》第 17 条、第 18 条与第 19 条之规定, 行为人因年龄、精神、生理原因而具有限制刑事责任能力为法定的从宽量刑情节, 但为何此从宽量刑情节在本次研究中对刑量没有显著相关性还有待日后研究。作为酌定量刑情节的赔偿在本次研究中也被证否，虽然在所有样本案件中，具有赔偿量刑情节的高达59.3%，但实践证明该情节对于刑量并没有进入变量的相对影响力。

（2）进入具有相对影响力的变量包括危害结果、罪过、自首、共同犯罪、累犯、被害人及其家属谅解、被害人亲属。这七个变量 P 值分别为 .000、.000、.032、.000、.016、.001、.000，显示 .05 水平意义上具有显著相关性，回归系数分别为 7.110、15.946、-2.837、-6.153、7.091、-8.635、-9.524，常数为 -24.284，故模型2具体可还原为：刑量 = -24.284 + 7.110（危害结果）+15.946（罪过）-2.837（自首）-6.153（共同犯罪）+7.091（累犯）-8.635（被害人及其家属谅解）-9.524（被害人亲属）。

（3）关于 Beta 值，以绝对值的大小顺序来看，分别为危害结果（.795）、被害人及其家属谅解（-.150）、罪过（.116）、共同犯罪（-.089）、被害人亲属（-.086）、累犯（.048）、自首（-.043）。另外两个被排除变量的 Beta 值更小，也证明在此次研究中这两个被排除的变量对于刑量的影响基本可以忽略。

3. 对模型2回归结果的主要发现

在加入了七个量刑情节后，通过比较模型2与模型1输出的数据，笔者进一步分析基础变量与情节变量对刑量的具体影响。

（1）从模型2回归分析输出的数据来看，笔者发现基础罪量的相关数据虽然发生了变化，但变化量较小。在没有加入控制变量时，刑量中有64.3%的方差能够被危害结果与罪过这两个变量进行解释，在加入了另外七个控制变量后，刑量中有68.4%的方差能够被模型2中的所有变量进行解释。此即意味着模型2虽然增加了七个变量进行考察，但实质上控制变量对刑量的方差的解释量并没有明显增加，仅增加4.1%方差解释。另外从模型1与模型2的回归系数来看，罪过的回归系数基本没有发生变化，模型1中罪过的回归系数为15.936，模型2中罪过的回归系数为15.946，而且 Beta 值都为 .116。危害结果的回归系数虽然发生变化，但是变化也不大，模型1中危害结果的回归系数为6.945，模型2中危害结果的回归系数为7.110，同样 Beta 值显示变化也不大，而且模型2中危害结果的回归系数和 Beta 值都比模型1中危害结果的回归系数和 Beta 值还要大。由此在全面考察了样本案件中的所有量刑情节后，笔者发现实际上危害结果在量刑实践的作用更为明显，危害结果对于解释刑量的影响不但没有得到稀释，反而被增强，显示其在所有变量的体系性中具有绝对的影响力。

（2）从模型2回归分析输出的数据来看，在量刑情节指标中对防卫过当刑量影响最大的变量是被害人及其家属谅解。该变量的 Beta 值为 . -1.50，表明该变量对刑量的解释力仅次于基础罪量的危害结果，对刑量的解释力大于基础罪量的罪过，模型2中罪过的 Beta 值仅为 . 116。与日常经验法则相悖的是，基础罪量中的危害结果对刑量影响力最大不会让人产生疑问，但作为基础罪量的罪过对刑量的解释力竟然小于酌定量刑情节，则需要进一步进行解释。

（3）从模型2回归分析输出的数据来看，在整个有效变量中对防卫过当刑量影响最小的变量是自首与累犯。这两个变量的 Beta 值分别为 -.043 和 .048，对刑量的解释力要小于变量被害人亲属，变量被害人亲属的 Beta 值为 - .086。作为酌定量刑情节，若防卫人与被害人存在亲属关系时，法官更倾向于从宽处罚，而且从宽的幅度可能还会大于自首从宽处罚的幅度。

四、结论与进一步的讨论

（一）对防卫过当案件中罪刑关系的整体评价

（1）总体上看防卫过当的罪刑关系基本符合了罪刑相称的基本原则。从上述两次回归分析的结果来看，模型1中基础罪量能够解释刑量64.3%的方差，而模型2中的基础罪量和情节罪量能够解释刑量68.4%的方差，说明模型1与模型2能够成立，也意味着防卫过当案件中的刑量决定于罪量，罪量与刑量高度相关，罪量越大刑量就越大，罪量越小刑量就越小。研究证明防卫过当案件基本体现了配刑中的罪刑均衡基本原理，也符合司法中的罪刑相称基本原则，是在司法过程中的主体符合、服从客体客观属性及规律的基础上，积极适度、科学地行使对犯罪的惩罚权。但是整体条件下对罪刑关系得出的相称结论并不能否定具体罪量事项与刑量的失衡关系。

（2）作为基础罪量的罪过对防卫过当案件刑量的影响过于弱化。虽然变量罪过在模型1与模型2中的 Beta 值与 P 值皆显示与刑量正相关，表明罪过越严重刑量越重，但具体到四种罪过类型与刑量的关系并非全部完全相称。从模型1输出的数据及表6中不同罪过刑量 T 检验结果来看，过失防卫过当的刑量与故意防卫过当的刑量无法呈现出 .05 水平意义上的统计学显著性差异。但是在防卫过当的故意类型中，伤害的故意与杀害的故意则明显影响着刑量的大小。这也意味着无论是否发生死亡的结果，故意与过失在决定刑量大小的作用上区分并不大，毕竟整个样本中仅有 2.1% 被认定为故意杀人。当控制其他变量的影响时，影响刑量的关键仅在于是伤害的故意还是杀人的故意。白建军教授在研究中发现，我们国家的刑法在对罪过的配刑过程中体现了价值均衡。他认为罪过的配刑体现了立法者的一定价值偏好，故意与过失的差异并无悬念，研究中发现故意犯罪的平均刑量为 15.4，而过失犯罪的平均刑量为 6.5。[1] 从白建军教授的研究中可以看出，故意犯罪的平均刑量为过失犯罪的平均刑量的 2.4 倍，当控制好其他变量的影响时，故意与过失是影响刑量差异的显著性因素。而在本次研究中，如表 2 和表 6 所示，就防卫过当案件而言，一则在样本案件中认定率过低，仅占整个样本案件中的 2.1%，二则故意与过失案件的刑量差异并不明显，到底是防卫过当案件中的罪过定性本身就存在问题，还是主体在量刑过程中忽视罪过对刑量的影响，显然非本次研究所能承载，还待日后进行深入研究。

（3）防卫过当案件基础罪量中的危害结果较普通刑事案件中的基础罪量对刑量的影响更大。虽然模型 2 较模型 1 增加了七个自变量，而且在经验上属于应该能够影响刑量的法定或者酌定情节，但实际上模型 2 的输出结果表明仅增加了 4.1% 方差解释量，表明防卫过当案件中的危害结果在量刑指标体系中占有绝对比重，这又显然无法体现罪刑相称的基本法理。虽然白建军教授正确地提出了二元罪刑均衡理论，[2] 但是作为基础罪量的罪过及其他七个量刑情节在解释刑量的方差量太过消极，甚至作为法定情节的限制刑事责任能力被证否，而作为酌定量刑情节的变量被害人亲属则超过罪过对刑量的影响力，这说明在具体的罪刑关系上又无法体现罪刑相称。

自首在本次研究中的 Beta 值仅为 -.043，显示该变量对刑量的解释力甚至小于变量被害人亲属。但是根据刑法基本原理与量刑准则，自首应当在量刑的指标体系中占有重要的地位。白建军教授在对交通肇事罪各法定情节对刑

---

〔1〕 白建军："再论罪刑均衡"，载《新疆师范大学学报（哲学社会科学版）》2020 年第 1 期。

〔2〕 所谓的二元罪刑均衡论，即罪与刑的关系不完全取决于罪的轻重，还与刑的主体行使惩罚权的动机、原因、目的、认知、技巧手段、过程、利益驱动等多种主体性因素高度相关。参见白建军："再论罪刑均衡"，载《新疆师范大学学报（哲学社会科学版）》2020 年第 1 期。

量的作用进行研究时发现，自首的 Beta 值为-. 107，*P* 值为 . 000，这表明自首对量刑具有较为显著的影响。[1]由此可以看出，相比交通肇事案件，防卫过当案件中的自首对刑量的影响更为消极。

（二）与防卫过当修法前罪刑关系的比较

前文所考察的防卫过当案件中的罪刑关系都是在 1997 年《刑法》颁布之后发生的，故审判机关判决所根据的法典也为 1997 年《刑法》。对新刑法条件下的样本案件中的罪刑关系进行了分析之后，就会产生另外一个较为重要的问题，即 1997 年《刑法》修改之前的司法实践中防卫过当的罪刑关系较修改之后的罪刑关系孰轻孰重呢？从刑法教义学的角度解释，修法前后防卫过当案件中相同的罪量根据 1979 年《刑法》第 17 条第 2 款判决刑量应当更重，而若根据 1997 年《刑法》第 20 条第 2 款判决刑量应当更轻。

对防卫过当的规定 1997 年《刑法》对 1979 年《刑法》作了修改，仅是对个别文字的表述进行了增删。1979 年《刑法》第 17 条第 2 款规定："正当防卫超过必要限度造成不应有的危害的，应当负刑事责任；但是应当酌情减轻或者免除处罚。"1997 年《刑法》第 20 条第 2 款则修改为："正当防卫明显超过必要限度造成重大损害的，应当负刑事责任，但是应当减轻或者免除处罚。"立法修改中"增加明显两字、把不应有的危害修改为重大损害、删去酌情"表明立法者想扩大防卫权限制过当范围的意图，[2]放宽正当防卫的成立标准，以纠正此前普遍存在的对防卫限度把握过于严格的做法。[3]对于修法的目的，无论学界还是实务界均有清晰的认识，且表现出支持的态度。但修法 20 多年后，劳东燕教授却认为，从新刑法对防卫过当的修改迄今为止的立法施行效果来看，对正当防卫成立标准把握过严的倾向并没有得到扭转，尤其在防卫过当的认定上。[4]那么，实际情况到底如何呢？为此，笔者收集了 52 个根据 1979 年《刑法》判决的样本案件，并按照前文所构建的模型要

---

〔1〕 白建军："基于法官集体经验的量刑预测研究"，载《法学研究》2016 年第 6 期。

〔2〕 陈兴良："正当防卫的制度变迁：从 1979 年刑法到 1997 年刑法——以个案为线索的分析"，载《刑事法评论》2006 年第 2 期。

〔3〕 赵秉志、肖中华："正当防卫立法的进展与缺憾——建国以来法学界重大事件研究（十九）"，载《法学家》1998 年第 12 期。

〔4〕 劳东燕："防卫过当的认定与结果无价值论的不足"，载《中外法学》2015 年第 5 期。

求再次输入数据库。[1]这次模型中的自变量仅统计危害结果与罪过，主要基于两方面的原因：一是因为现实的原因，本次收集的样本案件较少（但总体上基本能够反映 1997 年 10 月 1 日前防卫过当案件罪刑关系的现状），做统计分析若样本少、自变量过多会导致统计空白；二是因为本文主要考察基础罪量与刑量的关系，而基础罪量在防卫过当案件中主要由危害结果与罪过所决定。

对 1997 年前样本案件的描述性统计结果见表 9。在这次统计的 52 个罪刑关系中，统计的刑量、危害结果和罪过三个指标量与前面 818 个样本案件中的三个指标量差异并不明显。具体来看，刑量的均值为 29.97，中位数为 26.00，最小值为 0，最大值为 186，而对应的是前述 818 个样本案件的均值为 29.67，中位数为 24.00，最小值为 0，最大值为 180。危害结果的均值为 4.02，中位数为 2.00，最小值为 1，最大值为 16，相对应的 818 个样本案件的均值为 4.17。

表 9　1997 年前样本案件刑量、危害结果、罪过的统计量

		刑量	危害结果	罪过
N	Valid	52	52	52
	Missing	0	0	0
Mean		29.97	4.02	2.00
Median		26.00	2.00	2.00
Minimum		0	1	1
Maximum		186	16	4

从上述表 9 的具体统计情况来看，可以认为 1997 年《刑法》实施后防卫过当案件判决的罪刑关系并没有发生实质性变化。为了进一步明确两者的刑量是否存在统计学上的显著差异性，笔者在 1997 年样本案件库中随机分层抽取重度刑量、中度刑量与轻度刑量共 52 件。[2]随后对 1979 年样本案件的刑

---

〔1〕　因为从北大法宝及中国裁判文书网上只能检索到 2013 年以后防卫过当的裁判或者判决文书，故笔者只能通过查阅《刑事审判参考》《人民法院案例选》及到上海市长宁区人民法院调研收集样本案件，最后实际收集的样本仅为 52 件。

〔2〕　因为需要进行比较的 1979 年样本案件量过少，所以对 1997 年样本案件进行分层抽样是必要的。分层抽样是指从一个可以分成不同层的总体中，按照规定的比例从不同层中随机抽取样本的方法。这种方法的优点是样本的代表性比较好，抽样误差比较小。

量与 1997 年样本案件的刑量进行独立样本 T 检验，结果发现两者的均值在 $P<.05$（P 值为 $.284$）水平上没有显著差异性。这个结果表明在 1997 年《刑法》颁布实施前与颁布实施后的防卫过当案件中，虽然对防卫过当的罪量评价发生变化，在修法后防卫过当相关罪名的法定刑并没有进行调整的情况下，修法前与修法后两者的实际刑量并没有显著性差别。

通过上述对 1997 年前后样本案件的基本罪刑关系的考察与比较，笔者发现当初立法者修改防卫过当的成立标准的初衷在实证研究的数据面前似乎并没有实现。当立法者对防卫过当的评价标准与幅度有所放宽时，意味着对罪量的评价也应当进行实质性的放宽。从准确意义上说，发生死亡或者重伤的危害结果在任何时候其物理意义上的衡量或者评价都不会发生变化，但因为罪量的法律评价基于立法者对当时社会情势的变化把握则可能发生变化。正如白建军教授指出的，罪量是一种评价，也就是说评价者根据犯罪本身的客观属性以及评价者所认同的某些价值标准，赋予犯罪以种种意义。作为一种评价，罪量既不能还原为犯罪本身，也不能还原为评价者，罪量是处于犯罪行为客观与评价者主观之间的某种存在。[1]既然 1997 年修法时立法者已经将防卫过当的罪量评价放宽，那么法院在判决此类案件时也应当对罪量的评价进行从轻评价，相应的刑量也应当较旧刑法时代的刑量更为轻缓。但从实证比较研究的结果来看，修法时的原有目的并未实现。

综上所述，笔者对 1997 年 818 个防卫过当案件的罪刑关系进行回归分析后得出这样的结论：虽然作为基础罪量的危害结果在整个刑量的影响力过大，但总体上实现了罪刑相称的基本要求。然后笔者又对 1997 年《刑法》修改前后的两组各 52 个样本案件的罪刑关系进行均值比较，发现罪刑关系并没有发生实质性的变化，者意味着 1997 年后的 818 个罪刑关系趋重。为此，笔者认为在司法过程中，只要法官在对防卫过当罪量的评价没有发生实质性变化之前，这种罪刑关系趋重的情形仍将持续。

（三）坚持法益衡量原则下的综合量刑观，制定防卫过当案件的量刑准则

如上所述，在整个罪量与刑量的互动关系中，基础罪量的危害结果在整个罪量的评价中体量过大，笔者认为造成此种情形的主要症结在于法益衡量观向结果中心主义的异化。令人遗憾的是，人们通常混淆了法益衡量与量刑

---

[1] 白建军：《罪刑均衡实证研究》，法律出版社 2004 年版，第 139 页。

结果中心主义的界限。所谓量刑结果中心主义，是指法官在对防卫过当进行裁判的过程中，对罪量的评价几乎围绕着实际发生的危害结果的大小展开，对罪过及其他情节罪量没有予以应有的重视，从而导致罪量的评价趋重。量刑结果中心主义是唯结果论在量刑活动中的具体体现，它使得量刑中对于防卫过当两个要件的判断即"明显超过必要限度"依附于"造成重大损害"，"它使得实务中对于唯结果论者来说，更多的是一味追求简单明了、可操作性强的司法判断标准的产物"。[1] 防卫过当正确的量刑观应当是法益衡量原则下的综合量刑观。不同于量刑结果中心主义，法益衡量原则的量刑观并不应当是对实际发生危害结果的简单比较，它应当是一种综合量刑观。

（1）法益衡量不仅应当衡量实际发生的法益损害，还应当衡量不法侵害可能造成的法益损害。张明楷教授在论及法益衡量一般性适用规则的时候指出，不但要将不法侵害已经造成的损害与防卫行为造成的损害进行比较，还需要将正当防卫造成的实际损害与不法侵害可能造成的损害进行比较，以及不法侵害者在被防卫过程中实施新的侵害与危险。[2] 特别需要指出的是，对可能造成的法益损害后果不是完全主观的预测，而是应当根据不法侵害的强度进行判断。这种不法强度的判断应当采取笔者对模型 1 与模型 2 中的危害结果进行赋值时采取的方法，即根据打击部位、是否使用凶器、不法侵害人的能力、环境因素等综合判断。陈璇博士指出，侵害人给有效防卫造成的困难和阻力越大，防卫人为排除障碍、制止不法侵害而采用的防卫手段的激烈和危险程度也必然随之上升，由此侵害人法益值得保护的程度也就越小。[3] 可以预见的是，如果能够正确地综合衡量法益损害，那么基础罪量的评价就会缩小，罪刑关系自然会实质上趋轻。

以马某伤害案为例，杨某等人逼着马某喝酒并与马某发生争执，杨某的朋友李某用桌子上的铁盘猛砸马某，杨某朝马某头部打了两拳，并将其眼镜打落在地，当马某去捡眼镜时，杨某又朝其头部打了两拳。被告人马某遂捡起地上的空啤酒瓶敲碎后朝杨某身上戳。此时李某解下身上的皮带打马某，受害人向某用椅子砸马某，慌乱中被告人马某用啤酒瓶戳李某、向某，并将

---

〔1〕 劳东燕："防卫过当的认定与结果无价值论的不足"，载《中外法学》2015 年第 5 期。

〔2〕 张明楷："正当防卫的原理及其运用——对二元论的批判性考察"，载《环球法律评论》2018 年第 2 期。

〔3〕 陈璇："侵害人视角下的正当防卫论"，载《法学研究》2015 年第 3 期。

向某戳伤。经鉴定，向某伤情为重伤二级。案发后，马某主动到案并如实供述了自己的全部犯罪事实。经公安机关调解，被告人对被害人进行了赔偿，取得了谅解。法院认定马某为防卫过当，构成故意伤害罪。一审马某因故意伤害罪被判处有期徒刑 18 个月。[1]关于本案的量刑部分（对于案件定性是否合理不在本研究探讨的范围之内），笔者认为如果采取正确的综合法益衡量规则判断，该案件的罪刑关系可能会趋轻。《刑法》第 234 条规定，故意伤害致人重伤的，处 3 年以上 10 年以下有期徒刑。若以量刑结果中心主义的观点来看，马某造成他人重伤二级，按照《刑法》第 20 条第 2 款的规定对其减轻处罚，则对马某的量刑应当在 3 年以下有期徒刑进行选择，加上其他量刑情节，18 个月的量刑似乎合理。但如果采取综合的法益衡量原则，则必须考虑当时杨某与李某对马某可能造成的伤害，即最终该案基础罪量中的危害结果应当是马某对向某造成的实际伤害减去杨某、李某等对马某可能造成的伤害。因此，模型应当为：实际伤害＝重伤二级－轻伤一级或者二级。所以，实际上最终马某所适用的应当是故意伤害罪中造成轻伤之情形，即应当适用 3 年以下有期徒刑、拘役或者管制。根据防卫过当减轻或者免除处罚之规定，基础刑量就可以低于 18 个月，再加上因为情节刑量的减轻，完全能够使此案的罪刑关系更加轻缓。

（2）破除量刑结果中心主义，还必须正确区分罪过和情节对刑量的影响。冯军教授在对防卫过当中的罪过进行分析时指出，根据具体案情，防卫过当的罪过既可以是刑法中规定的两种类型的过失，也可以是刑法中规定的两种类型的故意。对一个故意的反击行为因过失造成过当结果的防卫过当行为，按故意犯处罚，只是进行所谓的刑事责任减轻，是不合理的，因为总是仅仅在故意犯的法定刑的基础上进行责任减轻。合理的做法是，在过失犯的法定刑的基础上，再根据刑法关于防卫过当的规定，对其进行减轻或者免除处罚。[2]笔者支持冯军教授的观点，认为这是防卫过当案件中区别故意犯与过失犯刑事责任的一般原理。在具体量刑过程中，需要区分行为人具体的主观心态，到底是哪一种类型的过失或者故意，以便最终在量刑上有所区分。

以柯某某过失致人重伤案为例，被告人柯某某与被害人陈某系婚外情关

---

〔1〕 参见四川省南部县人民法院［2017］川 1321 刑初 138 号刑事判决书。

〔2〕 冯军：“防卫过当：性质、成立要件与考察方法”，载《法学》2019 年第 1 期。

系，后柯某某向被害人陈某提出终止婚外情关系，但陈某不同意。某日柯某某在停车场停车时，陈某突然窜至车门边企图拉开车门，未果后又拦在车前不让柯某某驾车离开，又手持一块木块强行爬上引擎盖，双脚跪趴在引擎盖上、身体贴近前挡风玻璃以稳住身体，被告人柯某某见状仍继续驾车低速前行。陈某左手按在前挡风玻璃上、右手握木块砸向前挡风玻璃，之后滑落侧坐在引擎盖上。随后，陈某将手中的木块扔掉。之后，被告人柯某某为摆脱被害人陈某的纠缠，遂向右打方向盘，致使侧坐于引擎盖上的陈某向车头左侧滑落在地，致头部及身体多处受伤。后柯某某自首，陈某伤情鉴定为重伤二级。法院认定被告人柯某某犯过失致人重伤罪，判处有期徒刑9个月。[1]关于本案的量刑部分，本案与上个案例有所不同，在法益衡量的时候区别在于本案防卫人对不法侵害人可能造成的人身侵害似乎并不严重，实际上是对财产权的损害，但既然认定为柯某某为过失致人重伤罪，则应当界定到底是哪种类型的过失。综合本案具体情节，柯某某应当是过高估计当时的行为能够避免危害结果的发生，故属于轻信能够避免的过失。过失致人重伤罪的法定刑为3年以下有期徒刑、拘役或者管制，柯某某具有防卫过当及自首情节，在刑量的选择上应当更为轻缓，判处管制或者免除处罚即可以罚当其罪，从而实现罪刑关系的事实均衡。

2013年最高人民法院颁布的《关于常见犯罪的量刑指导意见》（已失效）对自首、累犯、主从犯、赔偿等情节的量刑标准进行了明确的规定之后，情节罪量的评价有了规范化的标准。但鉴于防卫过当案件中自首、赔偿等和普通的刑事案件的发生概率有所不同，导致对其罪量的评价可能有所不同。在样本案件的818个罪刑关系中，具有自首情节的为629件，占样本案件的76.9%，这意味着大部分防卫过当案件犯罪人能够主动投案，如实供述自己的罪行。相较其他类型的刑事案件，防卫过当案件自首的发生率较高。例如，王剑波博士曾对我国受贿罪的量刑差异进行归因，统计到在1400份样本案件中，自首在所有样本案件中占比约为44.1%。[2]通常认为自首是和案件本身的性质和立案黑数是正相关的，暴恐类、涉黑涉毒等严重犯罪和立案黑数越庞大的案件自首率越低，这些案件中的自首会给案件的侦破减少司法成本，

---

〔1〕 参见广东省汕头市龙湖区人民法院［2018］粤0507刑初117号刑事判决书。

〔2〕 王剑波："我国受贿罪量刑地区差异问题实证研究"，载《中国法学》2016年第4期。

加上自首本身的情节罪量的性质，最终的刑量评价会更为缓和。但是，必须认识到，自首在所有案件中的刑法评价都应该同等对待，不能认为防卫过当案件中的自首率更高而降低其情节罪量本来应该具有的价值。正因为如此，2013 年《关于常见犯罪的量刑指导意见》（已失效）规定，对于自首情节，综合考虑自首的动机、时间、方式、罪行轻重、如实供述罪行的程度以及悔罪表现等情况，可以减少基准刑的 40%以下；犯罪较轻的，可以减少基准刑的 40%以上或者依法免除处罚。

（3）在量刑指导意见中明确防卫过当的量刑准则以实现量刑规范化。2013 年《关于常见犯罪的量刑指导意见》（已失效）对一些常见的量刑情节明确了量刑指导意见，基本方法是参照量刑基准，在基准刑的基础之上增加或者减少相应的幅度，最终确定宣告刑。应当说该指导意见为一些常见犯罪及量刑情节在刑事司法实践中的罪刑失衡情况提供了较好的解决办法，值得推广。但遗憾的是，该量刑指导意见并没有规定防卫过当作为法定量刑情节的量刑准则。在日后若对该量刑指导意见进行修订时，可以考虑把防卫过当列入，从而规定具体的指导意见。为此，本文建议可在量刑指导意见中规定：①对于防卫过当，应当综合考虑防卫行为超过必要限度造成重大损害的程度、不法侵害的起因、不法侵害的环境、不法侵害的强度、不法侵害的方式、防卫的强度、防卫的方式、防卫过当的罪过等。②防卫过当故意超过必要限度造成重大损害情形严重的，可减少基准刑的 50%以下；造成重大损害情形较轻的，可减少基准刑的 50%以上或者免除处罚。③过失超过正当防卫必要限度造成重大损害情形严重的，可减少基准刑的 70%以下；造成重大损害情形较轻的，应当免除处罚。

量刑机制的分层量化实证研究
——以防卫过当案件为例

刘崇亮 *

摘　要：分层量化的量刑机制构建对于保证量刑公平具有重要价值。实质的量刑基准是分层量化的根本前提，是责任刑层次且优于预防刑层次的量刑根据。量刑起点实质为与基本犯罪构成事实相对应的基准刑，以其他影响犯罪构成的犯罪事实为依据的基准刑实质为第二层次的基准刑。责任刑与预防刑的明确界分是分层量化的外在根据。分层量化的实体在于量刑要素的规范化整合。对五类伤害结果的裸刑均值进行方差检验，证明裸刑均值可作为量刑起点。对以伤害结果与防卫过当为自变量、刑量为因变量的回归模型进行回归分析，发现防卫过当作为第二层次的量刑基准对量刑起点的调整幅度在65%以上。司法实践中防卫过当分层量化的量刑机制存在着非理性因素，只有注重对分层量化的原理与经验的双重建构，才能在真正意义上建构起标准化的量刑机制。

关键词：量刑机制　分层量化　防卫过当　实证研究

一、问题的提出

最高人民法院颁布实施的《关于常见犯罪的量刑指导意见》（以下简称《意见》，已失效）对14个常见量刑情节的适用作了较为详细的规定，对于促

---

　*　上海政法学院副教授、佘山学者，法学博士，中国犯罪学会理事。

　本文系作者主持的2020年教育部一般规划课题《再犯罪风险评估视野下中国监禁刑改革实证研究》（项目编号：20YJA820012）及作者主持的上海市浦江学者项目《罪犯风险评估制度的本土化构建实证研究》（项目编号：2020PJC106）阶段性成果。本文已发表于《政治与法律》2021年第9期。

进量刑规范化具有重要意义。但是，《意见》并没有对防卫过当情节的量刑适用作出规定。

当于欢案尘埃落定后，对正当防卫的诸问题研究仍可谓方兴未艾，成果斐然，但令人遗憾的是，当所有关注在于此案的定性时——是正当防卫还是防卫过当，人们往往忽略了对此类案件刑量的考察。在此次收集到的防卫过当判决书样本中，同样是造成侵害人的死亡，有的最高判处有期徒刑 15 年，有的则为免除处罚。人们不禁会问，为何会产生如此严重的失衡感，不仅防卫人甚至民众会对判决的公正产生怀疑，而且刑罚的两个预防功能（包括一般预防与特殊预防）也恐难实现。具体个案是看得见的法典、摸得着的规则，公民通过对个案的处理结果感受法律，司法实践中的同案异判，会向人们传递消极信息，法治原则无法得到真正体现。

有学者认为，轻罪重判或者重罪轻判的主要原因之一，就是立法与司法之间存在的紧张关系，即刑法分则部分对具体个罪法定刑设置的幅度过大，使得不同法官可能由于自我知识、经历等差异而导致量刑结果上的差异。[1]也有学者认为，量刑中影响因子的复杂性超出了人们的预想，真正的难题须靠主审法官在刑法的框架下和具体案件中解决，于是法官的良知和智慧成了实现量刑公正的最终希望。[2]法官的良知和智慧当然是量刑正义的坚实基础，但问题是若缺乏完善的量刑机制的制约，规范与具体事实之间的理性法则就难以被发现。《意见》对量刑步骤、基准刑的调节及确定宣告刑的方法进行了明确的规定，并指出具有多个量刑情节时，一般根据各个量刑情节的调节比例，采用同向相加、逆向相减的方法调节基准刑，可谓初步形成了比例式量化的量刑方法。但是这种比例式量化的量刑方法是否合理，批评意见不少。[3]

笔者认为，这种比例式量化方法相比估堆式量刑方法的确意味着向精细的量刑规范化转变，但比例式量化方法因为缺乏分层量化机制，仍需完善。

---

[1] 姜涛："责任主义与量刑规则：量刑原理的双重体系建构"，载《政治与法律》2014 年第 3 期。

[2] 王利荣："对常见犯罪量刑基准的经验分析"，载《法学研究》2009 年第 2 期。

[3] 如有学者认为量刑是人文科学，并非牛顿力学定律那样享有"恒定的精确"，也非实验科学那样依赖数据的验证，仅凭借刑法中的数量关系而展开量刑的全面量化，其基础并不全面。具体参见石经海、骆多："量刑过程视角下量刑方法分段构建研究"，载《中国刑事法杂志》2015 年第 1 期。

一方面，《意见》对量刑起点与量刑基准、责任刑情节、预防刑情节等核心要素的层级关系并没有明确，严重影响量刑机制的实现。另一方面，《意见》虽然对一些量刑情节对刑量的调节比例进行了规定，但这种数量化的形成并没有得到实证研究的技术支撑。故当前的量刑方法与步骤较完善的量刑机制仍存在较大差距。

应然意义上的量刑是以各种要素组成的完整机制，这些要素又必须按照一定的规则进行分层量化，但这一重要的基础理论并没有引起学界的应有重视。为此，本研究拟把量刑机制作为研究对象，通过对量刑机制的分层量化法理进行分析，以防卫过当案件为例，对收集到的样本数据进行检验，尝试对防卫过当案件中的量刑起点、基准刑和调节比例进行界定，探索防卫过当案件中的量刑分层实现机制，以期为缩小防卫过当案件的量刑差异提供思路。

二、量刑机制的分层量化之一般法理

量刑机制是由各量刑要素与方法所构成的综合有机体，而该体系中的量刑基准、量刑起点、基准刑、责任刑、预防刑等核心要素的概念及互相之间的层级关系界定争议较大，概念的混淆与关系的模糊易造成量刑机制的混乱。因此，对量刑各要素之间可分层量化机制进行深入探究就具有重要意义。

（一）分层量化之根本前提：实质的量刑基准

由《意见》规定的量刑步骤可以看出，量刑机制中最重要的问题为量刑基准，只有在明确量刑基准的前提下，才能确定基准刑。"当前的量刑规范化试点或者改革，大体上是以具体个罪的量刑基准论为理论支撑展开的。"[1]国内对量刑基准的研究颇为丰富，但到目前为止，对量刑基准的认识并未达成共识。笔者认为，造成分歧的原因系未从根本上把握量刑基准的实质。量刑基准当前主要在三种意义上使用。第一种是在基准刑意义上使用。如周光权教授就认为量刑基准是在不考虑任何量刑情节的情况下仅依其构成事实应当判处的刑罚量。[2]王利荣教授则认为量刑基准是已确定适用法定刑幅度的个罪，对应于既遂状态下反映该罪手段特点或者犯罪实害程度的事实所预定的刑量。[3]第

---

〔1〕 张明楷："责任主义与量刑原理——以点的理论为中心"，载《法学研究》2010 年第 5 期。

〔2〕 周光权："量刑基准研究"，载《中国法学》1999 年第 5 期。

〔3〕 王利荣："对常见犯罪量刑基准的经验分析"，载《法学研究》2009 年第 2 期。

二种是在整体量刑根据意义上使用。如曾根威彦教授就认为量刑基准是什么样的事项应当作为考虑的对象，应根据何种原则来进行刑罚的量定。[1]第三种是在基准刑的实质根据意义上使用。如耶赛克教授与魏根特教授认为《德国刑法典》第 46 条第 1 款第 1 句规定的罪责是量刑的基础，对决定行为不法内容和罪责内容的量刑基准具有重要的作用。[2]言外之意就是量刑基准的含义即为基准刑的量刑根据。从类型上来看，本文的量刑基准系第三种意义上使用。[3]量刑基准对于分层量化的意义具体分析如下。

第一，量刑基准在于实质的犯罪，是责任刑层次的量刑根据。白建军教授认为定罪与量刑所遵循的逻辑不同，定罪是构成要素之积，而量刑则是各不同性质量刑情节之间的相加。[4]笔者则认为，定罪与量刑的逻辑表面上不同，但两者必须符合内在逻辑的同一性，定罪可以描述成为构成要素之积，但量刑则并非不同量刑情节之间的简单相加。罪与刑的关系认定包括两个层面：一是实质之罪与责任之刑（也可称为实质之刑），两者之间的关系形式上呈现为绝对的罪刑均衡主义与责任主义的内化，所用的公式为：实质之罪＝责任之刑；二是未然之罪与预防之刑（也可称为或然之刑），两者之间的关系形式上呈现为相对的罪刑均衡主义与预防主义的外化，所用的公式为：未然之罪＝预防之刑。由此可以看出，定罪之中的罪既包括实质之罪，亦包括未然之罪，量刑之中的刑既包括责任之刑，亦包括预防之刑。现实中一个案件的各种情节错综复杂，既有体现责任刑之情节存在，亦有体现预防刑之情节存在，但如何体现责任刑之情节与预防刑之情节在量刑机制中的地位，若按照白建军教授所认为量刑是按照不同性质的量刑情节之间的相加，则恐怕无区分实质之罪与未然之罪、责任之刑与预防之刑之必要。实质之罪决定责任之刑，若无实质之罪则不可能有未然之罪，因为只有建构在实质之罪基础之上才会有犯罪与犯罪人的概念，故量刑基准的实质就必须在实质之罪中去寻找。而

---

〔1〕 ［日］曾根威彦：“量刑基准”，载苏惠渔等：《中日刑事法若干问题——中日刑事法学术讨论会论文集》，上海人民出版社 1992 年版，第 49 页。

〔2〕 ［德］汉斯·海因里希·耶赛克、托马斯·魏根特：《德国刑法教科书》，徐久生译，中国法制出版社 2001 年版，第 1056 页。

〔3〕 我国也有学者持此种观点。譬如姜涛教授就认为量刑基准是基准刑确立的基准，即为基准刑的确立提供合理的标准或依据。姜涛：“基准刑若干问题研究”，载《内蒙古社会科学（汉文版）》2010 年第 6 期。

〔4〕 白建军：“基于法官集体经验的量刑预测研究”，载《法学研究》2016 年第 6 期。

且，此处体现量刑基准的实质之罪，是责任刑层次的量刑根据，决定基准刑。

第二，量刑基准决定着刑事责任的本体，是优于预防刑层次的量刑根据。我国《刑法》第 5 条把罪行与刑事责任并列作为决定刑罚轻重的根据，意味着罪行重则刑罚重，罪行轻则刑罚轻，问题是如何来理解此条中的罪行与刑事责任的关系。张明楷教授认为可以将"与犯罪分子所犯罪行相适用"解释为罪刑均衡，将"犯罪分子承担的刑事责任相适应"解释为预防必要性大小相适应，亦即将此处的"刑事责任"理解为犯罪人所应承担的广义的法律后果。故可以认为《刑法》第 5 条的规定，实际上是要求刑罚的轻重必须与罪行的轻重以及犯罪人的再犯可能性相适应，[1]笔者并不赞同此种观点。《刑法》第 5 条中的罪行与刑事责任的关系并非并列，而是递进的关系，即"罪行—责任—刑罚"的递进关系。刑事责任在此非指犯罪人所应承担的广义的法律后果。如果仅仅把刑事责任理解为一种法律后果，就不能说明刑事责任的范围和刑事法律后果的合理性。[2]刑事责任的本质是国家基于行为人的行为与人格而进行的否定性评价，既包括对实质之罪的否定性评价，也包括对未然之罪的否定性评价。如果把刑事责任定义为广义的法律后果，则意味着《刑法》第 5 条中的罪刑仅包括实质之罪，此种解释显然无法全面体现对未然之罪的否定性评价。因此在罪刑关系的认定过程中，既包括对实质之罪与未然之罪的认定，也包括对反映实质之罪与未然之罪的责任评价。虽然可以把《刑法》第 5 条的罪行与刑事责任作扩大解释，但决定刑事责任的本体还应当是量刑基准，即应当采取实质的量刑基准概念。

所谓实质的量刑基准，指的是决定刑事责任有无和大小，不仅取决于各种既遂状态下的基本事实，而且这些基本事实只能是反映法益受到现实侵害程度或者具有侵害危险程度的主观与客观事实。鉴于此，能够说明法益受到侵害或侵害危险的犯罪事实，包括犯罪手段、犯罪数额、犯罪次数等量刑基准所涵摄的范围。从实质层面上看，体现基准刑的实质之罪在量刑分层机制中明显要优于体现未然之罪的预防刑量刑情节。

由此可以看出，防卫过当作为量刑情节，显然属于能够反映法益受到现实侵害程度或者危险程度的事实。因为，正当防卫的实质基准和原理就是法

〔1〕 张明楷："责任主义与量刑原理——以点的理论为中心"，载《法学研究》2010 年第 5 期。
〔2〕 冯军：《刑事责任论》，法律出版社 1996 年版，第 33 页。

益衡量，为了保护自身的法益而否定不法侵害的法益是必要的，即保护的法益比侵害的法益更为优越的场合，其正当性的理由即在于保护的法益与所侵害的法益加以衡量的结果。[1]故防卫过当作为量刑情节，是反映实质之罪的量刑基准，并且决定着刑事责任的本体。但是，在防卫过当案件中，作为实质之罪的量刑基准，防卫过当在整个量刑机制的体系中属于何种层级，还需要下文进行进一步分析。

（二）分层量化之内在分层：量刑起点的实质

《意见》规定，在量刑起点的基础上增加刑罚量确定基准刑，最后根据量刑情节调节基准刑，并综合考虑全案情况，依法确定宣告刑。由《意见》对量刑步骤的具体规定可以看出，量刑起点在量刑机制中有着非常重要的位置。在《意见》出台之前，量刑起点的概念尚未建立，但现在既然规范性法律文件明确了量刑起点，因此就有必要对量刑机制中的这一重要环节进行厘定。

学界对量刑起点的关注并不多，那么量刑起点的本体是什么呢？量刑起点与量刑基准实际是何种关系呢？《意见》明确规定先确定量刑起点，再确定基准刑，这意味着量刑起点是基准刑的前步骤，似乎也表明量刑起点与基准刑存在着明显的区别。笔者认为，从《意见》以及学者们的论述来看，量刑起点其实就是基准刑，而《意见》中的"基准刑"则属于第二层次的基准刑。

第一，量刑起点实质上为基准刑，即与基本犯罪构成事实相对应的责任刑。张明楷教授认为，关于量刑起点的确定，包括中线论、分格论、重心论、个案判决推导论等观点，这些观点多多少少都存在问题。而由于《意见》对常见犯罪规定了量刑起点的幅度，所以《意见》所称的确定量刑起点，实际上是指由法官根据具体犯罪的基本犯罪构成事实，比照抽象个罪的基本犯罪构成（既遂形态），在相应的量刑起点幅度内确定。[2]从此论述中可以看出，量刑起点实质上为基准刑，即由于犯罪人实施的基本犯罪构成事实而应当承担的刑罚量。既然个案中基本犯罪构成事实是确定的，那么作为与此相对应的基准刑则也是确定的点的责任刑。按照《意见》的规定，一个案件中如果存在其他影响犯罪构成的犯罪数额、犯罪次数、犯罪后果等犯罪事实，应当在量刑起点的基础上增加刑罚量以确定基准刑，此即意味着，若并没有影响

---

[1]　[日] 山口厚：《刑法总论》（第 2 版），付立庆译，中国人民大学出版社 2011 年版，第 113 页。

[2]　张明楷："犯罪常态与量刑起点"，载《法学评论》2015 年第 2 期。

基本犯罪构成的犯罪事实，即仅有所谓的"裸的构成事实"，则并不会增加刑罚量，此反过来也证明量刑起点实质上为基准刑。顺便提及，量刑"起点"本身的提法也证明了基准刑的性质为"点"，而非"幅"。

第二，其他影响犯罪构成的犯罪事实为依据的基准刑系第二层次的基准刑。如前所述，根据我国《刑法》第5条规定之精神，应当采取实质的量刑基准的概念，故能够反映法益受到侵害或者侵害危险的犯罪事实都应当纳入该量刑基准的考察范畴内。只不过与实质的量刑基准并不相对应，实质基准刑只反映基本犯罪构成事实的刑罚量，属于量刑起点层次的基准刑，而"以其他影响犯罪构成的犯罪事实为依据而增加相应刑罚量"后的基准刑为第二层次的基准刑。但不管是作为量刑起点的基准刑，还是作为第二层次的基准刑，都是作为责任刑，反映行为责任的范畴。需要指出的是，作为第二层次的基准刑所依据的其他犯罪构成事实，仅包括犯罪数额、犯罪次数、犯罪后果等加重刑罚量的事实，而不包括减轻刑罚量的事实值得商榷。根据《意见》的规定，作为第二层次的基准刑实质上就是加重犯罪构成的刑罚量。对于量刑起点幅度的确定，通常认为与常态犯罪所对应的刑罚就是量刑起点幅度，在此基础上，将具体案件与常态犯罪进行比较，进而确定具体案件的量刑起点与责任刑。量刑起点是作为常态犯罪所对应的点，通常情况下诸如数额、次数、犯罪后果等都是作为加重刑罚量的犯罪构成事实，但是我国刑法也将犯罪常态的基本构成事实作为量刑起点，而情节较轻则作为减轻的犯罪构成事实。

在具有防卫过当情节的案件中，防卫过当显然属于第二层次的基准刑确定所依据的"其他影响犯罪构成的犯罪事实"。这意味着在防卫过当案件中，作为第一层次的基准刑的量刑起点所依据的事实只能是具体案件中的基本犯罪构成事实。笔者认为，防卫过当在性质上属于《意见》中所指的"其他影响犯罪构成的犯罪事实"中的"犯罪后果"。张明楷教授指出，违法性阻却事由的成立，是对受法律所保护的对应利益进行权衡的结果。在正当化事由的状态中，不违法的根据就在于所保护的利益要优于受到较低评价的利益，故本质上仍然需要对利害双方的利益进行比较和衡量。[1]这种防卫过当案件中

---

〔1〕 张明楷："正当防卫的原理及其运用——对二元论的批判性考察"，载《环球法律评论》2018年第2期。

利害双方的利益比较结果在规范构造中当然属于犯罪后果，因此，认为防卫过当情节属于第二层次的减轻量刑基准就不无道理。

（三）分层量化之外在根据：责任刑与预防刑的界限

《意见》规定，量刑时要充分考虑各种法定和酌定量刑情节，根据案件的全部犯罪事实及量刑情节的不同情形，依法确定量刑情节的适用及调节比例。问题是，这种采取"同向相加、逆向相减"的调节基准刑方法并没有区分责任刑与预防刑，而法定与酌定量刑情节既可属于责任刑情节，亦可属于预防刑情节，对两者不加区分则可能会导致较大的量刑误差。张明楷教授认为，一旦确定了责任刑，那么影响预防刑的情节就只能在责任刑之下起作用。[1]因此，作为分层量化的体系性外在根据，责任刑与预防刑的关系究竟如何值得探讨。

在一个基准刑为 10 年的案件中，既具有反映减少 40% 基准刑的刑事责任年龄情节，也有反映增加 10% 的基准刑的累犯情节，若对责任刑与预防刑关系主张的观点不同，则最后的刑量会存在明显差异。若仅是按照"逆向相减"的方法，即不区分责任刑与预防刑情节的运用，则相减后 7 年就是宣告刑。在区分责任刑与预防刑情节的观点中，又分责任刑上限论与预防刑突破论。关于责任刑上限论，张明楷教授认为，将责任作为刑罚的上限，意味着量刑时对预防犯罪的考虑，不得超过责任的上限，只能在责任刑之下考虑预防犯罪的需要，或者说，只能在责任刑之下，根据影响预防刑的情节确定宣告刑。[2]责任刑上限论的根据即所谓的消极的责任主义。山中敬一教授指出，责任主义不仅意味着科处刑罚必须以存在责任为前提，而且意味着刑罚不得超出责任的量。这种将责任的存在作为刑罚的条件、责任的量限定刑罚的量（量刑中的责任主义）的原则，称为消极的责任主义。[3]按照责任刑上限论的观点，在基准刑为 10 年的案件中，刑事责任年龄为责任刑情节，按照减少 40% 的基准刑即为 6 年，累犯情节则为预防刑情节，按照增加 10% 的基准刑则为 1 年，即最终宣告刑的最高刑也只能为 6 年，因为预防刑的增加只能在责任刑的幅度内，所以也只能够在责任刑的 6 年内进行宣告。关于预防刑突破论，学者们通常认为，预防刑能够突破责任刑的下限，即在责任刑以下没有问题，但是

---

〔1〕 张明楷："论影响责任刑的情节"，载《清华法学》2015 年第 2 期。

〔2〕 张明楷："犯罪常态与量刑起点"，载《法学评论》2015 年第 2 期。

〔3〕 ［日］山中敬一：《刑法总论》（第 2 版），成文堂 2008 年版，第 578 页。

否能够突破责任刑的上限则成为问题，观点并不一致。本庄武教授认为，超出责任刑的上限考虑特殊预防的观点与做法，明显违反责任主义，刑罚与责任相适应，刑罚不能超出责任刑的点，在确定了与责任相适应的具体刑罚之后，只能在这个点以下考虑预防犯罪的需要。[1]但井田良教授则认为，在如常习累犯等特殊预防的必要性极为明显的例外场合，在比例原则的制约下，应当承认可以突破责任的上限裁量刑罚。[2]按照预防突破论的观点，在上述基准刑为10年的案件中，因为刑事责任年龄而调节基准刑到6年，累犯作为预防刑情节增加调节刑7.2个月后，最终宣告刑最高可达6年7个月。

其实，责任刑与预防刑关系的实质归结到一点，即预防刑能否突破责任刑的上限。笔者认为，在相应的规则与限度内，预防刑能够突破责任刑。这就涉及如何来理解责任主义对于量刑的意义。抽象起来说就是，责任刑对于量刑是静态规制的基础，是宣告刑的内在依据，是第一层次的量刑基准；而预防刑则对于量刑则是动态调整的基础，是宣告刑外在微调的凭证，是第二层次的未然之罪的量刑依据。

第一，责任主义既应当包括行为责任，也应当包括行为人责任，只不过是行为人责任仅对刑事责任进行微调。大谷实教授指出，积极的责任主义原则是不妥当的，刑罚的目的应当在责任的限度之内追求，如果超越行为责任而科处刑罚的话，就会违反均衡原则，故量刑的一般指针是犯人的行为责任（量刑中的责任原则）。[3]从此论述中可以看出，责任刑的根据其实就是行为责任，而行为责任的大小和强弱能够从犯罪行为事实中得到反映，因此责任刑的大小是静态的，毕竟是对过去犯罪行为事实的回顾性评价。

但是，只强调以行为罪责作为确定刑罚的唯一根据，虽然能够理性地说明适用刑罚的合理性，但也阻碍了对未来或者隐性犯罪的作用及其必要性的关注。[4]这个所谓隐性的犯罪就是未来之罪，而对未来之罪的依据只能是行为人责任。因为，规制未来之罪的是预防刑，但既然是以刑罚的面目出现，

---

〔1〕 ［日］本庄武："从刑罚论所见的量刑基准"，载《一桥法学》2002年第1卷第1号，转引自张明楷："责任主义与量刑原理——以点的理论为中心"，载《法学研究》2010年第5期。

〔2〕 ［日］井田良："量刑理论与量刑事情"，载《现代刑事法》2001年第1号。

〔3〕 ［日］大谷实：《刑法讲义总论》（新版第2版），黎宏译，中国人民大学出版社2008年版，第474页。

〔4〕 ［德］汉斯-约格·阿尔布莱希特：《重罪量刑：关于刑量确立与刑量阐释的比较性理论与实证研究》，熊琦等译，法律出版社2017年版，第41页。

就不得不需要解分大小和强弱。相对于强调刑罚均衡的责任刑，对预防刑的批评主要就集中在刑度大小的标准是什么。笔者认为，对未来之罪的非难同样应当以责任作为基础，只不过相对于静态的责任刑，动态的预防刑则可能会易变且模糊，正因为如此，预防刑的大小亦需要将特殊预防的行为人责任作为评价根据。大谷实教授认为，在维持责任非难的观念的基础上，提出应该从一般预防和特殊预防的角度来判断责任的见解遂渐变得有力。[1]从本质上看，行为人责任决定着预防刑，即反映行为人人身危险性的行为之外的因素（包括罪后态度、人格因素、常习或累犯等）决定预防刑，行为人责任的大小决定着特殊预防需求的大小。

第二，既然责任刑本质上是静态的，在比例原则的规制下，动态的预防刑则应当可以突破责任刑。责任刑上限论者一方面主张预防刑只能在责任刑以内进行裁量，另一方面又主张点的责任刑论，这两个观点存在着难以克服的矛盾。责任刑点的理论认为，与责任相适应的刑罚是个确定的点，而不是所谓有存在的幅度，因此刑罚与责任相适应，是指刑罚不能超出责任刑的点，在确定了与责任适应的点之后，只能在这个点以下考虑预防犯罪的需要。[2]责任刑之所以是静态的，是因为责任本身是一个确定的内容，故责任刑本身就是一个确定的点的判断是正确的。责任刑上限论者认为预防刑仅在责任刑的限度内，即责任刑划定了刑罚（或者宣告刑）的上限，因此点的理论可以防止不必要的重刑。[3]

笔者认为，责任刑上限论值得商榷。

第一，责任刑既然是一个点，那就意味着责任刑既没有上限也没有下限，所谓预防刑仅能在责任刑的限度内本身就是个矛盾体。假设在一个仅有常见的基本构成事实与累犯量刑节或者自首情节的案件中，此常见的基本构成事实实质上就成为个案中的量刑基准，对其非难结果就外化为基准刑，也就是说此案中基准刑就是责任刑，并可具体外化为确定点的刑罚。而累犯或者自首作为预防刑情节，要么在此点的刑罚上增加，要么在此点的刑罚上减少，如果只能在基准刑以内进行调节，那么基准刑本身的意义就全部丧失，因为

---

〔1〕〔日〕大谷实：《刑事责任的基础——意思自由与责任能力》，成文堂1977年版，第179页。

〔2〕〔日〕城下裕二：《量刑基准的研究》，成文堂1995年版，第39页，转引自张明楷："责任主义与量刑原理——以点的理论为中心"，载《法学研究》2010年第5期。

〔3〕张明楷："责任主义与量刑原理——以点的理论为中心"，载《法学研究》2010年第5期。

增减都只能在基准刑以内，而基准刑本身就是个点，如何发挥基准刑的标定功能（加重或者减轻）自然就成为疑问。

第二，点的理论的确可以防止不必要的重刑，但预防刑在比例原则的规则下对责任刑的调高并非会导致重刑。重刑是相对于刑罚的量定超出了责任主义的涵盖范围，而责任主义如前所述既包括行为责任，也包括行为人责任，行为人责任仅以反映其人身危险程度为限，并非可以随意扩张。譬如累犯作为预防刑的重要情节之一，是刑罚的加重事由之一。大塚仁教授认为，作为法律上刑罚的加重事由之一，之所以对累犯进行特别处遇，是因为刑罚已经对累犯者要求反省和改过，但其却不进行充分反省，以致再犯罪，这就增加了对其行为的道义非难，而且行为反复进行犯罪，就显现了其人格的特别危险。[1]因此，从本质上看，对累犯者加重刑罚是以行为责任为基础，在对行为人责任评价后，对责任刑按照比例原则进行加重，并非一定会导致重刑。

根据上述分析，防卫过当情节本身属于责任刑情节，而非预防刑情节，体现的是行为责任，而非行为人责任，是第二层次的量刑基准。这也意味着在防卫过当案件中，在确定了量刑起点后，作为第二层次的减轻量刑基准责任刑情节，应直接根据刑法总则中关于防卫过当的减轻或免除处罚的规定对量刑起点进行调节。

（四）分层量化之要素综合：量刑各要素的关系

量刑规范化的实体在于量刑要素的规范化整合，从而在真正意义上建构起标准化的量刑机制。前文中笔者所分析的量刑机制中的核心要素包括量刑基准、量刑起点、基准刑、责任刑、预防刑等，在重点分析了各要素的外延与内涵后，这些要素之间的关系究竟如何显然具有重要意义。

第一，关于量刑基准与责任刑、预防刑的关系。如前所述，量刑基准是基准刑的确立基准，是为基准刑的确立提供合理之依据，其在性质上属于责任刑层次的量刑根据。从实质意义上看，责任刑的内涵与外延要宽于量刑基准。影响责任的事实情节，按照责任主义的观点，包括两个方面，一是法益侵害事实，二是表明责任程度的事实。[2]因此，决定责任刑的事实情节不但

---

〔1〕 ［日］大塚仁：《刑法概说（总论）》（第3版），冯军译，中国人民大学出版社2003年版，第519页。

〔2〕 张明楷："论影响责任刑的情节"，载《清华法学》2015年第2期。

体现在行为所造成的构成要件的结果，还包括构成要件之外的结果。譬如实施敲诈勒索、非法拘禁过程中造成被害人轻伤之结果，能够说明造成法益侵害之事实及程度，从而能够增加责任刑。而量刑基准虽然由责任刑情节所体现，但其事实情节仅体现在基本构成之中，在外延上要小于责任刑情节。另外，量刑基准显然与预防刑有着明显的界限。裁量预防刑时，必须以已经发生且反映犯罪人的再犯罪危险性的事实为根据，这些事实主要体现在构成要件事实之外。这些事实主要包括两大方面，一是犯罪人在罪前与罪后的与犯罪行为有联系的表现，如自首、立功、累犯等；二是犯罪人的人格、家庭及职业状况等影响再犯罪危险性的因素。[1]故量刑基准是优于预防刑层次的量刑根据，因为它决定着刑事责任的主体。

第二，关于量刑起点与责任刑、预防刑的关系。量刑起点实质上为基本构成事实相对应的基准刑，从体系性特征来看为责任刑情节所表征。量刑起点因为性质上属于基准刑，因此属于责任刑的范畴。在仅有体现基准刑的基本构成要件事实的具体案件中，该量刑起点即为责任刑。但若存在作为其他影响犯罪构成事实的第二层次的基准刑情节，则显然责任刑宽于量刑起点。另外，量刑起点与预防刑有着明显的界限，如前所述，毕竟预防刑之情节主要体现在构成要件事实之外。

三、防卫过当案件中量刑机制分层量化实现之分析

在完成了量刑机制分层量化一般性原理的理论建构后，笔者拟以防卫过当案件作为量刑机制分层量化生成的实例探讨。《意见》并没有规定防卫过当情节的适用及调节比例，因此，对防卫过当案件中的量刑起点、基准刑的调节比例研究就具有重要意义。

（一）样本案件、模型与检验逻辑

防卫过当案件的罪名主要涉及故意杀人罪、故意伤害罪、过失致人死亡罪、过失致人重伤罪，但在笔者以前做的一份研究中显示，故意杀人罪在近千份样本案件中仅占比不到 2%，过失致人死亡罪与过失致人重伤罪判决比不到 3%，故本次研究仅收集涉及故意伤害罪一个罪名的案件作为研究样本。本文从北大法宝及中国裁判文书网上收集研究所需有效样本（判决书）共 1751

---

〔1〕 张明楷："论预防刑的裁量"，载《现代法学》2015 年第 1 期。

份，并以这些研究样本为基础构建案例数据库。[1]在所有样本中，涉及防卫过当的故意伤害案件为 788 份，普通伤害案件（即不涉及防卫过当的故意伤害案件）为 963 份。为了考虑案件样本代表的典型性，本次采取的是分层抽样方法，[2]在收集的样本判决中，轻伤案、重伤案以及致死案大致等距。考虑到本文是集中对量刑活动中的基准刑等量刑机制进行研究，因此，选择那些单个犯罪的案件就有必要，故本次研究中的所有样本案件都系单个犯罪，而不考虑共同犯罪案件。另外，所有样本中被判处死刑立即执行的极为少数，且后文中对死刑立即执行的刑量换算亦存在障碍，故本次收集的样本并不包括判处死刑立即执行的判决。

本研究把刑量作为因变量，把影响刑量的因素作为自变量。对于刑量的统计，根据《刑法》第 234 条的规定，故意伤害罪的主刑量包括管制、拘役、有期徒刑、无期徒刑和死刑，死刑又包括死刑缓期二年执行与死刑立即执行。另外根据《刑法》第 20 条第 2 款关于防卫过当的规定，具有防卫过当情节的可判处免予刑事处罚。故必须按照一定的规则对免予刑事处罚、管制、拘役、无期徒刑、死刑缓期二年执行进行换算。①关于免予刑事处罚的换算。考虑到免予刑事处罚的特质，相较于有期徒刑与拘役而言，可以给其计值为 "0"。②关于管制的换算。根据《刑法》第 41 条的规定，可以将管制 1 个月换算成有期徒刑 0.5 个月。③关于拘役的换算。根据《刑法》第 44 条的规定，拘役的刑罚强度与徒刑相当，故拘役 1 个月可等换有期徒刑 1 个月。④关于无期徒刑的换算。根据 2016 年最高人民法院《关于办理减刑、假释案件具体应用法律的规定》，被判处无期徒刑的罪犯在刑罚执行期间，执行 2 年以上符合其他减刑条件的可以减为 22 年有期徒刑，考虑到无期徒刑判决之前的羁押期并不折抵，将无期徒刑换算成 28 年即 336 个月是合理的。[3]⑤关于死刑缓期二年执

---

[1] 此次收集的样本为有效判决书，样本中若为同案一审、二审判决或裁定书，则剔除一审判决书。判决书判决日期大致从 2013 年 10 月至 2020 年 6 月。

[2] 分层抽样法是指从一个可以分成不同子集的总体中，按规定的比例从不同层中随机抽取样本的方法。这种方法的优点是样本的代表性比较好，抽样误差比较小。

[3] 也有学者认为因为数罪并罚时有期徒刑的最高刑期为 25 年，故把无期徒刑换算成 300 个月。具体参见高通："故意伤害案件中赔偿影响量刑的机制"，载《法学研究》2020 年第 1 期。但是把无期徒刑的刑罚强度等于数罪并罚条件下最高有期徒刑，可能会明显降低无期徒刑的刑罚强度，因为根据《刑法》第 78 条的规定，毕竟原判处有期徒刑 25 年的通过减刑后实际执行期不能少于 1/2，即 12.5 年，但无期徒刑的实际执行在 15 年以上，故把无期徒刑换算成 25 年存在不对等的问题。

行的换算。判决死刑缓期二年执行 2 年后若无犯罪的应当减为无期徒刑，而根据上述无期徒刑的换算，把死缓换算为 32 年即 384 个月是合理的。

本文使用 SPSS22.0 作为分析工具，因为研究对象为量刑机制，故本文需要考察两个层面，即防卫过当案件中的第一层次的量刑起点与第二层次的量刑基准。具体的研究思路和检验逻辑为：

第一，考察伤害罪的量刑起点。如前分析得出的结论，量刑起点实质上为基准刑，是犯罪人实施的犯罪构成事实而应当承担的刑罚量，而伤害罪构成事实包括三种类型，即基本构成、加重及特别加重，相对应的故意伤害罪的量刑起点应当也包括基本构成事实的量刑起点、加重构成事实的量刑起点及特别加重事实的量刑起点。那么，如何来确定三个构成事实的量刑起点呢？白建军教授通过对数万的样本数据分析，研究了裸刑的平均值，得出了裸刑均值普遍低于法定刑中线的结论。所谓裸刑均值，是指在一定法定刑幅度内，没有任何法定情节的若干案件宣告刑的平均值，是抽象个罪量刑基准在具体个案中的实现。因为，由于法定刑情节的适用是以构成事实的刑罚为参照物上下从轻从重，裸刑是混合刑的参照基准，所以当具体案件出现法定量刑情节时，裸刑均值又是法定量刑情节事实上基准的基准。[1] 从白建军教授对裸刑均值的研究意义和结果来看，裸刑均值实质上就是量刑起点。根据《刑法》第 234 条之规定，故意伤害罪的三个构成事实对应三个法定刑幅度，但根据样本判决书的现实情况及最高人民法院、最高人民检察院、公安部、国家安全部、司法部于 2013 年发布并于 2014 年实施的《人体损伤程度鉴定标准》，防卫实际损害由重到轻可划分为死亡、重伤一级、重伤二级、轻伤一级、轻伤二级，故对选取的轻伤害、重伤害及致死案件进行相对应的五类裸刑均值进行比较，冀通过对五类均值的案件进行定量分析，对在司法实践中法官如何根据五类案件的基本构成事实对量刑起点作出判断。为此，本次研究将所选取的纯故意伤害案件样本，系没有法定或者较重要的酌定量刑情节的案件作为分析样本，对五类的裸刑均值进行比较，以确定五类基本构成事实的量刑起点。

第二，考察防卫过当作为第二层次的量刑基准的从宽幅度。为了分析防卫过当作为法定量刑情节在实践中对量刑的影响，即究竟能在多大的幅度上

---

［1］ 白建军：“裸刑均值的意义”，载《法学研究》2010 年第 6 期。

对犯罪人的刑罚进行从宽，此处采用回归分析的方法，作两次的回归分析。回归模型 1 为：主刑量 $= \alpha + \beta_1$ 伤害程度 $+ \beta_2$ 防卫过当，在此模型中，以考察防卫过当在故意伤害罪案件量刑机制中的影响。回归模型 2 为：主刑量 $= \alpha + \beta_1$ 伤害程度，即在模型 1 的基础上剔除变量防卫过当，以考察在没有防卫过当这一从宽量刑的基础情节后，回归系数 R^2 值及变量防卫过当标准化回归系数 Beta 值的变化。回归系数 R^2 代表的是自变量所解释的因变量的方差的比例，该值越接近 1 意味着模型越稳定；Beta 值则代表不同变量之间能够进行直接的强度比较，因此该值是一个变量解释另一个变量的独自贡献。[1]

（二）检验结果与发现

第一，关于故意伤害罪的量刑起点。首先，对五类故意伤害案的基本构成事实的刑量均值进行统计，具体统计结果如表 1。所有样本案件剔除了法定量刑情节与较重要的酌定量刑情节，皆为仅有基本构成事实的案件样本，共 963 个。其中轻伤二级的案件样本共 279 个，裸刑均值为 10.75 个月；轻伤一级的案件样本为 241 个，裸刑均值为 17.10 个月；重伤二级的案件样本共 237 个，裸刑均值为 45.59 个月；重伤一级的案件样本为 196 个，裸刑均值为 80 个月；死亡的案件样本为 310 个，裸刑均值为 224.57 个月。

表 1　故意伤害案五类基本构成事实的刑量均值

伤害结果	刑量均值	N	标准差
轻伤二级	10.75	279	8.197
轻伤一级	17.10	241	9.262
重伤二级	45.59	237	18.331
重伤一级	80.00	196	43.211
死亡	224.57	310	108.176
总计	112.16	963	127.861

根据《刑法》第 234 条的规定，故意伤害罪的法定刑分为三个档次，即基本构成的法定刑为 3 年以下有期徒刑、拘役或者管制，加重构成的法定刑

---

〔1〕　[加]达伦·乔治、保罗·马勒里：《心理学专业 SPSS14.0 步步通》（第 7 版），商佳音、胡月琴译，世界图书出版公司 2009 年版，第 219 页。

为 3 年以上 10 年以下有期徒刑，特别加重构成的法定刑为 10 年以上有期徒刑、无期徒刑或者死刑，此即意味着轻伤二级与轻伤一级属于基本构成，重伤二级与部分重伤一级属于加重构成，而部分重伤一级与死亡属于特加重构成。根据该条对法定刑的规定，基本构成的法定刑中间线为 18.75 个月，加重构成的法定刑中间线为 78 个月，特别加重构成的法定刑中间线为 270 个月。而此次样本案件中基本构成的裸刑均值为 13.93 个月，加重构成的裸刑均值为 62.78 个月，特别加重构成的裸刑均值为 112.29 个月。由此看来，法官在对待量刑起点的态度上非常明确，即在五类伤害结果案件的量刑起点确定上，要普遍低于法定刑的中间线。[1]

其次，对五类案件的裸刑均值进行单因素方差检验，统计结果如表 2。据表 2 所示，轻伤二级与轻伤一级的均值比较差异并不明显，P 值为 .608，表明两组的均值并没有达到 .05 水平上的显著性差异，除此之外，轻伤二级与其他组的均值比较呈现出显著性差异，P 值均小于 .05。轻伤一级则与重伤二级的均值比较则呈现出边缘性差异，P 值为 .090，与重伤一级、死亡的均值比较呈现出显著性差异，P 值分别为 .042、.000。重伤二级与重伤一级的均值比较差异并不明显，P 值为 .291，并没有达到 .05 水平上的显著性差异。死亡则与所有组的均值比较差异明显，均显示在 .05 水平上达到显著性差异。上述的方差检验结果表明，轻伤组与重伤组、死亡组的裸刑均值存在着显著的差异，但轻伤组与重伤组内部的裸刑均值比较差异则不明显。这种结果说明，法官在适用《刑法》第 234 条时，不但能够自觉遵守作为常态犯罪情形的量刑起点低于法定刑中间线，五类宣告刑的均值大小与排序几乎和三个犯罪构成事实相对应的法定刑呈现出一致，虽然相邻的三个组之间的均值差异并不显著，但若仅分轻伤组、重伤组和死亡组，则存在着显著的差异，也充分证明作为裸刑均值实质上可作为量刑起点的证据，是法官集体对量刑起点的经验说明。

---

[1] 白建军教授曾经也对故意伤害案的裸刑均值作过研究，发现所收集的样本案件的均值明显且普遍低于法定刑中间线。具体参见白建军："裸刑均值的意义"，载《法学研究》2010 年第 6 期。

表 2　五类故意伤害案件的均值多重比较

(I) 危害结果	(J) 危害结果	均值差 (I-J)	标准误	显著性	95%置信区间	
					下限	上限
轻伤二级	轻伤一级	−6.345	12.379	.608	−30.65	17.96
	重伤二级	−34.842*	12.950	.007	−60.27	−9.41
	重伤一级	−69.247*	30.540	.024	−129.21	−9.28
	死亡	−213.815*	6.108	.000	−225.81	−201.82
轻伤一级	轻伤二级	6.345	12.379	.608	−17.96	30.65
	重伤二级	−28.497	16.783	.090	−61.45	4.46
	重伤一级	−62.902	32.352	.042	−126.43	.62
	死亡	−207.470*	12.300	.000	−231.62	−183.32
重伤二级	轻伤二级	34.842*	12.950	.007	9.41	60.27
	轻伤一级	28.497	16.783	.090	−4.46	61.45
	重伤一级	−34.405	32.575	.291	−98.37	29.56
	死亡	−178.973*	12.874	.000	−204.25	−153.70
重伤一级	轻伤二级	69.247*	30.540	.024	9.28	129.21
	轻伤一级	62.902	32.352	.042	−.62	126.43
	重伤二级	34.405	32.575	.291	−29.56	98.37
	死亡	−144.568*	30.508	.000	−204.47	−84.67
死亡	轻伤二级	213.815*	6.108	.000	201.82	225.81
	轻伤一级	207.470*	12.300	.000	183.32	231.62
	重伤二级	178.973*	12.874	.000	153.70	204.25
	重伤一级	144.568*	30.508	.000	84.67	204.47

　　第二，防卫过当作为第二层次量刑基准的影响。对以伤害结果与防卫过当为自变量、刑量为因变量的回归模型进行回归分析，模型成立情况及两个自变量对刑量的影响见表3与表4，具体发现与分析如下。

　　首先，模型成立情况非常好，显示出两个模型都得到了验证。一是在以伤害结果为自变量的模型1中，R^2达到了0.545，意味着在仅有伤害结果作为基本构成事实的情形下，主刑量的变化有 54.5% 的方差可以由伤害结果这个因素来解释。从人文社会科学的定量研究来看，仅以一个变量作为回归模型的依据来分析，得出这样的模型成立结果，应当说十分理想。[1] 这个分析结果也表明，在实践中，对不存在诸如自首、累犯等法定量刑情节的案件中，伤害结果对于确定量刑起点（亦即量刑基准）具有基础性的作用。当然，在样本案件中还存在着不少刑量的极值过大之情形，为此，笔者剔除了五类伤害案件中 63 个显著超过均值的个案，回归分析的结果显示，R^2 达到了 0.618，进一步说明在故意伤害案中，司法实践中法官们集体经验反映的裸刑均值的确能够作为量刑起点的参考。二是在加入了防卫过当作为自变量的模型 2 中，R^2 达到了 0.758，意味着在仅有基本构成事实的情况下，刑量的 75.8% 的方差能够由故意伤害和防卫过当两个变量所解释。根据《刑法》第 20 条第 2 款之规定，防卫过当应当减轻或者免除处罚，因此，意味着当不法侵害造成或者可能造成的损害为轻伤二级而防卫行为造成的损害为轻伤一级的情况下，就不可能成立防卫过当。[2] 因此，根据此项原则，删除轻伤害案件后，仅保留重伤害案件和死亡案件，然后进行回归分析，R^2 则达到了 0.819，较仅考察伤害结果一个变量的解释强度要大得多。

表 3　防卫过当案件主刑量模型汇总

模型	R	R^2	调整 R^2	标准估计的误差
1	.767[a]	.545	.544	77.696
2	.897[b]	.750	.758	61.661

其次，防卫过当对刑量的影响暨对基准刑的影响十分显著。因为是挑选的仅有基本构成要件事实和防卫过当一种法定情节的案件，即便如此，回归分析的结果也清楚地表明，防卫过当的 Beta 值达到了 −0.675，对基准刑的影响超过了作为基本构成要件事实的伤害结果。这也意味着在刑事司法实践中，

---

〔1〕 R_2 代表的是回归确定系数，表示自变量所解释的因变量的方差比例，该系数越接近 1 就意味着解释力越强。

〔2〕 根据 2020 年 8 月最高人民法院、最高人民检察院、公安部颁布实施的《关于依法适用正当防卫制度的指导意见》，"造成重大损害"是指造成不法侵害人重伤、死亡。造成轻伤及以下损害的，不属于重大损害。

法官们在造成了重伤一级、重伤二级及死亡的故意伤害案件中，如果被告人具有防卫过当的法定量刑情节，则对量刑起点（基准刑）的调节在65%以上。

根据表4得出的结果，此系仅考察重伤害结果而优化了的模型，显示若为造成了重伤一级的伤害结果的防卫过当案件，在没有任何其他的法定或者酌定量刑情节的话，则主刑量为17个月，而如果没有防卫过当情节的情况下，则主刑量显示为80个月左右。这也进一步证明，在实践中，法官们在对防卫过当情节的运用上，对量刑起点的调节幅度，从仅有基本构成事实的裸刑均值角度看，其调节的幅度亦在65%以上。因此，根据上述研究结果可以确定的是，即便刑法文本仅规定了具有防卫过当情节的应当从轻或者减轻处罚的内容，法官们的集体经验完全具有基准刑法则的意义，在剔除了一些极值后，防卫过当情节对量刑起点的调节反映出法官集体对防卫过当作为责任刑情节的高度关注，体现出法官们对量刑机制的实然把握。

表4　防卫过当与危害结果对宣告刑的影响[a]

模型		非标准化系数		标准系数	T	Sig.
		B	标准误差	试用版		
1	（常量）危害结果	−20.099	4.034		−4.982	.000
		14.894	.500	.667	29.792	.000
2	（常量）	52.507	4.281		12.266	.000
	危害结果	14.176	.398	.635	35.641	.000
	防卫过当	−100.956	3.951	−.675	−25.550	.000

a. 因变量：刑量

四、对防卫过当案件中分层量化的量刑机制的进一步讨论及结论

（一）司法实践中防卫过当分层量化的量刑机制存在非理性因素

第一，司法实践中量刑起点与第二层次的基准刑存在误差。虽然本次的实证研究基本能够证明，防卫过当分层量化的实现机制总体上在刑事法治的轨道上运行，但一些数据显示，防卫过当案件中的分层量化机制仍然具有失范的风险。一是在五类伤害案件中，虽然与五个相对应的伤害结果的量刑起点具有显著差异性，但随着案件中的伤害结果越严重，刑量的标准差就越大，

意味着在重伤害及死亡的案件中，量刑差异较大。[1]如表 1 所示，轻伤二级案件刑量的标准差仅为 8.197，轻伤一级案件刑量的标准差为 9.262，重伤二级案件刑量的标准差则为 18.331，重伤一级案件刑量的标准差为 43.211，死亡案件刑量的标准差则高达 108.176。二是实践中防卫过当作为第二层次的量刑基准，相较于故意伤害案件中的量刑起点，其标准差虽然变小，但也显示仍然存在较大的量刑差异。这意味着，虽然 2014 年实施的《意见》对故意伤害罪的量刑起点和基准刑都进行了明确的规定，但从实际情况来看，《意见》对量刑起点的规定似乎并没有在量刑实践中得到完全贯彻，使得一些案件出现了较大的量刑差异。

第二，司法实践中法官的量刑经验具有较强且消极的稳定性。对防卫过当的规定，1997 年《刑法》对 1979 年《刑法》作了修订，此处的修订表明立法者对防卫过当的成立标准放宽，也意味着在其他量刑情节相同的情况下，造成同样的过当后果，修法后的刑罚应当轻于修法前的刑罚。为此，笔者收集了 52 个根据 1979 年《刑法》判决的样本案件，随后对 1979 年样本案件的刑量与 72 个 1997 年样本案件的刑量进行独立样本 T 检验，结果发现两者的均值在 $P<.05$（P 值为 .284）水平上没有显著差异性。这个结果表明在 1997 年《刑法》颁布实施前与颁布实施后的防卫过当案件中，虽然对防卫过当的罪量评价发生变化，在修法后防卫过当相关罪名的法定刑并没有进行调整的情况下，修法前与修法后两者的实际刑量并没有显著性差异。两类样本案件平均刑量的不具有显著性差异意味着法官的经验具有较强的延续性。从实在法的角度看，虽然应然意义上的量刑起点与第二层次的基准刑都能基本确定，但这种标准又非刚性的数字标准，无论如何总存在着些许的弹性。法官并不是完全被动地进行量刑规则的机械运算，而是运用法律能动地解决每个案件的具体问题。[2]问题是，这种解决问题的经验若在法官集体中形成一种强大且消极的稳定性，则这种集体经验可能会实质意义上形成事实中的量刑基准，反过来可能会破坏应然意义上的量刑规范化。

另外，在剔除的 63 个极值的防卫过当案件中，这些脱离均值较高的主刑

---

〔1〕 标准差是衡量离中趋势统计量的重要指标，标准差的数值越小，表明测量的稳定性越高，数值更为集中。

〔2〕 白建军："基于法官集体经验的量刑预测研究"，载《法学研究》2016 年第 6 期。

量究竟是办案法官个体的量刑经验的异化，抑或是受到其他非理性量刑因素的影响，非本文的研究所能承载，只有待日后进行专门的深入研究。

（二）量刑机制是分层量化的原理与经验的双重建构

量刑差异是世界范围内存在的客观难题，德日量刑理论试图从解释学的角度提出量刑基准等概念，英美量刑理论则基于实用主义的态度，通过实证的方法创制了量刑指南。[1]笔者认为，只有采取解释学的原理与经验的实证主义双重范式，建构起分层量化式的完整量刑机制，才能够最大限度地保证量刑公正的实现。

1. 量刑机制是各要素分层量化的基本原理的建构

量刑机制是一种在界定量刑起点与基准刑、责任刑与预防刑之间的分层构造基础上，定量判断过程中形成的体系性量刑结构与量刑方式的有机综合体。姜涛教授正确地指出，为了确保法官能够公正量刑，量刑规范应该立足于责任主义原则建构出合理、正义的理刑基准，然后由法官综合运用各种量刑情节，在责任与预防的双重考量下，得出宣告刑。[2]

其一，在罪刑关系的分层认定中，既包括对实质之罪的责任评价，也包括对未然之罪的责任评价，但是，量刑基准仅在于实质的犯罪，即建立在构成事实上之罪，并且决定着刑事责任的本体。故应当采用实质的量刑基准概念，即量刑的主要依据不仅取决于既遂状态下的基本犯罪构成事实，还包括那些法益受到现实侵害或者侵害危险的犯罪构成事实。其二，作为量刑机制中的第一个步骤，量刑起点实质上为基准刑，故按照《意见》的规定，"以其他影响犯罪构成的犯罪事实为依据而增加相应刑罚量"后的基准刑为第二层次的基准刑。这两个层次的基准刑都是基于构成事实之刑量。其三，责任刑的形态是静态的，是宣告刑的内在根据，而预防刑的形态是动态的，是宣告刑的外在调整凭证。行为责任是构成事实之责任，决定着责任刑，而行为人责任通常通过非构成事实来反映，决定着预防刑。责任刑呈现为点而不是幅度，在法定刑的限度内，在比例原则的规制下，预防刑能够突破责任刑。防卫过当作为基本构成事实，是作为"其他影响犯罪构成的犯罪事实为依据而增加刑罚量"的第二层次的量刑基准，相对应的刑量为第二层次的基准刑。

---

〔1〕 冉巨火："经验而非逻辑：责任主义量刑原则如何实现"，载《政治与法律》2015年第6期。
〔2〕 姜涛："责任主义与量刑规则：量刑原理的双重体系建构"，载《政治与法律》2014年第3期。

并且，防卫过当从违法与有责的类型上看，是作为责任刑情节之性质存在的，因此仅对责任刑进行调节，在仅有基本构成事实的条件下，可直接对基准刑按比例原则进行调节。

不难看出，在一个具体案件的刑罚裁量过程中，首先要明确责任刑与预防刑情节之界限，再在责任刑情节中确定量刑基准，并以此作为前提来明确一层次的量刑起点及第二层次的基准刑。在此意义上讲，量刑机制是各要素分层量化的基本原理的建构。

2. 量刑机制是法官对各要素分层量化的经验主义的建构

从本次收集的样本案件中可以看出，虽然作为量刑起点的刑量极值始终客观存在，但在剔除了那些显著超过均值的案例样本后，R^2 值达到了 0.618，这对以单一因素来考察解释的方差量来看，表明法官们对于量刑起点的确定在司法实践中具有较高层面上的意识统一性。法律现实主义者认为，法官的法律解释是一项完全自由的社会行为，他们不受法律规范的约束，具有高度的自由裁量权，法律规则仅是其达到所喜欢的判决的借口、可供其利用和摆布的手段。[1]从本次对基准刑的实证考察结果中我们可以看出，故意伤害案的五类基本构成事实的刑量均值都明显小于法定刑的中间线。在白建军教授的另外一份研究中也表明，法官对基准刑的选择要小于法定刑的中间线，说明其中蕴含着某种客观的合理性。[2]笔者认为，这种事实意义上的理性是法官基于专业知识在具体个案与法规范之间不断重复往返间寻找量刑规律时的经验累积，不管是量刑起点的确定还是第二层次基准刑的确定，法官集体间的经验显然已经客观化，才可能使得反映基准刑的刑量均值更加趋中。所以我们也要注意到，本次研究中在剔除 63 个极值刑量后，经验意义上的基准刑显然更加接近客观的理性。

在本次的回归分析中，加入了防卫过当作为自变量的模型 2 里，防卫过当情节的 Beta 值达到了 -0.675，这显示防卫过当情节在整个量刑机制中占有非常重要的地位，而且刑量的比较均值显示，防卫过当情节对量刑起点的调节力度在 65% 以上。我国刑法仅规定了具有防卫过当情节的应当减轻或者免除刑罚，但究竟在何种程度上减轻或者免除刑罚并没有详细规定，从此次实

〔1〕 陈弘毅："当代西方法律解释学初探"，载《中国法学》1997 年第 3 期。
〔2〕 白建军："裸刑均值的意义"，载《法学研究》2010 年第 6 期。

证研究的结果来看，具有防卫过当情节的故意伤害案件的基准刑的调节比例，法官集体经验便是实然意义的数量机制体现。通过对防卫过当修法前后的刑量均值比较，可以得出法官的集体经验具有较强且消极的稳定性的特点，因此更为紧迫的问题是，如何在法官群体中最大限度剔除非理性因素就显得尤其重要。从本质上来看，量刑是一个专业知识的判断过程，同时，这个过程如何能够实现最大的理性则终归是一个经验主义的过程。

不法侵害"正在进行"的司法认定标准释析

——以《正当防卫意见》为考察依据

崔仕绣 *　董文凯 **

摘　要： 依据法律拟制，财物犯罪中追回财物的过程、暂时中断或被暂时制止但仍有可能继续实施侵害，以及虽未着手但已满足造成现实紧迫危险的三种情形被拟制为不法侵害"正在进行"。在侵害人自陷危险和可被答责的限度内，防卫人可以发生合理误判，且在正当防卫限度条件内的误判结果可归责于侵害人。将不法侵害开始和结束的时间节点精确到某一时刻是不现实的，正当防卫时间条件依附于侵害行为的进度和产生的危险效果。在由无害行为到造成现实、紧迫危险的质变过程中，必然存在一个性质模糊的过渡时间段，应以解决问题为导向，立足防卫人角度，将首尾两端的过渡时间归入不法侵害"正在进行"。只要侵害停止的这段时间能够连接之前的不法侵害和之后的现实侵害危险，根据因果法则和实践经验可以进行推测且具有一定的连贯性，即应认定为"暂时"而不受间隔时间所限。

关键词： 正当防卫　误判权　法律拟制　暂时中断

正当防卫是防卫人在紧急危险状态下，无法及时得到公力救济而进行自我救助的行为，同时也是将个别侵犯公民权利之行为予以正当化的违法性阻却事由。我国《刑法》第 20 条虽然规定了正当防卫制度的起因、时间、主

---

　　* 上海政法学院刑事司法学院讲师，法学博士，Oklahoma City University 联培博士，中南财经政法大学法治发展与司法改革研究中心兼职研究员。

　　** 上海政法学院刑事司法学院硕士研究生。

　　本文系 2021 年度上海市社科规划年度课题青年项目（2021EFX010）；中国法学会 2021 年度部级法学研究课题（CLS（2021）D30）；国家检察官学院 2021 年度科研基金资助项目（GJY2021D10）；2021 年度上海政法学院青年科研基金项目（2021XQN04）阶段性研究成果。

观、对象、限度等条件，但在个案认定时，不仅面临着防卫起止时间认定标准不详所导致的混乱，而且还存在防卫行为性质区分上的分歧。准确定义"正在进行"的不法侵害是保证公民合法行使正当防卫权的重点，亦是把社会主义核心价值观融入刑事司法工作的具体展开。近年来，学界关于不法侵害"正在进行"的认定标准众说纷纭、莫衷一是，但实务界却鲜有权威且有效的操作指导。

2020年8月28日，最高人民法院、最高人民检察院和公安部（以下简称"两高一部"）颁发《关于依法适用正当防卫制度的指导意见》（以下简称《正当防卫意见》），更新对正当防卫案件定性和适用规则。《正当防卫意见》不仅在一定程度上填补了立法层面不法侵害"正在进行"认定标准之空白，还适度扬弃了以法确证原则为代表的国内外理论。此外，《正当防卫意见》还对事后理性人概念予以否定，肯定防卫过程中进行评价的合理性，主张防卫时间的判断需以防卫者防卫时的具体情境为基础，参考一般人同类情境下的可能反应，保证法律效果与社会效果之契合。本文从《正当防卫意见》的内容解读出发，结合相关学说争鸣和司法案例，对不法侵害"正在进行""现实""紧迫""暂时中断""被暂时制止"等概念的定义和适用条件进行探析，旨在辨别正当防卫中不法侵害"正在进行"的认定标准，以期为司法实务提供适宜的参考视角。

一、不法侵害"正在进行"的学说争鸣与域外比鉴

（一）不法侵害"正在进行"的学说争鸣

我国的正当防卫制度主要源于对苏联和大陆法系国家刑法理论的法律移植。其中，不法侵害"正在进行"的起算时间存在下述学说上的分野：其一是着手说，该说主张将不法行为着手与否作为判断不法侵害开始的唯一标准；其二是进入现场说，即侵害人一旦进入案发现场，不法侵害随即开始；其三是直接面临说，该说主张只有直接面临侵害人以及现实危险时，才能开始防卫行为；其四是综合说，即正当防卫开始于直接面临不法侵害的现实危险，作为认定不法侵害"正在进行"之通说，此处对不法侵害的解读有二，分别是形式上不法侵害已经着手而法益正处于被侵害的过程中，以及不法侵害虽

未着手，但法益遭受损害确已迫在眉睫。[1]这主要考虑到当不法侵害的实施已经足够明显、紧迫时，如果待其着手，恐来不及减轻或避免结果，这时也应当认定不法侵害已经开始。[2]相较于其他几种观点，综合说从形式和实质两方面进行考量，结合了着手说与直接面临说之合理性，但究其内里，均受限于"着手"之本源，在不法侵害认定范围上有所限制。我国《刑法》第20条规定的不法侵害包括故意犯罪、过失侵害和一般违法行为，"着手"难以涵盖后两类行为，其本身的认定标准同样存在争议。

关于"正在进行"的结束时间认定，学界亦莫衷一是：其一是排除危险说，即主张排除不法侵害所造成之客观危险意味着不法侵害的结束；其二是危险结果形成说，认为形成了实害结果时不法侵害随即结束；其三是危害制止说，顾名思义指的是不法侵害被制止时即为结束；其四是离开现场说，即主张不法侵害人离开犯罪现场才是宣告侵害行为结束之节点；其五是折中说，主张不以统一标准来认定不同类型不法侵害的结束时间，而需根据具体案情中侵害行为的性质、方式和危险程度以及防卫行为的时间和强度等情况具体判断，故又称为无统一标准说。[3]其中，折中说看似对各种类型的不法侵害进行综合考虑，但事实上并未提供有效的认定标准。受数千年儒家中庸思想之熏陶，不法侵害"正在进行"的起止时间理论中的综合说和折中说，相较于其他适用标准更被我国理论界所接受，但在司法实践中尚未形成统一权威的实践标准，具体认定标准仍有待细化。

（二）不法侵害"正在进行"的域外比鉴

随着近年来正当防卫适当"松绑"的修正和解释动向，两大法系相关理论也相继进入我国刑法学界的研究视野。大陆法系国家普遍采用客观标准说，坚信只有通过程序的不断完善才能逐渐接近实质正义，尽管立法文言表述存

---

〔1〕 参见冯殿美："实行行为的着手及其认定——兼论西原春夫的犯罪着手学说"，载《法学论坛》2008年第4期；周光权："正当防卫成立条件的'情境'判断"，载《法学》2006年第12期；姜伟编著：《正当防卫》，法律出版社1988年版，第70页；马克昌、杨春洗、吕继贵主编：《刑法学全书》，上海科学技术文献出版社1993年版，第116页。

〔2〕 参见王俊："反抗家庭暴力中的紧急权认定"，载《清华法学》2018年第3期。

〔3〕 参见陈兴良：《正当防卫论》（第2版），中国人民大学出版社2006年版，第102页；高格：《正当防卫与紧急避险》，福建人民出版社1985年版，第29页；周国均、刘根菊：《正当防卫的理论与实践》，中国政法大学出版社1988年版，第62页；张明楷：《刑法学》（第5版），法律出版社2016年版，第202页。

在差异，但究其内里不外乎对不法侵害"正在进行"时间节点的客观描述，因此应将"正在进行"的不法侵害作为正当防卫之前提，并在客观前提下参酌防卫人的主观因素。若法益侵害即刻发生（迫在眉睫）、已经开始或者还在继续，则说明作为侵害之攻击正在发生（现时性）。[1]德国的法确证原则尤其受到我国学者青睐，其主张法秩序的效力具有至高的、不可估量之价值，防卫人因代替国家公权力维护法秩序而使其行为具有正当性。而英美法系国家基本采取主观标准说，以防卫人的主观认识（合理的相信）为基础来判断正当防卫的时间，与此同时，还对进行致命反击的时间作出限制，即只有当暴力逼近时方可进行正当防卫。当然，英美法系国家的正当防卫时间标准，因各国立法技术层面的细微差异而不尽相同，但大多侧重防卫人本位，重点考察防卫人的恐惧、担心和紧迫认知等，并不以不法侵害的客观发生为前提。防卫人基于上述主观因素而进行防卫动作的时间，甚至可以发生于不法侵害着手前。以防卫人主观认知为中心的"不法侵害"时间内标准，符合英美法系对实质正义下整体法秩序的维护，并在最大限度内保护了防卫人的合法权益，体现了刑法的人权保障机能。然而，英美法系国家的防卫人主义不可避免地存在扩大或前置防卫行为之缺陷，因而需要丰富形式标准以提高防卫人对行为后果的预测可能性，否则难以有效消除正当防卫权滥用之诟病。

两大法系的正当防卫理论对我国不法侵害"正在进行"的认定标准具有学理上的参考价值。例如，《正当防卫意见》总体要求强调，要坚决捍卫"法不能向不法让步"的法治精神，在一定程度上体现了德国之法确证原则；在准确把握正当防卫时间条件方面，其再次明确正当防卫必须是针对正在进行的不法侵害，并适当扩充了不法侵害"正在进行"的具体情形。[2]上述规则条款的补充进一步健全了我国正当防卫制度，司法解释对正当防卫时间条件所进行的详细划分，还需配以对具体适用标准的补充解释和学理研究，以便于司法实践中适正、科学且高效地处理正当防卫案件。

---

[1] 参见［德］乌尔斯·金德霍伊泽尔：《刑法总论教科书》（第6版），蔡桂生译，北京大学出版社2015年版，第163页。

[2] 根据《正当防卫意见》具体适用规则的第6条，对于不法侵害已经形成现实、紧迫危险的，应当认定为不法侵害已经开始；对于不法侵害虽然暂时中断或者被暂时制止，但不法侵害人仍有继续实施侵害的现实可能性的，应当认定为不法侵害仍在进行；在财产犯罪中，不法侵害人虽已取得财物，但通过追赶、阻击等措施能够追回财物的，可以视为不法侵害仍在进行；对于不法侵害人确已失去侵害能力或者确已放弃侵害的，应当认定为不法侵害已经结束。

二、正当防卫权的体系性解读与案例述评

（一）正当防卫权的体系性解读

正当防卫除了具有违法性阻却事由属性，还是公民依法享有的基本权利。作为自然权利，正当防卫源于个体自我保护之原始本能；作为法定权利，正当防卫是各国法律明文赋予公民防止自身涉险的紧急权。正当防卫的实施既要求侵害行为等客观事实的真实存在，又不可剥离防卫人的具体主观判断，因此在设置正当防卫权时，不应囿于阻却违法评价之限，而是要对其内涵进行体系性解读。具体而言，从权利的核心宗旨层面出发，正当防卫具有制止权属性；从私力救济层面出发，正当防卫是出于止损目的，因此止损权属性也属其应有之义；从紧急状态的行为模式层面出发，正当防卫允许防卫人在合理误判范围内，采取及时、有效制止侵害所必要的反击措施，因此正当防卫另具有误判权属性。

正当防卫权所具有的制止权、止损权、误判权属性，在本次司法解释有关时间条件限制上不无体现。如前所述，《正当防卫意见》明确限定"正当防卫必须是针对正在进行的不法侵害"，这是因为，当不法侵害"正在进行"，法益将会因不法侵害的继续实施而遭受更大损害或面临更危险的状态，如果予以及时制止，则可以挽救或保护将要进一步受损的法益。在制止不法侵害过程中，即使对侵害人的法益造成了相当程度的反侵害，也仍具有实施正当防卫的价值。因此，正当防卫制度的理想预期，应为在紧急状况下制止不法侵害所取得的积极效果，尽管制止的手段行为可能导致对侵害人法益损害程度，可能高于防卫人法益受损程度，但由于防卫人所处之紧迫境遇和精神紧张的心理状态，使得防卫行为所造成的符合社会相当性的主观误判和客观致损，应被情理所包容。据此，法律赋予公民之正当防卫权，其内涵包括制止权、止损权和误判权之综合意蕴。

（二）典型案例述评

在"于海明正当防卫案"中，检方认为刘某受伤后立刻跑向之前藏匿砍刀的汽车，于海明追砍两刀均未砍中，刘某从汽车旁边跑开后，于海明也未再追击。因此，在于海明抢得砍刀顺势反击时，刘某既未放弃攻击行为也未实质性脱离现场，不能认为侵害行为已经停止。

在"涞源反杀案"中，王某元、赵某芝持木棍、菜刀与王某对打，王某

倒地后两次欲起身。王某元、赵某芝担心其起身继续实施侵害，故持菜刀、木棍连续击打王某，直至其不再动弹。保定市人民检察院在《关于对"涞源反杀案"决定不起诉有关情况的通报》中认为，王某倒地后，王某元、赵某芝继续刀砍棍击的行为仍属于防卫行为。王某身材高大，年轻力壮，所持凶器足以严重危及人身安全，王某虽然被打倒在地，还两次试图起身，王某元、赵某芝当时不能确定王某是否已被制伏，担心其再次实施不法侵害行为，又继续用菜刀、木棍击打王某，与之前的防卫行为有紧密连续性，属于一体化的防卫行为。

以"于海明正当防卫案""涞源反杀案"为代表的典型案件，无不闪现相似的情节，即防卫人在侵害人转身或倒地后仍然继续进行反击，并最终导致侵害人死亡的结果。其中，于海明在抢到砍刀后捅刺刘某数刀，刘某在没有工具且身负重伤的情况下转身跑向汽车，于海明追砍两刀，如何判断追砍时不法侵害是否属于"正在进行"？王某元、赵某芝在将王某打倒在地不动后，仍继续用菜刀和木棍砍打，此时是否存在严重危及人身安全的不法侵害？

结合上述案件的裁判文书，司法机关均作出"防卫适时，成立正当防卫"之认定。具体而言，在刘某跑向汽车是取新工具还是逃跑、王某倒地后是起身继续攻击还是已丧失侵害能力的认定上，司法机关都更倾向于前者，从侵害人未放弃攻击的角度认定不法侵害还未停止，即从不法侵害"正在进行"的路径上看，将刘某转身跑向汽车和王某倒地不动的时间节点认定为不法侵害还未停止，防卫人因此成立正当防卫。由于侵害行为被制止，而且侵害人已经死亡，所以对侵害人当时是否放弃侵害意图、其跑向汽车的目的为何也就无从谈起，综合全案因素，刘某完全可能因身中数刀后出于逃跑目的而跑向汽车躲避，而王某在倒地后死亡前也可能存在丧失攻击能力的过渡阶段，这种假设虽无法被完全证实，但也不易被完全推翻，司法机关只强调对前者的认定，但对后者的排除理由避而不谈。面对这种质疑，可通过正当防卫权之误判权属性加以解释，也即单方面强调防卫行为的连续性至少是不充分的，就防卫人而言，其面临正在进行之不法侵害而实施防卫行为时，应被允许在无过错或无法避免的前提下存在误判之空间，即可以通过防卫人的主观合理误判而适当延后不法侵害的结束时间，如此两个案件的侵害人刘某和王某在分别转身跑向汽车和倒地挣扎起身的时候，防卫人也不能当然排除其不法侵害既已停止。

若行为人是在对风险有确切认知和实际支配的情况下，自愿置身于风险之中，则此人的法益在自陷危险的限度内不再值得保护，该风险给他造成的损害应当由其自行承受。[1] 这是因为，不法侵害人在侵害法益时，可以预见被侵害人不会束以待毙并可能进行反击，侵害人不顾自身法益被损害的风险而主动实施侵害行为，即意味着侵害人在可被归责的范围内丧失了法律对其自身法益的值得保护性。这在正当防卫的时间条件上，便会导致不法侵害即将结束或已经结束的模糊地带，将被评价为不法侵害仍然"正在进行"过程中，只要防卫人的防卫目的不变且防卫动作连贯，在不法侵害结束的临界点或模糊地带仍可继续进行正当防卫。因为侵害行为引起防卫人紧张恐惧的心理需要平复的过程，法律不能期待直接面临危险的防卫人可以镇定自若地随着不法侵害的戛然而止而停止。在侵害行为停止的短暂时间里仍遭到防卫反击，应被归为侵害人"自陷危险的限度内"。

值得一提的是，误判权也并非没有边界，否则因防卫人的主观误判，便有使侵害人的忍受义务从客观事实扩大至防卫人的主观认知范畴之危险。因此，为了避免正当防卫权被滥用，必须将其与侵害人自陷危险的限度相结合。事实上，行为人的误判是否以及在多大程度上可归责于由被防卫人所实施的、引起了利益冲突的违法行为，应作为划定行为人误判权边界之关键。[2] 误判权为判断正当防卫的时间条件加入了防卫人的主观误判要素，除了现实存在的不法侵害，还要基于防卫人的特殊心理和处境，对侵害是否结束存疑的模糊地带进行合理误判。即使不法侵害确已结束，但若基于误判仍可归责于由侵害人所引起的不法侵害或防卫人无法避免时，可以认定为不法侵害"正在进行"。这也是对《正当防卫意见》第 6 条中"防卫人因为恐慌、紧张等心理，对不法侵害是否已经开始或者结束产生错误认识的，应当根据主客观相统一原则，依法作出妥当处理"的合理回应。

三、不法侵害"正在进行"的列举式扩充

如前所述，"两高一部"联合颁布之《正当防卫意见》明确要求正当防

---

[1] 参见冯军："刑法中的自我答责"，载《中国法学》2006 年第 3 期。

[2] 参见陈璇："正当防卫中的'误判特权'及其边界"，载《中国法学》2019 年第 2 期。

卫必须是针对正在进行的不法侵害,并适当扩充了相应情形。作为刑法中的授权性规定,认定正当防卫需要司法机关结合具体个案的事实情境依法确定,这便在法律素质和政策观念等方面为司法人员提出了更高的要求。为了更好地实现法律和社会期待,依法公正办案,有必要进一步释析司法解释扩充之不法侵害"正在进行"的具体情形和适用标准。

(一)已经形成现实、紧迫危险的情形

根据《正当防卫意见》第6条,不法侵害已经形成现实、紧迫危险的,应当认定为不法侵害已经开始。这是对着手理论的摒弃,意味着不法侵害的开始时间不再以行为的构成要件符合性为唯一条件,而是以形成现实、紧迫的危险为认定标准。

1. "现实"与"紧迫"的关系

在司法解释与刑法教科书对正当防卫时间条件的规定中,"现实"与"紧迫"往往同时出现,且以顿号连接。德国和日本都有学者认为紧迫性应被包含于现实性之中。如果不法行为立即就会对法益造成直接威胁,并且正在进行或还会持续一段时间,那么此时就具有法益侵害的紧迫性。[1]罗克辛教授也认为,当不法行为处在直接面临、发生或者还在继续的状态时,此时具有法益侵害的紧迫性。[2]日本学者山口厚教授认为,只有法益侵害紧迫性是客观、现实存在的才可以进行反击。[3]以上观点把不法侵害的紧迫性置于现实性的范围之中,即不法侵害的现实性附带衍生出了紧迫性,或者说紧迫性本身就属于现实性的一部分。在正当防卫的时间条件中,不法侵害的紧迫性以现实性为前提,不法行为现实存在,并且具有现实性则正当防卫具有紧迫性。[4]由此可见,不法侵害的现实性与紧迫性关系密切,有着包含与被包含以及衍生递进的双重关系。

"现实"指客观存在的真实的即时物,不以防卫人的意志而转移,具有客观存在性。"紧迫"指紧急迫切的侵害状态与防卫人的心理状态,没有缓冲时

---

〔1〕 参见 [德] 乌尔斯·金德霍伊泽尔:《刑法总论教科书》(第6版),蔡桂生译,北京大学出版社2015年版,第163页。

〔2〕 参见 [德] 克劳斯·罗克辛:《德国刑法学 总论:犯罪原理的基础构造》(第1卷),王世洲译,法律出版社2005年版,第432页。

〔3〕 参见 [日] 山口厚:《刑法总论》(第2版),付立庆译,中国人民大学出版社2011年版,第119页。

〔4〕 参见张明楷:《刑法学》(第5版),法律出版社2016年版,第201页。

间，不仅包括不法侵害现实性的紧迫，也包括防卫人主观恐惧心理的紧迫，具有客观存在性和主观存在性。从正当防卫权正当化根据的角度，单纯考虑不法侵害的客观存在，并不必然赋予反击行为正当化根据，不法行为对法益造成了紧迫侵害危险才是正当防卫合法化的前提。正如唯物主义与唯心主义之间的矛盾，由于人的感知范围是有界限的，因此不法侵害的"现实性"不可能全部被主观感知。根据辩证唯物主义的观点，防卫人对非常规的非对抗型不法侵害的认识结果，并不能影响不法侵害的现实性。但唯心主义则相反，防卫人没有认识到的就是不存在的，如果主观上没有感知到不法侵害则其不具有现实性。虽然我们奉行辩证唯物主义，但唯心主义的逻辑对于研究"现实"和"紧迫"的关系也有借鉴意义。除了客观存在，不法侵害的现实性被防卫人所感知，也是形成完整紧迫性的必要因素，即除了不法行为的继续实施所造成的客观紧迫性，防卫人内心的紧迫性认知也是其进行正当防卫的要件，二者共同组成了完整的紧迫性要件。如果缺乏防卫人的主观紧迫性认知，防卫人甚至不会作出防卫动作，因为其对所处境遇一无所知，没有对不法侵害现实性的内心确信。

在常见的接触型侵害中，启动正当防卫的时间逻辑如下：不法侵害的现实性首先出现，随着行为的持续实施，进而产生符合一般理性人标准的客观紧迫性。在防卫人感知到不法侵害的现实性和客观紧迫性时，其内心随即形成对所处境遇的主观紧迫性认知，进而继续思考并决定采取防卫行为以保护自身权益。现实性的持续是形成客观紧迫性以及被感知为主观紧迫性的前提，但就正当防卫的开始而言，主观紧迫性的形成才是引起正当防卫的关键环节。如果防卫人没有主观紧迫性，那么也不会作出正当防卫的决定。

2. "现实、紧迫危险"的判断标准

无论是刑法理论或司法实践，要做到准确认定正当防卫的时间节点均存在一定难度，这是因为将不法侵害开始和结束的时间节点精确到分秒并不具有现实可行性。时间条件依附于侵害行为的进行和所产生的紧迫效果，特别是行为由无害状态向造成现实、紧迫危险的质变过程中，必然存在一个或长或短的过渡间隔，而这个过渡时间段是难以被准确认定的。因此在个案判断中，应充分考虑侵害行为是否产生实质性危险和防卫人的主观紧张状态，鉴于实质内容的复杂性和文字描述的局限性，争论不法侵害从哪一刻开始将无止境。鉴于此，不妨立足防卫人角度，以解决问题为导向，将形成现实、紧迫危险作为判断不法侵害正在进行与否的实质标准，并由此将性质模糊的过渡阶段通过法律拟制为不法侵害已经开始。这样的判断标准可以将防卫人基于合理误判所主观认为的不法侵害依旧"存在"，拟制为客观形式上该侵害行为"正在进行"。需要明确的是，这种法律拟制并非对"假想防卫"的认可，两者有着本质区别。正当防卫源于真实存在的不法侵害而非侵害表示，更不是主观想象的或主观推测的不法侵害。如果行为人将非不法侵害之行为误认为是不法侵害而进行防卫，则是假想防卫。[1]可见，假想防卫是行为人误判了行为性质，将合法行为主观想象成不法侵害而进行错误防卫，与前文所述之法律拟制情形下，防卫人明确不法侵害行为性质并出于保护自身法益免受侵害的目的，而进行防卫动作，两者存在显著区别。后者虽对不法侵害存续时间产生误判而适当增加了侵害人所受之风险，但从优越利益说的角度看，是符合"鼓励人民群众勇于同不法侵害作斗争"之法治精神的。

《正当防卫意见》第 6 条明确规定，"对于不法侵害已经形成现实、紧迫危险的，应当认定为不法侵害已经开始"，以及"在财产犯罪中，不法侵害人虽已取得财物，但通过追赶、阻击等措施能够追回财物的，可以视为不法侵害仍在进行"。这是将符合实质要件但不符合形式要件的行为，通过法律拟制为"正在进行"的不法侵害。虽然通说认为不法侵害正在进行受限于不法侵害已经开始且尚未结束之范畴，但该认定标准却始终难以统一。分歧主要源于对侵害尚未着手但已有紧迫性、侵害行为虽停止但仍有侵害可能的时间定性，即倾向于防卫人的主观心理和倾向于客观侵害事实状态将产生不同的认定结果。本文主张主客观相统一的基本立场，即当法益面临迫在眉睫的紧迫危险时，防卫人如果不采取措施将导致难以避免的损害后果，在事中理性人或一般人标准限度内，法律没有要求防卫人不进行作为的期待可能性，因此应当将不法侵害即将开始和刚刚结束的过渡时间段通过法律拟制为"正在进行"，而该启动条件需要依凭防卫人的主观合理相信加以综合考量。现实的危险指的是防卫时客观存在的危险，须满足时间与空间上的条件。符合犯罪构成要件的着手行为至犯罪既遂必然属于不法侵害"正在进行"，而防卫人在事中理性人允许的范围内有理由相信不法侵害随即发生，而必须使用武力反击

---

〔1〕 参见冯军："昆山砍人案的冷思考，打捞那些被忽略的细节"，载《中国检察官》2018 年第 18 期。

才能有效对抗该不法侵害的，就可以进行正当防卫，甚至可以提前准备防卫工具。这无疑是对正当防卫时间的扩张，同时也是对侵害人法益值得保护性的压缩，但其程度是有限且合理的。

在特殊情况下，不法侵害虽未着手但实施在即且具有紧迫性的，若不进行正当防卫将不足以及时保护国家、公共利益和其他合法权益时，可以采取正当防卫措施。这种形式解释与实质解释并重的判断标准，将不法侵害"正在进行"的前后端点进行了拉伸。其中，已着手的符合构成要件的行为、虽未着手但对法益具有侵害紧迫性的行为均可被单独视为不法侵害已经开始；而对于不法侵害已经结束的判断，则至少需满足以下任一条件：将刑法分则中的犯罪构成要件实施完毕、在财物犯罪中已不可当场追回、在侵害人身安全犯罪中已无法减少损害的发生或紧迫危险已被排除。

（二）"暂时中断"或"被暂时制止"的情形

在判断正当防卫的时间条件时，不仅要结合已经造成的法益侵害结果，还要考虑即将继续发生的不法侵害的紧迫性与现实可能性。《正当防卫意见》第6条规定，对于不法侵害虽然暂时中断或者被暂时制止，但不法侵害人仍有继续实施侵害的现实可能性的，应当认定为不法侵害仍在进行。此处如何理解"暂时"，又如何具体判断继续实施侵害的现实可能性？"暂时中断"是侵害人主动暂停侵害行为的情形，"被暂时制止"是侵害人被动暂停侵害行为的情形。虽然"暂时"是时间概念，但在刑法意义上，并不能将其统一为几个小时或几分几秒，因为规定"暂时"的目的，是衔接其前后的不法侵害行为。只要不法侵害具有连贯性，在前一或数个不法侵害暂时停止后，不法侵害人仍有继续实施侵害的现实可能性时，即防卫人有合理理由预测侵害人将再次或继续实施不法侵害，不论前后侵害行为的性质是否一致，都可理解为"暂时"。只要侵害停止的这段时间能够连接之前的不法侵害和之后的侵害危险，根据因果法则和实践经验可以进行推测且具有一定的连贯性，无论时间长短，即可认定为"暂时"。

不法侵害"暂时中断"是侵害人主动暂时停止侵害行为，不法侵害"被暂时制止"是侵害人被动暂时停止侵害行为。在有继续实施侵害的现实可能性时，侵害行为的暂时停止并不能使法益受侵害的状态也同时停止，仍然具有恢复攻击的现实可能性。因此，不法侵害暂时中断或被暂时制止等停止状态不会必然引起正当防卫时间的结束。之所以用"暂时"修饰被制止或中断的不法侵害行为,是因为"暂时"一词本身包含着不确定性。由于"暂时"之后会发生什么通常被防卫行为这一介入因素所干扰,因此不能像已经发生的客观事实一样进行纯粹客观判断,而需要在已有事实的基础上对现实紧迫危险的原有生成路径进行推理。关于推理的前提,必须满足"暂时中断"或"被暂时制止"仍可认定为"正在进行"的条件;关于推理的过程,必须运用统一的分析工具和判断标准。

"暂时中断"或"被暂时制止"仍可被认定为"正在进行"的条件有以下两个:一是客观上具有行为接续性,即在侵害行为暂时停止后,其继续实施侵害的现实可能性必须是客观存在的,需要侵害人通过行为表征出来。基本判断要素包括:行为停止的原因、时间、侵害人所处的状态、是否还持有凶器以及侵犯意图有没有消失等。二是主观上具有合理预见性,即结合侵害人表现于外的客观因素,防卫人和一般人都可以对不法侵害的进一步发展形成预见。当数个侵害行为之间具有客观上符合一般人标准的接续性,即在时空和发生逻辑上具有紧密性和连贯性;防卫人的主观预见有合理理由相信存在法益继续被侵害的现实危险,且不超出侵害人自甘风险的范畴,则不法侵害"暂时中断"或"被暂时制止"仍可被认定为"正在进行"。这是在主客观相统一原则的基础上,兼顾防卫人权益和侵害人权益的判断标准。

(三) 财物可被追回的情形

《正当防卫意见》第 6 条还规定了财产犯罪的防卫情形,即不法侵害人虽已取得财物,但通过追赶、阻击等措施能够追回财物的,可以视为不法侵害仍在进行。在财产犯罪中,侵害人取得并控制财物即完成了刑法分则中规定的全部构成要件,成立犯罪既遂,因此也产生追回财物的行为属于正当防卫还是刑法中的自救行为的相关争议。本次司法解释的出台,便是对财产犯罪中追回财物行为的正当防卫性质之认可。这是因为,在财产性违法犯罪的场合,行为虽然已经既遂,倘若在现场使用强力还来得及挽回损失的,应当认为不法侵害尚未结束,可以实行正当防卫。[1]而在其中起关键性决定作用的,不是侵害行为所包含的犯罪的形式上的既遂,而是对法益的损害能否被挽回。[2]虽然

---

[1] 参见高铭暄主编:《中国刑法学》,中国人民大学出版社 1989 年版,第 149~150 页。

[2] 参见 [德] 冈特·施特拉腾韦特、洛塔尔·库伦:《刑法总论 I——犯罪论》(2004 年第 5 版),杨萌译,法律出版社 2006 年版,第 165 页。

侵害行为已经既遂，但法益被侵害的状态仍在持续，防卫人通过追回财物的方式既可以弥补被侵害的财产权，也可以节省司法资源。财产型不法侵害的时间具有特殊性，除了直接威胁防卫人的人身安全外，其直接目的是财产的转移占有，而财产权与人身权不同，具有法益可恢复性。被侵害的财产权通过一定行为能够恢复至不受侵害的"完满状态"。[1]这种完满状态既可以由犯罪人主动归还，也可以通过被害人积极追回，甚至可以通过被害人与犯罪人进行和解而恢复。[2]正当防卫的时间条件要求不法侵害正在进行，但在追回财物的过程中，侵害人的逃跑行为并没有对防卫人的法益造成进一步损害。如果要将侵害人的逃跑过程归入不法侵害正在进行的范畴，则首先需要将侵害人的逃跑行为合理解释成不法侵害，且满足正当防卫的紧迫性要件。

追回财物的过程可以视为不法侵害正在进行，不仅是因为此时存在财产权被侵害的状态，更重要的是逃跑行为本身属于侵财型不法侵害的实施环节，且满足正当防卫的紧迫性要件。结合正当防卫的正当化根据，只有来不及寻求公权力救济时，才能以自己的力量与不法进行对抗，并且可以造成侵害人法益一定程度的损害。在侵财型状态犯这种特殊类型中，侵害人在逃出防卫人的控制范围之前，完全占有财物的不法侵害目的并没有实现，因此逃跑行为是对不法侵害实施进度的推进，属于不法侵害正在进行。但如果侵害人脱离了防卫人的控制范围，则实际控制财物的侵害目的业已实现，且与先前行为丧失了接续性，此时不能进行正当防卫，而只能通过自救行为或寻求公权力救济而实现对财物的追回。在以往的热点案例中，往往会出现在追回财物的过程中造成侵害人伤亡的结果，该结果是否属于侵害者的答责空间之内，进而由其自行承担？本次司法解释将追回财物的情形法律拟制为不法侵害"正在进行"，因此追回财物的行为仍具有正当防卫性质，满足正当防卫的时间条件，而是否对造成侵害人伤亡的结果承担责任则应结合正当防卫限度条件具体分析。本次司法解释中"通过追赶、阻击等措施能够追回财物的"，是指追回财物的客观结果，防卫人必须已经成功追回了财物，而不能仅以防卫

---

〔1〕 庄绪龙："归纳与探索：'法益可恢复性犯罪'的刑法评价思考"，载《法律适用》2014年第1期。

〔2〕 纪康："从法益可恢复性原理看正当的时间限度——以追回财物致死案为视角"，载《黑龙江省政法管理干部学院学报》2017年第2期。

人主观认为可以追回就任意延长不法侵害的结束时间，否则侵害人的忍受义务将超出其答责空间。本次司法解释对追回财物行为的规定对学界的争议起到了定分止争的作用，也使得司法实践中能统一适用标准，更好地实现罪刑均衡，并以此进一步强化司法公信力。

《刑法修正案（十一）》述评
——从预防刑法观的立场出发

黎　宏*

摘　要：《刑法修正案（十一）》贯彻落实党中央决策部署，坚持以人民为中心、进一步贯彻宽严相济刑事政策、遵循问题导向，通过降低未成年人负刑事责任年龄、增设新犯罪等弥补刑法处罚上的空白、调高相关犯罪的法定刑、加大对相关利益方的保护力度的方式，对近年来重大的社会问题和当前的焦点议题进行积极回应，体现了刑法与社会生活的发展和人民群众的要求要"与时俱进"这一积极的一般预防的理念，对全面建设社会主义法治社会具有重要意义。但通过"犯罪化""重罚化"来体现积极的一般预防理念所具有的极限值得关注，作为一般人行为指南的行为规范和作为司法人员工作指南的裁判规范之间的关系，有待进一步探讨。

关键词：《刑法修正案（十一）》　积极的一般预防　犯罪化　重刑化　行为规范　裁判规范

备受瞩目的《刑法修正案（十一）》由第十三届全国人民代表大会常务委员会第二十四次会议于 2020 年 12 月 26 日下午表决通过，已于 2021 年 3 月 1 日起正式施行。此次通过的《刑修（十一）》共 48 条，其中，新增条文 13 条，修改条文 34 条，外加一个生效条文。虽然在数量比不上此前通过的《刑法修正案（八）》（50 条）和《刑法修正案（九）》（52 条），但仍算得上是时隔 5 年之后的一次"大修"了。

---

* 清华大学法学院教授，博士生导师。

本文已发表于《上海政法学院学报（法治论丛）》2022 年第 2 期，发表时题为《〈刑法修正案（十一）〉若干要点解析——从预防刑法观的立场出发》。

　　《刑法修正案（十一）》出台的背景，正如全国人大常委会法制工作委员会副主任李宁于 2020 年 6 月 28 日在第十三届全国人民代表大会常务委员会第二十次会议上所作的《关于〈中华人民共和国刑法修正案（十一）（草案）〉的说明》所言，是根据目前的"新任务、新要求、新情况对刑法作出局部调整"。具体来说，一是党的十八大以来，党中央对安全生产、产权保护、金融市场秩序、食品药品安全、生态环境、公共卫生安全等领域的刑法治理和保护提出了明确要求，特别是对民营企业产权的刑法保护被上升到国家战略高度、习近平总书记对加强安全生产问题进行多次批示，这些无疑为"坚决贯彻党中央决策部署，将党中央的决策转化为法律制度"提出了新的刑法修改思路和要求；二是国内外形势发生了重大变化，特别是与 2020 年以来肆虐全球的新型冠状病毒肺炎所导致的疫情防控相关的公共卫生安全、生物安全要求，反洗钱国际合作当中要求对自洗钱行为独立成罪的要求、我国自加入世贸协定以来对所承诺 TRIPs 协定中知识产权标准被国际社会不断提高对我国刑法相关规定所带来的挑战等，需要刑法作出相应调整，以增强法律规范的系统性、完整性、协同性；三是近年来司法实践中出现了一些新情况、新问题，如犯罪低龄化、性侵未成年人、以司乘纠纷而引发的抢夺方向盘或者殴打驾驶人员、高空抛物、一些地方频频发生的 P2P 爆雷事件引发的金融安全事件、非法编辑基因事件所引发的对人类基因安全和人类未来的担忧，这些都需要修改刑法予以明确和解决。[1]

　　本次修改的基本思路的正式说法是，贯彻落实党中央决策部署；坚持以人民为中心；进一步贯彻宽严相济刑事政策；坚持问题导向。[2]但从刑法理论的角度来看，大致上还是沿袭了近年来的刑法修改特别是《刑法修正案（九）》中所体现的积极的一般预防理念，以新增罪名、扩张原有罪名的客观行为类型、降低刑事责任年龄、提升法定自由刑上限、增设罚金刑、增设单位犯罪等形式，扩大刑法适用范围（"犯罪化"）、加重对具体犯罪的法定刑

---

〔1〕　李宁："关于〈中华人民共和国刑法修正案（十一）（草案）〉的说明——2020 年 6 月 28 日在第十三届全国人民代表大会常务委员会第二十次会议上"，载中国人大网：http://www.npc.gov.cn/npc/c30834/202012/f16fedb673644b35936580d25287a564.shtml，2020 年 12 月 28 日访问。

〔2〕　李宁："关于〈中华人民共和国刑法修正案（十一）（草案）〉的说明——2020 年 6 月 28 日在第十三届全国人民代表大会常务委员会第二十次会议上"，载中国人大网：http://www.npc.gov.cn/npc/c30834/202012/f16fedb673644b35936580d25287a564.shtml，2020 年 12 月 28 日访问。

（"重刑化"），表达立法者对当今转型社会发展过程中所出现的新问题、新情况的态度，回应社会一般民众对于当今社会上触目惊心的案件必须予以严惩的呼声和关心。

以下，以《刑法修正案（十一）》的具体内容为基础，对本次修正的内容进行整理，在此基础上，对本次刑法修正中的若干问题进行简要评论。

一、调低未成年人承担刑事责任的年龄

本次刑法修正过程中，关于刑事责任年龄的修改是最引人关注的焦点同时也是最大的争议点。刑事责任年龄到底应当如何规定，这个问题的讨论在我国由来已久。在中华人民共和国成立之初的审判实践中，有关刑事责任的追究，有的从 13 周岁开始，有的从 14 周岁开始，也有的从 13 周岁开始，但一般从 13 周岁、14 周岁开始。[1]相关法律文件的规定也不一致。1951 年 11 月 7 日，中央人民政府法制委员会在一个批复中指出，已满 12 周岁者如犯杀人、重伤、惯窃以及其他公共危险性的罪，法院认为有处罚必要者，得酌情予以处罚。[2]但之后，便将刑事责任年龄从 12 周岁调高到了 13 周岁。如1955 年 10 月 28 日司法部的一个批复指出，什么是少年犯以及应当负刑事责任的年龄，应依《劳动改造条例》（已失效）第 21 条的规定，13 周岁以上未满 18 周岁的少年犯了罪的可以称为少年犯，在此范围内的少年，如犯杀人、放火、烧山等严重罪行，应负一定的刑事责任。这一做法，为 1957 年 6 月 28 日的《刑法草案》（第 22 稿）所采纳。该草案第 13 条第 2 款规定，已满 13 周岁不满 15 周岁的人，犯杀人、重伤、放火、严重盗窃罪或者严重破坏交通罪，应当负刑事责任。

但是，后来相关法案将刑事责任年龄从 13 周岁上调到了 14 周岁。如1962 年 12 月修订的《刑法草案》（第 27 稿）第 13 条第 2 款规定，已满 14 周岁不满 16 周岁的人，犯杀人、重伤、防火、严重偷窃罪或者严重破坏交通罪，应当负刑事责任。之后，尽管已满 14 周岁未满 16 周岁的人应当负刑事

---

〔1〕 "有关草拟《中华人民共和国刑法草案（初稿）》的若干问题——李琪同志在刑法教学座谈会上的报告"（节录），载高铭暄、赵秉志编：《新中国刑法立法文献资料总览》（下），中国人民公安大学出版社 1998 年版，第 1958 页。

〔2〕 高铭暄：《中华人民共和国刑法的孕育诞生和发展完善》，北京大学出版社 2012 年版，第 23 页。

责任的犯罪行为的内容在不断变化，但应当承担刑事责任的最低年龄为 14 周岁，这一规定一直延续到《刑法修正案（十一）》之前。

尽管如此，有关刑事责任年龄的理论之争却一直没有停止过。如 1988年，全国人大常委会法制工作委员会刑法室在收集有关修改《刑法》的意见时，就有人建议将刑事责任年龄从 14 周岁降为 13 周岁。[1] 之后，降低刑事责任年龄的建议屡见不鲜。如 1989 年 2 月 17 日全国人大常委会法制工作委员会刑法室整理的《刑法总则中争论较多的几个问题》专门提及"刑事责任年龄"，指出有些同志主张将部分负刑事责任的年龄由 14 周岁降为 13 周岁。理由是：随着政治、经济、文化的发展，未成年人身心发育成熟较早，犯罪向低龄化发展，有些严重罪行不予处罚，群众极为不满；13 周岁的人对杀人、重伤、放火、惯窃、爆炸等罪行具有认识辨别能力；外国刑法也有规定为 13周岁的，有的甚至规定为 12 周岁，还有的规定为 7 周岁。[2] 但是，主流观点仍然认为，这种观点并不可取，因为仅仅依靠降低刑事责任年龄，并不能真正解决未成年人犯罪问题，也与我国刑法发展完善方向相悖。我国现行刑法关于刑事责任年龄的规定是符合实际的，不必修改降低。[3]

此间有关未成年人犯罪的统计资料也存在着相互矛盾之处，让人无所适从。一方面，2020 年 12 月国家统计局发布的《2019 年〈中国儿童发展纲要（2011—2020 年）〉统计监测报告》称，未成年人犯罪比重持续降低，全国未成年人犯罪率逐年下降。2019 年，全国未成年人犯罪人数为 4.3 万人，比2010 年减少 2.5 万人，减幅达 36.9%。未成年人犯罪人数占同期犯罪人数的比例为 2.59%，比 2010 年下降 4.19 个百分点。2020 年 6 月 1 日最高人民检察院发布的《未成年人检察工作白皮书（2014-2019）》也证实了这一点。根据该白皮书，尽管近年来，未成年人犯罪数量连续下降趋于平稳后又有所回升，但未成年人涉嫌严重暴力犯罪总体下降趋势明显。2014 年至 2019年，未成年人涉嫌故意杀人、故意伤害致人重伤或死亡、强奸、抢劫、贩

---

[1] 参见高铭暄、赵秉志编：《新中国刑法立法文献资料总览》（下），中国人民公安大学出版社 1998 年版，第 2114、2115 页。

[2] 参见高铭暄、赵秉志编：《新中国刑法立法文献资料总览》（下），中国人民公安大学出版社 1998 年版，第 2124 页。

[3] "《关于刑法修改若干问题的研讨与建议》（1991 年草拟，1993 年修改补充）"，载高铭暄、赵秉志编：《新中国刑法立法文献资料总览》（下），中国人民公安大学出版社 1998 年版，第 2345~2348 页。

卖毒品、放火、爆炸、投毒八种严重暴力犯罪，受理审查起诉未成年犯罪嫌疑人数量，除强奸犯罪数量上升外，其余多发犯罪数量均明显下降。与2014年相比，2019年受理审查起诉涉嫌上述八类严重犯罪未成年人由35 414人下降到18 172人，降幅达48.69%。如受理审查起诉涉嫌故意杀人罪的未成年人由733人降到408人，下降44.34%。但另一方面，也有资料表明，未成年人恶性犯罪有严重趋势。如有调查报告发现，尽管未成年人的犯罪率在逐年下降，但对于故意杀人、强奸等恶性案件，呈现低龄化现象。2017年的调查数据显示，未成年人犯罪平均年龄为16.6岁，而2013年则为17岁。其中，故意杀人罪的首次犯罪年龄平均值为14.1岁；抢劫罪为14.3岁；故意伤害罪、强奸罪为14.5岁。[1]换言之，我国目前未成年人犯罪的总量在下降，但其中涉嫌重大凶恶犯罪的未成年人的年龄也在降低，呈现出"双下降"的趋势。

涉嫌重大凶恶犯罪的未成年人的年龄不断降低的现象引起了人们的关注。随着新闻资讯的发达，近年来，未成年特别是未满14周岁的人凶恶犯罪屡屡见诸报端，不断挑战人们的认知和容忍底线。2018年湖南沅江12岁男孩弑母、2018年湖北孝感未满14岁男生持剪刀刺伤女同学、2017年湖南隆回13岁留守男孩杀害73岁老妇、2016年广西3名13岁未成年人泼汽油烧伤流浪汉、2016年广西岑溪13岁男孩杀害姐弟3人、2016年四川金川13岁男孩将教师烧成重伤、2012年广西河池13岁女孩因嫉妒同学比自己漂亮，将其约到家中，杀人碎尸等案件不断见诸报端，让生活在这个社会中的成年人感到脊背发凉。[2]特别是，继2019年10月大连13岁男童强奸杀人后，若无其事地出现在案发现场围观，并拍视频发给同学看之后，2020年4月安徽省宣城市郎溪县一名13岁男童将堂妹杀害后抛尸的新闻，再次引发广泛讨论。其中，一种有力观点认为，有些错误本不该被原谅，我们不该低估人性的恶。即便是年龄小，但如果他性本恶，并且毫无悔改之心，甚至继续犯罪，那也应该

---

〔1〕 参见路琦等："2017年我国未成年人犯罪研究报告——基于未成年犯与其他群体的比较研究"，载《青少年犯罪问题》2018年第6期。

〔2〕 "盘点近年来那些触目惊心的，未成年人犯罪案"，载 https://baijiahao.baidu.com/s? id = 1619705366769632682&wfr=spider&for=pc，2021年3月21日访问；"回顾近年来发生的未成年杀人案，现在的孩子究竟怎么了?"，载 https://www.163.com/dy/article/FAMD18EK05370H40.html，2021年3月21日访问。

让他们为自己的恶劣行为付出代价！姑息未成年人作恶，其实就是对善良最大的惩罚！[1]在此背景之下，多位人大代表提出，青少年生理、心理成熟时间的提前提高了其在刑法上的辨认与控制能力，特别是近年来低龄犯罪的增加，刑法应发挥其惩戒机能，对低龄犯罪行为予以打击，最低和完全负刑事责任年龄应降至12周岁，[2]这种观点最终获得了立法机关的支持。本次刑法修正当中将刑事责任年龄有条件地下调至12周岁，就是其表现。[3]

根据《刑法修正案（十一）》第1条第3款，虽说我国《刑法》已经明确地将负刑事责任的年龄由年满14周岁下降至年满12周岁，但对其设置了严格的限制条件，即对"已满十二周岁不满十四周岁的人"犯罪承担刑事责任，规定了严格的限制条件：一是罪行条件，即犯故意杀人、故意伤害罪。这里"故意杀人、故意伤害"到底是指"罪名"还是指"罪行"，理论上有不同看法。但从2002年全国人大常委会法制工作委员会《关于已满十四周岁不满十六周岁的人承担刑事责任范围问题的答复意见》以及2006年最高人民法院《关于审理未成年人刑事案件具体应用法律若干问题的解释》第5条的规定看，应当是指"罪行"。这就意味着，修改后的《刑法》第17条第3款在适用时，将来在必要的时候，也有可能被解释为"故意杀人、故意伤害行为"，从而将以暴力手段实施抢劫、强奸、绑架等严重犯罪的场合，造成被害人死亡或者以特别残忍手段致人重伤造成严重残疾，情节恶劣的场合囊括在内。[4]二是结果条件，即致人死亡或者以特别残忍的手段致人重伤造成严重残疾。从法条规定字面来看，"致人死亡"通常是指故意杀人罪的场合，但从理论上讲，也可能存在行为人以特别残忍的手段（如凌迟）杀人，但因各种原因而未致被害人死亡，只是"致人重伤造成严重残疾"的场合，因此，"致人重伤造成严重残疾"也可能是故意杀人罪的结果。在犯故意伤害罪的场合，不用说，既包括"致人死亡"的结果加重犯的场合，也包括"以特别残忍手

[1] 参见杨谦："为什么国家这次下定决心要降低未成年人的刑事责任年龄"，载 https://china.findlaw.cn/lawyers/article/d867766.html，2021年1月4日访问。
[2] "建议最低刑事责任年龄降低到12岁？多位人大代表关注未成年人犯罪"，载腾讯网 https://new.qq.com/rain/a/20200521A008Q000，2021年1月22日访问。
[3] 《刑法修正案（十一）》第1条。
[4] 赵秉志主编：《〈刑法修正案（十一）〉理解与适用》，中国人民大学出版社2021年版，第40页；杨万明主编：《〈刑法修正案（十一）〉条文及配套〈罪名补充规定（七）〉理解与适用》，人民法院出版社2021年版，第24~25页。

段""致人重伤"和"造成严重残疾"的情形。其中,"以特别残忍手段",通常从行为的方式工具、针对部位、持续时间等来判断,如使用锐器、剧烈腐蚀物等毁人容貌、挖人眼睛、割人耳鼻、砍人手足等就是"以特别残忍手段"。对于"致人重伤"和"造成严重残疾",依据 2013 年最高人民法院、最高人民检察院、公安部、国家安全部、司法部颁布的《人体损伤程度鉴定标准》以及 1996 年原劳动和社会保障局颁布的《职工工伤与职业病致残程度鉴定标准》(已失效)认定。要注意的是,重伤,不仅指人体器官功能丧失,也包括免疫力的损害(如致人感染艾滋病毒等)。[1]三是情节条件,即必须属于情节恶劣的。"情节恶劣",在行为人出于直接故意的前提下,根据案件的具体情况如起因、动机、目的、作案手段、社会影响、行为人一贯表现、犯后认罪态度等综合判断。如行为人奸杀女童,又多次实施故意伤害、强奸行为的,属于"情节恶劣"。四是程序条件,即必须经最高人民检察院核准追诉。设置这一程序要件,具有两方面的意义:一方面,体现对未成年人刑事责任条款限制适用的精神,防止因为社会舆论的压力而对未成年人犯罪过度追诉;另一方面,体现对未成年人追究刑事责任的重视,并且可以确保执法标准的相对统一,防止全国各地司法机关各行其是。[2]

但要注意的是,即便未成年人负刑事责任的年龄已经有条件地降至 12 周岁,这种规定多半还只是一个宣示性规定,后面还有一系列的配套工作需要完善。正如司法机关过去反对降低刑事责任年龄时经常使用的一个理由,即"14 岁以下的少年犯罪,尤其是严重犯罪案件虽然有,但毕竟是极少数"[3]所言,时至今日这种理由依然能够适用。实际上,从媒体曝光的情况来看,全国范围内未满 14 周岁的未成年人所实施的凶恶案件,每年也是屈指可数。由此看来,这个条款实际上有多大的效果,还有待进一步观察。特别是对于这种未满 14 周岁的未成年人定罪量刑之后如何执行,则是一个更复杂、更棘手的问题。12 周岁的少年正值接受九年制义务教育的阶段,对这种每年全国

---

〔1〕 赵秉志主编:《〈刑法修正案(十一)〉理解与适用》,中国人民大学出版社 2021 年版,第 41 页

〔2〕 杨万明主编:《〈刑法修正案(十一)〉条文及配套〈罪名补充规定(七)〉理解与适用》,人民法院出版社 2021 年版,第 27 页。

〔3〕 "《关于刑法修改若干问题的研讨与建议》(1991 年草拟,1993 年修改补充)",载高铭暄、赵秉志编:《新中国刑法立法文献资料总览》(下),中国人民公安大学出版社 1998 年版,第 2346 页。

范围内屈指可数的少年犯，如何能够让其和正常少年一样，完成义务教育之后，有机会上高中甚至大学，在其风华正茂的年龄上，作为一个正常人回归社会，是一个迫在眉睫的现实问题。

二、对部分犯罪加重刑罚处罚

本次刑法修正的重要内容之一，就是对一些犯罪尤其是经济犯罪的刑罚结构进行调整。其中，虽说有非法吸收公众存款或者变相吸收公众存款行为"在提起公诉前积极退赃退赔，减少损害结果发生的，可以从轻或者减轻处罚"，公司、企业或者其他单位的工作人员，利用职务上的便利，挪用本单位资金"在提起公诉前将挪用的资金退还的，可以从轻或者减轻处罚。其中，犯罪较轻的，可以减轻或者免除处罚"[1]之类的从宽规定，但总体上讲，主要还是在调高法定刑，体现近年来刑法修正的一贯的"重刑化"风格。以下分别叙述：

第一，大幅调高职务侵占罪、非国家工作人员受贿罪、挪用资金罪的法定刑。2014年中共中央《关于全面推进依法治国若干重大问题的决定》提出"健全以公平为核心原则的产权保护制度"，之后，2016年中共中央、国务院《关于完善产权保护制度依法保护产权的意见》正式提出了"健全以公平为核心原则的产权保护制度"的意见。这一原则的提出，对于刑法而言，具有非常现实的针对性。长期以来，我国刑法当中，存在着对于共有产权与私有产权保护不平等的现象。现行刑法规定当中，相同性质的犯罪行为，民企和国企仅仅因为主体身份的不同，在罪行评价和刑罚处罚上相去甚远。如民营企业工作人员受贿，根据现行《刑法》第163条的规定，构成"非国家工作人员受贿罪"，而国有企业工作人员受贿，按照现行《刑法》第385条的规定，则构成"受贿罪"。犯"受贿罪"情节特别严重的可处死刑，而犯"非国家工作人员受贿罪"数额巨大的仅处3年以上10年以下有期徒刑。这一现象还存在于职务侵占罪和贪污罪、挪用资金罪和挪用公款罪之间。民企工作人员利用职务之便将本单位财物非法占为己有的，按照现行《刑法》第271条的规定，最多只能处无期徒刑，而国企工作人员犯上述行为，按照现行《刑法》第382条、第383条的规定，构成贪污罪，最高可以处死刑；民企工作人员

---

[1] 《刑法修正案（十一）》第12条、第30条。

挪用资金的，按照现行《刑法》第 272 条的规定，最高处 7 年以上有期徒刑，但国企工作人员挪用公款的，按照现行《刑法》第 384 条的规定，最高刑为无期徒刑，明显存在"身份立法"现象。[1]

上述情形的存在，显然与 2014 年中央文件的相关精神背道而驰，也不利于贡献了 60% 以上的国内生产总值、70% 以上的技术创新成果，已经成为推动我国发展不可或缺的力量的民营企业的发展。因此，《刑法修正案（十一）》参照贪污罪、受贿罪、挪用公款罪的立法模式，对职务侵占罪、非国家工作人员受贿罪、挪用资金罪的法定刑进行了大幅度调整。[2]当然，考虑到在一般人的认知当中，民企的工作人员和代为国家行使管理国企职权的国企工作人员在身份（国家工作人员）以及客观行为（滥用、误用权力）上的些许不同，其危害性高于普通犯罪，[3]因此，二者的法定刑只是大幅度地缩小了二者之间的差距，而没有完全相同，如贪污罪、受贿罪的最高法定刑为死刑，而职务侵占罪、非国家工作人员受贿罪为无期徒刑，挪用公款罪的最高法定刑为无期徒刑，而挪用资金罪为 15 年有期徒刑。

第二，提高侵犯知识产权犯罪的处罚力度。《刑法修正案（十一）》的一个重要内容，就是普遍调高了有关知识产权的犯罪的法定刑，如将假冒注册商标罪、销售假冒注册商标的商品罪、非法制造、销售非法制造的注册商标标识罪、侵犯著作权罪、侵犯商业秘密罪的法定刑上限从"七年"上调为"十年"；[4]将销售侵权复制品罪的法定刑上限从"三年"调整为"五年"，[5]强化对知识产权保护的意旨非常明显。保护知识产权，对于增强自主创新能力，

---

〔1〕 上述情形，不仅存在于立法层面，在司法层面也照样存在。如最高人民法院、最高人民检察院于 2016 年发布的《关于办理贪污贿赂刑事案件适用法律若干问题的解释》第 11 条明确规定，非国家工作人员受贿罪、职务侵占罪、挪用资金罪中的数额较大、数据巨大，按照贪污罪、受贿罪、挪用公款罪的 2 倍甚至 5 倍执行，从而进一步加大了产权保护之间的不平等现象。按照上述规定，贪污公共财产，3 万元即可入罪，而职务侵占的场合，则必须达到 6 万元。另外，上述不平等现象，在其他法条之中也有体现。《刑法》第 165 条规定了"非法经营同类营业罪"，第 166 条规定了"为亲友非法牟利罪"，第 167 条规定了"签订、履行合同失职被骗罪"，第 168 条规定了"国有公司、企业、事业单位人员失职罪；国有公司、企业、事业单位人员滥用职权罪"，这四种犯罪均属于渎职性犯罪。这些规定为国有资产提供了严格保护。但是，民营企业的工作人员如果发生上述同类行为却不构成犯罪。

〔2〕《刑法修正案（十一）》第 29 条、第 10 条、第 30 条。

〔3〕 参见朱孝清："中国检察制度的几个问题"，载《中国法学》2007 年第 2 期。

〔4〕《刑法修正案（十一）》第 17 条、第 18 条、第 19 条、第 20 条、第 22 条。

〔5〕《刑法修正案（十一）》第 21 条。

建设创新型国家来说，具有重要意义。2016年以来，中共中央发布的重要文件多次提及知识产权保护的重要性，特别是2018年4月，习近平总书记在博鳌亚洲论坛开幕式上的主旨演讲中明确提出"加强知识产权保护。这是完善产权保护制度最重要的内容……加大执法力度，把违法成本显著提上去，把法律威慑作用充分发挥出来"，[1]向国际社会表达了加强对知识产权保护的决心。中共中央办公厅、国务院办公厅于2019年11月24日发布的《关于强化知识产权保护的意见》更是明确提出，加大刑事打击力度，研究降低侵犯知识产权犯罪入罪标准，提高量刑处罚力度。《刑法修正案（十一）》中有关知识产权犯罪刑罚的上述修正，可以说是落实上述中央决策部署的体现。

从理论上讲，我国现行刑法中有关知识产权犯罪的处罚，确实有些偏低。知识产权本质上是一种无形财产权，它与房屋、汽车等有形财产一样，具有价值和使用价值，受到国家法律的保护，有些重大专利、驰名商标或者作品的价值甚至远高于房屋、汽车等有形财产。因此，在以抢劫、盗窃、诈骗、抢夺、敲诈勒索等方式获取他人有形财产，破坏他人有形财产权时，最高可能受到无期徒刑（乃至死刑）的处罚，而对于侵犯他人知识产权的行为最高只能处以7年有期徒刑，二者之间明显失衡，有不公平之嫌。因此，《刑法修正案（十一）》普遍上调有关侵犯知识产权犯罪的法定刑，自有其道理。但具体的上调幅度，则值得探讨。专利、商标、著作权在一定时空条件下，可以被若干多个主体同时使用，且这种使用不会像有体物那样发生有形损耗，也不会由于实物形态消费而导致其本身的灭失，在消费量方面具有非竞争性的特征，因此其保护程度略低于财物之类的有形物，也是理所当然。从此意义上讲，适当提高知识产权犯罪的法定刑即将其处罚上限从7年有期徒刑调高至10年有期徒刑，让其更加接近于侵害有形财产犯罪的法定刑，是有其道理的。

第三，强化金融犯罪的处罚。有关金融刑法的修正，是1997年《刑法》颁布之后刑法修正的重点内容，本次也不例外，共涉及8个条文，除部分对既有犯罪的构成要件进行修改之外，更多的是加重金融犯罪的法定刑。如对

---

[1] 习近平："开放共创繁荣 创新引领未来——在博鳌亚洲论坛2018年年会开幕式上的主旨演讲（2018年4月10日，海南博鳌）"，载《人民日报》2018年4月11日。

欺诈发行股票、债券罪，不仅将其罪名改为"欺诈发行证券罪"，还将其法定刑上限从 5 年有期徒刑上调为 15 年有期徒刑；[1]对违规披露、不披露重要信息罪，不仅将其法定刑上限从 3 年有期徒刑升高到 5 年有期徒刑，并增设"五年以上十年以下有期徒刑"的刑罚幅度；[2]对非法吸收公众存款罪，将其法定刑上限从 10 年有期徒刑上调为 15 年有期徒刑；[3]将自洗钱行为纳入洗钱罪的范畴，从而将过去作为共罚的事后行为作为独立犯罪予以处罚，加大了对洗钱罪的处罚力度；将集资诈骗罪一般形态的量刑幅度从拘役到 5 年有期徒刑上调为"三年以上七年以下有期徒刑"，并将有限额罚金改为无限额罚金；增设单位犯罪条款。[4]

金融是现代经济的核心，"稳金融"是经济稳定增长和就业持续改善的重要保障。但受国内外各种复杂因素的影响，我国近年的金融形势不容乐观。金融犯罪呈现持续高发态势，涉众型金融犯罪尤为突出，新类型案件不断增多，其中非法吸收公众存款、集资诈骗等非法集资犯罪，特别是利用互联网实施的非法集资犯罪案件持续增加。来自最高人民检察院的统计数据显示，2019 年，全国检察机关起诉非法吸收公众存款犯罪案件 10 384 件 23 060 人，同比分别上升 40.5% 和 50.7%；起诉集资诈骗犯罪案件 1794 件 2987 人，同比分别上升 50.13% 和 52.24%。而且，涉案金额动辄上百亿，严重侵害广大人民群众合法权益，扰乱市场经济秩序。[5]有观点认为，之所以出现这种情况，原因之一，是违法成本较低。其认为，非法吸收公众存款罪主刑及附加刑的法定刑偏低，最高刑期仅为 10 年有期徒刑，已不能与当下涉案金额动辄上亿元的罪行相适应，法律威慑力不足。[6]甚至还有人主张，应当恢复对集资诈骗罪的死刑。[7]此次《刑法修正案（十一）》中的相关修改，就是根据

---

〔1〕《刑法修正案（十一）》第 8 条。

〔2〕《刑法修正案（十一）》第 9 条。

〔3〕《刑法修正案（十一）》第 12 条。

〔4〕《刑法修正案（十一）》第 15 条。

〔5〕数据来自最高人民检察院检察长张军 2020 年 5 月 25 日在第十三届全国人民代表大会第三次会议上的工作报告。

〔6〕参见张璁："加大对非法集资犯罪的惩处力度"，载《人民日报》2020 年 7 月 9 日。

〔7〕全国人大代表、复旦大学脑科学研究院院长马兰认为，《刑法》有关集资诈骗罪的条款亟须修改，应恢复集资诈骗罪的死刑适用。参见毛丽君、潘高峰："集资诈骗'宁坐牢不退赃'怎么破——上海代表团代表酝酿提出议案直击'民声'热点痛点"，载《新民晚报》2019 年 3 月 5 日。

现实需要对金融类犯罪进行精准打击而进行的。

对于投机性极强的金融犯罪，特别是涉众型金融犯罪，仅仅依靠严峻刑罚，是不是能够达到预防抑制的效果令人怀疑。目前，我国司法机关对于打击金融犯罪，一直处于高压态势，但相关金融类犯罪尤其是涉众型金融犯罪仍长期处于高发态势，特别是去年虽受新型冠状病毒肺炎疫情影响，但此类案件的占比以及大案要案数量不降反升。[1]这种现象，一方面，说明了问题的严重性，另一方面，更加反映出，对本类问题，严峻刑罚并不一定有太大效果。实际上，从国外如日本的情况来看，对于涉众型金融犯罪，更强调打早打小，露头就打，只要在某个融资项目上，行为人许诺不合理的高额回报，或者进行该种虚假宣传而误导投资人，基本上就可以判断该项目有诈骗之嫌，司法机关就可以介入。[2]实际上，从我国的情况来看，也存在司法机关对此类犯罪介入过晚，受害群众更多、损失更大，因为介入过早，由于危害结果发生相对滞后，难以取证，且此时犯罪分子仍在兑付高额"利润"，使被害人不知真相，以为是相关部门的打击造成无法正常经营，导致了他们的损失，把矛盾焦点引向了相关管理部门，引发受骗群众不理解、不配合的过激行为。[3]因此，与其在事后加重对涉众型金融犯罪的处罚，不如在事先进行预防性立法更为有效。

第四，将共罚的事后行为作为独立的犯罪加以处罚。对于在本次刑法修正之前，行为人在实施上游犯罪之后，对违法犯罪所得及其收益进行"清洗漂白"以使之合法化的所谓自洗钱行为，通常认为，由于其是金融犯罪等上游犯罪的违法状态的通常伴随行为，而且事后的通过转账或者其他支付结算方

---

〔1〕　参见北京市朝阳区人民检察院：《金融检察白皮书》（第5辑），第15页。

〔2〕　参见［日］松原芳博："消费者保护和刑事法"，载［日］西原春夫主编：《日中比较经济犯罪》，成文堂2004年版，第122页；顾肖荣、胡春健、陈玲："中日金融消费者刑事法保护比较初探"，载《政治与法律》2013年第8期。按照该文的介绍，在日本社会进入大量生产、大量消费的时代以后，随着向科学技术高度发达、经济系统日益复杂的高度信息社会转移，在信息量和判断力上，消费者很难成为和经营者具有同等地位的交易主体，使得诈骗罪难以对市民提供足够的法律保护。特别是，在诈骗罪的成立上，只有在个别具体的交易上发生了财产损害结果才能予以外罚，但在针对不特定的多数消费者为对象的"套路经营方法"之下，如果一定要等到针对个别消费者的财产损害发生之后才能予以刑法干涉的话，未免太晚，因此，日本通过制定或者修改《日本投资法》《日本无限连锁交易防止法》《日本特定买卖交易法》《日本证券交易所法》《日本投资顾问业法》等行政刑法乃至经济刑法，对某些行为自身予以禁止，或者对该种交易方法予以禁止，从而避免上述保护过晚的不足。《日本投资法》第1条规定，行为人不得从不特定多数人处接受承诺保本付息的出资，违反者处3年以下有期徒刑，单处或者并处300万日元以下罚金。

〔3〕　参见北京市朝阳区人民检察院：《金融检察白皮书》（第5辑），第16页。

式等转移资金的清洗行为也没有制造出新的法益侵害，因此，对其不单独处罚，而仅仅作为上游犯罪的犯罪结果，被上游犯罪所吸收，以上游犯罪一罪论处。[1]从我国《刑法》第191条所规定的洗钱罪的行为类型仅限定于"提供""协助"等来看，我国刑法中的洗钱罪也仅限于第三人行为，即针对第三方的协助洗钱行为，不包括为行为人自己洗钱的行为，换言之，我国刑法未将自洗钱行为规定为犯罪。

但是，《刑法修正案（十一）》实施之后，这种局面发生了根本性的改变。按照《刑法修正案（十一）》第14条的规定，只要是为了掩饰、隐瞒毒品犯罪、破坏金融管理秩序犯罪、金融诈骗等犯罪的所得及其产生的收益的来源和性质，而实施提供资金账户；将财产转换为现金、金融票据、有价证券；通过转账或者其他支付结算方式转移资金；跨境转移资产的；或者以其他方法掩饰、隐瞒犯罪所得及其收益的来源和性质的行为，就构成洗钱罪，而不要求是现行《刑法》第191条中的"协助"行为。同时，在主观要素上，删除了"明知"要求，而改为"为"这样的目的意思。这样，洗钱罪就从一个"帮助"他人的行为变为"为"他人或自己主动实施的行为。换言之，从此之后，《刑法》第191条所规定的洗钱罪，既包括为他人洗钱的行为，也包括为自己洗钱的行为。另外，在洗钱罪的行为方式上，《刑法》第191条第1款第3项增加了"支付"方式，将第1款第4项中的"协助将资金汇往境外"改为"跨境转移资产"；在刑罚规定上，将自然人犯罪中倍比罚金数额规定修改为抽象罚金数额，并修改了单位犯罪的处罚，将对直接负责的主管人员和其他直接责任人员所处的刑罚与自然人犯罪所处的刑罚保持一致，增加了罚金刑的规定。

自洗钱行为入罪的理由，主要是，不入罪的话，一是不利于打击洗钱和上游犯罪；二是不利于跨境打击犯罪；三是不利于履行落实国际义务。[2]自洗钱不构罪的现状已经成为我国执行反洗钱国际标准的重大缺陷之一。金融行动特别工作组即FATF在2019年4月发布的第四轮互评估报告中，对我国关于洗钱罪的法律制度评估为部分合规，缺陷之一就是缺乏对自洗钱行为独

---

〔1〕 参见黎宏：《刑法学总论》（第2版），法律出版社2016年版，第330页。

〔2〕 参见刘宏华、查宏、李庆："'自洗钱'独立入罪问题研究"，载《清华金融评论》2020年第10期；杨万明主编：《〈刑法修正案（十一）〉条文及配套〈罪名补充规定（七）〉理解与适用》，人民法院出版社2021年版，第155页。

立成罪的规定，不符合国际公约和 FATF 的建议要求。[1]

《刑法》第 191 条规定了自洗钱行为，要注意以下几方面的问题：一是对我国现行刑法基本理论的冲击。按照传统理解，行为人自己犯罪之后，对其犯罪所得及其产生的收益进行掩饰、隐瞒的行为，只要没有侵害新的法益，就属于"共罚的事后行为"或者说是"不可罚的事后行为"，或者为其前面的犯罪或者说上游犯罪所一并评价，或者依照其和上游犯罪之间的目的、手段的牵连关系，从一重处罚，而不作为新的独立犯罪与上游犯罪数罪并罚。[2]也正因如此，2015 年 5 月 29 日最高人民法院《关于审理掩饰、隐瞒犯罪所得、犯罪所得收益刑事案件适用法律若干问题的解释》（已于 2021 年修正）第 5 条规定，事前与盗窃、抢劫、诈骗、抢夺等犯罪分子通谋，掩饰、隐瞒犯罪所得及其产生的收益的，以盗窃、抢劫、诈骗、抢夺等犯罪的共犯论处，而不是另外成立掩饰、隐瞒犯罪所得罪，与前面的盗窃等罪，数罪并罚；同样，2016 年 4 月 18 日最高人民法院、最高人民检察院《关于办理贪污贿赂刑事案件适用法律若干问题的解释》第 1 条规定，"赃款赃物用于非法活动的"，应当认定为成立贪污贿赂罪的"其他较重情节"，而不单独成立犯罪。但是，在自洗钱行为单独成罪之后，这种解释是不是还能维持，有待观察。二是自洗钱行为入罪之后，上下游行为会出现处罚不平衡的问题。如作为洗钱罪的上游行为的走私、贪污受贿、破坏金融管理秩序、金融诈骗等行为入罪，按照相关司法解释，均要求达到一定数额，或者有特定情节，而作为下游犯罪的洗钱行为，按照最高人民检察院、公安部《关于公安机关管辖的刑事案件立案追诉标准的规定（二）》对洗钱罪的立案标准规定，实施洗钱行为即应追诉，没有数额或者情节要求。这样，就可能出现，谴责程度较高的上游行为不构成犯罪，而下游行为这种期待可能性较低、责任较小的行为却要构成犯罪的倒置现象。三是和《刑法》第 312 条规定的掩饰、隐瞒犯罪所得、犯罪所得收益罪，《刑法》第 349 条所规定的窝藏、转移、隐瞒毒品、毒赃罪之间该如何协调，值得探讨。按照相关司法解释，明知是犯罪所得及其产生的收益而予以掩饰、隐瞒，构成《刑法》第 312 条规定的犯罪，同时又构成

〔1〕 参见贾济东、赵学敏："'自洗钱行为'应当独立成罪"，载《检察日报》2019 年 8 月 7 日。

〔2〕 高铭暄、马克昌主编：《刑法学》（第 7 版），北京大学出版社、高等教育出版社 2016 年版，第 196、197 页；冯军、肖中华主编：《刑法总论》（第 3 版），中国人民大学出版社 2016 年版，第 400、401 页。

《刑法》第 191 条或者第 349 条规定的犯罪的，依照处罚较重的规定定罪处罚。[1]最高人民法院有关负责人据此认为，洗钱罪和掩饰、隐瞒犯罪所得、犯罪所得收益罪以及窝藏、转移、隐瞒毒品、毒赃罪本质上都是洗钱犯罪，[2]都属于投入合法领域来掩饰隐瞒其犯罪所得及其收益的行为。[3]那么，在《刑法》第 191 条的洗钱罪中既包括为他人洗钱又包括为自己洗钱的情形之后，作为与其具有同样性质的第 312 条以及第 349 条，是不是也要作同样理解，成为问题。四是对一些社会反映强烈的其他犯罪加重法定刑。如将暴力袭击正在依法执行职务的人民警察类型的妨害公务罪的法定刑上限从 3 年有期徒刑上调为 7 年有期徒刑；[4]将开设赌场罪的法定刑上限从 3 年有期徒刑上调为 5 年有期徒刑，[5]这些都是其体现。另外，还明确对奸淫不满 10 周岁的幼女或者造成幼女伤害等严重情形明确适用更重刑罚，可处"十年以上有期徒刑、无期徒刑或者死刑"。[6]

三、增设有关犯罪，修改相关犯罪构成，填补处罚漏洞

本次刑法修改当中，另一个引人注目之处就是，增设了若干个新罪，并对若干犯罪的内容进行补充，以增强刑法规范的系统性、完整性、协同性。以下分别进行简要介绍。

（一）新增犯罪概述

1. 妨害安全驾驶罪

新增《刑法》第 133 条之二，将对行驶中的公共交通工具的驾驶人员使用暴力或者抢控驾驶操纵装置，干扰公共交通工具正常行驶，危及公共安全的行为规定为犯罪，[7]以保护人民群众"脚下安全"。

---

〔1〕 2009 年 11 月 4 日最高人民法院《关于审理洗钱等刑事案件具体应用法律若干问题的解释》第 3 条；2015 年 5 月 29 日最高人民法院《关于审理掩饰、隐瞒犯罪所得、犯罪所得收益刑事案件适用法律若干问题的解释》第 7 条（已于 2021 年修正）。

〔2〕 刘岚："依法打击洗钱犯罪 切实履行国际公约"，载《人民法院报》2009 年 11 月 11 日。

〔3〕 王新、冯春江、王亚兰："自洗钱行为立法的争议、理论与实践依据"，载《当代金融研究》2020 年第 2 期。

〔4〕《刑法修正案（十一）》第 31 条。

〔5〕《刑法修正案（十一）》第 36 条。

〔6〕《刑法修正案（十一）》第 26 条。

〔7〕《刑法修正案（十一）》第 2 条。

这个规定主要是针对以 2018 年重庆市"10·28"公交车坠江事故[1]为代表的、乘客与公交车司机发生争执，在公共交通工具上抢夺方向盘、殴打驾驶人员，妨害安全驾驶的案件。之前，对这种行为，常论以"以危险方法危害公共安全罪"。但是，"危险方法"是兜底性质的模糊表述，在适用上随意且不确定，实际操作中的指引性不明确，难以对妨害安全驾驶行为产生有针对性的震慑。因此，有人大代表建议在刑法分则"危害公共安全罪"一章中增设"妨害安全驾驶罪"，给社会上的一般人以明确的指引和心理强制，提升公民规则意识和公德意识。[2]这一规定采用了危险犯的立法方式，行为人只要实施法定行为，干扰公共交通工具正常行驶，就构成本罪，不要求发生具体的人员伤亡或者财产损失结果。

成立本罪，必须达到"危及公共安全"的程度，因此，本罪属于具体危险犯。一般来说，对行驶中的公共交通工具的驾驶人员使用暴力或者抢控驾驶操纵装置，干扰公共交通工具正常行驶的行为本身自带危害公共安全的危险，仅此，就可以判断行为本身具有"危及公共安全"的性质。但是，根据事发当时的时空环境以及车辆内载客的情况，也有可能认定不具有不"危及公共安全"的情形。

增设本罪之后，修正后的《刑法》第 133 条之二第 2 款规定的妨害安全驾驶罪，与交通肇事罪之间可能形成想象竞合关系，即如果行驶中的公共交通工具的驾驶人员擅离职守，与他人互殴或者殴打他人，因而发生交通事故，满足交通肇事罪的构成要件的，按照本条第 3 款"依照处罚较重的规定定罪处罚"的规则，应当构成较重的犯罪即交通肇事罪。

2. 高空抛物罪

增设《刑法》第 291 条之二，将从建筑物或者其他高空抛掷物品，情节严重的行为，规定为犯罪。[3]这一规定是针对随着城市化的发展，越来越多

---

〔1〕 2018 年 10 月 28 日，重庆万州区长江二桥上一辆公交车与一辆轿车相撞后冲破护栏坠入长江，造成 15 人死亡，公交车报废的严重后果。11 月 2 日上午，重庆万州公交车坠江事故调查处置部门发布消息，查明本次事故系乘客与驾驶员发生争执互殴引发所致。上述事实，参见牟亮："重庆万州公交车坠江事故原因通报：车内乘客司机激烈争执导致事故发生"，载 https://baijiahao.baidu.com/s?id=1615992008293576193&wfr=spider&for=pc，2021 年 1 月 2 日访问。

〔2〕 参见沈荣："全国政协委员李正国：建议增设'妨害安全驾驶罪'"，载《人民法院报》2019 年 3 月 5 日。

〔3〕《刑法修正案（十一）》第 33 条。

的人搬进高楼，但在住平房时代所形成的随手向室外扔香蕉皮、鸡毛掸子、啤酒瓶等物品，危及人民群众"头顶安全"的陋习。近年来，高空抛物、坠物事件不断发生，严重危害公共安全，侵害人民群众合法权益，影响社会和谐稳定。为此，2019 年 10 月 21 日，最高人民法院专门发布了《关于依法妥善审理高空抛物、坠物案件的意见》，认为故意从高空抛弃物品，尚未造成严重后果，但足以危害公共安全的，依照《刑法》第 114 条规定的以危险方法危害公共安全罪定罪处罚；致人重伤、死亡或者使公私财产遭受重大损失的，依照《刑法》第 115 条第 1 款的规定处罚。为伤害、杀害特定人员实施上述行为的，依照故意伤害罪、故意杀人罪定罪处罚。但上述规定，仅仅是在高空抛物造成了实害后果情形下的处理。

本条是有关该行为的预防性规定，即便没有造成实害后果，也可能构成犯罪。本罪适用当中，关键是有关"高空"的理解。有观点认为，成立本罪中的"建筑物"，必须具备"高空"的特性，如果从一个建筑物的一层或者较低的楼层抛掷物品，就不符合"高空"的要求。[1] 这是过于机械僵化的理解。按照这种观点，从山脚向有人的山顶或者半山腰投掷石头的行为、从公园的平地向天空抛掷酒瓶的行为，尽管都有妨害社会管理秩序、侵害他人人身、财产法益之嫌，但却无法涵盖在本罪的处罚范围之内，形成明显的处罚漏洞。因此，从完整地理解本罪的立法目的角度出发，高空抛物，理解为向高空抛物的行为即可。[2] 对"抛掷"行为的场所应作广义理解，除了从建筑物或者其他高处抛掷物品，还包括从低处向高空抛掷物品的行为。"抛掷"物品的方式，仅指以投、扔等作为方式丢弃、处置物品，不包括无意中使物品从高处坠落的情形。[3] 所抛掷的物品，不限于固体物、污水或者其他液体等。当然，从行为性质上看，完全不能造成人身伤害或者财产损失的物品，如纸片、布片等，不包括在内。所谓"情节严重"，通常是指，具有下列情形之一：①多次实施的；②经劝阻仍继续实施的；③受过刑事处罚或者行政处

---

〔1〕 赵秉志主编：《〈刑法修正案（十一）〉理解与适用》，中国人民大学出版社 2021 年版，第 260 页。

〔2〕 此处，可以参照《日本轻犯罪法》第 11 号所规定的投注危险物品罪。按照该条规定，只要不尽相当注意，向有可能危及他人身体或者财物的场所投掷物品，即可构成犯罪。

〔3〕 杨万明主编：《〈刑法修正案（十一）〉条文及配套〈罪名补充规定（七）〉理解与适用》，人民法院出版社 2021 年版，第 299 页。

罚后又实施的；④在人员密集场所实施的；⑤其他情节严重的情形。〔1〕

3. 危险作业罪

增设《刑法》第134条之一，将在生产、作业中违反有关安全管理的规定，关闭、破坏直接关系生产安全的监控、报警、防护、救生设备、设施，或者篡改、隐瞒、销毁其相关数据、信息的；因存在重大事故隐患被依法责令停产停业、停止施工、停止使用有关设备、设施、场所或者立即采取排除危险的整改措施，而拒不执行的；涉及安全生产的事项未经依法批准或者许可，擅自从事矿山开采、金属冶炼、建筑施工，以及危险物品生产、经营、储存等高度危险的生产作业活动的，具有发生重大伤亡事故或者其他严重后果的现实危险的行为，规定为独立犯罪。〔2〕

近年来，生产作业过程中的重大安全事故不断见诸报端，这些事故往往是由一个不遵守操作规范的违章行为引起的，若能在严守操作规范上提要求，便可避免很多重大责任事故；同时，2016年出台的中共中央、国务院《关于推进安全生产领域改革发展的意见》提出，要研究修改《刑法》有关条款，将生产经营过程中极易导致重大生产安全事故的违法行为纳入《刑法》调整范围。这种意见表明，中央也要求把生产经营中的违法行为（违章行为）直接定罪，而不是等到事故发生后才追究刑事责任。危险作业犯罪，就是基于这种考虑而增设的。〔3〕

按照上述规定，危险作业犯罪，只有在实施具有法定的发生重大伤亡事故或者其他严重后果的现实危险的场合，才能构成，属于具体危险犯。其中，"现实危险"，是指真正的、实在的、迫在眉睫的危险，如已经出现"冒顶""渗漏"等重大险情，若不是被及时发现或者被救援制止，从一般经验上看，就会造成人命伤亡或者重大财产损失。这一要件，为本罪的适用在总体上明确了指引和方向，有利于将这类犯罪的范围扩大。〔4〕

---

〔1〕 2019年10月21日最高人民法院《关于依法妥善审理高空抛物、坠物案件的意见》第6条。

〔2〕《刑法修正案（十一）》第4条。

〔3〕 参见詹瑜璞等："我国危险作业犯罪立法的几个问题"，载《中国应急管理报》2020年6月27日。

〔4〕 许永安主编：《中华人民共和国刑法修正案（十一）解读》，中国法制出版社2021年版，第44页。

4. 妨害药品管理罪

增设《刑法》第 142 条之一，将生产、销售国务院药品监督管理部门禁止使用的药品的；未取得药品相关批准证明文件生产、进口药品或者明知是上述药品而销售的；药品申请注册中提供虚假的证明、数据、资料、样品或者采取其他欺骗手段的；编造生产、检验记录的，足以严重危害人体健康的行为，规定为犯罪。[1]

以上规定，是为了纠正我国现行刑法将生产、销售假药罪由具体危险犯变更为抽象危险犯，而生产销售劣药罪仍属于结果犯，只有产生了"对人体健康的严重危害、食物中毒与严重食源性疾病"的恶劣后果才构成犯罪的保护不均衡性。从保护人民群众生命、身体健康的角度来讲，劣药和假药具有同等的社会危害性，正如"长生生物疫苗事件"[2]中所显示的，没有疗效的劣疫苗让接种者暴露在感染风险下，其对于社会公众生命健康损害事实上同假药并无二致。因此，将生产、销售劣药罪规定为"结果犯"，只会带来更低的犯罪成本和更难的犯罪认定，不能形成有效的法律威慑。同时，药品市场秩序依赖药监部门、生产商、零售商、医疗机构等各方面的共同保障，而刑法中有关药品犯罪的刑罚对象，只是笼统地列明为生产、销售环节的主体，没有具体地指明在药品批准、进口、申请、使用等与生产、销售环节并列的各个环节中存在的、对药品安全性和有效性具有风险的各种情形，这种规定

---

〔1〕《刑法修正案（十一）》第 7 条。

〔2〕 2018 年 7 月 15 日，国家市场监督管理总局发布通告，长春长生生物科技有限责任公司（以下简称"长春长生公司"）在生产冻干人用狂犬病疫苗的过程中，有的批次混入了过期原液、部分批次不如实填写生产日期和批号。有关部门在调查中还发现，长春长生公司和武汉生物制品研究所有限责任公司生产的 65 万余支百白破疫苗也存在问题，并且已经销往山东、河北、重庆等地。一时间，疫苗用药安全问题得到社会空前关注，监管机构也随之对不法企业出以重拳，加大了处罚力度。国家市场监督管理总局吊销长春长生公司药品生产许可证，并罚没款 91 亿元；深圳证券交易所对该公司股票强制退市；公安机关第一时间依法立案侦查，公司董事长高某芳等 18 名犯罪嫌疑人被批准逮捕；从主管部门到省市区，多名官员被严肃问责。2018 年 8 月 16 日，中共中央政治局常务委员会召开会议，听取关于吉林长春长生公司问题疫苗案件调查及有关问责情况的汇报。中共中央总书记习近平主持会议并发表重要讲话，强调长春疫苗案件是一起疫苗生产者逐利枉法、违反国家药品标准和药品生产质量管理规范、编造虚假生产检验记录、地方政府和监管部门失职失察、个别工作人员渎职的严重违规违法生产疫苗的重大案件，情节严重，性质恶劣，造成严重不良影响，既暴露出监管不到位诸多漏洞，也反映出疫苗生产流通使用等方面存在的制度缺陷。要深刻汲取教训，举一反三，重典治乱，去疴除弊，加快完善疫苗药品监管长效机制，坚决守住公共安全底线，坚决维护最广大人民身体健康。

的缺失一定程度上在助推药品犯罪的发生。[1]

正是基于上述考虑，《刑法》增设了本罪。从此之后，不管是假药还是劣药，只要有生产、销售禁忌，未取得批文而生产、销售药品，编造生产、检验记录之类的违规行为，"足以严重危害人体健康的"话，就构成《刑法》第142条之一所规定的妨害药品管理罪。这实际上也是将有关药品犯罪的处罚时点前移到药品的生产、进口、销售阶段。其中，"足以严重危害人体健康"，主要是考虑到，通过法定的四种行为所生产经营的药品，既可能是真药也可能是假药、劣药，还可能因技术问题而无法鉴定其真假。为了防止本罪的处罚范围过大，所以将"足以严重危害人体健康"的具体危险作为本罪的成立要件，从而将不会对公众的健康安全造成威胁的药片排除在外。但这种限制，是否必要，值得商榷。一般认为，所谓"足以严重危害人体健康"，是指涉案药品具有造成轻伤或者轻度残疾，或者造成器官组织损伤导致一般功能性障碍及其以上危险的可能。[2]换言之，药品本身必须具有某种损害人体健康的特质。但是，有些药品尽管不具有损害人体健康的特质，但也不具有治愈人体疾病的疗效，而是让人久病不愈，这种情形某种程度上，也是在危害人体健康，长期下去，也会造成严重危害人体健康的结果。从此意义上讲，以"足以严重危害人体健康"划定本罪的处罚范围，实际上一定程度上抵消了本罪的存在意义。

5. 为境外窃取、刺探、收买、非法提供商业秘密罪

增设《刑法》第219条之一，将为境外的机构、组织、人员窃取、刺探、收买、非法提供商业秘密的行为，规定为犯罪。[3]

本罪是通常意义上的所谓"商业间谍"犯罪。在过去，为境外窃取、刺探、收买、非法提供商业秘密的行为，通常按照《刑法》第219条侵犯商业秘密罪处理，但构成本罪，不仅要求"给商业秘密的权利人造成重大损失"，而且法定刑的上限只有7年有期徒刑，对于为境外组织、机构或者个人获取商业秘密的行为人而言，不仅处罚过轻，而且也难以起到预防的效果，因此，

---

[1] 参见何杰："致公党宁波市委会4件调研成果入选致公党中央团体提案"，载 http://www.zjzg. org. cn/redir. php? catalog_ id=730&object_ id=39885，2020 年 12 月 28 日访问。

[2] 赵秉志主编：《〈刑法修正案（十一）〉理解与适用》，中国人民大学出版社 2021 年版，第101 页。

[3] 《刑法修正案（十一）》第 23 条。

特增设这种抽象危险犯类型。

本罪属于抽象危险犯，行为人只要实施了为境外的机构、组织、人员窃取、刺探、收买、非法提供商业秘密的行为，即可构成，不要求有危害结果的发生，也不要求发生具体危险。

6. 负有照护职责人员性侵罪

增设《刑法》第 236 条之一，将对已满 14 周岁不满 16 周岁的未成年女性负有监护、收养、看护、教育、医疗等特殊职责的人员，与该未成年女性发生性关系的行为，规定为犯罪。[1]

负有照护职责人员性侵罪，主要是针对近年来现实中所发生的性侵未成年人案件的特点，即相比陌生人作案，"负有监护、收养、看护、教育、医疗等特殊职责的人员"的"熟人作案"更为隐蔽，司法机关在定罪量刑上面临更多困难的现实。如此规定，实际上是将之前的性同意年龄从 14 周岁，有条件地提升为 16 周岁，即与已满 14 周岁不满 16 周岁未成年女性发生性关系的，即便是对方同意的，也应追究行为人的刑事责任，从而从根本上堵住了相关制度上的漏洞。

增设本罪之后，在其适用上，应当注意与强奸罪之间的区分。2013 年 10 月 23 日最高人民法院、最高人民检察院、公安部、司法部发布的《关于依法惩治性侵害未成年人犯罪的意见》第 21 条第 2 款规定，对已满 14 周岁的未成年女性负有特殊职责的人员，利用其优势地位或者被害人孤立无援的境地，迫使未成年被害人就范，而与其发生性关系的，以强奸罪定罪处罚。其中，"利用优势地位"，是指利用特殊职责关系，以不给、少给生活费、学费，或者不提供教育、培训、医疗等方式，对未成年人施压迫使发生性关系；利用未成年人"孤立无援的境地"，是指由于各种原因，未成年被害人处于不得不依赖特殊职责人员的资助、抚育、照顾和救助等状况，而行为人利用此种状况，迫使未成年被害人发生性关系。[2]此时，具有监护等特殊职责的人员，与已满 14 周岁不满 16 周岁的未成年女性发生性关系的，构成本罪的同时，还构成强奸罪，依照修正后的《刑法》第 236 条之一第 2 款的规定，应当依

---

〔1〕《刑法修正案（十一）》第 27 条。

〔2〕 杨万明主编：《〈刑法修正案（十一）〉条文及配套〈罪名补充规定（七）〉理解与适用》，人民法院出版社 2021 年版，第 249～250 页。

据处罚较重的强奸罪定罪处罚。

7. 袭警罪

对《刑法》第 277 条第 5 款进行修正，将暴力袭击正在依法执行职务的人民警察的行为规定为单独犯罪；同时规定，使用枪支、管制刀具，或者驾驶机动车撞击等手段严重暴力袭警的，加重处罚。[1]

以上规定，主要是针对在一线执法的民警所面临的困境。近年来，一些犯罪分子气焰嚣张，对正在依法履职的民警进行袭击或者打击报复的案件时有发生。这种行为，不仅危害民警人身安全，而且也损害了国家法律权威、破坏了国家正常管理秩序。为此，2020 年 1 月 10 日，最高人民法院、最高人民检察院、公安部共同发布了《关于依法惩治袭警违法犯罪行为的指导意见》，要求各级人民法院、人民检察院和公安机关加强协作配合，对袭警违法犯罪行为快速处理、准确定性、依法严惩。制定本罪，实际上是对上述意见中相关内容的回应。

关于刑法中是否要单独设立袭警罪，立法中一直存在争议。因为，除了与允许公民持有枪支的美国等国情不同之外，我国对于以暴力、威胁妨害人民警察执行公务的行为，已经有妨害公务罪可以应对。但既然立法上已经将袭警罪单独规定，则在其适用上，要注意以下几点：一是必须实施了暴力袭击行为，但不要求造成伤害后果。“暴力”除了指对人施加的强制力，也包括对警车、警械等物实施的阻碍警察正常执行公务的强制力。由于《治安管理处罚法》第 50 条将“阻碍国家机关工作人员依法执行职务”作为行政处罚对象，因此，袭警罪中的“暴力”应当具有一定限度要求。轻微的辱骂、抓挠、一般性的肢体冲突等，一般不足以构成本罪中的“暴力”。[2]二是袭击的对象必须是正在依法执行公务的警察，辅警即警务辅助人员不能单独成为本罪的行为对象，其在警察的指挥、监督之下开展辅助性工作时，可以成为本罪对象。警察是特殊的执法主体，正在依法执行公务，既可能在工作时间、工作场所内，也可能在非工作时间。根据《人民警察法》第 19 条，警察下班后或者休假时，遇有紧急情况，只要是履行警察职责，不管是否属于其实际岗

---

〔1〕《刑法修正案（十一）》第 31 条。

〔2〕许永安主编：《中华人民共和国刑法修正案（十一）解读》，中国法制出版社 2021 年版，第 291 页。

位职责范围之内的事项，均视为在依法执行职务。三是以威胁方法而非暴力手段妨害人民警察依法执行职务的，不构成袭警罪，而是妨害公务罪。驾车冲撞、碾压、拖拽、剐蹭民警，或者挤别、碰撞正在执行职务的警用车辆，危害公共安全或者民警生命、健康安全，符合《刑法》第114条、第115条、第232条、第234条规定的，应当以以危险方法危害公共安全罪、故意杀人罪、故意伤害罪定罪，酌情从重处罚；抢劫、抢夺民警枪支，符合《刑法》第127条第2款规定的，应当以抢劫枪支罪、抢夺枪支罪定罪。

8. 冒名顶替罪

增设《刑法》第280条之二，将盗用、冒用他人身份，顶替他人取得的高等学历教育入学资格、公务员录用资格、就业安置待遇的行为规定为犯罪。组织、指使他人实施上述行为的，从重处罚。[1]

以上规定，主要是针对最近两年见诸报端的冒名顶替上大学、获取公务员录用资格、就业安置待遇的现象。在轰动一时的系列"高考冒名顶替事件"发生之后，人们普遍认为，现在对很多人来说，高考仍然是改变自身、家庭乃至家族命运的唯一出路，对冒名顶替他人上学，截留、盗取他人成果，不仅严重损害他人利益，而且破坏教育公平和社会公平正义底线，应当专门规定为犯罪予以严惩。立法机关也正是基于这一考虑而增设了本罪。[2]按照《刑法》第280条之二，冒名顶替犯罪，除了适用于教育领域，还适用于公务员录用、就业安置待遇等方面。这意味着更多领域的社会公平将得到保障，人们的每一分努力与付出都不会被辜负。

按照上述规定，成立本罪，必须有既冒名又顶替的行为。因此，如因为某种原因不能报名参加高考的人，冒用他人名义参加高考，成绩合格之后被高校录取，或者冒用他人名义参军，服完兵役之后获得就业安置待遇资格的所谓冒名不顶替的场合，行为人虽有冒名，但不存在顶替行为，不宜认定为犯罪。同样，对于经过他人同意，冒名顶替他人放弃的入学资格的行为，在追究行为人的刑事责任时，也必须和典型的顶替行为，即被顶替者完全不知情

---

〔1〕《刑法修正案（十一）》第32条。

〔2〕李宁："关于《中华人民共和国刑法修正案（十一）（草案）》的说明——2020年6月28日在第十三届全国人民代表大会常务委员会第二十次会议上"，载中国人大网：http://www.npc.gov.cn/npc/c30834/202012/f16fedb673644b35936580d25287a564.shtml，2020年12月28日访问。

的情况下，自己的名义和资格被人冒用的情形区别对待。[1]

9. 催收非法债务罪

增设《刑法》第293条之一，将使用暴力、胁迫方法；限制他人人身自由或者侵入他人住宅；恐吓、跟踪、骚扰他人的方法，催收高利放贷等产生的非法债务，情节严重的行为规定为犯罪。[2]

以上规定，是基于这两年扫黑除恶专项活动的经验，为采取暴力、"软暴力"等手段催收高利放贷产生的债务以及其他法律不予保护的债务，并以此为业的行为而制定的。实践中，出现了以非法催收债务而获得报酬的所谓"职业讨债人"。他们所实施的违法催收行为，虽然行为形态在修改前的《刑法》中大多能找到对应条款，但在定罪量刑程度上难以满足具体个罪的情节或者数额要求，因而难以传统犯罪处罚。为应对这一尴尬局面，便通过立法方式将常见的违法催收行为总体上规定为一个新罪即催收非法债务罪，[3]目的是加强对民生领域的保障，维护社会生产生活稳定发展，预防因非法讨债行为产生的其他犯罪。

本罪所针对的催收高利放贷、赌博所产生债务等非法债务的行为，在索取合法债务的场合，即便采用了暴力、威胁、限制人身自由或者侵入他人住宅、恐吓、跟踪、骚扰等非法手段，也不能构成本罪。符合非法拘禁罪、故意伤害罪等犯罪的构成要件的，可以相关犯罪论处。但是，为索取高利贷、赌博等法律不予保护的债务而非法扣押、拘禁他人，同时构成非法拘禁罪和催收非法债务罪的，属于想象竞合，可以择一重罪处罚。

10. 侵害英雄烈士名誉、荣誉罪

增设《刑法》第299条之一，将侮辱、诽谤或者以其他方式侵害英雄烈士的名誉、荣誉，损害社会公共利益，情节严重的行为规定为犯罪。[4]

英雄烈士的事迹和精神是以爱国主义为核心的民族精神的真实写照，是维护祖国统一和民族团结的纽带，是实现民族复兴的动力，是实现人生价值

---

[1] 杨万明主编：《〈刑法修正案（十一）〉条文及配套〈罪名补充规定（七）〉理解与适用》，人民法院出版社2021年版，第292~293页。

[2] 《刑法修正案（十一）》第34条。

[3] 赵秉志主编：《〈刑法修正案（十一）〉理解与适用》，中国人民大学出版社2021年版，第159页。

[4] 《刑法修正案（十一）》第35条。

的力量源泉，是中华民族共同的历史记忆和宝贵的精神财富。但近年来，打着"反思历史""还原真相"的旗号肆意诋毁、曲解英雄烈士事迹的情况时有发生，不仅亵渎了为国家和民族献身的英烈的名誉，而且严重玷污了民族共同记忆。侵害英雄烈士荣誉、名誉罪就是为这一现实而制定的。

要注意的是，侵害英雄烈士名誉、荣誉罪，被放在妨害社会管理秩序罪一章之中。这意味着，其保护法益是抽象法益或者集体法益这种民族记忆或者民族精神。[1]英雄烈士的尊严已不仅仅是个体尊严，而是已经形成的不可磨灭的社会尊严，具有不可替代的特有尊严，保护这一特有尊严不仅体现了普通人格权的延续，还体现了法律对崇高社会价值的弘扬和维护。由于侵害社会公共利益，因此，本罪属于具体危险犯，在犯罪的认定上，侮辱、诽谤英雄烈士名誉、荣誉必须达到"在一定范围和程度上伤害了社会公众的民族和历史情感"的程度。

11. 非法采集人类遗传资源、走私人类遗传资源材料罪

增设《刑法》第334条之一，将违反国家有关规定，非法采集我国人类遗传资源或者非法运送、邮寄、携带我国人类遗传资源材料出境，危害公众健康或者社会公共利益，情节严重的行为规定为犯罪。[2]

人类遗传资源是可单独或联合用于识别人体特征的遗传材料或信息，其是开展生命科学研究的重要物质和信息基础，一般认为，其是认知和掌握疾病的发生、发展和分布规律的基础资料，对推动疾病预防、干预和控制策略开发具有重要保障意义，已成为公众健康和生命安全的战略性、公益性、基础性资源。[3]为此，世界各国均通过立法对其加以保护，我国也不例外。2020年10月17日通过的《生物安全法》第56条第4款规定，境外组织、个人及其设立或者实际控制的机构不得在我国境内采集、保藏我国人类遗传资源，不得向境外提供我国人类遗传资源。非法采集人类遗传资源、走私人类遗传资源材料罪，实际上是为以上规定提供刑法保障。

---

〔1〕 参见最高人民法院第19批指导性案例之指导案例99号"葛长生诉洪振快名誉权、荣誉权纠纷案"。

〔2〕《刑法修正案（十一）》第38条。

〔3〕 农工党中央："建议加强人类胚胎基因利用法律管控"，载中国网：http://www.china.com.cn/lianghui/news/2019-03/02/content_74522470.shtml，2020年12月22日访问。

12. 非法植入基因编辑、克隆胚胎罪

增设《刑法》第 336 条之一，将基因编辑、克隆的人类胚胎植入人体或者动物体内，或者将基因编辑、克隆的动物胚胎植入人体内，情节严重的行为规定为犯罪。[1]

非法植入基因编辑、克隆胚胎罪，是基于近年来一些无良科学家针对人类胚胎，进行以生物体基因组特定目标基因进行修饰的行为，引起难以预料的风险和重大伦理问题的现实而制定的。[2]尽管作为一种前沿生物科技方法的基因编辑，对于疾病产生的原因以及抑制而言，有着不可替代的作用，但就目前的技术发展来看，远未达到可以进行人体实验的程度，任其泛滥，会导致人类基因组多态性格局发生重大改变，有可能沦为个别人进行种族主义或其他反人类目的的行为的工具，最终将对人类社会和谐稳定发展造成巨大的冲击与影响，影响人类命运共同体的构建。因此，农工党中央提案，为尽快解决"基因编辑婴儿"行为无法接受刑法评价的现实困境，必须修订刑法，严密法网，确保国家基因安全。[3]本次修正应当是这项提案的结果。

要注意的是，本法所禁止的是对人类有关的非法基因编辑和非法克隆行为，对于人以外的动物的相关行为，不在本罪所处罚的范围之内。另外，本罪处罚的是复杂客体，除了行为对象本身的健康受损之外，国家基因管理秩序和基因安全均受到一定程度的损害，因此，本罪的场合，不能适用同意无侵害的原理，即便行为对象同意，也不能排除本罪的社会危害性。

13. 破坏自然保护地罪

增设《刑法》第 342 条之一，将违反自然保护地管理法规，在国家公园、国家级自然保护区进行开垦、开发活动或者修建建筑物，造成严重后果或者

---

〔1〕《刑法修正案（十一）》第 39 条。

〔2〕 特别是 2018 年 11 月，国内某大学教师宣布两名进行过基因编辑的婴儿在我国出生，该消息引起新闻媒体与社会公众的强烈关注，并引发较大国际关切。尽管该教师宣称此次"基因编辑婴儿"的目的是艾滋病免疫，但基因编辑对受体的长远影响并没有接受有效评估，可能造成接受编辑的人不可逆转的健康伤害。人体胚胎基因编辑技术在国际上仍处于早期研究阶段，其他国家并无"基因编辑婴儿"出生，若我国不及时编织严密法网，产生国际上从事该项研究的人在我国设置地下产业的可能，便会对人体健康构成潜在的严重威胁。

〔3〕 农工党中央："建议加强人类胚胎基因利用法律管控"，载中国网：http://www.china.com.cn/lianghui/news/2019-03/02/content_ 74522470. shtml，2020 年 12 月 22 日访问。

有其他恶劣情节的行为规定为犯罪。[1]

自然保护地是由各级政府依法划定或确认，对重要的自然生态系统、自然遗迹、自然景观及其所承载的自然资源、生态功能和文化价值实施长期保护的陆域或海域，是生态建设的核心载体、中华民族的宝贵财富、美丽中国的重要象征，在维护国家生态安全中居于首要地位。当前我国已建立各级各类自然保护地超过 1.18 万个，保护面积覆盖我国陆域面积的 18%、领海的 4.6%，在维护国家生态安全、保护生物多样性、保存自然遗产和改善生态环境质量等方面发挥了重要作用。但长期以来存在的顶层设计不完善、管理体制不顺畅、产权责任不清晰等问题，与新时代发展要求不相适应。[2]因此，2019 年 6 月 26 日中共中央办公厅、国务院办公厅发布的《关于建立以国家公园为主体的自然保护地体系的指导意见》第 23 条指出，必须完善法律法规体系，加快推进自然保护地相关法律法规和制度建设，这就是增设破坏自然保护地犯罪的背景。

要注意的是，国家公园、国家级自然保护区并非完全禁止被开发利用，而是根据保护的级别进行区分管理。经过批准的合法行为，如在自然保护区地内为休憩、观光、科教、调查等设置座椅、临时休息场所，属于对自然保护地的合理利用。

14. 非法引进、释放或者丢弃外来入侵物种罪

增设《刑法》第 344 条之一，将违反国家规定，非法引进、释放或者丢弃外来入侵物种，情节严重的行为，规定为犯罪。[3]

非法引进、释放或者丢弃外来入侵物种罪的设置，是为了应对日益加剧的生物安全风险。生物安全是指与生物有关的因子对国家社会、经济、公共健康与生态环境所产生的危害或潜在风险。生物安全是国家和民族安全的重要内容，也是构建人类命运共同体必须要面对的问题。外来入侵物种，就是在新的环境中没有相抗衡或制约它的生物，其会打破自然平衡，改变或破坏当地的生态环境、严重破坏生物物种的多样性。正因如此，2020 年 10 月 17

---

〔1〕《刑法修正案（十一）》第 42 条。

〔2〕胡璐："我国自然保护地进入全面深化改革的新阶段——国家林草局有关负责人就《关于建立以国家公园为主体的自然保护地体系的指导意见》答记者问"，载 http://www.xinhuanet.com/politics/2019-06/26/c_1124675752.htm，2020 年 12 月 20 日访问。

〔3〕《刑法修正案（十一）》第 43 条。

日通过的《生物安全法》第60条第3款规定，任何单位和个人未经批准，不得擅自引进、释放或者丢弃外来物种；第82条规定，违反本法规定，构成犯罪的，依法追究刑事责任……本罪就是根据这一规定而增设的保障条款。

要注意的是，对"外来入侵物种"要作扩大解释，其不仅包括处于存活状态的"物"，还包括具有繁殖能力、扩散风险的"种"，因此，相关物种的活体就不用说了，相关植物物种的种子、苗木，以及动物物种的卵、蛋以及胚胎等其他繁殖材料也包括在内。另外，本罪为故意犯，因此，"无意引进"即伴随人类的运输传播系统而扩散到特种物种的自然分布区域之外的非人为引进行为，不构成本罪。[1]

15. 妨害兴奋剂管理罪

增设《刑法》第355条之一，将引诱、教唆、欺骗运动员使用兴奋剂参加国内、国际重大体育竞赛，或者明知运动员参加上述竞赛而向其提供兴奋剂，情节严重的行为规定为犯罪。[2]

妨害兴奋剂管理罪是针对近年来国内外重大体育赛事中不断出现使用兴奋剂事件的现状而增设的。体育赛事中使用兴奋剂等药物，不仅会损害运动员的身体健康，违背公平竞赛的体育规则，损害体育事业的健康和可持续发展，还会严重损害国家的荣誉和社会道德，因此，世界各国在体育运动中均严厉禁止使用兴奋剂。

要注意的是，妨害兴奋剂管理罪的适用，是针对运动员身边的人，而非运动员本人。体育赛事中运动员本人使用兴奋剂，既是违规行为又是自损行为，因此，最多只能交由体育行业协会处理，而运动员周边的人如教练人员、辅助人员等组织、强迫、欺骗、教唆其在体育运动中使用兴奋剂，则不是自损行为，而是对运动员本人的侵害行为，属于刑法规制的范畴。对未成年人、残疾人负有监护、看护职责的人组织未成年人、残疾人在体育运动中非法使用兴奋剂，情节恶劣，同时符合妨害兴奋剂管理罪和虐待被监护、看护人罪的，属于想象竞合，应择一重罪处罚。

（二）修改相关犯罪的构成

具体来说，包括以下内容：

---

〔1〕 杨万明主编：《〈刑法修正案（十一）〉条文及配套〈罪名补充规定（七）〉理解与适用》，人民法院出版社2021年版，第431页。

〔2〕《刑法修正案（十一）》第44条。

（1）对《刑法》第 134 条第 2 款进行修改，将明知存在重大事故隐患而不排除，仍冒险组织作业，因而发生重大伤亡事故或者造成其他严重后果的行为，增列为"组织他人违章冒险作业罪"，[1]扩大了违章冒险作业罪的成立范围。这样，便将在重大事故隐患没有被排除的情况下，策划、决策、指挥、协调工人进行作业活动的远离犯罪现场，但对现场作业具有权威性和强制力的高级管理人员（"幕后人"）的行为包括进来了。这样，就可以避免实务当中常见的"地位越高、离现场越远、越不担责"的不公平现象，从而能够将并未直接采取威逼、胁迫、恐吓等"强令"手段的"操纵"行为也包括在本罪的处罚范围之内。

（2）删除《刑法》第 141 条、第 142 条中有关"假药、劣药"的规定，增设明知是假药、劣药而提供给他人使用的，依照生产、销售假药罪、生产、销售劣药罪的相关规定处罚之条款，以对实践中可能出现的卫生防疫站工作人员在明知是假药或者劣药的情况下，仍免费提供给他人使用的情形进行处罚。[2]

（3）对《刑法》第 160 条欺诈发行股票、债券罪的犯罪构成进行修改，将隐瞒重要事实或者编造重大虚假内容的文书从"招股说明书、认股书、公司、企业债券募集办法"扩大至"招股说明书、认股书、公司、企业债券募集办法等发行文件"，将欺诈发行的对象由股票、企业债券扩大至存托凭证或其他证券，从而实现了与《证券法》的有序对接。[3]

（4）对《刑法》第 175 条之一第 1 款进行修正，删除骗取贷款、票据承兑、金融票证罪中作为入罪门槛要件的"或者有其他严重情节的"要求，对由于"融资门槛高""融资难"等原因，民营企业因生产经营需要，在融资过程中虽然有一些违规行为，但并没有诈骗目的，最后未给银行造成重大损失的，一般不作为犯罪处理。[4]

（5）借鉴《证券法》的规定，针对市场中出现的新的操纵情形，对《刑法》第 182 条进行修改，将不以成交为目的，频繁或者大量申报买入、卖出证券、期货合约并撤销申报的"幌骗交易操纵"；利用虚假或者不确定的重大

---

〔1〕《刑法修正案（十一）》第 3 条。

〔2〕《刑法修正案（十一）》第 5 条、第 6 条。

〔3〕《刑法修正案（十一）》第 8 条。

〔4〕《刑法修正案（十一）》第 11 条。

信息，诱导投资者进行证券、期货交易的"蛊惑交易操纵"；对证券、证券发行人、期货交易标的公开作出评价、预测或者投资建议，同时进行反向证券交易或者相关期货交易的"抢帽子操纵"行为增列为操纵证券、期货市场罪的内容，[1]从而大大扩展了操纵证券、期货市场罪的成立范围。

（6）对《刑法》第217条进行修改，将侵犯著作权罪的行为对象从"著作权"扩大为"著作权或者与著作权有关的权利"，将未经著作权人许可通过信息网络向公众传播其美术、视听作品及法律、行政法规规定的其他作品的；未经录音录像制作者许可，通过信息网络向公众传播其制作的录音录像的；未经表演者许可，复制发行录有其表演的录音录像制品，或者通过信息网络向公众传播其表演的；未经著作权人或者与著作权有关的权利人许可，故意避开或者破坏权利人为其作品、录音录像制品等采取的保护著作权或者与著作权有关的权利的技术措施的行为，增列为本罪的实行行为，[2]扩大了侵犯著作权罪的成立范围。

（7）对《刑法》第218条进行修改，将作为销售侵权复制品罪的成立要件的"违法所得数额巨大"改为"违法所得数额巨大或者有其他严重情节"，[3]降低了本罪的入罪门槛。

（8）对《刑法》第219条进行修改，将作为侵犯商业秘密罪的入罪门槛的"给商业秘密的权利人造成重大损失的""造成特别严重后果的"要求删除，改为"情节严重的""情节特别严重的"，降低本罪的入罪门槛；在行为方式上，删除"利诱"，增设"贿赂、欺诈""电子侵入""允许他人使用……商业秘密"等，[4]进一步扩大了本罪的处罚范围。

（9）对《刑法》第229条进行修改，将承担"保荐、安全评价、环境影响评价、环境监测"等职责的中介组织的人员增列为提供虚假证明文件罪主体，[5]压实保荐人等中介机构的"看门人"职责。

（10）对《刑法》第303条进行修改，增设组织中华人民共和国公民参与国（境）外赌博，数额巨大或者有其他严重情节的，依照开设赌场罪的规定

---

〔1〕《刑法修正案（十一）》第13条。
〔2〕《刑法修正案（十一）》第20条。
〔3〕《刑法修正案（十一）》第21条。
〔4〕《刑法修正案（十一）》第22条。
〔5〕《刑法修正案（十一）》第25条。

处罚之规定，从而将境外赌场人员组织、招揽我国公民出境赌博行为入刑。[1]近年来跨境赌博违法犯罪现象严重，致使大量资金外流等，严重损害国家形象和经济安全，因传统理论认为，共犯行为的违法性从属于正犯，作为正犯行为的赌博发生在境外的话，作为共犯的组织、招揽行为也无法处罚，因此，刑法中增设这一规定，对组织跨境赌博的行为进行规制。

（11）对《刑法》第330条第1款进行修改，将妨害传染病防治罪的行为对象从"甲类传染病"扩大为"依法确定采取甲类传染病预防、控制措施的传染病"，从而将新型冠状病毒肺炎等依法确定的采取甲类传染病管理措施的传染病列入了本罪的行为对象；同时，将拒绝按照疾病预防控制机构提出的卫生要求，对传染病病原体污染的污水、污物、场所和物品进行消毒处理的；出售、运输疫区中被传染病病原体污染或者可能被传染病病原体污染的物品，未进行消毒处理的；拒绝执行县级以上人民政府、疾病预防控制机构依照《传染病防治法》提出的预防、控制措施的行为，增列为本罪的犯罪行为，[2]这主要是针对目前仍未完全制止的新型冠状病毒的蔓延而采取的针对性措施。

（12）对《刑法》第338条进行修改，将其中作为加重法定刑要件的"后果特别严重"改为"情节严重"，[3]降低了污染环境罪的加重处罚条件，实际上是提高了对污染环境罪的处罚。

（13）在《刑法》第341条中增加一款，将违反野生动物保护管理法规，以食用为目的非法猎捕、收购、运输、出售第1款规定以外的在野外环境自然生长繁殖的陆生野生动物，情节严重的行为，增列为非法狩猎罪的行为类型，[4]通过禁止以食用为目的猎杀蝙蝠等陆生野生动物，防止疾病传染，保护公共卫生安全。有些陆生野生动物，尽管不是珍贵、濒危动物，但属于国家保护的、有益的或者有重要经济、科学研究价值的陆生野生动物（"三有动物"），其也在法律保护范围之内。2018年修正的《野生动物保护法》已将国家保护的有益的或者有重要经济、科学研究价值的陆生野生动物名录修正为国家保护的有重要生态、科学、社会价值的陆生野生动物名录。2020年2

---

〔1〕《刑法修正案（十一）》第36条。
〔2〕《刑法修正案（十一）》第37条。
〔3〕《刑法修正案（十一）》第40条。
〔4〕《刑法修正案（十一）》第41条。

月 24 日，全国人大常委会发布了《关于全面禁止非法野生动物交易、革除滥食野生动物陋习、切实保障人民群众生命健康安全的决定》，其第 2 条第 2 款规定，全面禁止以食用为目的猎捕、交易、运输在野外环境自然生长繁殖的陆生野生动物。本款实际上是对上述规定的落实。

（14）对《刑法》第 408 条之一即食品监管渎职罪进行修改，将负有药品安全监督管理职责的国家机关工作人员列为本罪主体，并将本罪成立要件从"导致发生重大食品安全事故或者造成其他严重后果"降低为"造成严重后果或者有其他严重情节"，扩展了本罪的成立范围。[1]

（15）对《刑法》第 450 条进行修改，将刑法分则第十章"军人违反职责罪"的适用主体扩展到了"文职人员"，以适应军队改革情况，对军人违反职责罪的主体范围进行完善。[2]

（三）评论

上述通过新增罪名和降低既有犯罪的成立条件，扩大刑法的适用范围的做法，目的在于进一步加大刑法对社会生活的介入力度，拓展刑法对社会生活的调整范围，从而增强人民群众在各个方面的安全感。在立法技术上，沿袭了近年来修正刑法的一贯思路，即将刑事违法判断的重心前移，只要具有危险行为或者危险结果即可处罚，而不用等到发生实害结果，这样，就能让刑法适用从消极被动介入转向积极主动介入，模糊刑法与警察法的界限，将刑法看作为社会防卫机制的一部分，淡化传统刑法的最后手段性与辅助性特征。[3]这一点，在本次刑法修正所增设的有关妨害安全驾驶，危险作业，妨害药品管理，为境外窃取、刺探、收买、非法提供商业秘密等犯罪当中，有非常清楚的体现。作为这些犯罪的成立要件，不要求行为已经引起了实害结果，只要行为人实施了具有抽象危险的法定行为，或者上述行为具有"危及公共安全""发生重大伤亡事故或者其他严重后果的现实危险""足以严重危害人体健康"的具体危险即可；即便就某些通常以造成实害结果为成立要件的犯罪，也是将该实害结果以内容相对缓和、并不要求一定发生实害结果的"情节严重"的形式加以缓和。此在高空抛物罪、催收非法债务

---

〔1〕《刑法修正案（十一）》第 45 条。

〔2〕《刑法修正案（十一）》第 47 条。

〔3〕 参见劳东燕："风险社会与功能主义的刑法立法观"，载《法学评论》2017 年第 6 期；何荣功："预防刑法的扩张及其限度"，载《法学研究》2017 年第 4 期。

罪、销售侵权复制品罪、侵犯商业秘密罪、侵害英雄烈士名誉、荣誉罪、非法采集人类遗传资源、走私人类遗传资源材料罪、非法植入基因编辑、克隆胚胎罪、破坏自然保护地罪、非法引进、释放、丢弃外来物种罪、妨害兴奋剂管理罪、食品药品监管渎职罪当中，具有明显体现。上述犯罪规定方式的转变意味着，在我国当今的刑事立法中，犯罪判断的重心从实害结果向危险行为方向转移、刑法规范的性质从裁判规范向行为规范转向的趋势已经成为常态。

众所周知，作为国家制定或者认可，由国家强制力保障实施的行为规则的刑法规范，依据其适用对象的不同，有行为规范和裁判规范之分。前者通过明文规定"故意杀人的"，要受到刑罚处罚的方式，告诉一般公众"不要杀人"，从而指引公民日常生活中的行为举止；后者通过刑法明文规定"故意杀人的"通常只能处以"死刑、无期徒刑或者十年以上有期徒刑"，只有"情节较轻的"才能处"三年以上十年以下有期徒刑"的方式，指导司法人员的裁判实践。[1]虽说行为规范性与裁判规范性应当一致，否则会"侵害阅读刑法的国民的预测可能性"，[2]但从司法实践的实际操作来看，二者之间不可避免地存在一定差别。[3]因为，行为规范和裁判规范在适用对象、行为的判断时点、判断标准上所存在的差别，必然会导致所谓"声音隔离效应"，[4]导致行为规范性与裁判规范性之间的一定差别。

从我国当前的刑法立法的宗旨和目的来看，立法者所看重的应当是刑法的行为规范性，而将刑法的裁判规范性放在了第二位。因为，在所谓"风险

---

〔1〕 参见［日］日高义博：《刑法总论》，成文堂 2015 年版，第 15 页。一般认为，行为规范与裁判规范的区分，最初来自英国学者边沁（J. Bentham）。其认为，行为规范是用来设立犯罪的，而裁判规范是用来处罚触犯这项犯罪的行为人的，二者规范的行为不同，适用的对象也不一致。尽管如此，在适用的时候，我们告诉法官，按照法律规定将所有盗窃犯人处以绞刑，虽说这一规定并不直接适用于公众，但通常会以无形的方式警戒公众"不得盗窃"，效果跟直接告诉公众"不得盗窃"的规范效果一样。参见［英］边沁：《道德与立法原理导论》，时殷弘译，商务印书馆 2015 年版，第 371~372 页。

〔2〕 张明楷："行为规范与裁判规范的分离"，载《中国社会科学报》2010 年 11 月 23 日。

〔3〕 这种差别，在行为人出于杀人意思而开枪，碰巧击中了正在准备向第三人开枪的杀人犯的所谓"偶然防卫"的场合，极为明显。按照裁判规范说，这种场合下，行为人的行为就是无罪，最多只能是故意杀人罪未遂。相反地，按照行为规范说，上述场合下的行为人构成故意杀人罪既遂。

〔4〕 所谓"声音隔离效应"，是指行为规范与裁判规范之间存在一定的分离现象，即向世界上的人们发布的规则与法庭实际适用的规则之间存在差异的现象。参见［美］沃德·法恩斯沃恩：《高手：解决法律难题的 31 种思维技巧》，丁芝华译，法律出版社 2009 年版，第 218~224 页。

无时不在、无处不在"的风险社会理论之下，与其将刑法作为事后处罚的裁判规范，不如将其作为事前预防的行为规范更为有效，这就是积极的一般预防论的主张。其将刑法作为针对一般人的行为规范，认为通过确保对规范或者说法秩序的"信赖"，唤醒说不定会实施犯罪的"一般人"的规范意识，以确保来自说不定会成为被害人的"善良市民"的信赖，才能更为有效地应对来自各个方面的风险。[1]这种积极的一般预防，实际上是对社会生活中并不具有潜在的犯罪意思的正常人进行预防，其与传统刑法学所说的"消极的一般预防"，即对已经犯罪的人进行处罚，对社会上潜在的犯罪人进行威慑，维持、唤醒其规范意识，从而防止其将潜在的犯罪意思变为现实的理解相差甚远。换言之，积极的一般预防，实际上是将传统刑法论中预防的对象，从已经犯罪的人、尚未犯罪但有犯罪倾向的潜在的犯罪人，扩张到了日常生活中的一般人。这一点，从本次刑法修正提案的相关说明当中，就有清楚的体现。如提议增设"妨害驾驶罪"的重要理由是，"在《刑法》分则增设'妨害安全驾驶罪'，通过清晰的立法可以对社会公众予以明确指引，以维护公共交通安全"。[2]同样，建议增设"危险作业罪"的主要理由之一，就是如果将事故发生前的违章行为予以制止，事故就不会发生或者大为减少。[3]

如果说刑法的机能主要是为社会中的一般人树立生活上的行为举止要求，体现其行为规范性的一面的话，那么在刑法修正或者说刑法立法时，就必须假定其适用对象是社会一般人。在以社会一般人为对象而写法条时，一个重要特征就是，基本内容必须简洁，法条指向必须明确，禁止什么或者命令什么，使社会一般人能看明白而不至于出现歧义，这就是所谓明确性的要求。但是，这一点在本次刑法修正当中，并没有完全体现出来。很多新增条文在规定时，既要考虑为一般人提供行动指南，却又担心过分扩张了本罪的处罚范围，难以实现为司法人员提供工作指南的效果。因此，在新增条文的罪状

---

〔1〕 参见［日］松原芳博：《刑法总论重要问题》，王昭武译，中国政法大学出版社2014年版，第8～10页。

〔2〕 沈荣："全国政协委员李正国：建议增设'妨害安全驾驶罪'"，载《人民法院报》2019年3月5日。

〔3〕 参见詹瑜璞等："我国危险作业犯罪立法的几个问题"，载《中国应急管理报》2020年6月27日。

规定上，仍然沿袭了传统的刑法规定方式，即前半部分得为或者不得为某种行为，以体现其行为规范的一面；后半部分则是"情节严重""足以造成某种危险"等只有专业人士才能看明白的用语，以体现其裁判规范的一面。但是，这种做法无疑使得刑法的行为规范性的一面大打折扣。因为，一般人在阅读这种规定之后，多半会有这种想法，即尽管自己的行为违反了刑法规定的某种要求，但并没有达到"情节严重""造成后果"的程度。此时，不仅会让阅读法条的一般人产生侥幸心理，而且还会让其产生有意曲解法律的"诉棍"之念，从而使得刑法的行为规范性丧失。

因此，《刑法修正案（十一）》通过之后，下一步的一个重要问题，就是必须使刑法条文的规定，成为一般人能够明白的行为指南。在这方面，恐怕还需要做大量的工作。如《刑法修正案（十一）》第 4 条规定了危险作业罪，该罪采用列举实行行为的方式加以规定，简单明了，使人一目了然。但该条文中还规定，成立本罪，仅有上述行为还不够，还必须"具有发生重大伤亡事故或者其他严重后果发生的现实危险"。从行为规范的角度来看，在上述行为之后，增加这个要求，显然存在问题。本来，"危险"不是实害结果，是一种抽象的存在，其判断主要是基于具体环境中的行为事实，即"有无法定的足以侵害法益的行为事实"来判断。[1] 就本条的规定而言，在生产、作业当中，违反安全管理规定，实施关闭、破坏直接关系生产安全的设备、设施等行为，仅此就能够认定具有足以侵害法益的行为事实，而增加"现实危险"要求有画蛇添足之嫌。"具有发生重大伤亡事故或者其他严重后果发生的现实危险"是一种需要综合事前存在以及事后所查明的全部事实，从专业技术的角度来查明的规范判断，而这种判断远非一般人所能做到。因此，增加这一要求，使得前面一般人都能看明白的行为规定，反而变得模糊不清了。实际上，从行为规范的角度来讲，上述条文中，只要规定在生产、作业这一特定时空环境之下有所列举的违反有关安全管理的行为即为已足。同样的问题，在《刑法修正案（十一）》第 7 条所规定的妨害药品管理罪等其他条文中也存在。这种规定，不仅会削弱刑法作为一般人日常生活的行为指南的效果，而且还会影响公民对自己行为后果的预测可能性，引发限制公民行动自由的"寒蝉效应"。因此，在《刑法修正案（十一）》通过之后，虽然

---

〔1〕 参见黎宏：《结果本位刑法观的展开》，法律出版社 2015 年版，第 79 页。

其为一般人提供日常生活行为举止的目的能够初步实现，但如何为法官等专业人士提供裁判指南，就成为当务之急。

四、结论

本次修正案，通过降低未成年人负刑事责任年龄；增设新犯罪等弥补刑法处罚上的空白；调高相关犯罪的法定刑，加大对相关利益方的保护力度的方式，对近年来社会的重大问题和当前的焦点议题进行积极回应，体现了刑法与社会生活的发展和人民群众的要求"与时俱进"，对全面建设社会主义法治社会，具有重要意义。

本次刑法修正当中所体现出来的积极的一般预防刑法观即刑法积极回应社会关切、体现政策导向、提供行为规范的特点，或许是今后一段时间内我国刑法立法的发展方向，但就我国现状而言，有两个问题值得注意：一是预防总是和无节制相关，预防具有不确定性且难以捉摸，其会威胁和改变法治国的核心价值，模糊刑法干预社会的应有界限的危险，[1]这种担心也值得我们深思和提防。二是实现预防刑法，实际上是将原属行政犯乃至民法调整范围的行为转为刑法处理。这一动向在本次的刑法修正当中也有体现。高空抛物犯罪以及妨害安全生产犯罪就是其体现，如提议增设"妨害安全生产罪"的理由之一，就是行政手段治理力度不够大，实施中往往又多打折扣，实践中大量隐患或者违章行为得不到纠正。这就需要加强刑事立法研究，增加刑事措施，加大惩治力度，制止事故前的隐患或者违章行为之发生，以预防事故发生。[2]但是，"行政手段治理力度不够大，实施中往往又多打折扣，实践中大量隐患或者违章行为得不到纠正"到底是立法的问题还是执法的问题，需要慎重考虑。在没有弄清问题所在之前，将大量本来由行政部门管理的问

---

〔1〕 参见何荣功："预防刑法的扩张及其限度"，载《法学研究》2017年第4期。类似观点，参见刘艳红："我国应该停止犯罪化的刑事立法"，载《法学》2011年第11期；齐文远，"修订刑法应避免过度犯罪化倾向"，载《法商研究》2016年第3期。实际上，国外也有类似见解。如日本学者松原芳博就认为，现代社会中，不确定因素很多，人们往往将漠然的不安集中于对犯罪的不安，并往往试图通过重刑化来象征性地消除这种不安，以求获得精神上的安宁。国家也能通过回应这种诉求以维持威信，进而获得国民的支持与服从。参见〔日〕松原芳博：《刑法总论重要问题》，王昭武译，中国政法大学出版社2014年版，第10页。

〔2〕 参见詹瑜璞等："我国危险作业犯罪立法的几个问题"，载《中国应急管理报》2020年6月27日。

题上升为刑法处理，如果还是没有解决，该怎么办？这一点值得深思。正如在降低刑事责任年龄时，大家担心若降至 12 周岁之后，未成年人犯罪的低龄化趋势进一步加剧，出现了 9 岁、10 岁的人犯罪，该怎么办呢？继续降低吗？这些都值得进一步探讨。

论新增关联性罪名的司法适用

陈珊珊 *

摘　要：关联性罪名的高频适用是《刑法修正案（十一）》施行后的最大特色，作为关联性重罪袭警罪的适用，对"暴力"作相同理解的前提下，可以与妨害公务罪完全区隔，但是袭警罪的适用需要考虑警察执法的特殊性，在执法强度过当，执法程序存在重大瑕疵的情况下，有可能排除袭警罪的适用。作为关联性轻罪名的高空抛物罪仍应包含对公共安全的破坏，否则将完全挤压了治安处罚的空间。妨害安全驾驶罪中对公共安全的理解应作具体危险的解释方向才能真正化解修法之前对此类行为定罪的批评。

关键词：关联性罪名　袭警罪　高空抛物罪　妨害安全驾驶罪

此次《刑法修正案（十一）》针对某些特定行为类型规定了新的罪名，这些行为类型在修法之前原已有罪名进行规制，修法之后，新罪名与旧罪名之间形成了一定的历史性或内在性的关联关系。[1]具体而言，这种关联性体现为新罪名所确立的罪行，在刑法原有体系或司法解释中是有旧罪名能够加以适用的，新罪名增加之后，旧罪名对新罪名仍有补充适用效果，但是又不能完全成立特别法条与一般法条的竞合关系，典型如新增设的袭警罪与原有的妨害公务罪。新罪名适用的意义及边界，关联性罪名之间的具体适用关系，特定行为类型在旧法适用中出现的难题是否因为新罪名的确立而得以解决等

＊　苏州大学王健法学院副教授。

本文系教育部人文社会科学基金青年项目"美国刑事诉讼革命的经验、教训与中国刑事诉讼改革的后发优势"（项目编号：17YJC82002）的阶段研究成果。

〔1〕　曹坚："实质化界分关联性轻重罪"，载《检察日报》2021年4月14日。

问题，学界众说纷纭，本文亦希望通过对这些关联性罪名实务适用上的梳理，对上述问题作出些许澄清的努力。

一、新增关联性罪名的具体定型

《刑法修正案（十一）》新增了 17 个罪名，但不是所有新增罪名都属于本文所称关联性罪名，如新增的第 280 条之二（冒名顶替罪）就与原刑法分则中的其他罪名没有关联性，而且有些新增罪名也并不因为是在某条之后增加一条，成为某某条之一或之二，而自然与前法条构成关联性，如新增第 134 条之一与第 134 条（危险作业罪与重大责任事故罪），在危险作业罪出台之前，其罪状描述的行为并不能适用重大责任事故罪，因为后者只能是结果犯，所以二者也不属于本文需要讨论的关联性罪名。本文所界定的关联性罪名具体分布如下：

新增罪名	原有罪名
第 133 条之二妨害安全驾驶罪	第 114 条以危险方法危害公共安全罪
第 277 条第 5 款袭警罪	第 277 条第 1 款妨害公务罪
第 291 条之二高空抛物罪	第 114 条以危险方法危害公共安全罪
第 293 条之一催收非法债务罪	第 293 条寻衅滋事罪
第 299 条之一侵害英雄烈士名誉、荣誉罪	第 246 条侮辱罪、诽谤罪 第 293 条寻衅滋事罪
第 303 条第 3 款组织参与国（境）外赌博罪	第 303 条第 2 款开设赌场罪

其他新增 11 个罪名，新增第 134 条之一与第 134 条（危险作业罪与重大责任事故罪）、新增第 142 条之一与第 141 条、第 142 条（妨害药品管理罪与生产、销售、提供假药罪、生产、销售、提供劣药罪）、新增第 219 条之一与第 219 条（为境外窃取、刺探、收买、非法提供商业秘密罪与侵犯商业秘密罪）、新增第 236 条之一与第 236 条（负有照护职责人员性侵罪与强奸罪）、新增第 280 条之二与第 280 条之一（冒名顶替罪与使用虚假身份证件、盗用身份证件罪）、新增第 334 条之一与第 334 条（非法采集人类遗传资源、走私人类遗传资源材料罪与非法采集、供应血液、制作、供应血液制品罪）、新增 336 条之一与第 336 条（非法植入基因编辑、克隆胚胎罪与非法行医罪）、新增第 341 条第 3 款与第 341 条前两款（非法猎捕、收购、运输、出售陆生野

生动物罪与危害珍贵、濒危野生动物罪、非法狩猎罪）、新增第 342 条之一与第 342 条（破坏自然保护地罪与非法占用农用地罪）、新增第 344 条之一与第 344 条（非法引进、释放、丢弃外来入侵物种罪与危害国家重点保护植物罪）、新增第 355 条之一与第 355 条（妨害兴奋剂管理罪与非法提供麻醉药品、精神药品罪）则不属于本文所认为的关联性罪名，因为从罪状的描述上观察，新罪名与旧罪名之间不仅在构成要件要素上存在重大差别，而且行为类型在修法之前并无旧罪名的适用空间，故而在罪名的适用上边界清晰，不易造成混淆。

在具体实务适用方面，最高人民检察院发布的 2021 年上半年全国检察机关主要办案数据显示，对于《刑法修正案（十一）》新增的罪名，已经提起公诉 2085 人，其中人数较多的罪名有：袭警罪 1444 人，催收非法债务罪 307 人，高空抛物罪 108 人，危险作业罪 99 人，妨害安全驾驶罪 88 人。[1]显然相对于其他新增罪名而言，关联性罪名的适用率更高、更具有集中性。[2]在具体刑罚处遇上，袭警罪的刑罚处遇要重于原来的妨害公务罪，而妨害安全驾驶罪、高空抛物罪、催收非法债务罪三个新增罪名都要轻于原有罪名，因而将其分为关联性重罪与关联性轻罪分别进行讨论。

二、新增关联性重罪袭警罪的适用分析

（一）袭警罪罪名独立的原因分析

本次袭警罪罪名的确立比较特别，是唯一新增的关联性重罪。对于单独设立袭警罪的诉求，根据可查阅到的文献，可追溯至 2004 年，彼时即有全国人大代表如此呼吁，直到 2015 年《刑法修正案（九）》才将暴力袭击警察的行为单列一款，作为妨害公务罪的从重处罚情节，本次修法则彻底在罪刑上独立于妨害公务罪。袭警罪的新增，有"从我国的社会现状来看，人民警察占公职人员因公牺牲、负伤的绝大部分"[3]的角度，或英美法系国家大多就袭警行为设立了独立的罪名，"在借鉴国外警察权益保障的基础上"，我国刑

---

〔1〕 "最高检发布上半年全国检察机关主要办案数据"，载 https://www.spp.gov.cn/spp/xwfbh/wsfbt/202107/t20210725_ 516368. shtml#1，2021 年 7 月 26 日访问。

〔2〕 限于篇幅，本文集中讨论袭警罪、妨害安全驾驶罪、高空抛物罪这三个新增罪名的适用，在具体刑罚处遇上，袭警罪的刑罚处遇要重于原来的妨害公务罪，而妨害安全驾驶罪、高空抛物罪都要轻于原有罪名，因而将其分为关联性重罪与关联性轻罪分别进行讨论。

〔3〕 参见公安部网站：https://app.mps.gov.cn/gdnps/pc/content.jsp? id=7678070&mtype=，2021 年 6 月 29 日访问。

法也有必要增设这一罪名[1]的角度来认定袭警罪增设具有特别意义的论点。也有基于近十年以来妨害公务的案件一直在呈现逐步增多趋势，而袭警类妨碍公务占妨害公务案件绝大多数的事实前提。[2]

以"人民警察占公职人员因公牺牲、负伤的绝大部分"的角度来认定袭警罪增设的特别意义，逻辑上偏简单。首先，因公牺牲与因执法权受到挑衅而导致的伤亡是两个不同的概念，不能混同，因公牺牲很多并不能必然得出牺牲是在执法过程中由执法对象的行为造成的结果。其次，警察执法受到挑衅频率过高，不仅是因为警察的执法频率远高于其他国家机关单位工作人员，而且警察的工作内容、工作对象也决定其受到的执法质疑会远高于其他执法主体，换言之，警察的工作环境决定其面对非正常状态的行为人的机会更高，所以发生冲突的机会也会更高，故而警察的职业性质就决定其执法必然受到更多挑战，警察相对于其他执法主体有更多牺牲的观点不是在同等执法前提下得出来的。

以英美法上有袭警罪的规定，应该借鉴外国法的观点同样也是失之偏颇的。首先，我国的法律传统在实体法上多是借鉴大陆法系，对英美法的吸收罕见。大陆法系以德日为代表，而这两国目前仍无单独的袭警罪名。其次，由于美国民众可以合法持枪，因此美国警察的执法环境更为凶险，袭警行为重罚有一定的文化背景根基。最后，对一般民众而言，相对于触犯的罪名是妨害公务还是袭警，他们更在意的是刑罚的轻重。

对于袭警行为增多的事实，虽然也有学者质疑暴力袭警行为频繁发生的社会印象是因为新闻媒体的报道，存在以偏概全之嫌，[3]但仅以江苏省为例，在中国裁判文书网上可查阅的妨害公务罪的判决书在2008年只有3份，2014年之前每年都不足百件，从2014年猛增至387份之后，此后每年都是以100份的增速递增，2019年达到865份，考虑到新型冠状病毒肺炎疫情的因素，2020年也达到763份。再以上海市的数据为例，2014年1月至11月妨害派出所民警、

---

〔1〕 谯冉、吴广宇："新时代维护警察执法权威视阈下袭警入刑问题探析"，载《中国刑警学院学报》2020年第4期。

〔2〕 万鸣华："论袭警罪设立的必要性"，载《哈尔滨师范大学社会科学学报》2018年第6期。

〔3〕 李永升、安军宇："暴力袭警行为法律性质与内涵的教义解读"，载《海南大学学报（人文社会科学版）》2019年第1期。

交警执行公务的案件达到 900 件，占所有妨害公务罪的 95.5%。〔1〕虽然样本数据有限，但仍然可以说明警察执法权受到阻碍的情况确实是日渐增多，并不是媒体报道的渲染。但是这样的情况是否必然得出单独设立袭警罪的必要性，理由恐怕仍有些欠缺。袭警行为的增多这种现象，需要结合警察的工作特点进行全面考量。例如，2016 年 3 月上海市公安系统开展全市性交通大整治，大批民警被派遣至街头巷尾开展交通执法，针对执勤民警的妨害公务案件呈现"井喷式"增长，上海市妨害公务罪的判决书在 2016 年史无前例地达到 1639 份，而平均年份基本稳定在 900 份。换言之，警察的执法频率要远高于其他行政执法部门人员，其结果就必然是执法越频繁，其可能遇到的妨碍其执行公务的行为就越多。

其实本次袭警罪罪名的独立，是一个立法技术上的结果，是量刑规则变化使然，因为量刑上的立法升格超越了妨害公务罪的刑罚体系，不得不使之成为一个独立罪名。另外从立法经济与立法沿革而言，也没有必要将袭警罪设计成第 277 条之一，在原条款上进行完善是可取的。警察执法因其工作性质及工作特点决定了这种职业所受到的职业挑战会远高于其他行业，但其本质仍是对公务的妨害，袭警行为作为妨害公务行为中最多的类型，原有的法定刑设计已不足以应对新形势下袭警行为所造成的对法益的破坏，希望通过重罪设计形成立法威慑从而达到一般预防与特殊预防的效果。

（二）袭警罪适用的特殊之处

截至 2021 年 7 月 3 日，在中国裁判文书网上以"刑事案件""袭警罪"为关键词进行全文检索，共得到 124 份刑事判决书，笔者查阅了前 60 份判决，发现以下问题：其一，袭警罪与妨害公务罪在实务中的认定和适用仍比较混乱，暴力及损害结果在两罪之间进行区隔的界限比较混淆。如行为发生在 2021 年 3 月 1 日之前的，共有 22 份判决书，〔2〕这 22 份判决书中有 8 份判

---

〔1〕 王胜："论妨害公务罪的立法缺陷及制度完善——以上海市司法实践为例"，载《上海法学研究》集刊 2019 年第 20 卷。

〔2〕 ［2021］湘 0223 刑初 85 号、［2021］鲁 0523 刑初 139 号、［2021］吉 0106 刑初 204 号、［2021］冀 0229 刑初 66 号、［2021］川 1322 刑初 59 号、［2021］陕 0428 刑初 31 号、［2021］川 1303 刑初 112 号、［2021］皖 1225 刑初 112 号、［2021］川 1421 刑初 132 号、［2021］黔 0121 刑初 71 号、［2021］川 1322 刑初 73 号、［2021］苏 0722 刑初 120 号、［2021］辽 0112 刑初 142 号、［2021］陕 0116 刑初 307 号、［2021］湘 1228 刑初 54 号、［2021］川 1421 刑初 130 号、［2021］黑 0804 刑初 50 号、［2021］皖 0722 刑初 73 号、［2021］豫 1525 刑初 134 号、［2021］苏 0804 刑初 86 号、［2021］黔 0201 刑初 74 号、［2021］川 1011 刑初 122 号、［2021］冀 0209 刑初 87 号。

决认定构成袭警罪。其余行为是发生在 2021 年 3 月 1 日之后的，共有 38 份判决，但仍有 3 份判决[1]认定成立妨害公务罪。另外，在判处袭警罪的 42 份判决中，只有 19 件判决提及造成警察轻微伤，而在 18 份认定构成妨害公务罪的判决中，有 12 份造成轻微伤及以上的结果。其二，警察执法与一般公职人员执行公务具备不同的执法环境前提，如在这 60 份判决中，有 25 份判决提及行为人是在酒后或醉酒的状态与出警警察发生摩擦。换言之，认定袭警罪入罪的主观方面是否应将行为人的辨认和控制能力减弱这样的因素加以考虑。其三，袭警罪大量适用短期自由刑和实刑，如在判处袭警罪的 42 份判决中，12 份判决适用的是拘役刑，即使是适用有期徒刑的判决，也以 6 个月为主，而且在几乎所有的判决都写明被告人认罪认罚，取得警察谅解的前提下，只有 8 份判决适用缓刑。短期自由刑的弊端历来受人诟病，不利于实现刑罚一般预防与特殊预防的目的。

1. 袭警罪中的"暴力"理解

第一，袭警罪的暴力应与妨害公务罪的暴力作同样理解，以便对两罪进行更好的区隔适用。如前所述，在设立单独的袭警罪之前，实务中触犯妨害公务罪的绝大多数判决都是对警察执法的干扰。所以修法之后，妨害公务罪与袭警罪的适用界限究竟为何，二者是否构成特别法条与一般法条的竞合关系？笔者认为，二者不宜成立特别法条与一般法条的竞合关系。法条竞合的法律效果除了原则上的特别法优先适用或重法优先适用，其还体现为一般法条对特别法条的兜底适用。理论上常常以特别诈骗罪与普通诈骗罪作为法条竞合的典型例子，例如当招摇撞骗犯罪诈骗公私财产数量特别巨大并有其他特别严重情节的，而认定招摇撞骗罪无法做到罪刑相适应时，应适用诈骗罪填补此类漏洞，又如当合同诈骗的金额没有达到数额较大的情况，但符合诈骗罪的入罪标准时，就应适用诈骗罪填补此类漏洞。[2]但袭警罪与妨害公务罪不存在这样的前提，因为袭警罪的量刑重于妨害公务罪，不存在以袭警罪量刑会轻纵行为人的情形。此外也不存在针对警察的暴力行为不构成袭警罪而构成妨害公务罪的可能性，或者暴力阻碍其他国家机关工作人员依法执行职务时，可以用袭警罪加以定罪的可能。所以，以罪状构成直观分析，袭警

---

〔1〕 ［2021］苏 0581 刑初 659 号、［2021］豫 0928 刑初 297 号、［2021］浙 0703 刑初 122 号。
〔2〕 参见张明楷：《刑法学（下）》（第 5 版），法律出版社 2016 年版，第 835 页。

罪独立之后，以警察作为犯罪对象已从妨害公务罪中的国家机关工作人员中分离出来，暴力袭击正在依法执行职务的人民警察的行为，只可能涉嫌袭警罪，不可能存在暴力袭击警察构不成袭警罪需要以妨害公务罪兜底的情形，只有以非暴力形式的，且仅限于威胁方法，阻碍人民警察依法执行职务的，才涉嫌妨害公务罪，妨害公务罪中的暴力只限于针对排除警察身份的其他国家机关工作人员。这样的理解可以很好地保持对"暴力"的理解的同一性，避免在同一法条中对同一个要素分别采广义与狭义的解释方向，[1]而且袭警罪的独立适用预期可以大量分流妨害公务罪的适用。

第二，阻碍警察依法执行公务的情形常常是暴力行为与威胁行为同时具备的情况，在此情形下究竟应如何处理？当然，实务上确实有在2021年3月1日之后"采用踢踹腿部、言语威胁等方式，妨害民警、辅警等人依法执行公务"仍定妨害公务罪的判决，[2]本文认为这里涉及两个问题，一是袭警罪中关于暴力程度的理解，二是暴力与威胁的主次认定问题。

关于袭警罪适用的暴力程度是本罪最具争议性的问题，2020年1月最高人民法院、最高人民检察院、公安部联合发布的《关于依法惩治袭警违法犯罪行为的指导意见》（以下简称《意见》）比较详细地描述了暴力的形态和对象，为实践指明了一定的方向。但即使在施行"撕咬、踢打、抱摔、投掷等"暴力的前提下，行为人的行为是否就必然构成袭警罪其实仍有商榷余地。对此，学说上曾有"行为犯说"[3]"结果犯说"[4]"具体危险犯说"[5]以及"抽象危险犯说"[6]四种观点。但是行为与结果、实害与危险，是两组不同的区分标准，具体危险属于结果，抽象危险趋同行为，[7]所以这四种观点在某种程度上其实是混同的，但结合法益来理解暴力的思路是正确的，并且对

〔1〕 参见张明楷：《刑法学（下）》（第5版），法律出版社2016年版，第1035页。

〔2〕 江苏省常熟市人民法院［2021］苏0581刑初659号刑事判决书。

〔3〕 参见田宏杰："妨害公务罪的司法适用"，载《国家检察官学院学报》2010年第5期；周道鸾、张军主编：《刑法罪名精释——对最高人民法院关于罪名司法解释的理解和适用》，人民法院出版社1998年版，第683页。

〔4〕 参见施珺辉、李冰："认定妨害公务罪要从三方面入手"，载《检察日报》2011年10月30日。

〔5〕 参见鲜铁可、周玉华："论妨害公务罪"，载《中国法学》1998年第6期。

〔6〕 参见张明楷：《刑法学（下）》（第5版），法律出版社2016年版，第1033页。

〔7〕 参见陈兴良："公共安全犯罪的立法思路嬗变：以《刑法修正案（十一）》为视角"，载《法学》2021年第1期。

本罪暴力的理解宜强调暴力的强度，不是一切有形物理力即可构成本罪的暴力。首先，袭警罪、妨害公务罪保护的法益是国家对社会秩序的管理权，警察或国家机关工作人员在合法执行职务（公务）时即为这项权力的具体落实。而我国刑法的设计历来有罪体、罪量之分，所以是否入罪还应该结合法益被损害的程度来定夺，故而暴力行为应结合执法活动受到的实质性阻碍，即曾被中断或终止而进行考察，而不能是单纯地以有"撕咬、踢打、抱摔、投掷等"行为表现就将人入罪，仍需考虑"不能未遂"情形的可罚性问题。例如，瘦小女行为人试图抱摔高壮警察，双方力量悬殊，行为人虽然对警察实施了有形物理力，但无论是对警察的身体法益还是公务执行的社会法益均无法撼动，所以如果仅有此行为，则不宜将该行为入罪处罚。警察的受伤程度是入罪认定指标之一，但也并不能唯伤害结果论，如果仅以警察个体的损害结果作为本罪认定的唯一标准，极易扩大刑罚的适用范围。其次，在司法实践中，在实施刑事拘捕的时候，犯罪嫌疑人抗拒抓捕的，一般不另外成立袭警罪或妨害公务罪，[1]那么如果普通公民一般违法行为中只要有抗拒执法的行为就构成袭警罪，而其主观恶性及人身危险性均远不及刑事犯罪嫌疑人，所以如果只是轻微暴力，虽然造成执法中断，但没有造成警察有伤害情形的也不宜作入罪处罚。最后，关于本罪的管辖问题也需要注意。由于警察在本罪适用中的特殊角色——既是受害主体，又是侦查主体，所以为了保证侦查行为的中立性，对于袭警罪的侦查不应由被袭警察所属机构承办。

关于案件中同时存在暴力行为与威胁行为时，应如何确定罪名的问题，如前所述，暴力应达到一定的强度才具有入罪正当性，暴力强度构成袭警罪时，其威胁行为不应另行构成妨害公务罪，前述《意见》亦规定："对正在依法执行职务的民警虽未实施暴力袭击，但以实施暴力相威胁，符合刑法第二百七十七条第一款规定的，以妨害公务罪定罪处罚。"因为如果暴力行为与威胁行为存在时空上的密接性，其引起发生、发展的原因及流程具有同一性，就不可以机械地将事件进行分阶段割裂，对二者应一并进行评价，以重行为吸收轻行为为原则。在暴力强度不够的情况下，才可以威胁行为认定为主，考虑妨害公务罪的适用。威胁应该是一种严重的恐吓，是对精神的强烈压制，必须足以产生抑制国家机关工作人员继续执行职务的效果，如果只是一般的谩骂或者炫耀权

---

[1] 参见张明楷：《刑法学（下）》（第5版），法律出版社2016年版，第1034页。

力、人脉资源，不足以使国家机关工作人员产生执法退缩迟疑的，则不宜认定为入罪行为，但内容是否如前述《意见》规定，限于实施暴力则不一定。

2. 袭警罪中"依法执行职务"的理解

从袭警罪的构成要件上看，依法执行职务是构成要件要素之一，因此在判决中确认警察执法规范是非常有力的定罪判决理由，而这个是目前实务判决所忽视的。[1]考虑到警察执法是个动态过程，依法执行职务的认定需要从反面排除的方式加以认定，换言之，执法行为不当就极可能造成与执法对象之间的互动不良从而引发冲突，所以在没有依法执行职务，被害人具备明显过错的情况下，极有可能阻却本罪的犯罪构成，典型如执法强度明显过限问题。在"陆某明案"[2]中，警察因治安案件于凌晨1时许到被告人家中执行传唤，在被告人未配合立即到案的情况下，警方即刻改为拘传，进而与被告人发生肢体冲突，最后经再审法院认定该执法"强度超过了必要限度"，改判被告人不构成妨害公务罪。本案警方执法行为明显不当，在被告人无逃匿可能的前提下，于凌晨1时进行传唤，进而强制入宅突破，不仅执法时间点不符合执法规律，而且严重侵犯普通公民的住宅安宁权，不是依法执行职务，因而阻却了袭警罪的构成。但是在执法程序瑕疵问题方面，程序瑕疵是否一概阻却本罪的构成也仍有争议。如在经过三次再审程序的"徐某甲案"[3]中，最终确认罗田县公安局刑侦大队干警在对涉嫌盗窃的徐某甲进行传讯时因未出示证件，卷宗材料中也没有当时传讯徐某甲的有效法律手续，且对徐某乙的不当执法方式是导致冲突发生的直接主要原因，因此不是依法执行职务，所以虽然徐某甲、徐某乙明知对方是公安民警，且与其兄弟徐某丙、徐某丁手持锄头、木棍、石块殴打公安民警，致证人二、陈某甲、证人四、史某、被害人三、证人三六名干警受伤，并抢走其手枪一支、手铐一副的情况下，仍认定申诉人徐某甲触犯妨害公务罪的事实不清，证据不足，改判无罪。本案中执法确实存在瑕疵，但这种瑕疵是否足以阻却妨害公务罪的构成，不无疑问，警察执法的行为类型可分为治安行政执法与刑事执法，对于治安行政执法中的程序瑕疵，按照相关行政法的规定，例如在行政处罚中，根据

---

〔1〕　前述60个实务判决中只有一份判决——〔2021〕吉0322刑初193号，确认过警察执法规范问题。

〔2〕　云南省高级人民法院〔2016〕云刑再3号刑事附带民事判决书。

〔3〕　湖北省高级人民法院〔2013〕鄂刑监一再终字第00012号刑事判决书。

《行政处罚法》第 38 条第 2 款的规定，"违反法定程序构成重大且明显违法的，行为处罚无效"。《行政诉讼法》第 70 条规定的可撤销的行政行为，对其救济途径也是事后申请。刑事执法程序中的瑕疵目前没有明文规定，但是可以参考上述行政执法中的规定。

此外，未到达处警现场，如"李某明案"：〔1〕被告人李某明在与周某发生冲突，周某报警之后，开车离开冲突现场，途中遇到驾驶皖 M××××警车前来处警的民警郑某、辅警郭某，遂驾驶自己的皖 M××××轿车三次撞击皖 M××××警车，造成车内郭某受伤、两车不同程度受损。或者处警结束，警察离开处警现场，行为人事后不服追赶袭击警察的情况是否属于"依法执行职务"的范围，也是需要探讨的问题。第一种情形应该属于"依法执行职务"的范围，从警察受到处警指派命令，开始行动之时起即开始了执行职务，因此前往处警现场的过程中，亦是在执行职务过程。第二种警察处警结束，对当事人作出相应处理，离开处警现场的情况，需要进一步细化区分。如果警察的离开与处警现场仍有时空的密接性，执行职务的时效仍在延续，但是如果警察已经在时空上与处警事项拉开了一定的距离的时候，如警察已经驱车离开 1 公里或 10 分钟以上，应该认为执行职务行为已经结束，此时对警察的袭击应该考虑其他罪名的适用。

3. 袭警罪中的特别问题

第一，警察执法常常面对非常复杂的处警场景，比如执法对象的精神认知和控制状态下降的情形，如在前述 60 份判决书内容中提及行为人是在酒后或醉酒状态下与警察发生冲突的有 24 份，换言之，醉酒是袭警罪适用的特别问题之一。根据我国《刑法》第 18 条第 4 款的规定，醉酒的人犯罪，应当负刑事责任，所以在上述判决书中均没有对行为人酒后或醉酒状态的刑事责任能力问题进行关注，但是近来也有观点提出应对醉酒行为人的刑事责任能力区分情形进行认定，"如果行为人在醉酒前对其醉酒后实施的危害社会行为具有犯罪故意或犯罪过失，应负完全的刑事责任；反之，应依其醉酒后的实际精神状态确定其刑事责任，处于无刑事责任能力状态的则不负刑事责任，处于限制刑事责任能力的则应负刑事责任，但应从宽处罚"。〔2〕实务上也有一些

---

〔1〕 安徽省滁州市中级人民法院〔2020〕皖 11 刑终 333 号刑事附带民事判决书。

〔2〕 《刑法学》编写组：《刑法学（上册·总论）》，高等教育出版社 2019 年版，第 154 页。

判决持相似观点：某某"系醉酒后犯罪，其辨别力和控制力均有所下降，对犯罪后果并非其积极追求的，主观恶性相对较小，在量刑时酌情予以考虑"。[1]且不论证该观点在适用普通罪名时，如酒后杀人的情形，可能出现的漏洞，仅就袭警罪而言，显然大部分袭警案件中的醉酒行为人应该不可能事前即有主观罪过，意在对警察执法进行妨害，如果按此观点，醉酒人刑事责任能力的减弱、降低或丧失，就应在袭警行为的入罪认定上加以考量。笔者认为前述观点的解释方向与现行法条立意的规范保护目的是站在不同立场的。前述观点是基于罪责原则得出的逻辑结果，因为从罪责论的立场而言，刑事责任能力是行为人承担罪责的前提，罪责原则要求不能处罚没有罪责的不法行为人。学说上常用"原因自由行为"理论来对《刑法》第18条第4款进行解释，以期符合罪责原则，但笔者认为《刑法》第18条第4款不是基于罪责原则得出的结论，恰恰是作为罪责原则的例外而存在的法律拟制，其出发点更是基于整体刑法保护法益的立法目的，效果是弥补罪责原则可能产生的漏洞。换言之，在醉酒的情形下，刑法在法益保护的诉求与维持罪责原理的冲突之间选择了优先保护法益，而这种优先的正当性是因为，相对于在整个事件流程中，主客观均为无辜的被害人、被害法益而言，行为人在行为时虽然欠缺客观的责任能力，但其在整个事件的流程中，主观上仍至少具备过失的瑕疵，因醉酒、吸食致幻类精神药品造成的辨认控制能力的衰退，与自然意义上，如因年幼、年老，器质性的精神疾病而形成的辨认控制能力的不足，不具备完全相同前提，后者是自然的不可抗拒的生理规则，而前者却是人为的意志选择。解释责任的承担固然以行为时为考察时间点，但是不应排除为了更大价值而存在的例外情形。当然，前述认为需要考虑醉酒者刑事责任能力减弱或丧失的观点并不是一无是处，比如在防卫的情形下该观点是有意义的，即防卫者在明知不法侵害人因醉酒而丧失或减弱认知和控制能力的状态下，其防卫手段应该有所保留，以防御性防卫手段为常态。同样，醉酒袭警者事后能认识到自身错误，取得警察谅解，其主观恶性与人身危险性已显著降低的情况下，适用缓刑是可取的。

第二，警察的岗位性质决定其在履行职责时有比较高的"职业风险"，而遇到职业风险时又有"自陷风险"的义务，但实务中对此种情况并没有明确

---

[1] 恩施土家族苗族自治州中级人民法院 [2018] 鄂28刑初27号刑事附带民事判决书。

认知，更是有导致误判可能。如"程某信案"，[1]行为人涉嫌盗窃，警察对其实施拘束措施时，行为人突然用玻璃瓶实施自杀，民警立即予以制止，行为人挣扎，结果导致民警被行为人所持自杀工具所伤。法院认定此种情形仍构成妨害公务罪，但是这种判决明显是唯结果论。自陷风险在理论上常区分为自我危险与他者危险，本案中警察的行为是被害人参与"他者危险"的场合，虽然有观点认为，"相对于自我危险，在他者危险的场合，行为人更可能构成犯罪，例如，在"庄某案"中，被害人自愿搭乘行为人酒后驾驶的汽车而发生交通事故造成死亡。判决认为，行为人构成交通肇事罪，被害人的自愿搭乘仅能作为量刑情节予以考虑"。[2]但是笔者认为，程某的行为并不能被归责于妨害公务。其一，本案中警察执法的过程应区分为两个阶段，第一个阶段是向行为人宣布并采取强制措施，但是由于行为人的行为导致接下来警察的执法行为变成了救助行为，因此根据《警察法》第三章"义务和纪律"第21条的规定，"人民警察遇到公民人身、财产安全受到侵犯或者处于其他危难情形，应当立即救助"。不可否认，救助也是警察依法执行职务的内容之一，但是救助行为通常面临的都是危难情形，警察的职业性质决定其在特定情形下必须容忍一定的职业风险，而这种职业风险完全有可能是由于其他人的行为所造成的。其二，在该案中，行为人暴力的行为虽然与警察也有肢体接触，对于警察执法确实造成了一定的阻碍，但其仍是针对自身的暴力，而不是针对警察的暴力。

第三，关于袭警罪的刑罚适用问题，前述42份袭警罪判决样本中，只有一份判决判处了1年3个月的自由刑，而在18份认定构成妨害公务罪的判决中则有一半判决为1年以上有期徒刑。立法上重罪的设计并没有带来如期的重罪适用，反而在刑罚效果上显现出轻缓化的结果，这种现实悖论令人深思，也在一定程度上说明日常情形中的袭警行为，其社会危害性并没有特别恶劣。在多数行为人事后认罪认罚，并取得警察谅解的情况下，短期实刑的适用是否显得必要值得商榷。

综上，警察执法受到干扰是个普遍的世界性问题，原因复杂，对这种社会现象进行遏制与预防，不可完全期待刑事立法的威慑效应。典型例证就是危险驾驶罪，自从2011年5月1日危险驾驶行为入刑，每年处罚的犯罪数量

---

[1] 长沙铁路运输法院［2021］湘8601刑初1号刑事判决书。

[2] 蔡颖："重构被害人自陷风险的法理基础"，载《法制与社会发展》2020年第3期。

都在增长，很多地方对醉酒驾驶的认定标准也结合地方实践做了更改，其最初所设想的立法威慑显然对一般民众并没有产生预期效果。而这种回应型立法之所以频频出现，一方面确实是社会生活发生了较大的变化，另一方面是与民众中本就普遍存在的惩办主义互为呼应，此外还在行业内部满足了个别部门的主观诉求，貌似三方共赢，但实质上却损害了法律的安定性，进而侵蚀了法律的权威性。过频地扩大犯罪圈不仅是对其他部门法的挤压，而且由于刑事立法多采用禁止性规范的立法技术，单方面强行提升了公民的守法义务，其实也意味着公民的自由权利空间被侵占。

三、新增关联性轻罪的理解与适用

按照前述最高人民检察院所公布的数据，催收非法债务罪、妨害安全驾驶罪、高空抛物罪在新增罪名中的适用也比较多，这三个罪名相对于与之关联性的旧罪名，在刑罚上都较之前的轻，如催收非法债务的行为由重罪变成了轻罪，妨害安全驾驶与高空抛物的行为由重罪变成了微罪，因此可归之于关联性轻罪。

（一）关联性轻罪的增设不是"治本"的立法路径

本次新增三个关联性轻罪的立法，以妨害安全驾驶与高空抛物这两种行为为例，在 2019 年均发布过专门的相关规定，如最高人民法院发布的《关于依法妥善审理高空抛物、坠物案件的意见》及最高人民法院、最高人民检察院、公安部联合发布的《关于依法惩治妨害公共交通工具安全驾驶违法犯罪行为的指导意见》，在《刑法修正案（十一）》出台之前，实务中对这两种行为常见的处理方式是以危险方法危害公共安全罪进行定罪处罚。但是以危险方法危害公共安全罪在适用上比较存在争议，首先对于两种行为而言，在没有造成实体法益损害的情况下，其行为的危险性程度从一般社会经验而言，似乎不能与放火、决水、爆炸、投放危险物质这样的行为完全匹配，所以以危险方法危害公共安全罪的 3 年有期徒刑这样的重罪刑罚起点，有违背罪刑相适应原则之嫌。修法之后案件适用溯及既往，以"妨害安全驾驶"为关键词进行全文检索，笔者在中国裁判文书网上检索到 37 件二审案件，其中 8 件〔1〕在一审

---

〔1〕 ［2021］辽 03 刑终 174 号；［2021］黑 01 刑终 391 号；［2021］吉 01 刑终 12 号；［2021］渝 01 刑终 66 号；［2021］辽 05 刑终 29 号；［2021］浙 02 刑终 18 号，［2021］赣 01 刑终 66 号；［2021］皖 16 刑终 6 号。

中因妨害安全驾驶的行为而定为以危险方法危害公共安全罪，在进入到 2021 年的二审阶段时均作了妨害安全驾驶罪的改判。量刑幅度变化很大，如原审以危险方法危害公共安全罪，判处有期徒刑 3 年 6 个月，再审就是犯妨害安全驾驶罪，判处有期徒刑 10 个月，[1]妨害安全驾驶的行为从一个重罪行为直接变成了微罪行为。其次，旧法对于高空抛物行为，还有定性方面的争议，如高空抛物造成了他人死亡或重伤的，修法之前有争议认为应定过失致人死亡（重伤）罪，高空抛物造成财产损失的，有争议认定应定故意毁坏财物罪。本次修法为上述两种行为划定了清晰明确的边界，一定程度上缓解了对上述行为的定性之争，在罪刑相适应方面也明显轻缓，基本上回应了前述质疑与争议。但是这种新增立法的路径是否已是最优方案，一直存在争议。

自 2011 年《刑法修正案（八）》开启轻罪犯罪圈扩大化以来，新增罪名的适用其实呈现出结构性的两极化特点。以《刑法修正案（八）》新增罪名为例，危险驾驶罪，近十年在中国裁判文书网上的判决书，从 2011 年的 960 份，逐年急剧上升，2019 年达到最高峰值 273 215 份。拒不支付劳动报酬罪、虚开发票罪亦是整体呈上升趋势。但是有些罪名，如对外国公职人员、国际公共组织官员行贿罪，组织出卖人体器官罪、强迫劳动罪、食品、药品监管渎职罪等却是十年无一判决。非罪行为新增入罪后的罪名适用上升，在假设某一类型犯罪侦查率基本保持稳定的前提下，只能得出该种损害法益的行为在增多的结论，进而说明对该行为的刑罚化并没有发挥立法的威慑、教化效应，没有实现对该种行为遏制及预防的立法目的，或者说，该种行为的预防及遏制不是"刑法化"可以独立完成的任务，所以当前"犯罪结构明显变化，轻罪案件不断增多"[2]也就不足为奇，因为该种破坏法益行为存在的原因在更深层的社会结构之中，寄希望于刑事立法的打击是将复杂问题简单化，适应轻罪犯罪圈的不断扩大。当刑法更多地指向那些主观恶性、行为危险性都不严重的行为时，其正向的社会示范效应必将受到消减，以致质疑不断。[3]

〔1〕 黑龙江省哈尔滨市中级人民法院［2021］黑 01 刑终 391 号刑事判决书。

〔2〕 张军："最高人民检察院工作报告——2021 年 3 月 8 日在第十三届全国人民代表大会第四次会议上"，载新华网：http://m.xinhuanet.com/2021-03/15/c_1127212777.htm，2021 年 7 月 25 日访问。

〔3〕 参见刘宪权："刑事立法应力戒情绪——以《刑法修正案（九）》为视角"，载《法学评论》2016 年第 1 期；姜敏："刑法反恐立法的边界研究"，载《政法论坛》2017 年第 5 期；魏昌东："新刑法工具主义批判与矫正"，载《法学》2016 年第 2 期；何荣功："社会治理'过度刑法化'的法哲学批判"，载《中外法学》2015 年第 2 期。

而同时有些新增罪名的零适用也是一种提醒，这种基于立法想象导致的立法虚置，是无法完全摆脱象征性立法的批评的。[1]对于本次关联性轻罪的新增立法，是将重罪改为轻罪，按照逻辑，刑法反而是降低了对于高空抛物、妨害安全驾驶行为的威慑效应。诚如支持者所言，是要防止"重罪误用的风险"，[2]但需要追问的是，重罪的误用是否只能通过设立轻罪而解决？旧法可适用的条款量刑太重，完全可以在重罪条款下设计更齐备更科学的量刑梯度来解决，而且还保证了原有的威慑效应。况且随着社会生活的变化，不断地会有"日常生活的浪潮将新的犯罪现象冲刷到立法者脚前"，[3]譬如，再出现一个由行为人对行驶中的游船使用暴力或抢控驾驶操纵装置危及公共安全而引发的社会热点事件时，是否又应当增设妨害船舶安全驾驶罪呢？本次新增关联性轻罪亦是这样典型的现象立法，并没有解决根本性的法律适用问题，也无法实现对相类似社会行为的防控和制裁功能。

（二）高空抛物罪损害的法益仍然包括公共安全

在中国裁判文书网上以"高空抛物"为关键词进行刑事案件的全文检索，截至 2021 年 7 月 31 日，笔者共查到有效判决书 82 份，2012 年唯一也是第一份判决书即定的是以危险方法危害公共安全罪，[4]其后至 2019 年，都是个位数的案件，期间最高年份是 2015 年 8 份，但是 2019 年 10 月最高人民法院发布《关于依法妥善审理高空抛物、坠物案件的意见》之后，高空抛物案件的判决在 2020 年急增至 40 份。在这 82 份判决中，排除 2021 年 17 份，剩下 65 份中以危险方法危害公共安全罪认定的有 47 份，占比达到 72%。本次修法在几经变化之后，将高空抛物罪纳入社会管理秩序罪中，其保护法益由公共安全变为社会管理秩序，由此便产生一个问题：高空抛物行为损害的究竟是公共安全还是社会管理秩序？支持者认为，通常高空抛物行为，抛掷物品砸中一定的对象，该结果就固定化、特定化，不会再波及他人，行为不具有"危险的不特定扩大"性质，因此不应定为以危险方法危害公共安全罪，[5]如果

---

〔1〕 刘艳红："象征性立法对刑法功能的损害"，载《社会科学文摘》2017 年第 7 期。

〔2〕 周光权："论通过增设轻罪实现妥当的处罚——积极刑法立法观的再阐释"，载《比较法研究》2020 年第 6 期。

〔3〕 ［德］米夏埃尔·库比策尔、谭淦："德国刑法典修正视野下的刑事政策与刑法科学关系研究"，载《中国应用法学》2019 年第 6 期。

〔4〕 参见深圳市罗湖区人民法院［2012］深罗法刑一初字第 204 号刑事判决书。

〔5〕 参见张明楷："高空抛物案的刑法学分析"，载《法学评论》2020 年第 3 期。

行为造成死伤，则应根据具体情形分别认定为故意杀人、过失致人死亡、故意伤害、过失致人重伤、重大责任事故、故意毁坏财物等罪，原则上不成立以危险方法危害公共安全罪，而更接近于寻衅滋事的性质。[1]

但笔者认为高空抛物行为不具有"危险的不特定扩大"性质的论点还有待商榷。危险是否会不特定扩大需要检验行为人抛掷的是什么物品，比如抛下一个大型瓷器，瓷器落地后可能溅起不特定碎片伤人。抛掷的次数，比如实务上也有人从 5 楼以上扔 17 个灭火器的事件，以及具体场所的环境情况。以"卢某年案"[2]为例，法院认为"案发时间为当日中午 13 时许，该时间段内，小区居民活动频繁。卢某年实施犯罪的地点处于住宅楼 9 楼，该楼层处距地面 20 余米。卢某年抛落的物品坠落在居民进出通道及停放车辆场所，该地点系非封闭性公众场所，有不特定公众随时经过的可能。卢某年抛掷的斧子等物件本身即具极强的杀伤力，从高空坠落后不仅将产生极强的穿透力，又存在经过高强度冲击及弹跳后，产生二次破坏的可能性"。

关于"公共安全"中"公共"的理解，我国刑法理论通说和实务多采不特定多数人说的立场，[3]当然也有采"不特定或多数人"的立场，[4]关于"不特定"的理解，在德国旧刑法时代就有"对象不确定性说"与"危险不特定扩大说"，我国通说所持"不特定多数人说"其实与作为德国旧刑法时代的多数说"危险不特定扩大说"是差不多的，都是强调行为人的不可能限定及

---

〔1〕 参见周光权："论通过增设轻罪实现妥当的处罚——积极刑法立法观的再阐释"，载《比较法研究》2020 年第 6 期。

〔2〕 参见上海市静安区人民法院［2021］沪 0106 刑初 49 号刑事判决书。

〔3〕 参见《刑法学》编写组：《刑法学（下册·各论）》，高等教育出版社 2019 年版，第 31 页；周道鸾、张军主编：《刑法罪名释释——对最高人民法院关于罪名司法解释的理解和适用》，人民法院出版社 1998 年版，第 73 页；陈兴良：《规范刑法学（上册）》（第 4 版），中国人民大学出版社 2017 年版，第 470 页；阮齐林：《中国刑法各论》，中国政法大学出版社 2016 年版，第 19 页。实务上"赖贵勇爆炸案"（案例第 137 号）、"李某等投毒案"（案例第 17 号）、"方金青惠投毒案"（案例第 101 号）等，其裁理由均认为危害公共安全罪均须针对不特定多数人或者破坏公私财物，参见中华人民共和国最高人民法院刑事审判第一、二、三、四、五庭主办：《中国刑事审判指导案例》（增订第 3 版），法律出版社 2017 年版。

〔4〕 参见高铭暄、马克昌主编：《刑法学》（第 8 版），北京大学出版社、高等教育出版社 2017 年版，第 333 页；王作富主编：《刑法》，中国人民大学出版社 1999 年版，第 246 页；黎宏：《刑法学各论》（第 2 版），法律出版社 2016 年版，第 17 页；周光权：《刑法各论》（第 3 版），中国人民大学出版社 2016 年版，第 153 页。

扩大不能预测。[1]但是前述我国持"危险不特定扩大说"者则转换了词义，得出危害公共安全的行为不仅是针对不特定多数人的，还必须"在行为终了后结果范围还会扩大"的观念。[2]笔者认为用该观念来限定对"公共安全"的理解是失之偏颇的，对公共安全的理解不能仅从个别罪名出发，而应该站在整个类罪的立场。换言之，"在行为终了后结果范围还会扩大"的情况可能只适用于《刑法》第114条针对自然力所形成的情形，换了分则第二章其他罪名就不够准确了，以危险方法危害公共安全罪中的"其他危险方法"并没有，也无法限定于其他自然力的类型，因此用"在行为终了后结果范围还会扩大"来解释是不能成立的。此外，就算是自然力放火、决水、爆炸行为终了之后，结果范围也不应理解为"还会扩大"，比如认为"爆炸行为后，由于爆炸会引起周围对象的燃烧，或导致周围的房屋倒塌，伤亡人数的范围也可能扩大"，[3]但是这种情形不是在扩大，而是结果的结束还在一定的时空中发展，没有固定，其实就是不特定的典型表现。不特定意味着行为人即使主观上想控制行为对象与结果范围，但客观上却无法实现，也意味着实际造成危险与行为人主观想象相比可能大也可能小，那么在造成"危险的不特定缩小"行为时，仍然损害了不特定多数人的情况下，就不危害公共安全了吗？显然，这样的结论是不可以被接受的。所以，以"危险不特定扩大说"限定对"公共安全"的理解，从而否定高空抛物行为对公共安全法益的破坏性这种结论不仅不够全面，而且是把现实世界的问题简单化了，也与一般国民的生活经验或正义直觉有所偏离，高空抛物的行为仍有构成以危险方法危害公共安全罪的余地。

（三）妨害安全驾驶罪中"公共安全"的具体考量

妨害安全驾驶的行为定性争议不大，在修法之前，没有造成交通事故的多定为以危险方法危害公共安全罪，造成重大交通事故的则定交通肇事罪。与前述高空抛物现象一样，因为以危险方法危害公共安全罪的量刑过高，所以对一般妨害安全驾驶的行为有拔高认定为重罪之嫌。修法之后，两种特定的妨害安全驾驶的行为被独立出来，通过妨害安全驾驶罪的增设，虽然"能够有效化解司法恣意扩大以危险方法危害公共安全罪适用空间所带来的罪刑

---

[1] 参见张明楷："高空抛物案的刑法学分析"，载《法学评论》2020年第3期。
[2] 参见张明楷："高空抛物案的刑法学分析"，载《法学评论》2020年第3期。
[3] 参见张明楷："高空抛物案的刑法学分析"，载《法学评论》2020年第3期。

法定的危机",[1]但是仍需要警惕司法恣意扩大妨害安全驾驶罪的适用空间，因为可能造成司法恣意的根源并没有改变——实践中对妨害安全驾驶行为的认定常常"没有仔细考虑行为类型及其危险性的情况下，就相对容易地得出行为危害公共安全的结论"。[2]换言之，修法之前，对妨害安全驾驶的行为定为以危险方法危害公共安全罪的诟病，一方面是由于立法上以危险方法危害公共安全罪量刑过重，另一方面是实务中在该行为的认定上，对公共危险的认定草率。修法只解决了第一个问题，并没有回应第二个核心难点，这极可能导致，以前是恣意认定为以危险方法危害公共安全罪，但现在仍可能恣意认定为妨害安全驾驶罪。

本罪中危及公共安全的实质性衡量标准究竟是具体危险还是抽象危险，在理论存在一定争议。持抽象危险的观点认为，本罪的"危及公共安全"属于"可有可无"的"弱意义"整体性构成要件。[3]笔者认为，结合本罪的其他构成要件素，危及公共安全是干扰公共交通工具正常行驶的实质性判断标准，因此应作有具体交通安全危险的解释方向，理由如下：

第一，具体危险是立法技术上的逻辑推断结果。因为对驾驶人员使用暴力或者抢控驾驶操纵装置，是对交通工具正常行驶的必然干扰，如果没有危及公共安全的表达，本条中"干扰公共交通工具正常行驶"的表达就是简单的同义反复，没有特别的实质意义，因此必须用危及公共安全对其进行进一步的明确和限定。而如果危及公共安全指的是抽象危险，又会将前述限定明确的功能消解，因为抽象危险是一种基于人类生活经验而累积的观念危险，原则上有行为即有危险，所以就造成除了行为模式之外的其他表达都是"可有可无"，这显然不符合对当今立法水平的实际情况。也有观点认为，妨害安全驾驶罪的法益作抽象危险的理解，可以与《刑法》第114条、第115条形成一个抽象危险、具体危险，实害的科学梯度。本文认为妨害安全驾驶罪中的"危及公共安全"，与以危险方法危害公共安全罪中的"危害公共安全"

〔1〕 周光权："论通过增设轻罪实现妥当的处罚——积极刑法立法观的再阐释"，载《比较法研究》2020 年第 6 期。

〔2〕 周光权："论通过增设轻罪实现妥当的处罚——积极刑法立法观的再阐释"，载《比较法研究》2020 年第 6 期。

〔3〕 曲新久："《刑法修正案（十一）》若干要点的解析及评论"，载《上海政法学院学报（法治论丛）》2021 年第 5 期。

这样的措辞表达差异，是具体危险量差表达的体现，亦可以合理解释两罪之间的刑罚衔接。

第二，具体危险是区分治安处罚行为与犯罪行为的必要边界，可有效防止司法恣意。抽象危险事实不需要控方证明，只要证明行为事实的存在即可，本质上是行为犯，抽象危险犯的成立只有基于广泛的人类生活经验累积达成普遍共识才有增设的正当性和公义性，行为犯成立的正当性则更多是国家有权对此类行为有额外特别的要求，比如公职人员身份，否则基于其他任何理由，对抽象危险犯或行为犯的增设都极易造成司法的滥用。具体到妨害安全驾驶上说，公共交通工具上还曾有过"禁止与司机聊天"的警示牌，其用意在于与驾驶人员聊天会分散驾驶人员的注意力，影响驾驶人员对道路紧急状况的判断和处置的及时性，从而对交通工具的正常行驶造成干扰，故而如果认定本罪属于抽象危险犯，那么聊天行为也有了入罪的实质化依据，而这显然是不可被接受的。所以，对交通工具的正常行驶形成的干扰必须实质性地危及公共安全，才是入罪门槛。具体而言，如果不对本罪所规定的暴力作达到压制性程度的要求，就必须对危及公共安全作具体危险的解释，因为对驾驶人员使用的任何暴力都足以干扰到公共交通工具的正常行驶，但不是所有的干扰行为都必然达到妨害的效果，若轻微的干扰即可入罪，则是刑法过度压制《治安管理处罚法》第23条的适用空间，有违罪责刑相适应原则。

第三，从公共交通工具的界定亦可得出对本罪的危及公共安全应作具体危险的理解。根据《关于依法惩治妨害公共交通工具安全驾驶违法犯罪行为的指导意见》，"本意见所称公共交通工具，是指公共汽车、公路客运车，大、中型出租车等车辆"。言下之意，本罪的公共交通工具不包括小型出租车。如果本罪是抽象危险，那么排除对行驶中的小型出租车的驾驶人员使用暴力或抢控驾驶操纵装置的行为构成本罪的理由就有些不充分。实务中亦有法院对此类情况作出判决。

四、结语

《刑法修正案（十一）》以新增17个罪名扩容原有10个罪名，再一次印证了近年来日趋明显的积极的预防性惩办主义刑法立场。刑法处罚圈进一步扩大，从表面上看，这样的立法有对热点舆情事件的反馈，是对"民意"诉求和新型法益侵害的积极应对，[1]但从深层次而言，不论是袭警罪、高空抛物罪还是妨害安全驾驶罪，行为人常是因为生活琐事而情绪失控进而行为失控，其主观恶性不大，多数认错认罚，但由于刑法对法益保护的过早介入，使得法律道德化的迹象日益显现，这就对普通公民的守法义务和标准提出了越来越高的要求。立法已是事实，但也需认清刑法是柄双刃剑的本质，不可造成普通公民稍越雷池即有陷入刑事囹圄之可能，以此为前提，平衡立法的凌厉效果，限缩性适用就成为关键。

---

[1] 参见周光权："刑事立法进展与司法展望——《刑法修正案十一》总置评"，载《法学》2021年第1期；孙谦："《刑法修正案（十一）》的理解与适用"，载《人民检察》2021年第8期。

妨害安全驾驶罪的司法构造

俞小海 *

摘　要：通过对"妨害行为"的泛化解释和对"危害公共安全"的恣意扩张，以往妨害安全驾驶犯罪司法实务中最为突出的问题是类型化不足导致犯罪定型化的缺失。《刑法修正案（十一）》新增妨害安全驾驶罪并非对已有司法解释的否定，其真正否定的是司法机关在理解与适用司法解释具体条文时的偏差。妨害安全驾驶罪的设立，实现了应当作为轻罪处理的部分妨害安全驾驶行为的定型化，也及时回应了司法实践中的争议。妨害安全驾驶罪条款与最高人民法院、最高人民检察院、公安部《关于依法惩治妨害公共交通工具安全驾驶违法犯罪行为的指导意见》是一种互补的、递进式关系，二者共同构成了惩治妨害安全驾驶犯罪行为的罪名（轻重）层次和刑罚阶梯。应从实质上、整体上把握"公共交通工具""行驶中""使用暴力""抢控驾驶操纵装置"等客观要件的规范含义。在具体危险犯的理论坐标下，对于"危及公共安全"的判定，应主要着眼于妨害行为已导致出现特定事态或情状。对于实施妨害安全驾驶核心行为之外的辱骂、殴打、毁坏等行为，原则上应作出独立评价。对于明知他人报案而在车上等候公安机关处理并如实供述罪行的，一般情况下应认定为自首，在已被司乘人员实际控制或车门关闭期间（试图）实施逃离的例外情形下，不认定为自首。

关键词：妨害安全驾驶　司法解释　危害公共安全　危及公共安全　自首

---

　* 上海市高级人民法院研究室科长。

　本文系 2018 年国家社科基金重大项目"新兴学科视野中的法律逻辑及其拓展研究"（18ZDA034）的阶段性成果之一。

妨害安全驾驶罪是《刑法修正案（十一）》第 2 条新增的犯罪。[1]该罪的设立是积极刑法立法观的直观体现，对于严密刑事法网、维护公共安全具有积极意义。已有研究成果对《刑法修正案（十一）》宏观层面的学理探讨较多，聚焦于类罪、个罪司法适用层面的分析较少，多数学者对《刑法修正案（十一）》调整变动的条款持"观望态度"，寄希望于最高人民法院、最高人民检察院颁布相关司法解释予以细化明确。但是，刑事立法确定以后，在相关司法解释出台之前或者不会出台相关司法解释的情况下，[2]以解决最新刑法修正条款的司法适用问题为导向，研究分析新设罪名的规范含义和操作规则，应当成为当前和今后一个时期理论研究的重点。妨害安全驾驶罪的设立，表面上是对公共安全刑法保护社会诉求的回应，实际上则是对已有司法规范性文件、刑事司法实践经验的批判性继受，这决定了对于妨害安全驾驶罪的刑法学分析并非一个从《刑法》第 133 条到《刑法》第 133 条之二的过程，而应基于对最新刑法修正条款与已有司法规范性文件、司法判例关系的深度梳理，综合运用目的解释、体系解释等多种解释方法，得出构建性的刑法解释结论，进而为司法机关提供操作指引。遵循这一思路，笔者拟对妨害安全驾驶罪的司法适用问题作专门分析。

一、妨害安全驾驶犯罪的司法实践情况

尽管妨害安全驾驶罪是《刑法修正案（十一）》新增的全新罪名，但是妨害安全驾驶的行为一直存在，且在《刑法修正案（十一）》和 2019 年 1 月 8 日最高人民法院、最高人民检察院、公安部《关于依法惩治妨害公共交通工具安全驾驶违法犯罪行为的指导意见》（以下简称《指导意见》）之前就已经实现了犯罪化处理。笔者通过中国裁判文书网，将案由设置为"刑事案由"，案件类型为"刑事案件"，文书类型为"判决书"，截至日期为"2020年 12 月 31 日"，全文分别包含"公共交通工具"＋"驾驶人员""公共交通工具"＋"方向盘"和"公共交通工具"＋"变速杆"等，共检索出 251

---

〔1〕 2021 年最高人民法院、最高人民检察院《关于执行〈中华人民共和国刑法〉确定罪名的补充规定（七）》将《刑法修正案（十一）》第 2 条新增的《刑法》第 133 条之二罪名确定为"妨害安全驾驶罪"。

〔2〕 据不完全统计，我国《刑法》规定的近 500 个罪名中，有司法解释的罪名不超过 100 个，绝大多数罪名没有司法解释，未来也可能都不会有司法解释。

份有效裁判文书，经逐一梳理分析，对该类犯罪的司法实践总体情况和存在的问题作了归纳。

（一）妨害安全驾驶犯罪的基本情况

251 个妨害安全驾驶案件的时间跨度为 2014 年至 2020 年，其中，2014 年和 2015 年各 3 件，2019 年 150 件，2020 年 95 件，绝大多数集中于 2019 年和 2020 年两年，占比 97.61%。由于《指导意见》于 2019 年 1 月 8 日颁布施行，因此，受司法政策性文件的直接影响，妨害安全驾驶犯罪判决呈现出"井喷"态势。从表面上来看，妨害安全驾驶犯罪的司法判决呈现出以下几个特点：

1. 罪名适用上高度统一

在 251 个妨害安全驾驶案件中，有 250 件最终被法院认定为以危险方法危害公共安全罪，仅有 1 件被认定为寻衅滋事罪。从公安机关、检察机关、辩护人与法院之间的认识分歧来看，关于妨害安全驾驶行为适用罪名的争议主要集中于以危险方法危害公共安全罪和寻衅滋事罪。在 251 个案件中，公安机关刑事拘留罪名为寻衅滋事罪的有 4 件，其中检察机关起诉时变更为以危险方法危害公共安全罪的有 3 件，[1]检察机关、法院与公安机关认定罪名一致的有 1 件。[2]辩护人认为构成寻衅滋事罪的有 2 件。[3]还有 1 件刑事拘留和逮捕涉嫌罪名均为以危险方法危害公共安全罪，检察机关起诉罪名变更为以危险方法危害公共安全罪和寻衅滋事罪两罪，法院最终认定为以危险方法危害公共安全罪一罪。由此可以看出，对于妨害安全驾驶犯罪行为，司法机关在罪名适用上呈现出高度统一的趋势，以危险方法危害公共安全罪在该类行为的司法定性上占据绝对性的主导位置。

2. 行为方式上高度集中

根据《指导意见》，妨害安全驾驶犯罪的行为方式主要有两大类 7 种。第一类是以乘客为犯罪主体的行为，包括 6 种具体方式：一是乘客抢夺方向盘、变速杆等操纵装置；二是乘客殴打、拉拽驾驶人员；三是乘客实施的其他妨

---

〔1〕 湖北省黄石市中级人民法院［2019］鄂 02 刑终 179 号刑事判决书；浙江省青田县人民法院［2019］浙 1121 刑初 97 号刑事判决书；青海省民和回族土族自治县人民法院［2019］青 0222 刑初 74 号刑事判决书。

〔2〕 山东省曹县人民法院［2015］曹刑初字第 261 号刑事判决书。

〔3〕 广东省珠海市斗门区人民法院［2019］粤 0403 刑初 252 号刑事判决书；福建省福州市仓山区人民法院［2019］闽 0104 刑初 633 号刑事判决书。

害安全驾驶行为；四是乘客随意殴打其他乘客；五是乘客追逐、辱骂他人；六是乘客起哄闹事。第二类是以驾驶人员为犯罪主体的行为，即驾驶人员与乘客发生纷争后违规操作或者擅离职守，与乘客厮打、互殴。在 251 个妨害安全驾驶案件中，有 5 件存在乘客与驾驶人员的"互殴"行为，其中有 4 件对乘客实施妨害安全驾驶行为定罪的同时还对驾驶人员遭受殴打后与乘客厮打或对乘客予以还击的行为也认定为以危险方法危害公共安全罪，[1] 1 件对于驾驶人员的行为未予评价，[2] 其余 246 件犯罪主体均为单一乘客主体（有 3 件系共同犯罪，但身份均为乘客）。从裁判文书"本院认为"部分对妨害安全驾驶行为的归纳用语来看，妨害安全驾驶行为的具体表述共有 50 余种。进一步归类整合后得出，抢夺方向盘、变速杆等操纵装置 59 件，殴打、拉拽驾驶人员 171 件，其他妨害安全驾驶行为 3 件，同时实施殴打、拉拽驾驶人员和抢夺方向盘、变速杆等操控装置等复合行为 18 件。这说明，妨害安全驾驶犯罪行为以抢夺方向盘、变速杆等操纵装置和殴打、拉拽驾驶人员两类为主，二者占比达 91.60%（详见图 1、表 1）。

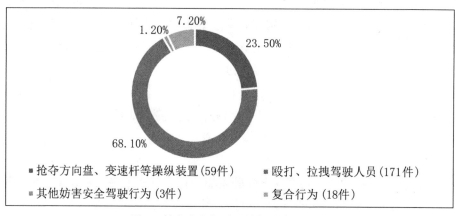

图1　妨害安全驾驶犯罪行为类型占比

---

　　[1]　甘肃省兰州市七里河区人民法院［2020］甘 0103 刑初 558 号刑事判决书；吉林省长春汽车经济技术开发区人民法院［2020］吉 0192 刑初 18 号刑事判决书；辽宁省鞍山市铁西区人民法院［2019］辽 0303 刑初 356 号刑事判决书；安徽省芜湖市镜湖区人民法院［2015］镜刑初字第 00365 号刑事判决书。

　　[2]　江西省永丰县人民法院［2019］赣 0825 刑初 223 号刑事判决书。

表1 妨害安全驾驶犯罪具体行为方式类型

序号	行为类型	具体行为方式	数量（件）	小计（件）
1	抢夺方向盘、变速杆等操纵装置	抢夺/拉拽/拍抓方向盘	50	59
		抢夺变速杆	2	
		抢夺/拉扯方向盘+变速杆	2	
		扭转/拔掉钥匙	3	
		踩踏制动踏板	2	
2	殴打、拉拽驾驶人员	殴打/击打/推打/拍打/踢打/按压驾驶人员	105	171
		拉拽/推搡驾驶人员	48	
		殴打/拍打+拉（扯）拽驾驶人员	16	
		对驾驶人员使用暴力/实施暴力干扰行为	2	
3	其他妨害安全驾驶行为	不断与司机争执、站到司机右前方近距离向司机戳手指等干扰行为	1	3
		将啤酒泼洒到仪表盘、将易拉罐摔到方向盘	1	
		用手捶打车门玻璃、拉公交车后门、用垃圾桶砸公交车收钱箱、将垃圾桶在司机李某头上挥舞	1	
4	复合行为	殴打/拉拽（扯）驾驶人员+抢夺/拉拽方向盘/变速杆/钥匙等操纵装置	15	18
		持刀威胁驾驶人员+拉扯方向盘	1	
		殴打驾驶人员+乘客	1	
		使用热水浇洒驾驶人员的头面部+拉拽方向盘	1	

3. 公共交通工具类型以公交车和客运车为主

根据《指导意见》，公共交通工具，是指公共汽车、公路客运车，大、中型出租车等车辆。司法判例显示的车辆种类基本符合这一规定，但也存在个别例外。在251个案件中，所涉公共交通工具的种类有公交车、客运车和出租车三种，分别为202件、46件和3件，占比分别为80.50%、18.30%和1.20%。可见，妨害安全驾驶犯罪中公共交通工具类型主要集中于公交车和客运车两种，二者占比达98.80%。其中，客运车又可进一步细分为客运（班）车、大（型）客车、长途客（运）车/大巴、客运中巴车、旅游大巴/客车五种，分别有 25 件、11 件、5 件、3 件、2 件。出租车又可进一步分为通常意义上的出租车和滴滴出行专车两种，分别有 2 件和 1 件。值得注意的是，3 个案件所涉出租车均为小型出租车，[1] 而并非《指导意见》所指的中、大型出租车。由此看来，司法实践对公共交通工具作了扩大化解释。与公共交通工具类型相对应，行驶道路也以城市道路为主。在 251 个案件中，行驶道路为城市道路的有 239 件，占比达 95.22%，高速路和省道 10 件，乡村公路和厂区内道路等其他道路 2 件（详见图 2）。

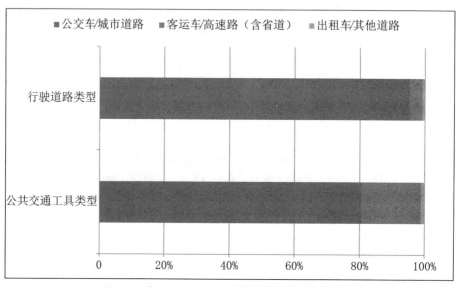

图 2　公共交通工具和行驶道路类型分别占比情况

4. 量刑上存在"宽中带严"的现象

251 个案件共涉及 261 名被告人。从量刑上来，最低为有期徒刑 6 个月，最高为有期徒刑 11 年。在 261 名被告人中，判处缓刑 83 人，判处实刑 178 人，缓刑率和实刑率分别为 31.80% 和 68.20%。在判处实刑的 178 人中，因自首或立功（1 人）获得减轻处罚暨宣告刑在 3 年以下（不含 3 年）有期徒刑的有 68 人，占比 38.20%；未获减轻处罚暨宣告刑在 3 年以上（含 3 年）

---

〔1〕　河北省保定市莲池区人民法院［2019］冀 0606 刑初 604 号刑事判决书；辽宁省鞍山市铁西区人民法院［2019］辽 0303 刑初 356 号刑事判决书；四川省成都市青羊区人民法院［2019］川 0105 刑初 1288 号刑事判决书。

有期徒刑的有110人，占比61.80%，其中宣告刑为3年有期徒刑的68人，占3年以上（含3年）有期徒刑被告人的61.82%。可以看出，有1/3的被告人被判处缓刑，判处实刑被告人中有接近四成获得减轻处罚，判处3年以上（含3年）有期徒刑被告人中宣告刑为最低起刑点3年的达六成，结合考虑以危险方法危害公共安全罪的重罪特质，司法判例显示的量刑实践似乎呈现出该类犯罪的刑罚轻缓化特征。但是，透过这一表象，如果考虑到该类犯罪客观行为的具体样态以及危害后果情况（将在下文详细分析），接近七成的实刑判决率以及判处实刑被告人中宣告刑在3年以上（含3年）有期徒刑的达到六成以上，则可看出该类犯罪实质上的"重刑化"。尤其是在261名被告人中，具有自首或立功等法定可以减轻处罚情节的136人，但实际上只有68人（50%）获得了减轻处罚的待遇，这也说明司法实践对于该类犯罪依然秉持了从严惩处的立场。

（二）妨害安全驾驶犯罪司法实践中存在的问题

《指导意见》对于妨害安全驾驶行为按以危险方法危害公共安全罪论处仅作了宏观指引。司法实践中，妨害安全驾驶行为种类繁多，行为实施的动机、起因、具体手段、时空条件等均存在较大差异，由此也决定了各行为危害程度的不同。但是，对于这些形态各异、社会危害性迥异的妨害安全驾驶行为，司法机关并未作出类型化区分，也没有具体判断该行为的具体危险，对于所有类型和程度的妨害安全驾驶行为，均按以危险方法危害公共安全罪论处。笔者收集的司法判例中，以危险方法危害公共安全罪的适用率达到了99.60%，仅有1例被认定为寻衅滋事罪。这就意味着在没有自首或立功等法定可以减轻处罚的情节时，必须在3年以上10年以下有期徒刑幅度内量刑，无论是从刑法评价的精确性，还是从罪刑相适应原则来说，都存在值得反思的地方。通过对251个司法判例的深度梳理，可以发现妨害安全驾驶犯罪司法实务中最为突出的问题就是类型化不足导致犯罪定型化的缺失，即什么样的妨害安全驾驶行为能够被认定为以危险方法危害公共安全罪并没有标准。而造成这一问题的原因或者说导致这一问题出现的路径主要有以下两个方面。

1. 对妨害安全驾驶行为中"妨害行为"的泛化解释

《指导意见》对妨害行为作了规范划分，但是，生活意义上的妨害行为并不会自动实现向"规范事实"的转变，能否以及如何将现实中具体的妨害行为归为妨害安全驾驶犯罪中的妨害行为，则依赖于司法机关的理解和解释。笔者搜集的 251 个案件中，从主观动机上来看，因酒后或无故滋事型妨害安全驾驶行为仅有 5 件，因心生厌世情绪或泄愤报复社会的 2 件，[1]其余 244 件均是由下车站点/停靠、投币/买票、抽烟/口罩/个人不文明行为等琐事引发，占比达 97.21%。从妨害安全驾驶的具体行为方式来看，虽然抢夺方向盘、变速杆等操纵装置和殴打、拉拽驾驶人员两类行为占比九成以上，但这是裁判文书"本院认为"中的规定，实际上是司法机关根据《指导意见》规定的维度并经过"修辞"后的归纳，并未如实反映妨害安全驾驶行为的真正样态。笔者在逐一分析 251 份裁判文书后发现，妨害安全驾驶行为多数表现为朝司机打了一拳（掌），拍/推/踢了一下，拉拽司机胳膊/衣服，拉（抓）了方向盘一把（下），脚踩刹车，拔掉/扭转钥匙等形式，同时实施针对司机和方向盘的复合型妨害行为仅有 18 件，仅实施针对司机或针对方向盘等操纵装置的单一行为有 233 件（占比 92.83%），这说明妨害安全驾驶的具体行为均较为"轻微"。根据行政处罚和刑事处罚的递进式衔接以及刑法保障法的法理，对于很多情节显著轻微的妨害行为，完全可以依照《治安管理处罚法》予以行政处罚。[2]实际上，多个判例显示，有的犯罪嫌疑人在被公安机关刑事拘留之前，就因同样的行为被公安机关处以行政处罚。[3]在"刘某某以危险方法危害公共安全案"中，辩护人也提出被告人的行为是一种危害公共安全的一般违法行为，没有达到犯罪的程度，给予必要的行政处罚即可的意见。[4]而在"许某某和朱某某以危险方法危害公共安全案"中，辩护人则提出被告人轻微拉了一把（下）方向盘、持续时间非常短、车辆行驶并未受到影响、没有造成任何后果、犯罪情节轻微等意见，但是司法机关认为被告人虽然只是短暂触碰了驾驶员的方向盘，未造成严重的后果，但其所实施的行

---

〔1〕 山东省济南市市中区人民法院［2019］鲁 0103 刑初 287 号刑事判决书；宁夏回族自治区银川市兴庆区人民法院［2019］宁 0104 刑初 1008 号刑事判决书。

〔2〕《治安管理处罚法》第 23 条规定："有下列行为之一的，处警告或者二百元以下罚款；情节较重的，处五日以上十日以下拘留，可以并处五百元以下罚款……（三）扰乱公共汽车、电车、火车、船舶、航空器或者其他公共交通工具上的秩序的……"

〔3〕 安徽省临泉县人民法院［2019］皖 1221 刑初 163 号刑事判决书；黑龙江省哈尔滨市道外区人民法院［2019］黑 0104 刑初 394 号刑事判决书；山东省嘉祥县人民法院［2019］鲁 0829 刑初 170 号刑事判决书；等等。

〔4〕 浙江省青田县人民法院［2019］浙 1121 刑初 97 号刑事判决书。

为具有严重的社会危害性。[1]

由上述可以看出，将大量妨害安全驾驶的"生活事实"不加甄别和过滤，直接等置于妨害安全驾驶犯罪的"规范事实"，这是司法机关对妨害安全驾驶犯罪中"妨害行为"泛化解释的基本思路。这无疑会导致大量可能的一般违法行为不当升格为犯罪行为，极大模糊和虚化行政违法与刑事违法的界限，最终导致处罚上的不合理。

2. 对"危害公共安全"司法认定的恣意扩张

根据理论通说，以危险方法危害公共安全罪是具体危险犯，需要根据犯罪行为客观实际具体判断该行为是否与放火、决水、爆炸以及投放毒害性、放射性、传染病病原体等物质具有同质性的危险，这可以说是妨害安全驾驶行为可否被认定为"危害公共安全"进而构成以危险方法危害公共安全罪的基本标准。但是司法实践对于"危害公共安全"的认定呈现出扩张的态势。

从妨害行为产生的危害后果来看，多数没有产生具体后果，也难以判断产生了具体危险。笔者以261名被告人的维度，对妨害安全驾驶行为的危害后果作了类型化处理，将危害程度区分为七种类型：一是受到妨害行为后车辆继续行驶，这种情形可能会发生晃动或行驶路线偏离，但车辆并未受到实质性影响，仍处于驾驶人员的掌控之中；二是受到妨害行为后驾驶人员停车，包括驾驶人员主动靠边停车、被迫紧急刹车停车等，但未造成有形后果；三是受到妨害行为后车辆继续行驶，但是妨害行为（殴打或摔砸车辆物品）导致驾驶人员轻微伤或车辆轻微损失（如挡风玻璃被砸碎）；四是受到妨害行为后驾驶人员停车，但妨害行为或紧急停车行为导致司机或乘客受伤（轻伤以下）；五是受到妨害行为后车辆失控与道路路沿/隔离带等发生碰擦，造成一定车损、物损或人身伤害（轻伤以下）；六是受到妨害行为后车辆失控与停靠在路边或者行驶中的其他车辆发生碰擦或刮擦，导致车辆损失和人身伤害（轻伤以下）；七是受到妨害行为后车辆失控撞倒路人致人重伤或者死亡。其中，第一种、第二种共191人，占比73.18%；第三种、第四种共21人，占比8.04%；第五种、第六种共47人，占比18.01%；第七种2人（1件），占比0.77%。第五种、第六种、第七种情形下，妨害行为导致了车辆的失控，

---

[1] 辽宁省大连市甘井子区人民法院［2019］辽0211刑初478号刑事判决书；湖北省公安县人民法院［2019］鄂1022刑初394号刑事判决书。

在行驶过程中极易引发交通事故，分别按照我国《刑法》第 114 条和第 115 条论处并无疑义，但是将第一种、第二种、第三种、第四种情形均视为以危险方法危害公共安全罪中的实行行为并给予相同的刑法评价，显然不具合理性。特别是第一种和第二种情形中，无论是受到妨害行为后继续行驶，还是受到妨害行为后紧急停车，都说明公共交通工具仍然处于驾驶人员的掌控之中，其对于公共安全的"危害"仅停留于抽象层面。

司法实践中，就有多个案件辩护人对被告人的行为是否"危害公共安全"进而构成以危险方法危害公共安全罪提出异议。有的认为案发时公交车内只有被告人父女和司机三人，车外附近也无其他行人，不存在危及不特定人的生命安全；[1]有的认为案发时案涉公交车行驶在乡间道路且速度较慢，没有乘客受伤，未造成很大社会危害；[2]有的认为被告人出手击打的同时，车辆刚起动，车速比较缓慢，并马上就停下来，不可能发生危险性；[3]有的则认为被告人乘坐的通勤车不属于公共交通工具，案发地点在厂区道路，不属于公共场所，没有危害公共安全，[4]但上述辩护意见均被法院否定，在裁判文书的判决理由中，司法机关也并未进行针对性的说理回应。应该承认，在公共交通工具行驶过程中，任何针对驾驶人员和操纵装置实施的妨害行为都具有某种程度的危险性。"某些行为一旦实施，公众会直观地感受到行为的危险性，从而基于对'体感治安'的渴求发出重罚呼吁，司法上有时候也不得不回应这种民众的关切。"[5]但是，并非任何具有危险性的妨害安全驾驶行为都"危害公共安全"，通过将抽象危险解释为具体危险，将可能危害公共安全解释为已然危害公共安全，并在此基础上用以危险方法危害公共安全罪这一重罪对所有妨害安全驾驶行为予以回应，显然是一种刑罚过剩的表现。

值得注意的是，上述七种类型的危害程度由轻到重呈递增趋势，根据罪刑相适应原理，判处缓刑率、自首减轻处罚率应该呈现相应的递减趋势。但是，从缓刑率来看，第四种情形高于前三种情形，第五种情形高于第二种、

---

〔1〕 湖南省桂阳县人民法院［2019］湘 1021 刑初 396 号刑事判决书。

〔2〕 河南省新密市人民法院［2019］豫 0183 刑初 255 号刑事判决书。

〔3〕 云南省楚雄市人民法院［2019］云 2301 刑初 422 号刑事判决书。

〔4〕 四川省攀枝花市东区人民法院［2020］川 0402 刑初 105 号刑事判决书。

〔5〕 周光权："刑事立法进展与司法展望——《刑法修正案（十一）》总置评"，载《法学》2021 年第 1 期。

第三种情形，第六种情形与第二种情形基本持平；从自首减轻率来看，第四种情形明显高于前三种情形，第五种情形高于第一种、第三种情形，第六种情形高于第一种情形，与第三种情形基本持平。由此呈现出从宽处罚情况与危害程度的弱相关性（详见表2、图3）。这或许说明，我国司法机关已经意识到将所有妨害安全驾驶行为都解释为妨害安全驾驶犯罪中的"妨害行为"以及将该类"妨害行为"所产生的危险性均认定为"危害公共安全"进而几乎一律适用以危险方法危害公共安全罪存在不合理性，并通过司法演绎的方式在量刑层面作出了某种自我纠偏，这一试图缓解轻罪行为与重罪适用之间紧张关系的"努力"值得肯定，但并未从根本上有效解决定型化缺失问题。

表2　妨害安全驾驶犯罪危害后果与量刑结果对应表

	危害后果类型	人数	重要量刑情节			缓刑	实刑						
			立功/自首	坦白	未明确		6个月至1年	1年至2年	2年至3年	3年至4年	4年至5年	5年以上	小计
1	车辆继续行驶	33	15	14	4	12	2	0	2	16	1	0	21
2	司机停车（未造成有形后果）	158	90	60	8	50	2	25	24	50	4	3	108
3	车辆继续行驶+司机轻微伤/车辆轻微损失	5	3	1	1	0	0	1	0	4	0	0	5
4	停车+司机/乘客受伤（轻伤以下）	16	8	5	3	6	0	2	3	4	0	1	10
5	单车事故导致车损/物损/人伤（轻伤以下）	34	14	14	6	11	1	0	4	15	1	2	23
6	与其他车辆发生碰擦/刮擦导致车损/人伤（轻伤以下）	13	6	4	3	4	0	0	2	4	1	2	9

危害后果类型	人数	重要量刑情节			缓刑	实刑						
		立功/自首	坦白	未明确		6个月至1年	1年至2年	2年至3年	3年至4年	4年至5年	5年以上	小计
7 撞到路人致人重伤/死亡	2	0	0	2	0	0	0	0	0	0	2	2
合计	261	136	98	27	83	5	28	35	93	7	10	178

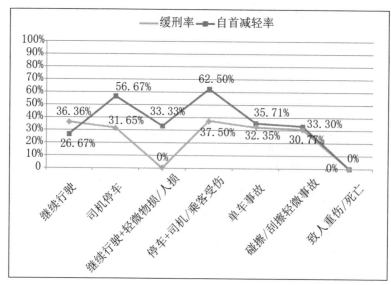

图3 递增型危害后果下从宽处罚率的变化趋势

二、妨害安全驾驶罪最新刑法修正条款的分析

在《刑法修正案（十一）》新增妨害安全驾驶罪后，如何准确理解新增条款与《指导意见》相关条文的关系，如何从司法实证的角度寻找最新刑法修正条款的法理依据，是亟须予以关注的问题，也是当前学界较为容易忽略的研究向度。

（一）对《指导意见》的解读

应当看到，新增的妨害安全驾驶罪与《指导意见》规定的妨害安全驾驶犯罪在行为方式上存在部分重合。有观点认为，《指导意见》规定将抢控驾驶操纵装置等妨害安全驾驶行为规定按照以危险方法危害公共安全罪论处这一定罪模式存在不当之处。而这也是《刑法修正案（十一）》新增妨害安全驾驶罪的立法理由之一。[1]有学者认为，《刑法修正案（十一）》增设妨害安全驾驶罪，是先由司法机关进行司法上的犯罪化（先由司法解释规定为犯罪），再由立法机关进行立法上的犯罪化（由刑事立法增设为新罪）的典型实例。"表面上看，司法解释先进行司法上的犯罪化，再由刑事立法对司法解释的犯罪化规定予以肯定，似乎合情合理。然而，由于《刑法修正案（十一）》对司法解释规定以犯罪论处的行为另行设立新罪，故实际上否定了司法解释的规定。"[2]该学者进一步指出："不管《刑法修正案（十一）》是确认了司法解释的规定内容，还是否认了司法解释的规定内容，抑或修改了司法解释的规定内容（部分确认与部分否认），都应当认为《刑法修正案（十一）》就司法解释规定的行为另设新罪的做法，间接乃至直接表明相应的司法解释是类推解释。"[3]笔者不赞同上述学者关于《刑法修正案（十一）》新增妨害安全驾驶罪是对《指导意见》否定的观点。

第一，《指导意见》关于实施妨害安全驾驶行为，危害公共安全，按以危险方法危害公共安全罪论处的规定并非类推解释。实践中确实存在某些妨害安全驾驶行为应当按以危险方法危害公共安全罪论处的情形。比如2018年曾引起广泛关注的"重庆万州公交车坠江案"，乘客刘某和驾驶员冉某之间的互殴行为，造成车辆失控，致使车辆与对向正常行驶的小轿车撞击后坠江，造成重大人员伤亡，该案虽案发于《指导意见》颁行之前，也涉嫌犯以危险方法危害公共安全罪。[4]又如在"赵某某以危险方法危害公共安全案"中，被告人赵某某因心生厌世情绪，在长途客车沿高速公路行驶过程中（载客38人），使用热水浇洒驾驶人员的头面部，并强行拉拽方向盘，意欲使该车冲过

---

〔1〕 周光权："刑事立法进展与司法展望——《刑法修正案（十一）》总置评"，载《法学》2021年第1期。

〔2〕 张明楷："《刑法修正案（十一）》对司法解释的否认及其问题解决"，载《法学》2021年第2期。

〔3〕 张明楷："《刑法修正案（十一）》对司法解释的否认及其问题解决"，载《法学》2021年第2期。

〔4〕 周松："重庆万州公交车坠江原因公布：乘客与司机激烈争执互殴致车辆失控"，载《重庆日报》2018年11月3日。

中间隔离带与对向车道驶来的车辆相撞，致使行驶途中的长途客车方向失控并发生交通事故，[1]对此，显然应当按以危险方法危害公共安全罪论处。上述无论是殴打驾驶人员（驾驶人员与乘客互殴）行为，还是使用热水浇洒驾驶人员的头面部并强行拉拽方向盘等妨害安全驾驶行为，由于已经危害到公共安全，因此按照以危险方法危害公共安全罪定罪量刑并无疑义，也并非类推解释。

第二，《刑法修正案（十一）》对《指导意见》的否定是表象，而根本上是对司法机关在理解与适用《指导意见》具体条文时呈现出来的司法恣意的否定。根据《指导意见》，乘客在公共交通工具行驶过程中实施的妨害安全驾驶行为，只有同时满足"危害公共安全"的条件，才能按照以危险方法危害公共安全罪论处。即：实施妨害安全驾驶行为+危害公共安全=以危险方法危害公共安全罪，而并非实施妨害安全驾驶行为=危害公共安全=以危险方法危害公共安全罪。《指导意见》第2条明确规定："对于妨害安全驾驶行为构成犯罪的，严格依法追究刑事责任；尚不构成犯罪但构成违反治安管理行为的，依法给予治安管理处罚。"这也充分体现了要准确区分一般违法行为与犯罪行为的政策精神。最高司法机关在解读《指导意见》时也明确指出："如果妨害驾驶的行为确属显著轻微、不影响安全驾驶，也不足以危害公共安全的，可不予定罪。"[2]通过对上述司法判例的梳理分析可以发现，司法机关错误地将《指导意见》的规定理解为实施妨害安全驾驶行为=危害公共安全=以危险方法危害公共安全罪，由此导致对于所有妨害安全驾驶的行为（包括大量并未危害公共安全的妨害安全驾驶行为）均选择适用以危险方法危害公共安全罪。在裁判理由中，不少司法机关使用了"足以对公共安全造成危害"[3]"足以危害公共安全"[4]"其行为威胁到不特定多数人的人身和公私财产安全"[5]"使不特定多数人员的生命安全受到威胁"[6]"其行为足以使过往不特定行人

---

[1] 山东省济南市市中区人民法院［2019］鲁0103刑初287号刑事判决书。

[2] 赵俊甫："《关于依法惩治妨害公共交通工具安全驾驶违法犯罪行为的指导意见》的理解与适用"，载《人民司法》2019年第7期。

[3] 吉林省松原市中级人民法院［2020］吉07刑终178号刑事判决书。

[4] 江苏省兴化市人民法院［2020］苏1281刑初64号刑事判决书；四川省成都高新技术产业开发区人民法院［2019］川0191刑初854号刑事判决书。

[5] 湖南省长沙市望城区人民法院［2019］湘0112刑初132号刑事判决书；湖南省长沙市望城区人民法院［2020］湘0112刑初90号刑事判决书。

[6] 黑龙江省哈尔滨市道外区人民法院［2020］黑0104刑初160号刑事判决书。

的生命健康、不特定车辆的安全处于危险状态"〔1〕"危及众多人身和财产安全"〔2〕"危及公共安全"〔3〕"足以危及不特定多数人（人员）的生命、健康和（或者）重大公私财产安全"〔4〕"足以危及不特定多数人的生命安全"〔5〕"足以导致公共汽车发生倾覆的危险"〔6〕"使得行驶中的公交车处于高度危险且足以危及公共安全的状态"〔7〕等表述。显然，这是司法机关在具体理解与适用司法政策性文件条文时出现的偏差，将司法机关这种理解与适用层面的偏差，纳入司法解释本身之"过"，并不合理。

第三，即便在现有《刑法修正案（十一）》的立法架构下，也仍然存在继续适用《指导意见》规定的空间。修正后的《刑法》第133条之二第3款规定："有前两款行为，同时构成其他犯罪的，依照处罚较重的规定定罪处罚。"尽管有学者对此提出批评，认为这一竞合行为处罚的注意规定"从形式上来看，这似乎有利于法律适用的进一步明晰，但实际上是立法者不自信的体现和立法不协调后的硬性处理结果"，〔8〕但笔者认为，这符合轻罪、重罪的递进式评价原理，正是一种立法协调的体现。根据这一条款，实施《刑法》第133条之二第1款或第2款行为的，完全可能同时构成其他犯罪，依照处罚较重的规定定罪处罚，这里的"其他犯罪"，当然包括了以危险方法危害公共安全罪。而究竟是适用《刑法》第133条之二妨害安全驾驶罪还是适用《刑法》第114条或第115条以危险方法危害公共安全罪，关键在于判定该妨害安全驾驶的行为是否"危害公共安全"。未达到"危害公共安全"程度的妨害安全驾驶行为，适用《刑法》第133条之二，达到"危害公共安全"程度的妨害安全驾驶行为，则应根据《指导意见》，选择适用《刑法》第114条或第115条。从这个角度来说，《刑法修正案（十一）》并未否定《指导意见》

〔1〕 辽宁省沈阳市和平区人民法院［2019］辽0102刑初617号刑事判决书。

〔2〕 湖北省阳新县人民法院［2019］鄂0222刑初126号刑事判决书。

〔3〕 辽宁省大连市甘井子区人民法院［2020］辽0211刑初258号刑事判决书，湖南省石门县人民法院［2020］湘0726刑初206号刑事判决书。

〔4〕 河南省新密市人民法院［2019］豫0183刑初255号刑事判决书；吉林省长春市双阳区人民法院［2020］吉0112刑初80号刑事判决书。

〔5〕 湖北省十堰市张湾区人民法院［2020］鄂0303刑初199号刑事判决书。

〔6〕 广西壮族自治区巴马瑶族自治县人民法院［2013］巴刑初字第184号刑事判决书。

〔7〕 安徽省芜湖市镜湖区人民法院［2015］镜刑初字第00365号刑事判决书。

〔8〕 孙万怀："刑法修正的道德诉求"，载《东方法学》2021年第1期。

及其内容，其真正否定的是司法机关在理解与适用《指导意见》时的泛化立场和恣意做法。据此而言，《刑法修正案（十一）》新增的妨害安全驾驶罪条款与《指导意见》是一种互补的关系，二者共同形成了规制妨害安全驾驶犯罪行为的刑事法网。

（二）从立法层面实现了该类犯罪的定型化/类型化

尽管《指导意见》的规定并无明显"硬伤"，但是由于未能以是否"危害公共安全"为标准对罪名适用作出类型化的指引（比如，对尚未危害公共安全和危害公共安全两种类型的妨害安全驾驶行为作出区分，并分别就适用的罪名予以指引），在司法机关"机械执法"思维的合力下，导致了以危险方法危害公共安全罪的大量误用和滥用。显然，寄希望于司法机关通过自我纠正的方法改变这一状况不太现实。这种情况下，立法机关将其认为应当作为轻罪处理的部分妨害安全驾驶行为抽离出来予以单独规定，新增妨害安全驾驶罪，通过立法层面实现该类犯罪的定型化，对于司法实践的理性回归无疑具有重要的"倒逼"作用。正如有学者指出的，"这一规定，能够有效化解司法恣意扩大以危险方法危害公共安全罪适用空间所带来的罪刑法定的危机"。[1]

与《指导意见》规定的妨害安全驾驶犯罪行为方式相比，新增妨害安全驾驶罪的行为方式存在重大变化。从宏观上看，《刑法修正案（十一）》从《指导意见》确定的妨害安全驾驶犯罪行为两大类七种具体方式中抽取出其中三种，作为妨害安全驾驶罪的客观行为方式：一是对行驶中的公共交通工具的驾驶人员使用暴力；二是抢控行驶中的公共交通工具的驾驶操纵装置；三是驾驶人员在行驶的公共交通工具上擅离职守，与他人互殴或者殴打他人。从微观上看，抽取出来的三种行为方式保留了"公共交通工具""驾驶人员"等要素，但并非完全照搬《指导意见》的表述，而是作了重新表述。具体修改表现在：一是将公共交通工具的行驶状态由"行驶过程中"改为"行驶中"；二是将"乘客殴打、拉拽驾驶人员"改为"对驾驶人员使用暴力"；三是将"乘客抢夺方向盘、变速杆等操纵装置"改为"抢控驾驶操纵装置"；四是将驾驶人员构罪条件由"与乘客发生纷争后违规操作或者擅离职守，与乘客厮打、互殴"改为"擅离职守，与他人互殴或者殴打他人"。上述具体修

---

〔1〕 周光权："论通过增设轻罪实现妥当的处罚——积极刑法立法观的再阐释"，载《比较法研究》2020 年第 6 期。

改，有的属于技术层面的精练（如将"行驶过程中"改为"行驶中"，将"方向盘、变速杆等操纵装置"改为"操纵装置"，将"厮打、互殴"改为"互殴或者殴打"），不会带来理解与适用上的变化，而有的修改则属于实质层面的重大调整（如将"殴打、拉拽"改为"使用暴力"，将"抢夺"改为"抢控"，去掉"乘客"的身份限制），会带来理解与适用上的变化。在此基础上，《刑法修正案（十一）》将妨害安全驾驶罪三种行为方式的罪量要素明确为"危及公共安全"，由此从刑事立法层面完成了应当作为轻罪处理的妨害安全驾驶犯罪行为的定型化。根据前文分析结论，这一定型化并未否定《指导意见》及其内容，除了能够有效纠正司法实践的泛化立场和恣意做法，更深层次的功能在于与《指导意见》共同构成了惩治妨害安全驾驶犯罪的罪名（轻重）层次和刑罚阶梯：对于危及公共安全的三种典型的妨害安全驾驶行为，以妨害安全驾驶罪论处；对于危害公共安全的妨害安全驾驶行为，可依照《指导意见》的指引定罪量刑（详见表3）。

（三）及时回应了司法实践中的部分争议

如前文所述，对妨害安全驾驶行为中"妨害行为"的泛化解释，是以危险方法危害公共安全罪扩张适用的基本路径之一。其中，将非典型的妨害行为认定为《指导意见》规定的妨害安全驾驶犯罪行为尤其值得关注。基于司法实证视角，可以发现《刑法修正案（十一）》关于妨害安全驾驶罪行为类型的立法描述特别是对《指导意见》已有用语的实质性修改，及时回应和澄清了司法实践中的争议，有利于适法统一的实现。

第一，《指导意见》第1条第1项明确的犯罪主体是"乘客"，而《刑法修正案（十一）》新增的妨害安全驾驶罪则并未作出该种限制，这说明非乘客身份的人员也可以构成该罪。如在"刘某某以危险方法危害公共安全案"中，刘某某母亲带着孙子、孙女乘坐公交车时因买票问题与司机发生争执后告知刘某某要去与司机理论，刘某某遂在某路段拦住公交车，待公交车司机梁某某停车并打开前车门，刘某某冲上公交车抓住梁某某衣服前襟使劲往车前方向拖，梁某某被刘某某拖离了驾驶位置，其右脚离开刹车位置，该公交车因此失控向前滑行，后刘某某被其他乘客拉开。辩护人认为，被告人上车的目的是与公交司机理论而非乘车，公交司机当时也未关闭车门，其与公交公司之间没有形成运输合同关系，被告人不是车上乘客，法院则认为，这里的"乘客"应是相对于"司机""售票员"等工作人员而言的。在正在行驶

表3 妨害安全驾驶犯罪罪名（轻重）层次和刑罚阶梯

主体	时空条件	具体行为	罪名（轻重）层次和刑罚阶梯					
			第一梯次			第二梯次		
			危害后果	适用罪名	依据	危害后果	适用罪名	依据
一般主体（含乘客）	行驶中的公共交通工具/公共交通工具行驶过程中	对驾驶人员使用暴力（含殴打、拉拽驾驶人员）	危及公共安全	妨害安全驾驶罪	《刑法修正案（十一）》第2条；《刑法》第133条之二	危害公共安全	以危险方法危害公共安全罪	《指导意见》；《刑法》第114条、第115条
		抢控驾驶操纵装置（含抢夺方向盘、变速杆等操纵装置）						
驾驶人员	在行驶的公共交通工具上/公共交通工具行驶过程中	与他人（含乘客）互殴（含厮打）或者殴打他人（含乘客）						
乘客	公共交通工具行驶过程中	其他妨害安全驾驶行为	相关罪名					
		随意殴打其他乘客	妨害公共交通工具运营秩序	寻衅滋事罪	《指导意见》；《刑法》第293条			
		追逐、辱骂他人						
		起哄闹事						

过程中的公共交通工具内，"司机""售票员"等工作人员以外的其他人员属于刑法意义上的"乘客"，而不论其上车的目的是什么，上车的时间有多久，

以及是否购买车票等，被告人刘某某上车后即成了该车的乘客。[1]显然，将本案中的刘某某解释为乘客存在一定的牵强，这也是《指导意见》在制定之时尚未预料到的问题。又如在"唐某某以危险方法危害公共安全案"中，唐某某驾驶小轿车拦截公交车后，为阻止公交车司机驶离现场，强行扒在正在行驶的该公交车驾驶员一侧车窗处并抢夺方向盘，迫使公交车靠边停车。辩护人认为，按照刑法禁止类推的原则，被告人唐某某不属于乘客，不应适用《指导意见》中对乘客的相关规定，故唐某某的行为不构成以危险方法危害公共安全罪。对此法院不予认可。[2]关于本案中唐某某是否属于乘客也存在较大争议，而《刑法修正案（十一）》取消了犯罪主体"乘客"的限定，可以说很好地回应了司法实践中的争议。

第二，《指导意见》明确针对方向盘、变速杆等操纵装置的妨害行为是"抢夺"，抢夺有暴力强取、争夺或公然夺取之意，但是司法实践中有些针对方向盘等操纵装置的妨害行为，难以被解释为"抢夺"。如在"许某某以危险方法危害公共安全案"中，许某某因错过站点要求司机王某停车被拒，与王某发生争执并将公交车方向盘把住（按住）了一下，后司机停车报警。法院认为"被告人许某某在公共交通工具行驶过程中抢夺方向盘，危害公共安全，其行为已构成以危险方法危害公共安全罪"。[3]实际上，本案中被告人把住方向盘的行为是试图通过短暂的控制达到逼迫司机停车的目的，方向盘始终处于司机的牢牢掌控之中，对于被告人的该种行为认定为"抢夺"行为，存在较大疑义。又如，在"韦某某以危险方法危害公共安全案"中，韦某某因发现坐错车而要求下车被拒，先后实施了抢夺方向盘和乱按驾驶台按键的行为，被司法机关认定为"抢夺方向盘等操纵装置"，显然，将乱按驾驶台按键的行为评价为"抢夺"操纵装置不够准确。实践中还存在多个将拉拽、拉扯、推甩方向盘的行为认定"抢夺"方向盘的案例。[4]此外，根据前文梳理统

---

〔1〕 湖南省娄底市中级人民法院 ［2019］湘 13 刑终 405 号刑事判决书。

〔2〕 青海省民和回族土族自治县人民法院 ［2019］青 0222 刑初 74 号刑事判决书。

〔3〕 辽宁省大连市甘井子区人民法院 ［2019］辽 0211 刑初 478 号刑事判决书；类似案件还可参见广东省中山市第二人民法院 ［2020］粤 2072 刑初 2246 号刑事判决书。

〔4〕 湖南省隆回县人民法院 ［2019］湘 0524 刑初 125 号刑事判决书；安徽省宿州市埇桥区人民法院 ［2020］皖 1302 刑初 1094 号刑事判决书；浙江省绍兴市越城区人民法院 ［2020］浙 0602 刑初 181 号刑事判决书；四川省泸县人民法院 ［2019］川 0521 刑初 89 号刑事判决书；黑龙江省兰西县人民法院 ［2020］黑 1222 刑初 76 号刑事判决书。

计，有多个案例涉及扭转/拔掉钥匙、踩踏制动踏板等行为，考虑到钥匙和制动踏板均属于操纵装置，将该类行为一并纳入针对操纵装置的妨害行为更为妥当，但是由于扭转/拔掉和踩踏行为无法归为"抢夺"，因此无法认定为"抢夺方向盘、变速杆等操纵装置"行为，而退而求其次认定为"其他妨害安全驾驶行为"这一兜底类型，影响了刑法评价的准确性。《刑法修正案（十一）》将针对操控装置的妨害行为由"抢夺"改为"抢控"，为一揽子解决上述争议问题提供了契机。

第三，《指导意见》明确针对驾驶人员的妨害行为是"殴打、拉拽"，但是司法实践中出现了不少非典型的"殴打、拉拽"行为。如在"唐某某以危险方法危害公共安全案"中，因经过站点未停车要求立即停车被拒后，唐某某用右手拍打了正在驾驶公交车的驾驶员章某头部一下，章某随即停车报警，法院认定唐某某的行为为"殴打驾驶人员"。[1]如在"程某以危险方法危害公共安全案"中，程某因错过下车站点要求下车被拒后对正在驾驶公交车的陈某面部进行抓、挠，该行为被法院认定为"殴打驾驶人员"。[2]还有的案例中将推搡行为认定为"拉拽驾驶人员"，[3]个别案件中，针对行为人实施的轻微推打行为，甚至使用了"对驾驶人员使用暴力""对驾驶人员实施暴力干扰行为"等极具模糊性、周延性的表述。[4]综合考虑上述案例司机均主动停车以及未发生任何后果等情形，可推知无论是推打、拍打行为，还是抓、挠行为，都不符合"殴打、拉拽"行为的规范含义，将这些行为牵强解释为《指导意见》中的"殴打、拉拽"行为，难以获得法理依据。《刑法修正案（十一）》将"殴打、拉拽"改为"使用暴力"，为妥当解决非典型"殴打、拉拽"行为的司法认定提供了依据。

三、妨害安全驾驶罪构成要件的规范解释

根据《刑法修正案（十一）》第 2 条，妨害安全驾驶罪的行为方式仅限

---

〔1〕 浙江省兰溪市人民法院［2019］浙 0781 刑初 466 号刑事判决书。

〔2〕 内蒙古自治区呼伦贝尔市海拉尔区人民法院［2020］内 0702 刑初 31 号刑事判决书。

〔3〕 广东省深圳市龙岗区人民法院［2019］粤 0307 刑初 3022 号刑事判决书。

〔4〕 辽宁省大连市甘井子区人民法院［2020］辽 0211 刑初 258 号刑事判决书；福建省沙县人民法院［2020］闽 0427 刑初 68 号刑事判决书；湖南省石门县人民法院［2020］湘 0726 刑初 206 号刑事判决书。

于三种，并且没有兜底性规定。"刑法及其条文具有特定目的，所规制的对象具有特定范围，换言之，每个条文都具有特定的规范含义。"[1]对妨害安全驾驶罪条文规范含义的理解，首先需要准确把握最新刑法修正条款与《指导意见》的表述差异，特别是实质性差异，对此上文已作分析。其次，需要结合司法实践中存在的问题以及该罪法定刑设置情况，准确把握该罪构成要件中的客观行为方式和"危及公共安全"的含义，进而合理确定该罪的处罚边界。

（一）"公共交通工具"的司法认定

在我国刑法规定的所有犯罪中，仅有3个罪名的法条表述中含有"公共交通工具"的要素，其中，"公共交通工具"在妨害安全驾驶罪和非法携带枪支、弹药、管制刀具、危险物品危及公共安全罪（第130条）中是构成要件要素，在抢劫罪（第263条）中是法定刑升格条件中的内容。抢劫罪相关司法解释和《指导意见》均涉及对"公共交通工具"的界定。根据2000年11月22日最高人民法院《关于审理抢劫案件具体应用法律若干问题的解释》第2条对《刑法》第263条第2项规定的"在公共交通工具上抢劫"所作的解释，"公共交通工具"是指从事旅客运输的各种公共汽车，大、中型出租车，火车，船只，飞机等正在运营中的机动公共交通工具。[2]2005年6月8日最高人民法院《关于审理抢劫、抢夺刑事案件适用法律若干问题的意见》第2条"关于'在公共交通工具上抢劫'的认定"意见在基本重申上述司法解释内容的基础上进一步明确，"公共交通工具"不包括未运营中的大、中型公共交通工具和小型出租车。[3]2016年1月6日最高人民法院《关于审理抢劫刑事案件适用法律若干问题的指导意见》第2条"关于抢劫犯罪部分加重处罚

---

[1] 张明楷：《刑法分则的解释原理（下）》（第2版），中国人民大学出版社2011年版，第808页。

[2] 最高人民法院《关于审理抢劫案件具体应用法律若干问题的解释》第2条规定："刑法第二百六十三条第（二）项规定的'在公共交通工具上抢劫'，既包括在从事旅客运输的各种公共汽车、大、中型出租车，火车，船只，飞机等正在运营中的机动公共交通工具上对旅客、司售、乘务人员实施的抢劫，也包括对运行途中的机动公共交通工具加以拦截后，对公共交通工具上的人员实施的抢劫。"

[3] 最高人民法院《关于审理抢劫、抢夺刑事案件适用法律若干问题的意见》第2条规定："……'在公共交通工具上抢劫'主要是指在从事旅客运输的各种公共汽车、大、中型出租车、火车、船只、飞机等正在运营中的机动公共交通工具上对旅客、司售、乘务人员实施的抢劫。在未运营中的大、中型公共交通工具上针对司售、乘务人员抢劫，或者在小型出租车上抢劫的，不属于'在公共交通工具上抢劫'。"

情节的认定"中，对"公共交通工具"作了适当扩张，去掉了公共交通工具"机动"限定，增加了"可认定为"和"视为"公共交通工具的两种情形，同时对于"不含小型出租车"作了再次明确。[1]从抢劫罪相关司法解释的脉络来看，"公共交通工具"认定的核心在于"从事旅客运输""大、中型""正在运营中或处于运营状态"等。根据《指导意见》第1条第7项，该意见所称公共交通工具，是指公共汽车、公路客运车，大、中型出租车等车辆。显然，其"公共交通工具"的外延更小（不包括火车、地铁、轻轨、轮船、飞机等），但是关于"大、中型"的限制是一样的，这也说明其"公共交通工具"的规定基本沿袭了抢劫罪相关司法解释的规定。对此，最高司法机关在解读《指导意见》时给出的理由是"主要是考虑这几类公共交通工具上妨害驾驶的现象较为常见、多发"。[2]《刑法修正案（十一）》新设妨害安全驾驶罪后，如何准确理解该罪构成要件中的"公共交通工具"？有观点认为，关于本罪"公共交通工具"的理解，可以参考《指导意见》的相关规定，应基于刑法谦抑原则进行限制性解释，将小型出租车排除在公共交通工具范围之外。[3]笔者认为，本罪中"公共交通工具"的含义，既不宜参照抢劫罪相关司法解释的规定，也不宜继续沿用《指导意见》的规定。《指导意见》借鉴抢劫罪相关司法解释关于"公共交通工具"的界定，实际上是对妨害安全驾驶犯罪和抢劫罪侵害法益的一种误读。

抢劫罪相关司法解释在"公共交通工具"的界定中明确排除小型出租汽车，实际上与抢劫罪中"在公共交通工具上抢劫"判处重刑的立法目的息息相关。根据最高司法机关的解读，对"在公共交通工具上抢劫"加重处罚的

---

〔1〕 最高人民法院《关于审理抢劫刑事案件适用法律若干问题的指导意见》第2条第2款规定："'公共交通工具'，包括从事旅客运输的各种公共汽车，大、中型出租车，火车，地铁，轻轨，轮船，飞机等，不含小型出租车。对于虽不具有商业营运执照，但实际从事旅客运输的大、中型交通工具，可认定为'公共交通工具'。接送职工的单位班车、接送师生的校车等大、中型交通工具，视为'公共交通工具'。'在公共交通工具上抢劫'，既包括在处于运营状态的公共交通工具上对旅客及司售、乘务人员实施抢劫，也包括拦截运营途中的公共交通工具对旅客及司售、乘务人员实施抢劫，但不包括在未运营的公共交通工具上针对司售、乘务人员实施抢劫。以暴力、胁迫或者麻醉等手段对公共交通工具上的特定人员实施抢劫的，一般应认定为'在公共交通工具上抢劫'。"

〔2〕 赵俊甫："《关于依法惩治妨害公共交通工具安全驾驶违法犯罪行为的指导意见》的理解与适用"，载《人民司法》2019年第7期。

〔3〕 胡云腾、徐文文："《刑法修正案（十一）》若干问题解读"，载《法治研究》2021年第2期。

目的主要是打击车匪路霸欺压旅客、抢劫财物，扰乱运输秩序的犯罪活动，以保护旅客在旅途中的财产和人身安全，从车匪路霸实施犯罪活动的特点看，一般集中在大、中型公共交通工具上，而且侵犯的是不特定多数旅客的财产安全，社会影响十分恶劣。虽然从功能上讲小型出租汽车属于公共交通工具，实践中在小型出租汽车上发生的抢劫案件也不少，但是在小型出租汽车上发生的抢劫案件多是抢劫司机个人的财物，数额一般不大，受害人的范围较窄。仅因在小型出租汽车上抢劫特定受害对象（司机）的较少财物就被判处重刑，显然违背罪责刑相适应原则，也不符合立法目的。[1]基于"在公共交通工具上抢劫"重点打击侵犯不特定多数旅客财产安全、社会影响十分恶劣的抢劫行为，而抢劫行为是否侵犯不特定多数乘客的财产安全，完全取决于交通工具类型及交通工具内乘客的多少，因此，将"公共交通工具"限定为"大、中型"公共交通工具具有合理性。但是妨害安全驾驶犯罪侵犯的法益是公共安全（不特定或多数人的人身、财产安全），而判断妨害安全驾驶行为是否侵犯公共安全，不完全取决于公共交通工具的类型以及交通工具内乘客的多少，还取决于妨害安全驾驶行为导致车辆失控后对道路上其他车辆、行人或者财产造成的现实危险。这就决定了基于载客人数多少而得出的"大、中型"公共交通工具的解释结论，无法适用于妨害安全驾驶犯罪行为。基于上述思路，笔者认为，妨害安全驾驶罪中的"公共交通工具"既包括公共汽车、公路客运车，大、中型出租车等车辆，也包括小型出租车，其本质在于向不特定的个人或者多人提供交通运输服务。

（二）"行驶中"的司法认定

妨害安全驾驶罪构成要件中无论是"对行驶中的公共交通工具"还是"在行驶的公共交通工具上"，都要求公共交通工具处于"行驶中"的状态。理论上极少有人关注到对"行驶中"的司法认定问题。笔者通过对大量司法判例的梳理发现，司法实践中对于"行驶中"的理解实际上存在争议，因而这一问题值得研究。关于公共交通工具在道路上的状态，主要有四种情形：一是严格意义上的行驶中，即车辆处于行进状态。二是车辆处于严格意义上的静止状态，如车辆熄火后停止。显然，第一种属于"行驶中"，第二种不属

---

〔1〕 张军主编：《解读最高人民法院司法解释之刑事卷》（上），人民法院出版社 2011 年版，第 520 页。

于"行驶中",这两种情形的司法认定并无疑义。三是车辆处于进站或驶离站台等阶段。如在"盛某某以危险方法危害公共安全案"中,被告人盛某某因上车问题与公交车司机张某发生矛盾,被告人盛某某在车辆驶离站台过程中拳击被害人张某,后张某停车报警。[1]又如在"王某 1 以危险方法危害公共安全案"中,王某 1 在公交车驶离公交车站过程中抢夺司机沈某某手中的方向盘要求停车,引发乘客恐慌并导致公交车被迫停车。[2]在"王某 2 以危险方法危害公共安全案"中,被告人王某 2 在司机俞某启动车辆继续行驶 10 米左右,上前拉拽方向盘,造成车辆摇晃,俞某紧急制动停车后王某 2 被乘客拉开。[3]显然,该种情形下车辆行驶速度较慢,但是也属于"行驶中"。四是车辆处于即停即开状态,如等红绿灯、上下乘客时,此时车辆并未熄火,而是处于刹车状态。对于该种状态能否认定为公共交通工具"行驶中",实践中存在争议。如在"刘某某以危险方法危害公共安全案"中,刘某某因其亲人在公交车上与司机发生争执,遂在某地点拦住该公交车,待司机停车并打开车门时,刘某某冲上公交车抓住司机衣服往车前方向拖,司机被刘某某拖离了驾驶位置,其右脚离开刹车位置,该公交车因此失控向前滑行。该案辩护人就提出,被告人是在车子停稳后才上车的,在其拉拽公交司机时,车子虽有少量滑动,但不应被认定为"在行驶中"。法院认为,刘某某在车辆正常行驶过程中拦阻车辆后上车,车辆处于即停即开的状态而非"停止"状态,在当时特定的时间和空间范围内,应当理解为"在行驶过程中"。[4]又如在"秦某某以危险方法危害公共安全案"中,秦某某因车辆停站问题与司机理论,当车辆行驶至某路口等待红绿灯时,秦某某用手拉拽公交车的方向盘,此时车辆随即启动,秦某某仍用手拉拽方向盘,驾驶员吴某将车辆停靠路边后报警。[5]从严格的字面意思来讲,"行驶中"是相对于车辆熄火"停止"状态而言的,对即开即停状态下公共交通工具行驶的妨害,往往伴随着导致车辆滑行或者妨害行为持续至车辆行驶,因此,只要车辆尚未熄火处于即开即停状态,也可认为是"行驶中"。如上述被告人秦某某实施的拉拽方向盘的

〔1〕 浙江省嘉兴市秀洲区人民法院〔2019〕浙 0411 刑初 753 号刑事判决书。

〔2〕 上海市浦东新区人民法院〔2020〕沪 0115 刑初 32 号刑事判决书。

〔3〕 浙江省绍兴市越城区人民法院〔2020〕浙 0602 刑初 181 号刑事判决书。

〔4〕 湖南省娄底市中级人民法院〔2019〕湘 13 刑终 405 号刑事判决书。

〔5〕 安徽省宿州市埇桥区人民法院〔2020〕皖 1302 刑初 1094 号刑事判决书。

行为，并非始于车辆行驶过程中，而是始于车辆处于"暂停"状态，但是这一拉拽行为由车辆"暂停"状态持续至行驶状态，显然系一个不可分割的行为，应予以整体评价。值得注意的是，上述第三种、第四种情形，虽然可以被认定为"行驶中"，但是这两种情形下车辆"行驶状态"显然无法与一般意义上的"行驶"等同，对于公共安全的危及程度也更低，因此，对于上述第三种、第四种情形下妨害行为构成犯罪的判定，应当坚持更高的入罪门槛。

（三）"使用暴力"行为的司法认定

相比《指导意见》将针对驾驶人员实施的行为限定为"殴打、拉拽"，《刑法修正案（十一）》中"使用暴力"的表述更具周延性。如何认定"使用暴力"？笔者认为，应从"暴力"的性质和"暴力"的综合形态两个维度进行理解。

关于"暴力"的性质，刑法理论上通常将犯罪构成要件中的"暴力"分为四种：最广义的暴力，是指不法行使有形力量的一切情况，包括对人暴力与对物暴力；广义的暴力，是指不法对人行使有形力或物理力，但不要求直接对人的身体行使，即使是对物行使有形力，但因此对人的身体有强烈的物理影响时，也构成广义的暴力；狭义的暴力，是指不法对人的身体行使有形力或物理力；最狭义的暴力，是指对人行使有形力量并达到足以压制对方反抗的程度。[1]有人认为，妨害安全驾驶罪中对驾驶人员使用暴力应当限于狭义的暴力。"广义上的不产生身体接触的暴力客观上即使对正常驾驶造成影响，也难以达到危及公共安全的程度。"[2]笔者认为，考虑到妨害安全驾驶罪的保护法益、法定刑配置等因素，对本罪"使用暴力"的界定宜采用广义的暴力的含义。据此，应把握两点：一是"使用暴力"必须是针对驾驶人员行使的有形力或物理力，包括对驾驶人员身体直接实施的典型的暴力程度较高的殴打、拉拽等行为，也包括暴力程度较低的推搡、拍打、抓挠等行为，还包括对物行使有形力或物理力并因此对驾驶人员的身体产生强烈的物理影响（不包括精神影响）的行为，比如打砸驾驶人员座椅、针对驾驶人员贴身物品（如眼镜、耳环、手表等）行使的暴力等。二是针对驾驶人员"使用暴力"，

---

〔1〕 张明楷：《刑法分则的解释原理（下）》（第2版），中国人民大学出版社2011年版，第783页。

〔2〕 梅传强、胡雅岚："妨害公共交通工具安全驾驶罪的理解与适用"，载《苏州大学学报（哲学社会科学版）》2021年第1期。

并非要求有形力或物理力已经作用于驾驶人员。在通常情况下，行为人对驾驶人员"使用暴力"都带有一定突发性，"暴力"发生时往往已经作用于驾驶人员。但在有些情况下，驾驶人员看到行为人对其"使用暴力"随即采取了躲避、遮挡等行为或者行为人"使用暴力"时方向偏离未实际作用到驾驶人员（如朝驾驶人员扔物品但未砸到驾驶人员），此种情形下驾驶人员受到"暴力"的实际影响以及由此导致的对公共交通工具正常行驶的影响，与已经作用于身体或与身体紧密连接的物品后产生的影响并无本质区别，也应当认定为本罪中的"使用暴力"。

关于"暴力"的综合形态，根据《刑法》第 133 条之二第 3 款"同时构成其他犯罪的，依照处罚较重的规定定罪处罚"之规定，妨害安全驾驶罪中的"使用暴力"只能是有限程度的"暴力"，而不包括所有类型的"暴力"。对此，应从两个方面予以把握：一是"暴力"行为造成驾驶人员的伤害后果，只能是轻伤（不含）以下的后果，如轻微伤或一般性疼痛，如果对驾驶人员"使用暴力"的行为造成了驾驶人员轻伤及以上的后果，显然应该以故意伤害罪等处罚更重的罪名定罪处罚。二是行为人"使用暴力"的次数涉及多次或者借用特殊工具"使用暴力"的，如多次随意殴打驾驶人员或持凶器随意殴打驾驶人员，破坏社会秩序的（破坏社会秩序和危及公共安全存在部分重合），根据《刑法》第 293 条和 2013 年最高人民法院、最高人民检察院《关于办理寻衅滋事刑事案件适用法律若干问题的解释》之规定，则应考虑以寻衅滋事罪论处。

（四）"抢控驾驶操纵装置"的司法认定

有学者认为，"这里的抢控行驶中的公共交通工具的驾驶操纵装置，对于汽车来说，就是指方向盘"。[1]显然，这种对驾驶操纵装置的狭义理解并不合理，也不符合司法实践真实情况。方向盘是最为典型的驾驶操纵装置，但除了方向盘，还有变速杆、制动踏板、加速踏板、驻车自动手柄、汽车钥匙、灯光控制杆、雨刮器控制杆等操纵装置，其中有的操纵装置直接决定了车辆走向，一旦实施"抢控"行为，立即会对车辆行驶方向、状态产生即时影响（如方向盘、变速杆、制动踏板、加速踏板等），与公共安全直接相关；有的

---

[1] 陈兴良："公共安全犯罪的立法思路嬗变：以《刑法修正案（十一）》为视角"，载《法学》2021 年第 1 期。

操纵装置虽然不直接关联公共安全，但是与车辆正常行驶相关并有可能与公共安全产生间接联系（如灯光控制杆、雨刮器控制杆等）。但判断"操纵装置"的核心是其被用于驾驶并与车辆正常行驶有关。虽然操纵装置的重要程度以及与公共安全的关联度存在差异，但人为将本罪中的"驾驶操纵装置"限定解释为特定类型，无明确标准可循，也缺乏教义学支撑。将"操纵装置"限定为特定类型或许是出于限缩该罪处罚范围的考虑，但笔者认为，更为妥当的思路是承认"驾驶操纵装置"的本来含义和固有种类，在判断是否"干扰公共交通工具正常行驶，危及公共安全"这一构成要件要素时予以严格限定，对此，将在下文予以分析。

从字面含义来看，"抢控"有抢夺、控制之意，其范围较《指导意见》中的"抢夺"更广。在公共交通工具行驶过程中，驾驶操纵装置应由驾驶人员操控，其他人非因紧急避险等法定事由对操纵装置进行争夺、控制，都不具有正当性。"抢控"行为方式多种多样，既可以徒手实施，也可以利用工具实施（如将物品扔向驾驶操纵装置），[1]既可以是典型的拉拽行为，也可以是脚踢、按压、拨动等行为，既可以是短暂的瞬间行为，也可以是持续性的行为，无法穷尽所有种类，但其本质是对驾驶操纵装置的干扰，不要求对驾驶操纵装置的完全控制，也不要求已经实现对驾驶操纵装置的控制。

（五）"干扰公共交通工具正常行驶，危及公共安全"的司法认定

"干扰公共交通工具正常行驶，危及公共安全"是对妨害安全驾驶罪成立的限定条件。"干扰公共交通工具正常行驶"与"危及公共安全"是递进关系。前者是前提，后者是前者可能导致的结果。对于行为人针对驾驶人员"使用暴力或者抢控驾驶操纵装置"的行为，先进行是否"干扰公共交通工具正常行驶"的判断，在"干扰公共交通工具正常行驶"的基础上，进一步判断是否"危及公共安全"，据此形成了对妨害安全驾驶行为构成犯罪的双重过滤。对于"抢控"诸如方向盘、变速杆等驾驶操纵装置，必然会"干扰公共交通工具正常行驶"，对于"抢控"仪表盘、液晶显示屏、导航仪等操纵装置，通常意义上也会"干扰公共交通工具正常行驶"（应作具体判断），但上述两种情形是否"危及公共安全"，则需要进一步分析。

---

[1] 实践中就存在行为人将啤酒泼洒到仪表盘、将易拉罐摔到方向盘等行为被认定为犯罪的案例。参见北京市大兴区人民法院［2019］京 0115 刑初 522 号刑事判决书。

如何理解本罪中的"危及公共安全"？对此，学界形成了两种截然不同的观点。一种观点认为，妨害安全驾驶罪属于抽象危险犯。[1]另一种观点认为，"本罪是具体危险犯，须达到'危及公共安全'的程度才能构成犯罪"。[2]有学者进一步指出，"《刑法修正案（十一）》规定的危害公共交通工具行驶罪（即妨害安全驾驶罪——笔者注），以'危及公共安全'作为犯罪成立的条件，因而可以归属于具体危险犯……在司法认定的时候，就应当在认定危害公共交通工具行驶行为的基础上，对危及公共安全进行具体判断"。[3]笔者基本赞同妨害安全驾驶罪是具体危险犯的理论判断，但在理由上持有不同观点。笔者认为，以"危及公共安全"作为犯罪成立的条件，并不能当然推论得出妨害安全驾驶罪即属于具体危险犯。在危险犯中，对于同一构成要件及其体系性地位的理解，基于不同的视角完全可能得出截然不同的结论。同样，如果将妨害安全驾驶罪中的"危及公共安全"理解为构成要件，除了妨害安全驾驶行为，还附加一个"危及公共安全"的危险条件，便可将本罪解释为具体危险犯；如果认为"危及公共安全"已经蕴含在妨害安全驾驶行为之中，对行驶中的公共交通工具的驾驶人员使用暴力或者抢控驾驶操纵装置，干扰公共交通工具正常行驶的行为本身就危及公共安全，二者无法也没有必要拆分，则可将本罪解释为抽象危险犯。因此，仅从构成要件的表述和教义学视角，无法得出令人信服的结论。笔者认为，以往司法实践对"妨害行为"作了泛化解释，由此导致不少一般违法意义上的妨害安全驾驶行为被拔高认定为犯罪，如果不对新增的妨害安全驾驶罪的成立标准作出限制，极有可能导致所有类型的妨害行为被作为犯罪处理，尽管是法定刑"一年以下有期徒刑、拘役或者管制，并处或者单处罚金"，也会造成行政处罚与刑事处罚的错位。正是基于合理限制处罚范围和维持行政违法与刑事违法应有边界的考虑，应将妨害安全驾驶罪定位为具体危险犯。

在具体危险犯的理论坐标下，司法实务所要解决的首要问题就是具体危

---

[1] 梅传强、胡雅岚："妨害公共交通工具安全驾驶罪的理解与适用"，载《苏州大学学报（哲学社会科学版）》2021年第1期。

[2] 胡云腾、徐文文："《刑法修正案（十一）》若干问题解读"，载《法治研究》2021年第2期。

[3] 陈兴良："公共安全犯罪的立法思路嬗变：以《刑法修正案（十一）》为视角"，载《法学》2021年第1期。

险暨 "危及公共安全" 的判定。学界关于 "公共安全" 形成了 "不特定人说" "多数人说" "不特定并且多数人说" 以及 "不特定或者多数人说" 四种观点。[1] 目前刑法学通说是 "不特定或者多数人说"。[2] 有观点认为，应将妨害安全驾驶罪中的 "危及" 解释为 "威胁到" 而非 "有害于"，是一种对公共安全产生损害的较低可能性。[3] 根据上述观点，妨害安全驾驶罪中的 "危及公共安全" 是指 "威胁到" 不特定或者多数人的安全，但这一标准仍具有相当模糊性，在司法操作中不易把握。比如，对行驶中的公共交通工具的驾驶人员使用暴力或者抢控驾驶操纵装置，干扰公共交通工具正常行驶的，通常情况下都会 "威胁到" 不特定或者多数人的安全。大陆法系刑法学理论对具体危险犯中的 "危险" 提出了更为精细化的判断标准。德国刑法学家罗克辛指出，具体危险犯中的危险是一种 "结果性危险"。"这种危险应当根据那种已经发展出来的归责标准，借助一种客观的、事后的估计加以查明；如果缺乏一种结果性危险，那么这个构成行为就是不可归责的，即使在出现一种事实性的危险时，情况也一样。"[4] 为了进一步判断结果性危险，往往引入一种危急的情形，这种危急情形必须 "如此强烈地损害了一个确定个人的安全，以至于这种法益是否受到损害或者是否没有受到损害都还只能取决于偶然事件"。[5] 换言之，"如果发生了某种事态，而同时，在熟悉相应情况的人看来，只有纯粹出于偶然的原因，相应的实害才不会发生，那么这时，我们就可以认为，相应的行为客体遭遇了具体的危险"。[6] 据此而言，具体危险犯中的具体危险，并非仅仅停留于 "危险" 层面，而是已经发生了某种事态或者出现了某种情状，这种事态或情状虽然在实害结果发生或到来之前，但根据这些条件或情状，客观地预测这样的行为很有可能会形成实害风险或通常

〔1〕 劳东燕：“以危险方法危害公共安全罪的解释学研究”，载《政治与法律》2013 年第 3 期。

〔2〕 高铭暄、马克昌主编：《刑法学》（第 9 版），北京大学出版社、高等教育出版社 2019 年版，第 329 页；张明楷：《刑法学（下）》（第 5 版），法律出版社 2016 年版，第 687 页。

〔3〕 梅传强、胡雅岚：“妨害公共交通工具安全驾驶罪的理解与适用”，载《苏州大学学报（哲学社会科学版）》2021 年第 1 期。

〔4〕 ［德］克劳斯·罗克辛：《德国刑法学 总论：犯罪原理的基础构造》（第 1 卷），王世洲译，法律出版社 2005 年版，第 275 页。

〔5〕 ［德］克劳斯·罗克辛：《德国刑法学 总论：犯罪原理的基础构造》（第 1 卷），王世洲译，法律出版社 2005 年版，第 276 页。

〔6〕 ［德］乌尔斯·金德霍伊泽尔：《刑法总论教科书》（第 6 版），蔡桂生译，北京大学出版社 2015 年版，第 67 页。

会导致结果的发生，如果结果未发生，乃是出于偶然。正如有学者指出的，具体危险的认定，不能以单纯具有实害结果发生的可能性为已足，而必须依据一般生活经验，对于该具体事件的所有状态综合判断，认为实害结果的发生已经非常接近方可。

由此出发，笔者认为，妨害安全驾驶罪中"危及公共安全"的司法判断，应是指对驾驶人员使用暴力、抢控驾驶操纵装置等妨害行为已经导致出现特定事态或情状，而这种事态或情状客观上通常会导致公共安全实害结果的发生（但因偶然因素没有最终发生）。在具体理解时，应注意把握两点：一是"危及公共安全"的判断，既包括公共交通工具内乘客的人身、财产安全，也包括公共交通工具外其他车辆、行人的人身、财产安全，对于任何一种公共安全的"危及"，都属于本罪中的"危及公共安全"。二是"危及公共安全"的判断，很大程度上取决于操纵装置的种类、驾驶人员的即时反应（如是否紧急刹车、是否受到惊吓导致车辆失控等）、车辆速度、行驶路段、载客人数以及当时情境下可能导致的后果等方面因素。根据以上论述，本罪"危及公共安全"可包括但不限于以下情形（之一或兼具两种及以上）：致使公共交通工具发生明显晃动的；致使公共交通工具发生非正常变向（行驶路线偏离）的；致使公共交通工具与行人、建筑物、道路路沿、隔离带等发生轻微碰擦的；致使公共交通工具非正常紧急制动的；致使驾驶人员或乘客受伤的（轻微伤及以下），等等。

四、妨害安全驾驶罪司法认定中的其他问题

除了对妨害安全驾驶罪构成要件的解析之外，根据笔者对司法判例的梳理，该类犯罪在司法实务中还存在其他一些争议性问题，主要表现在实施妨害安全驾驶犯罪行为相关的行为应否予以独立评价和特殊情形下自首的认定两个方面，理论界对此几乎没有涉及，但这两个问题在客观上广泛存在且直接影响定罪量刑，对此应予以专门分析。

（一）实施妨害安全驾驶犯罪行为相关行为的司法认定思路

《刑法》第133条之二第3款规定："有前两款行为，同时构成其他犯罪的，依照处罚较重的规定定罪处罚。"这实际上是前两款行为本身在构成其他犯罪的情况下的处理原则。由此延伸的另一个问题是，实施《刑法》第133条之二第1款、第2款行为相关联的行为，是应予独立评价还是被妨害安全

驾驶罪所吸收？司法判例显示，妨害安全驾驶的行为都不是单一抢夺方向盘、殴打驾驶人员等行为，而是包含了"前因"行为和"后续"行为的系列集合。大多数案件中，行为人在实施抢夺方向盘、殴打驾驶人员行为这一"核心"行为之前，已经实施了针对驾驶人员的辱骂、殴打或者针对其他乘客的辱骂、殴打行为，而在实施"核心"行为并在驾驶人员停车之后，往往还会继续实施辱骂、撕扯、殴打等行为（可能针对驾驶人员也可能针对乘客）。笔者注意到，以往司法判例对于该类行为均不予独立评价，多用以危险方法危害公共安全罪予以吸收，考虑到以危险方法危害公共安全罪的法定刑配置较高，这一做法虽不够精确科学，但毕竟具有处罚的实质合理性。但是，在妨害安全驾驶罪独立成罪并只有较轻法定刑配置的情况下，继续沿用以往司法判例经验，用妨害安全驾驶罪吸收其他相关行为的思路，显然不具有实质合理性。这种情形并不属于《刑法》第133条之二第3款的规定，也与《刑法》第133条之二第1款和第2款规定的行为性质不同，需要予以单独评价。根据笔者梳理，实施妨害安全驾驶犯罪行为的相关行为主要包括以下四种：

第一，在实施妨害安全驾驶核心行为之前实施的辱骂、殴打等行为。根据辱骂、殴打行为对象的不同，可将该种行为进一步细分为两类：一是针对驾驶人员实施的辱骂、殴打等行为。由于"前因"行为中的"辱骂"多系言语实施，且针对驾驶人员这一特定对象，一旦与驾驶人员发生肢体接触就极有可能被评价为妨害安全驾驶实行行为，因而能够被后续"使用暴力"行为所吸收，对此可不予单独评价。如果车辆处于行驶中，那么对于驾驶人员实施的殴打行为通常均可被评价为妨害安全驾驶罪中的"使用暴力"行为，因此，在实施妨害安全驾驶核心行为之前实施的针对驾驶人员的殴打行为，一般存在于一些极为特殊的个案中（如殴打的对象系不同的驾驶人员、殴打完非驾驶状态下的驾驶人员后在驾驶人员驾驶期间继续殴打），对此，笔者认为应单独评价。如在"刘某某以危险方法危害公共安全案"中，刘某某因驾驶电动自行车被别为由，骑电动车追赶、拦截该公交车，并将司机翟某某自驾驶室拉至车外进行殴打。后翟某某及其车上乘客转乘至孙某驾驶的公交车上，刘某某亦跟随上车，继续追打、辱骂翟某某，孙某要求刘某某下车被拒后，启动车辆并称将刘某某拉至派出所，刘某某要求下车，孙某未予理会，刘某某遂起身拉拽孙某，造成车辆方向突然右偏，车上乘客恐慌。[1]本案中，被告人刘某某拉拽的是孙某，但是拉拽孙某之前，则实施了追赶、拦截翟某某公交车，殴打、辱骂翟某某的行为，这一系列行为与妨害孙某安全驾驶的行为虽然表面上具有一定延续性，但本质上是完全不同的行为，应予以分别评价。二是针对售票员、乘客等其他人员实施的辱骂、殴打等行为。如在"刘某某以危险方法危害公共安全案"中，刘某某上车后无故殴打乘客徐某某，司机蒋某立即口头劝阻，并准备停车报警，刘某某随即殴打蒋某。[2]又如在"孙某某以危险方法危害公共安全案"中，孙某某上车后即在车辆行驶途中肆意辱骂其他乘客，多次用脚踹车窗及车门，并拦住车门不让乘客上车。当车辆行驶至某路段时，孙某某突然上前抢夺司机手中方向盘及车辆档杆。[3]还有的则是在殴打乘客后实施拉拽方向盘。[4]对于上述在殴打驾驶人员、抢夺操纵装置"核心"行为之前实施的针对乘客的殴打、辱骂行为，司法机关均未单独评价。笔者认为，在实施针对驾驶人员"使用暴力"和抢控驾驶操纵装置行为之前针对售票员、乘客等其他人员实施的辱骂、殴打行为所侵犯的法益与妨害安全驾驶罪保护的法益具有本质区别，二者原则上应作区分性评价。具体而言，在实施针对驾驶人员"使用暴力"和抢控驾驶操纵装置行为之前针对售票员、乘客等其他人员实施的辱骂、殴打行为，可视不同情况以寻衅滋事罪、故意伤害罪等定罪处罚。

第二，在实施妨害安全驾驶核心行为之后实施的辱骂、殴打等行为。如在"李某某以危险方法危害公共安全案"中，李某某拉拽驾驶人员，司机立即制动刹车，在司机将车辆停稳后仍继续挥拳殴打司机面部数拳，后又殴打上前劝阻的乘客和继续殴打司机。[5]该案中，李某某在实施妨害安全驾驶的"核心"行为后又实施了针对司机和乘客的随意殴打行为。类似判例还有"柯某以危险方法危害公共安全案"（殴打驾驶人员后在车辆停靠期间不顾多名乘客劝阻多次上前踢打驾驶人员，致驾驶人员脸部、腰部等处受伤）、[6]"葛某

---

〔1〕 山东省邹城市人民法院［2019］鲁 0883 刑初 380 号刑事判决书。

〔2〕 贵州省贵阳市云岩区人民法院［2020］黔 0103 刑初 40 号刑事判决书。

〔3〕 安徽省界首市人民法院［2019］皖 1282 刑初 117 号刑事判决书。

〔4〕 四川省射洪县人民法院［2019］川 0922 刑初 286 号刑事判决书。

〔5〕 福建省厦门市思明区人民法院［2020］闽 0203 刑初 20 号刑事判决书。

〔6〕 福建省莆田市城厢区人民法院［2019］闽 0302 刑初 509 号刑事判决书。

某以危险方法危害公共安全案"（拉拽驾驶人员即刻靠边停车后对予以呵斥劝阻的他人进行攻击）、[1]"刘某某以危险方法危害公共安全案"（殴打驾驶人员被乘客拉开，司机将车停稳准备报警时刘某某不顾他人劝告和阻拦继续殴打司机）、[2]"苏某以危险方法危害公共安全案"（拉拽方向盘后司机将车停稳报警，苏某趁司机报警之机从车窗跳出，司机为防止其脱逃而拉拽，在此过程中苏某对司机实施暴力行为）、[3]"田某以危险方法危害公共安全案"（实施妨害安全驾驶行为后司机停车报警，田某又对司机陈某实施了系列殴打行为）[4]等。对此，根据前文论述理由，笔者认为也应改变以往司法实践未予单独评价的做法，对于在实施妨害安全驾驶核心行为之后实施的辱骂、殴打等行为予以单独刑法评价。

第三，在实施妨害安全驾驶核心行为的同时还实施了其他破坏车辆或车上物品等行为。如在"郭某某以危险方法危害公共安全案"中，郭某某因拒绝售票员的补票要求，用手抢夺行驶中的大巴车变速杆并来回搬动，后又将大巴班车的前挡风玻璃砸破，公诉机关指控被告人郭某某犯以危险方法危害公共安全罪、寻衅滋事罪向法院提起公诉，法院则对寻衅滋事罪的指控未予支持，理由主要是"后面砸玻璃的行为只是前面犯罪行为的继续"。[5]笔者认为，能否将其他破坏车辆或车上物品的行为作为妨害安全驾驶行为的延续，本质上取决于破坏车辆的行为是否也影响到了公共交通工具的安全驾驶。应当看到，在《指导意见》中，乘客在公共交通工具行驶过程中实施的危害公共安全行为除了抢夺方向盘、变速杆等操纵装置和殴打、拉拽驾驶人员，还包括"有其他妨害安全驾驶行为"这一兜底性表述，而破坏车辆的行为实际上也是一种广义的妨害安全驾驶行为，因此，在《刑法修正案（十一）》之前，将其他破坏车辆的行为作为殴打驾驶人员、抢控方向盘行为的延续，按照以危险方法危害公共安全罪论处，具有一定合理性，但是在《刑法修正案（十一）》已经明确非驾驶人员构成妨害安全驾驶罪两种特定情形的情况下，将破坏车辆的行为作为对行驶中的公共交通工具的驾驶人员使用暴力或

---

[1] 广东省深圳市宝安区人民法院［2019］粤 0306 刑初 2130 号刑事判决书。

[2] 贵州省贵阳市云岩区人民法院［2020］黔 0103 刑初 40 号刑事判决书。

[3] 辽宁省新民市人民法院［2020］辽 0181 刑初 306 号刑事判决书。

[4] 北京市大兴区人民法院［2019］京 0115 刑初 522 号刑事判决书。

[5] 山西省娄烦县人民法院［2019］晋 0123 刑初 68 号刑事判决书。

者抢控驾驶操纵装置行为的延续，显然不具有法理依据。对于对行驶中的公共交通工具的驾驶人员使用暴力或者抢控驾驶操纵装置行为的同时还实施了其他破坏车辆或车上物品的行为的，应予以独立评价。

第四，将妨害安全驾驶行为作为实施其他犯罪的手段行为。如在"宋某抢劫案"中，其中有一节事实是被告人宋某以自己手机丢失在其他出租车上为由，乘坐被害人董某的出租车追赶，后宋某对董某实施抢劫遭拒后，宋某便换位到副驾驶位置用拳头殴打董某面部，并在车辆行驶过程中抢夺方向盘，董某因极度害怕跳车后摔伤。法院认定宋某构成抢劫罪（作为多次抢劫中的一次）。[1]本案中，宋某将抢夺方向盘作为其实施抢劫行为的一种手段。又如在"韦某某抢劫、以危险方法危害公共安全案"中，韦某某在行驶的公交车上针对乘客蓝某某实施扒窃行为后为抗拒抓捕先对蓝某某使用暴力，后为逃离现场持刀威胁司机，并用手拉扯司机秦某某驾控的方向盘，在秦某某被迫减速行驶时，韦某某乘机跳窗逃离现场。法院认定韦某某构成抢劫罪、以危险方法危害公共安全罪。[2]本案中，韦某某实施扒窃行为后，对被害人使用暴力和拉拽方向盘的行为都是为了抗拒抓捕和逃离现场，属于转化型抢劫中的手段行为。笔者认为，将妨害安全驾驶行为作为实施其他犯罪的手段行为，此时妨害安全驾驶犯罪行为与其他犯罪行为之间成立牵连关系，原则上应择一重罪论处。

（二）特定情形下自首的司法认定思路

应当看到，该类案件中犯罪嫌疑人到案情况具有特殊性。以往司法判例显示，多数案件关于该类犯罪自首的表述为"案发后，被告人明知他人报警而在现场等待，民警抓捕时没有拒捕行为，如实供述了自己的犯罪事实"。但是如果进一步分析，则会发现，在这一较为宏观的叙述之下，仍有值得进一步研究的问题。通过梳理司法判例可以发现，实践中对于犯罪嫌疑人的现场到案情形主要包括四种：一是正常离开现场，后被抓获或主动投案；二是在司乘人员的阻止下逃离现场，后被抓获或主动投案；三是驾驶人员直接将车辆开至派出所，后犯罪嫌疑人如实供述罪行；四是驾驶人员（靠边）停车报警后被告人一直在车上直至公安人员赶到现场，后如实供述罪行。对于第一

---

〔1〕 辽宁省灯塔市人民法院［2018］辽 1081 刑初 88 号刑事判决书。
〔2〕 广西壮族自治区巴马瑶族自治县人民法院［2013］巴刑初字第 184 号刑事判决书。

种、第二种情形，只要是行为人自动投案并如实供述自己的罪行的，认定为自首并无疑义。但是对于第三种、第四种情形，能否认定为自首，司法判例的争议较大，也出现了同案不同判的情形。如在"孙某以危险方法危害公共安全案"中，孙某在实施拉拽驾驶人员的行为后，司机将车停下并报警，待公安机关赶到在车上将其带至公安机关（如实供述罪行）。一审法院未认定自首，二审法院最终认定构成自首。[1]在"王某 3 以危险方法危害公共安全案"中，王某 3 实施拉拽方向盘的行为，司机报警后，王某 3 在车上被民警口头传唤至派出所接受调查（如实供述罪行），法院也认定构成自首。[2]而在"秦某某以危险方法危害公共安全案"中，秦某某在实施拉拽公交车方向盘的行为后，司机随即将车辆停靠路边并报警，派出所民警出警后将秦某某在公交车上抓获（如实供述罪行）。辩护人认为构成自首，法院则认为，被告人秦某某在案发公交车内被公安机关抓获，其归案不具有投案的主动性，因而不认定为自首。[3]实际上，无论是将犯罪嫌疑人带至公安机关，还是犯罪嫌疑人在车上被民警口头传唤至派出所接受调查，抑或公安机关赶至现场在车上将犯罪嫌疑人抓获，只是表述上的差异，其本质并无不同，都是犯罪嫌疑人一直在车上等候公安机关到达，后被公安机关控制并如实供述罪行。对于该种情形，能否认定为自首？对此，应从以下两个方面予以分析判定：

第一，犯罪嫌疑人在车上时是否处于已被他人控制状态。在报警后等待公安机关赶至现场期间，如果犯罪嫌疑人在车上已经处于被司乘人员控制的状态，警察赶至现场将其传唤或带至公安机关接受调查的，显然不具有投案的主动性，不应认定为自首。如司法判例中常见的犯罪嫌疑人在实施殴打、拉拽驾驶人员或抢夺方向盘等行为后，被司机和乘客联合制服，[4]被驾驶员、副驾驶员及乘客控制住，[5]被驾驶人员紧急停车制服，[6]该种情形下，民警赶赴现场时，犯罪嫌疑人处于被他人制服的状态，其客观上无法离开现场，

---

［1］ 辽宁省抚顺市新抚区人民法院［2019］辽 0402 刑初 240 号刑事判决书、辽宁省抚顺市中级人民法院［2019］辽 04 刑终 300 号刑事判决书。

［2］ 山东省滨州市滨城区人民法院［2019］鲁 1602 刑初 632 号刑事判决书。

［3］ 安徽省宿州市埇桥区人民法院［2020］皖 1302 刑初 1094 号刑事判决书。

［4］ 广东省广州市黄埔区人民法院［2019］粤 0112 刑初 1218 号刑事判决书；安徽省界首市人民法院［2019］皖 1282 刑初 117 号刑事判决书。

［5］ 湖北省阳新县人民法院［2019］鄂 0222 刑初 126 号刑事判决书。

［6］ 重庆市铜梁区人民法院［2019］渝 0151 刑初 358 号刑事判决书。

尽管被告人到案后如实供述了自己的犯罪事实，也不符合自首认定的条件。如果犯罪嫌疑人在车上尚未处于被司乘人员控制状态，明知他人报案后在车上等候公安机关赶至现场处理（将其所谓"抓获"或传唤或带至公安机关接受调查），无拒捕行为，并如实供述自己的罪行的，从自首制度的立法本意而言，不宜从严掌握，一般均应认定为自首。其中，对于犯罪嫌疑人"明知他人报案"中"明知"的认定，也应从宽理解为包括确实知和应当知道，对于无明确证据证实犯罪嫌疑人确实不知道的，[1]一般应推定犯罪嫌疑人"明知"。

第二，犯罪嫌疑人在车上时车门是否处于关闭（锁定）状态。司法判例显示，在实施妨害安全驾驶行为后，驾驶人员报警后将公共交通工具车门关闭（锁定），犯罪嫌疑人在车内等待公安机关赶至现场处理（传唤或带至公安机关接受调查，如实供述罪行），也是一种常见情形。此时虽然其尚未被他人控制，但因为车门关闭（锁定）这一因素的介入，使得自首的认定出现了争议。对于这一情形，有的判例认为构成自首，[2]有的则以车门关闭（锁定）说明犯罪嫌疑人已被控制，不具有离开的条件，并非主动投案等理由认为不构成自首。[3]司法实践倾向于对该种情形不认定为自首。笔者认为，对于该种情形下自首的认定，不能仅仅根据车门关闭（锁定）就当然得出客观上已经不具备逃离的条件进而否定自首的成立。实际上，在多个案件中，犯罪嫌疑人在车门关闭（锁定）状态下就完成了逃离行为，有的是强行按下公交车操作台上的开门按钮下车逃离，[4]有的是强行打开公交车车门离开，[5]有的是通过翻窗（爬窗）逃跑。[6]这说明，即使司机关闭（锁定）车门，被告人仍然具有逃离现场的可能性。笔者的观点是，对于该种情形下行为人自首的

---

〔1〕 在个别案件中，法院就以被告人对他人报案"不明知"而否定自首。主要依据是"从侦查机关出具的抓获经过等材料及当庭讯问被告人可知"。参见安徽省淮北市烈山区人民法院［2019］皖0604刑初34号刑事判决书。

〔2〕 广东省珠海市斗门区人民法院［2019］粤0403刑初252号刑事判决书。

〔3〕 宁夏回族自治区银川市兴庆区人民法院［2019］宁0104刑初1008号刑事判决书；四川省泸县人民法院［2020］川0521刑初27号刑事判决书；青海省循化撒拉族自治县人民法院［2020］青0225刑初16号刑事判决书。

〔4〕 安徽省临泉县人民法院［2019］皖1221刑初163号刑事判决书。

〔5〕 广东省茂名市中级人民法院［2019］粤09刑终501号刑事判决书。

〔6〕 湖北省武汉市新洲区人民法院［2019］鄂0117刑初457号刑事判决书；湖南省耒阳市人民法院［2020］湘0481刑初33号刑事判决书。

认定，总体上应秉持较为宽松的立场，并主要判断行为人在明知他人报警的情况下，主观上是否想要逃离以及是否有逃离的实际行为。如果行为人已经实施逃离的行为或者试图实施逃离的行为，无论是被车门关闭（锁定）挡住还是被其他乘客阻止而无法逃离，则不应认定为自首。如在实施妨害安全驾驶的行为后，司机将车门锁住，行为人遂用脚踢踹公交车后门，并继续辱骂司机，[1] 其用脚踢踹公交车后门的行为，表明了行为人主观上有逃离现场的意愿，客观上也已实际实施试图逃离的行为。如果行为人尚未实施逃离的行为或者试图实施逃离的行为，则一般应认定为自首。这种情况下，将司机关闭（锁定）车门认定为行为人已经不具有逃离的可能性因而不构成自首，极有可能造成宽严失当。相较于上述第一种、第二种情形下被告人逃离现场后主动投案如实供述罪行构成自首，在关闭（锁定）车辆中等候公安机关到场后如实供述罪行的情形更节约司法资源、更有利于司法机关查处犯罪，被告人主观恶性也更小，对于该种情形反而不以自首论处，显然会导致处罚上的不合理。因此，犯罪嫌疑人在车门关闭（锁定）状态下等候公安机关处理，并如实供认犯罪事实的，一般情况下应认定为自首，例外情况下（有逃离或试图逃离的行为）不认定为自首。

五、结语

司法判例是学术研究的重要资源和巨大宝藏。通过对 251 个妨害安全驾驶犯罪司法判例的逐一分析，可以准确发现以往该类案件司法实践中存在的突出问题，即因对"妨害行为"的泛化解释和对"危害公共安全"的恣意扩张而出现的类型化不足导致犯罪定型化的缺失。还可以得出产生这一突出问题的原因并非《指导意见》之"过"，而更主要在于司法机关在理解与适用《指导意见》具体条文时的泛化立场和恣意做法。这种情况下，立法机关将其认为应当作为轻罪处理的部分妨害安全驾驶行为抽离出来予以单独规定，新增妨害安全驾驶罪，通过立法层面实现了该类犯罪的定型化，不仅对于司法实践的理性回归具有重要的"倒逼"作用，更深层次的功能在于与《指导意见》共同构成了惩治妨害安全驾驶犯罪的罪名（轻重）层次和刑罚阶梯。其关于妨害安全驾驶罪行为类型的立法描述特别是对《指导意见》已有用语的

---

〔1〕 湖南省宁乡市人民法院［2019］湘 0124 刑初 326 号刑事判决书。

实质性修改，及时回应和澄清了司法实践中的争议。在刑事立法已经确定、相关司法解释尚未出台的情况下，理论研究不应持"观望态度"，而应基于对最新刑法修正条款与已有司法规范性文件、司法判例关系的深度梳理，综合运用多种解释方法，为司法适用提供学术指引。就本罪而言，一方面需合理界定"公共交通工具""行驶中""使用暴力""抢控驾驶操纵装置""危及公共安全"等构成要件的规范含义，另一方面基于轻罪的定位和刑罚配置情况，对于实施妨害安全驾驶核心行为之外的辱骂、殴打、毁坏等行为的定性以及特殊情境下自首认定等争议性问题需重新予以评析。

故意伤害罪中被害人过错的实证研究

江 雪[*]

摘　要： 被害人在刑事犯罪的产生和发展中扮演着重要的角色。传统的刑法理论却聚焦于犯罪人的刑事责任，严重忽视犯罪被害人，如此既无法掌控实际的犯罪事实，更无法有效抑制犯罪，难以看清犯罪的本质。实证研究证明，目前的司法裁判对于被害人过错的适用存在着界定过于模糊、过错程度表述不一、没有申明裁判依据、量刑从宽幅度不一等问题。为此，需要以刑事政策为导向重新审视被害人过错这一因素，阐释其理论基础和刑法意义，客观、公正、全面地对犯罪事件进行评价，提出被害人过错的立法完善建议，并最终恰当地量定被告人的刑罚，以重塑社会交往行为模式。

关键词： 刑法　故意伤害罪　被害人过错　实证研究　刑事政策

传统的刑法理论聚焦于犯罪人应当承担的刑事责任，却未对受害人给予足够关注。从根本角度看，只有犯罪人与受害人形成互动关系，犯罪事实才能够最终成立，若是仅聚焦于犯罪人而忽略被害人，既无法掌控案件的犯罪事实，也无法有效抑制犯罪，更难以看清案件的本质，而且可能导致"同案不同判"现象频繁发生。为此，需要在摸清被害人过错司法适用的前提下，以刑事政策为导向综合考虑被害人过错对于量刑的影响，以重塑社会交往过程中理性人的行为模式。

---

* 山东大学法学院（威海）博士研究生，从事计算法学研究。

一、被害人过错的司法适用现状

（一）实证研究样本的选取

被害人过错广泛存在于不同类型的刑事犯罪案件中，比较常见的包括交通肇事案件、故意伤人案件等，其犯罪性质、犯罪人及被害人过错的表现形式、程度等都不同，若探讨普适的被害人过错认定标准对不同类型犯罪的量刑认定会有一定偏差。本文通过对司法裁判网调取的带有关键词"被害人过错"的刑事案件查阅发现，有 2096 件为故意伤害案件，其被告人或其辩护人提出被害人有过错的辩护理由。通过数据及人工比对，最终过滤出法院认定的 594 个案件，在双方互动过程中，被害人的确存在先行错误行为，应当考虑对被告人进行从轻处罚，酌情降低被告人的量刑处罚。从中我们能够看出，人民法院针对故意伤害罪的判罚，70% 以上的案件，被害人均存在不同程度的过错。由此，本文选取广泛存在被害人过错的犯罪——故意伤害罪作为研究对象，运用实证研究方法，以刑事政策为导向影响互动双方当事人的行为规范，探求被害人过错影响刑事立法、司法以及量刑的规范化限制，从而达到抑制犯罪的效果。

我国的犯罪统计特别是被害人统计资料比较缺乏，一些相关的数据可能会因为各种原因而未能全面公开。此样本通过选取"中国裁判文书网"2013 年至 2020 年期间发布的共计 2096 份涉及被害人过错故意伤害案件的裁判文书进行处理分析，剔除法院不予认定的被害人过错案件，对剩余案件进行进一步研究。最终纳入统计分析范围的涉及被害人过错个案的有效司法文书为 594 份，个别司法文书由于信息不全未被采纳。

统计数据显示，法院认定被害人不存在刑法意义上的过错案件为 908 件，占被害人过错案件的 43.32%；法院认定被害人有刑法意义上的过错案件为 594 件，仅占被害人过错案件的 28.34%；作为罪轻情节予以采纳的共 594 件，占被害人过错案件的 28.34%；被害人过错作为无罪案件处理的为零。通过对以上信息数据分析可以看出：在如此多的涉及被害人过错的案件中，法院最终认定的占比并不高。由此看来，被害人过错这一现象已广泛存在于故意伤害案件中，但法院在对这一情节的认定上仍较为谨慎。

（二）被害人过错的整体情况

1. 被害人过错程度（见表 1）

表 1　被害人过错程度

被害人过错程度		
程度	被害人轻微过错	被害人一般过错	被害人重大过错
比例（%）	10.40	81.00	8.60

在判断被害人过错程度时，根据门德尔松、法塔赫、谢弗等分类方法，通常将被害人的责任分为完全无辜的被害人、有责任的被害人和有罪的被害人。[1]目前，专业领域参照过错严重性，对被害人过错进行分类，包括无过错、轻微过错、一般过错、重大过错[2]以及完全过错五种类型。从样本研究结果中能够看出，案件中被害人有轻微过错的为 62 起，占比 10.40%；被害人被认定为有一般过错的为 481 起，占比 81.00%；被害人被认定为有重大过错的为 51 起，占比 8.60%。在法院认定的涉及被害人过错的案件中，绝大多数被判定为具有一般过错。

2. 被害人过错类型（见表 2）

表 2　被害人过错类型

被害人过错类型		
类型	迫发	引发	激化
比例（%）	1.18	60.90	37.92

根据门德尔松、法塔赫、谢弗等分类方法，可根据案件受被害人的影响程度对被害人过错进行划分，包括由于被害人的侵权行为引发了犯罪人实施自我保护行为，其属于"迫发"类型；被害人的行为是导致错误行为产生的主要因素，其属于"引发"类型；由于被害人做出了激怒或挑衅犯罪人的行

---

〔1〕　参见刘军："事实与规范之间的被害人过错"，载《法学论坛》2008 年第 5 期。

〔2〕　本文在判断被害人是否具有重大过错时，综合考虑了如下三个标准：①法院的刑事判决书对被害人过错程度的认定；②被害人的过错是否对犯罪人犯罪行为的发生、发展起到了迫发或促进犯罪行为生成的作用；③作为酌定量刑情节的被害人过错是否足以影响犯罪人的量刑。如果对犯罪人的量刑发生了重大影响，例如因被害人过错的存在导致犯罪人的刑罚被判法定刑以下有期徒刑，那么在没有相反的量刑情节的情况下，就将被害人的过错认定为重大过错。特作如上说明。

为，而导致犯罪结果形成，其属于"激发"类型。[1]由统计数据看出，其中被害人迫发[2]犯罪人犯罪的案件仅有 7 件，占比 1.18%；较为普遍的是由被害人引发和激化的犯罪行为与危害结果的发生分别占比为 60.90% 和 37.92%。

3. 被害人过错对最终判决结果存在一定影响（见表 3）

表 3　被害人过错对判罚结果的影响

被害人过错对量刑的影响			
	无影响	从轻处罚	减轻处罚	免除处罚
比例（%）	9.10	85.90	4.00	1.00

从上述分析结果中我们能够看出，如果刑事案件中，被告人实施犯罪行为主要是由于被害人存在过错，则法院会对被告人实施从轻处罚，此类案件占比为 85.90%，说明被害人过错作为酌定量刑情节能够对被告人的量刑起到一定影响。对于无影响的量刑中，被害人过错的存在都是轻微过错，部分过错轻微可忽略不计，判定轻微过错的案件相对较少；在极个别免于处罚的案件中，具体表现为被告人情节较轻或具有限制能力，结合被害人过错从轻处罚最终判定为免除处罚。此外，对于被害人过错的案件中出现减轻处罚这一表述，被害人过错目前仍属于酌定量刑情节下，不应出现此种表述。[3]

4. 被害人过错程度与量刑是否具有从轻相关性[4]（见表 4）

表 4　被害人过错程度与量刑相关性

		被害人过错程度	被害人过错影响量刑
被害人过错程度	皮尔逊相关性	1	.604**

---

　〔1〕　参见刘军：《刑法学中的被害人研究》，山东人民出版社 2010 年版，第 32~45 页。

　〔2〕　本文中的"迫发"是指被害人的严重侵犯行为迫使犯罪人做出防卫性的侵害行为，即正当防卫或防卫过当。在此情形下，犯罪人与被害人相互转化，犯罪人已经成为刑事诉讼中的被告人。作为法定情节的正当防卫比作为酌定情节的被害人过错的成立条件更加严格。因此，一般意义上的被害人过错是狭义上的被害人过错，不包括正当防卫或者防卫过当。本文仅探讨一般意义上的被害人过错。

　〔3〕　此问题将在下文中讨论。

　〔4〕　相关系数判断方式为：$-1 < r < 1$，其绝对值越趋近于 1 表明相关程度越高，绝对值越趋近于 0 表明相关程度越低。相关系数的正负号代表相关方向，即正相关或负相关。＊＊在 0.01 级别（双尾），相关性显著。

		被害人过错程度	被害人过错影响量刑
	Sig.（双尾）		.000
	个案数	594	594
被害人过错影响量刑	皮尔逊相关性	.604**	1
	Sig.（双尾）	.000	
	个案数	594	594

研究客观事物的相互关系，定量分析也是必不可少的。相关分析是确定变量之间是否具有依存关系的重要统计方法之一。从表4中可看出，被害人的过错程度与其是否能够影响量刑有非常显著的相关性，即被害人过错程度能够影响犯罪人的宣告量刑。通过SPSS统计分析出594件案件中，被害人过错程度与量刑判定呈正相关，且相关性非常显著，达到了0.604**。此说明法院认定的被害人存在过错的案件，基本判决结果都会受到一定影响，大部分情况下，被害人存在事实过错，被告人的判决结果均会相对更轻。

（三）被害人过错判决存在的问题

（1）基于判决表述的被害人具有刑法意义上的过错的界定模糊。通过对594份裁判文书的分析，可以看出在极大部分裁判文书的判定中，只有被害人的过错达到某种程度时，才会影响被告人的量刑。例如，邻里之间因琐事争吵，在此过程中被害人出言辱骂，被告人殴打被害人的情况。此种一般性的邻里矛盾，在一般人能忍受限度之内，因此法院判定并不构成刑法意义上的过错。可见，只有当被害人过错行为超出法律法规或社会伦理道德限度，才具有刑法意义上的被害人过错责任，[1]此种情况下才能够对被告人的刑罚量定产生实质性影响。例如，因妻子出轨，丈夫殴打辱骂妻子，致其重伤。关于刑法意义上的被害人过错，选取的裁判文书样本表述不尽相同。其中裁判文书中表述为"被害人过错"的居多，也有表述为"刑法意义上的过错责任"。[2]通过对裁判文书进行梳理发现，法官在相关判决中对涉及被害人过错

---

〔1〕 参见陈俊秀："故意杀人罪中被害人过错的认定——基于刑事案例裁判观点的法律表达"，载《法律适用（司法案例）》2017年第16期。

〔2〕 甘肃省高级人民法院［2015］甘刑一终字第32号刑事裁定书。

的观点如下：①被害人先行实施了违反法律法规或社会伦理道德的行为。[1]②被害人先行实施①的行为，损害被告人的合法权益，并且达到一定程度。[2]③被害人出于故意先行实施①的行为，对被告人合法权益造成损害，引发或在被告人被激怒后出现了后续违法犯罪行为。[3]

（2）法院对被害人过错程度的判断始终未能设定统一参照条例。法院只是从比较笼统的角度对被害人过错的严重性进行评估，而且表述不一，并且没有说理的裁判文书占比较大，无法判定被害人过错的严重性与错误行为类型之间所存在的具体作用关系，因此也不能参照被害人过错的严重性，决定从轻判决程度。这一实践中的缺陷，模棱两可地表述犯罪互动双方的行为模式，在一定程度上不符合刑事政策导向的被害人过错，进而无法对犯罪行为的产生形成一定约束力。虽然法律判决书中强调被害人在整个案件发展过程中存在过错行为，但对被害人过错的表述方法并不一致。例如，认为被害人的行为对案件的发生起到一定影响或案件起因与被害人相关，以及被害人在案件中存在明显过错行为等。对过错程度的表述，有"重大过错""明显过错""一定过错"等方式。如何界定"重大""明显"等词语？裁判文书中并没有解释说明，由此可见，立法规定中存在明显漏洞。

在大部分裁判文书中，有一般过错的被害人，通常情况下，认定其过错能够直接引起犯罪事件的发生，并且对双方矛盾的激化负有直接责任。在统计的案例中，一半以上被判定为被害人一般过错。而一般过错中，因婚姻介入纠纷导致矛盾激化的案件较多。对于被害人具有严重过错的认定，则应是对应具有社会危害性、刑事违法性、应受惩罚性等犯罪行为。[4]在594件案件中，有51件法院判定被害人具有重大过错。在法院判定被害人重大过错案件中，绝大多数都与正当防卫法定免责事由、防卫过当法定量刑情节发生竞合，同时符合被害人过错、正当防卫或被害人过错、防卫过当的情形。此时，法院判定优先适用正当防卫或防卫过当的规定减免刑事责任。

（3）大部分案件在判定被害人过错从轻处罚时没有申明量刑依据。在实证调研的案件中，大部分的判决书并没有申明对于被害人过错从轻处罚的量

---

〔1〕 重庆市云阳县人民法院［2017］渝 0235 刑初 64 号刑事判决书。

〔2〕 安徽省合肥市中级人民法院［2014］合刑初字第 00104 号刑事判决书。

〔3〕 北京市怀柔区人民法院［2016］京 0116 刑初 128 号刑事判决书。

〔4〕 参见高维俭："试论刑法中的被害者过错制度"，载《现代法学》2005 年第 3 期。

刑依据，仅仅表达"因被害人过错从轻处罚"，仅有个别案件根据当时出台的法律法规或司法解释来说明被害人过错行为的严重性以及其所应当承担的具体责任等。例如，判决书中明确表示，由于被害人存在过错行为，或者对矛盾的激化需要承担一定责任，综合考虑客观情况，对判决结果进行商议，如果确定被害人的明显过错行为是直接导致被告人实施犯罪行为的主要原因，则对被告人的减刑幅度可以在 15%～30%，如果被害人只是一般过错，或者对矛盾激化负有次要责任，被告人的减刑幅度基本在 15% 以下。[1]被害人过错并非法定情节。我国早期的规定仅仅散见在司法解释以及最高人民法院公布的刑事审判案例中，没有法律明确规定。除此之外，对被害人过错的认定标准也没有明确规定。关于被害人过错没有明确告知认定方法、判定程度以及制定其他可量化实施的指标等，进而导致同案不同判现象出现。

（4）存在因被害人过错影响量刑而导致减轻处罚的情形。目前，在我国司法中，被害人过错仅作为酌情从轻的量刑情节，但部分裁判文书中有存在因被害人过错而减轻被告人刑罚的情况，不同案件表述也不一致，其中有"因被害人重大过错可适当减轻被告人刑罚"，也有"因被害人一般过错对被告人减轻处罚"等表述。如因被害人盗窃在先，法院判决表述为"综合考虑本案案发原因、被害人过错的程度，对被告人依法减轻处罚[2]"。

以上问题的出现，究其原因，首先，被害人过错在我国刑法中仅作为酌定量刑情节，且没有统一的认定标准，导致法官在作出判决时主观意识较强，不能够清晰、具体地说明因被害人过错减少犯罪人刑罚幅度大小，因此，对此类案件的判决较为模糊。其次，法官在作出判决时并未将刑事政策思想导向纳入其视野当中，仅仅局限于对犯罪人量定刑罚，忽视了被害人在案件中的重要作用，也就无法做到从根本上抑制犯罪。从被害人角度来讲，在被害人预防犯罪发生方面的过错，如"贪利、炫耀以及伦理方面问题等，都能够刺激行为人进行犯罪，因此，如何通过降低被害人的被害性而预防犯罪发生的思路也便顺理成章地产生。我们说，被害人的责任是一种加权责任，或者说是一种原因责任"。[3]这种被害人责任的界定有利于司法机关全面真实地考

---

〔1〕　辽宁省高级人民法院《〈关于常见犯罪的量刑指导意见〉实施细则（一）》。
〔2〕　湖南省桃江县人民法院［2013］桃刑初字第 238 号刑事判决书。
〔3〕　参见刘军："论被害人加权责任的概念"，载《求是学刊》2010 年第 2 期。

察犯罪案件发生的前因后果，恰当地界定犯罪人和被害人对于事件发生所起的作用和承担的不同责任，以便该当性地量定犯罪人的刑事责任。从刑事政策的视角看，这种刑事责任的界定过程不但是符合案件发生的事实的，而且更重要的是，能够重塑犯罪人和被害人的行为模式，防止社会行为滑向犯罪行为。

二、被害人过错的刑事政策导向

（一）被害人过错的理论基础

从实际发展状况来看，被害人过错的相关理论研究一直以来都受到刑法学家们的广泛重视。自 20 世纪 40 年代以来，德国犯罪学研究逐渐出现和分离出以被害人为研究对象的被害人学，并对刑法学和犯罪构成理论产生了深远的影响，被害人教义学或者被害人解释学应运而生，[1]不但持续发展了被害人学的理论、被告人与被害人互动理论以及共同责任理论等，而且回应了刑法教义学或者刑法解释学的诉求，完善了刑法解释的理念与实践。

从被害人教义学的角度看待被害人过错，如果被害人实施了不具有社会相当性的行为损害了他人的法益，就应当承担相应的被害人过错责任。对此学者尝试从不同研究视角入手，针对被害人承担过错责任的法律依据进行深入探究，集中体现为以下两种主要观点：责任分担说和责任性降低说。责任分担说主张任何行为人都应为自己的过错行为负责，刑事法律可平衡利益，如果被害人对犯罪结果具有引发甚至迫发作用，以及在犯罪发生过程中存在相应的过错，那么被害人必须为其所实施的错误行为承担相应责任，此外，对被告人犯罪行为的处罚程度也应当有所下调，从而达到罪责刑相平衡。我国学者所提出的"过错相抵"理论相对更为详细，即案件双方的过错都可以相互抵消、抵减，从而达到平衡和保护各方利益的目的。[2]责任性降低说来源于期待可能性理论。在存在被害人过错的案件内，由于被害人实施的相关行为已经对被告人主观意识造成一定影响，进而导致犯罪行为的实施，被害人的过错是引发案件形成或者案件升级的主要因素，则被告人的处罚程度一

---

〔1〕 参见刘军、王艺："被害人教义学及其运用"，载《法律方法》2018 年第 2 期。

〔2〕 参见高铭暄、张杰："刑法学视野中被害人问题探讨"，载《中国刑事法杂志》2006 年第 1 期。

定有所下降。此种状态下，被害人错误程度是影响判决结果的关键性要素。

无论是何种学说，都是基于惩罚犯罪的目的。根据被害人主观过错开展刑事判决活动，简单理解即案件的产生主要由被害人的主观错误导致，因此对被告人的判决程度会有所降低，谴责程度也会得到适当控制。[1]然而，惩罚犯罪并不是刑法的唯一目的。当被害人具有主观过错时，是否需要其承担相应的责任？为何减轻犯罪人的责任？当前，被害人无须因其过错承担刑事责任。此外，一味强调刑罚却忽视了从根源上解决问题，即从源头抑制犯罪。每个人都应该承担自己的社会责任，对自己的行为负责。双方在保持互动阶段内，彼此行为方式、被害人有无过错、其过错责任如何分配以及如何正确匹配犯罪人的刑事责任都是值得思考的问题。由此，应从刑事政策角度来看待此问题，以抑制犯罪为目的，从而影响犯罪人与被害人互动过程中的双方行为模式的塑造。

在众多的刑事案件中，除所谓无被害人的犯罪之外，都存在着犯罪人与被害人的互动过程，[2]要达到刑事政策抑制犯罪的目的，不仅需要从犯罪人视角来看待犯罪现象，更需要站在被害人方面考虑问题。[3]参照具体研究理论，如果刑事案件中被害人存在过错，则案件双方必然保持动态关联关系。对于此种犯罪案件的预防，不应采取单边预防措施，而应采取双边预防的措施，即预防犯罪和预防被害：一方面，需要采取措施预防犯罪人犯罪；另一方面，从降低被害人的被害性的角度出发预防犯罪的发生。[4]被害人在与犯罪人的互动过程中应当提高防范意识，尽量降低或者消除各种主动的、过失的或者状态的被害性，从预防被害的角度预防犯罪。在双边预防情形下，能够产生"对双方都能有效预防的激励机制"，[5]即限制或重塑双方互动的行为模式，从而达到抑制犯罪的目的。

（二）被害人过错的刑法意义

被害人过错的定义最早出现在犯罪学研究领域内，主要是指由于被害人

---

〔1〕 参见许志鹏："许霆案重审判决的法律经济学分析——以被害人过错责任为视角"，载《福州大学学报（哲学社会科学版）》2010 年第 4 期。

〔2〕 参见郭建安主编：《犯罪被害人学》，北京大学出版社 1997 年版，第 129 页。

〔3〕 参见刘远、刘军："刑事政策的理论与实践"，载《中国刑事法杂志》2004 年第 2 期。

〔4〕 参见刘军：《刑法学中的被害人研究》，山东人民出版社 2010 年版，第 25 页。

〔5〕 参见蒋鹏飞："作为辩护理由的被害人过错、概念界定、理论基础与认定标准"，载《中国刑事法杂志》2009 年第 8 期。

的行为对被告人产生了激怒、引诱等效果，最终导致犯罪行为的产生。简单理解即被害人行为对犯罪行为实施起到了一定催化作用，或者达到了激化、推进效果，而被告人在当时环境下实施的行为是符合客观事实发展规律的。[1]被害人过错与被告人刑事责任的判定有着直接关系，与刑事政策和罪责刑相适应原则紧密关联。一个具有法律依据的审判结果不仅能够让犯罪人幡然醒悟，而且能够让被害人充分意识到自身存在的问题，最终达到有效防范效果。从目前发展状况来看，刑事被害人过错并没有一个权威性的认定标准，虽说不同学者对此有不同见解，但也有其共性，认为只有具备明显的不当或不良或主观上明显故意情况，才构成刑法学意义上的犯罪被害人过错。

本文通过对理论中对刑法意义上的被害人概念的梳理，结合本次实证研究样本中的判决观点，根据被害人过错程度、责任的大小，试图归纳出基于实践中被害人过错的认定及其表达方式。认定刑法意义上的被害人过错，条件如下：①过错行为由被害人先行引起。②行为违法或者有违公序良俗、社会伦理。在判断是否违反社会道德方面，判断的标准可以为被害人对案件的起因是否有责任、其行为的侮辱性程度、凶器的有无等方面。因生活琐事辱骂、争吵等引发的不宜认定为被害人过错。③行为是出于主观故意。④其过错达到"一般"或"严重"的程度。⑤其行为侵犯了被告人的正当法益。⑥被害人的过错行为以及直接诱发犯罪行为产生，两者之间存在明显的因果关系。只有具备以上条件，才能够判定在刑事案件中，被告人的确存在一定过错。

此外，被害人过错的类型与被害人过错程度相对应，在实务中将对法官进行被害人过错的判定具有参考意义。在绝大部分涉及被害人过错的刑事案件中，被害人过错类型与程度的判定模棱两可，难以真正达到刑事政策的目的。笔者认为，在实务中，被害人具有"一般过错"与"重大过错"对案件的影响较大，因此可以将"被害人过错程度"作为参考标准，提取此种程度的量刑情节作为主要参考依据。不仅如此，从上文分析中能够得出，被害人过错类型具体包含引发、诱发以及激发的被害人过错三种类型，且此三种类型的作用程度存在较大差异。其中，激发的被害人过错，可包括被害人挑衅，相比引发和诱发的被害人过错，对犯罪人的忍耐性挑战度高很多，因此其程

---

[1]　肖中华、张少林："论刑法中的被害人行为的效力依据"，载《刑法论丛》2010年第1期。

度应最高。被害人挑衅是犯罪人有犯意的直接激发因素，具有极强的道德谴责性，因此应将此过错类型与"被害人重大过错"的量刑情节相对应。与此相比，引发和诱发犯意的被害人过错可与"一般过错"相对应。

被害人对于犯罪的发生和发展起到了引起、促进或者挑衅的作用需要承担的责任，就是被害人过错责任，从根本角度来看，其属于加权责任管理范畴。如果打破传统刑法在被害人过错责任理论方面存在的限制，需要适当转换视角，从刑事政策的行为导向的角度出发，着眼于对未来社会交往行为模式进行重新塑造，最终为预防犯罪发挥一定影响作用。

三、被害人过错的立法完善与刑罚量定

（一）被害人过错的立法完善

从立法角度分析，我国刑法并未针对被害人过错进行明确规定，只是在允许范围内包括正当防卫、防卫过当或者酌定量刑情节中可能存在适用被害人过错的情形，但也并未明示。从司法解释的层面来看，适当减轻判罚只出现在司法解释或者个别法院审判的刑事案件中，而且时间久远，导致司法裁判的大部分被害人存在过错的案件，均不具备可参照的量刑依据。

被害人过错最早见诸20世纪末最高人民法院发布的《全国法院维护农村稳定刑事审判工作座谈会纪要》，在故意杀人及故意伤害罪中进行说明：被害人存在过错而导致矛盾被激发，或者因被害人过错引发犯罪事件的形成，可以对被告人进行从轻处罚，一般不应处以死刑立即执行。[1]在最高人民法院在量刑规范化改革中发布的规范性文件中，出现了被害人过错的规定，但是也存在反复的情形。《人民法院量刑指导意见（试行）》（已失效）在2010年之前的版本，曾经将"一般过错的被害人"和"有严重过错的被害人"作为被害人过错认定及其程度的基本分类；[2]2010年《人民法院量刑指导意见（试行）》（已失效）涉及的被害人过错仅仅只存在于故意伤害罪中，规定"因被害人过错引发犯罪或对矛盾激化引发犯罪负有责任的"可减少基准刑的20%，[3]但是到了2017年的《关于常见犯罪的量刑指导意见》（已失效），

---

[1] 《全国法院维护农村稳定刑事审判工作座谈会纪要》。
[2] 《人民法院量刑指导意见（试行）》（2009年4月修订，已失效）。
[3] 《人民法院量刑指导意见（试行）》（2010年，已失效）。

被害人过错的相关内容已经去除，而调整为法官根据实际情况酌情处理。

我国刑法暂未针对被害人过错制定明确规定，虽然司法解释以及最高人民法院公布的指导性案例并不具有普适性，但毕竟还是提供了一些方向性指导，目前来看这种方向性指导也不再明确。适用被害人过错并不存在法律参照条件的情况，最终对司法实践活动开展产生不良影响，甚至出现了部分案件对此酌定情节作出对犯罪人"减轻处罚"的量刑决定。这一现象说明，被害人过错在司法实践的具体运用中仍然存在很多问题，具体标准难以把握；从另外一个侧面也说明了，被害人过错在理论上仍然亟须深入研究，为司法适用提供指导。

相比较而言，大陆法系国家通常在刑法典中对被害人过错内容进行阐述。举例说明，《德国刑法典》第213条规定，故意杀人案件中，如果被害人或其家属对被告人进行虐待或严重羞辱，被告人被惹怒后实施了杀害行为的，可以酌情降低判决结果，一般刑期在1年到10年之间；[1]《俄罗斯联邦刑法典》第61条规定，如果被害人在案件发展过程中存在违法或者有失道德的行为，可对被告人从轻处罚。[2]在英美法系国家，英国刑法强调，如果刑事案件的形成原因是由被害人的错误导致，则可以减轻被告人的罪行。《美国量刑指南》包含了明确的被害人过错条例。其表示，如果被害人的错误是直接导致被告人行为产生的原因，则可以根据实际情况，降低对被告人处罚的严重程度。在具体量刑阶段，法官还要综合考虑以下几方面问题：其一，被害人与被告人之间的身体差异，包括其他身体特征等；其二，被告人伤害行为的持续周期以及被告人为了控制矛盾而进行的争取；其三，被告人是否有效进行风险的感知，包括其是否存在暴力倾向等；其四，被害人能够对被告人造成一定风险；其五，任何被害人能否引发危险行为的产生。[3]美国的很多州均对被害人过错提出明确要求，例如，《伊利诺伊州刑法典》即提出由于被告人错误而导致刑事案件产生的，可适当降低处罚程度。[4]由此可看出，国外立法虽对被害人过错的表述不一，但大多数都明确表示被害人过错行为属于违

---

〔1〕 徐久生、庄敬华译：《德国刑法典》，中国法制出版社2000年版，第35页。

〔2〕 黄道秀译：《俄罗斯联邦刑法典》，北京大学出版社2008年版，第23页。

〔3〕 美国量刑委员会编撰：《美国量刑指南》，量刑指南北大翻译组译，曲三强、储槐植、周密校，北京大学出版社1995年版，第404页。

〔4〕 李洁晖："被害人过错对定罪量刑的影响"，载《法律适用》2016年第5期。

法行为，同时也丧失了道德伦理，而且对不同罪名的具体量刑标准进行了详细阐述。

对比之下，我国相关司法解释中，被害人过错只是量刑参考的一项依据，相关规定少之又少，不能够对具体罪名产生较大影响，更缺乏明确量刑。由此看来，被害人过错仍需法定化。为此，我国也应当对被害人过错进行立法，并从法律角度对其实施过程进行保护，以解决当前司法实践中被害人过错量刑标准适用所存在的多种问题。具体可以通过立法方式确定最终的量刑条件，尝试在《刑法》第 21 条紧急避险之后新增《刑法》第 21 条之一，规定被害人过错可以影响违法性大小，"被害人对于犯罪的发生和发展有明显过错的，根据其在犯罪过程中所起作用的大小，可以对被告人从轻或者减轻处罚"，以更加恰当地量定被告人的刑事责任，同时以刑事政策为导向，重塑社会交往行为模式。

（二）被害人过错的量刑影响

从刑事政策的视角看，重视被害人在犯罪过程中的作用，其重大意义在于通过刑事政策杠杆，逆向地思考犯罪人刑事责任的匹配对于行为人模式的影响，重塑社会交往过程中的理性人的行为模式。为此，需要综合考虑被害人过错的具体适用。

被害人过错作为犯罪侵害行为的发生或激化原因，理应作为量刑影响因素，亦即在量刑过程中应当充分考虑被害人过错对于宣告刑的影响。司法实践中，法官们对其适用非常谨慎，导致被害人过错量刑空间变换较大，无法满足统一化管理要求。从目前发展状况来看，我国缺乏明确的被害人过错量刑依据，而且量刑浮动空间也并不一致，因而需要从刑事政策框架入手，在刑事政策框架中，刑罚的施加应为报应和预防，从而抑制犯罪。[1]出于报应目的，法院可通过司法权威对犯罪被告人的既定犯罪事实施加刑罚；而出于预防目的，法院可对是否存在被害人过错进行判定，并根据实际情况适当减少对被告人判决的严厉程度。以刑事政策为导向，结合被害人过错在量刑阶段所具备的实际特征，重新打造被害人过错在量刑中的具体适用具有重要作用。

---

〔1〕 徐岱、巴卓："中国本土化下被害人权利保护及延展反思"，载《吉林大学社会科学学报》2019 年第 6 期。

犯罪事件是被害人与犯罪人在动态互动中共同形成的，在结果一定的情况下，被害人过错越严重，被告人承担的刑事责任越小。即在不考虑其他量刑影响条件情况下，被害人的过错越严重，犯罪人的刑事责任就越小，其减轻刑罚的幅度就越大。[1]但是目前因刑法中并无相关规定，被害人过错行为仅能作为一个酌定量刑情节对量刑产生影响。当前，虽然学界对被害人过错责任程度作了一些具体的界定，但是依然没有提出可行的上升为法定量刑情节的措施及方法。[2]基于前文所述，"激发的被害人过错"可对应程度为"被害人重大过错"，"引发和诱发犯意的被害人过错"可与"一般过错"程度相对应，由此来判断对被告人的从轻处罚的幅度。

由于被害人行为已经触犯了被告人的合法权益，因而其过错行为对应不同程度上的责任。在犯罪过程中其自身行为的缺失的情况，在现实社会生活中是非常普遍的，会对犯罪人造成精神或身体上的打击或刺激。例如酒后发生冲突、因伦理道德问题引发打斗或蓄意报复等情况。被害人的行为导致了犯罪案件的产生，而且属于先行行为，因此对被告人的具体量刑可以设置一定的浮动空间，这样一般过错也可以适当降低处罚严重程度。

在筛选出的案例中有29件案件判决因被害人过错而对被告人进行减轻处罚，目前看来并不应该对酌定量刑情节进行法定刑以下的减轻。若是由于被害人主观方面存在严重错误，其挑衅、激怒了对方才导致犯罪行为实施，或被害人的迫发导致被告人的出手还击等行为，一定要从公平公正的角度给予判决。如果被害人在主观意识作用下，导致被告人合法权益受损，那么此时犯罪人是不具备期待可能性的，在此互动过程当中，被害人也自觉或不自觉地参与了此次犯罪过程。例如，被害人主观上故意对犯罪人进行殴打或挑衅，则可视为具有重大过错，被告人受谴责程度与被害程度均会有所下滑。此种状态下，被害人具有重大过错，可考虑对犯罪人进行减轻处罚。

被害人的迫发行为是指由于被害人对被告人实施了严重暴力行为，被告人为了进行自我保护而对其造成伤害。此种状态下，被告人的行为则是防卫行为，若是"超过必要限度造成重大损害"则构成防卫过当，此时被害人具

---

[1] 林燕燕、林锦尚："论我国被害人过错制度的困境与出路——以被害人过错对量刑之影响为分析视角"，载《集美大学学报（哲学社会科学版）》2011年第3期。

[2] 潘庸鲁："被害人过错认定问题研究"，载《法学论坛》2011年第5期。

有重大过错，应当承担大部分责任。而被告人因危险迫发而进行防卫的。由于犯罪行为并不是被告人主观情愿发生的，属于典型的被迫行为，所以被害者在该案件中负有主要责任，被告人只是防卫过当。我国刑法已明确规定防卫过当应予减轻或免除处罚，鉴于此情节是被害人过错的特殊表现形式，刑罚适用中可根据案件的实际情况，直接免予刑事处罚，或者参照基准量刑幅度，达到减轻判罚的效果。

当被害人与犯罪人角色互换时，即为正当防卫，被害人对犯罪人的犯罪行为负完全责任。例如，A 先行伤害 B，B 因维护自身正当法益反抗，在反抗过程中致使 A 受伤。在此种情形中，A 的身份角色是最初欲实施犯罪的人，遭到 B 即最初被害人的反击，从而转变为既成案件事实的被害人，而 B 则转变为最终的犯罪人。因此，犯罪人为维护自身法益，可谴责性大幅度降低，此为正当防卫。对于此类案件，我国刑法已明确规定应予减轻或免除处罚，或在基准刑的幅度之下予以减轻处罚。

从以上对被害人过错的探讨中可以发现，被害人过错因素，不管是在理论上还是实际运作过程中，都具有不可忽视的重要地位。要达到刑事政策抑制犯罪的目的，有必要对被害人过错程度以及类型进行合理判断，在量刑过程也需要考虑被害人过错形式及程度问题，从而客观、公正、全面地对犯罪事件进行评价，以对被告人的刑罚裁量作出合理的解释。以刑事政策为导向影响互动双方当事人的行为规范，探求被害人过错影响刑事立法、司法以及量刑的规范化限制，从而达到抑制犯罪的效果。

负有照护职责人员性侵罪的保护法益及其限制性适用

付立庆 *

摘 要： 负有照护职责人员性侵罪的出台对于完善我国性犯罪的刑事法网以及避免将某些行为按照强奸罪升格处理具有积极价值，但无论是从被害人的权利保护还是从行为人的人权保障角度出发，都需要对本罪进行限制解释。本罪并未有限提高未成年女性的性同意年龄，已满 14 周岁不满 16 周岁的未成年女性即便对于特殊职责人员也同样具有性自主权，仅是面对这些人时性自主权行使受到类型性影响而已。将该罪理解为针对性自主权的抽象危险犯，既能够解释其处罚根据，与其法定刑配置相适应，又能够和强奸罪之间划清界限，并且为行为的出罪提供应有空间。主张本罪与强奸罪之间是互斥而非包容关系，并不存在法律上的障碍，且具有重要的实务意义。本罪虽然存在着不同的出罪路径，但强调出罪的例外性有助于准确把握其法网范围。

关键词： 特殊职责人员 低龄未成年女性 性自主权 强奸罪 抽象危险犯

2021 年 3 月 1 日起施行的《刑法修正案（十一）》在《刑法》第 236 条强奸罪后增加了一条作为第 236 条之一，而最高人民法院、最高人民检察院《关于执行〈中华人民共和国刑法〉确定罪名的补充规定（七）》将本罪罪名确定为负有照护职责人员性侵罪（以下简称"本罪"）。该条规定："对已满十四周岁不满十六周岁的未成年女性负有监护、收养、看护、教育、医疗

---

* 中国人民大学刑事法律科学研究中心教授、博士生导师。

本文已发表于《清华法学》2021 年第 4 期，发表时题为《负有照护职责人员性侵罪的保护法益与犯罪类型》。

等特殊职责的人员，与该未成年女性发生性关系的，处三年以下有期徒刑；情节恶劣的，处三年以上十年以下有期徒刑。有前款行为，同时又构成本法第二百三十六条规定之罪的，依照处罚较重的规定定罪处罚。"本文将在厘定本罪保护法益的基础上界定其与强奸罪的关系，进而探寻本罪可能的出罪路径，以期对其适用起到参考作用。为行文方便，在下文中，除沿用"幼女"这一法定概念指代未满 14 周岁的女性之外，一般将已满 14 周岁不满 16 周岁的未成年女性简称为"低龄未成年女性"，同时，将所有不满 18 周岁的女性统称为"未成年女性"，特此说明。

一、本罪的总体评价

（一）本罪的立法价值

根据现行刑法规定，只要明知是未满 14 周岁的幼女而与之发生性关系的，即"以强奸论"，这被一般性理解为，法律本身规范性认定幼女欠缺性承诺能力。而根据反对解释规则，也就意味着法律认为已满 14 周岁且精神正常的女性具备同意与他人发生或不发生性关系的权利，侵犯这种权利而与之发生性关系的，就是"违背妇女意志"的性行为，具有"强迫"的性质。但是，在实务中面临着这样的难题：未采用暴力或胁迫方法而和女性发生性关系，不过，①无法明确说明具体性行为采用了何种"其他手段"，性行为又很可能违背妇女意志的场合，例如，养父对于已满 14 周岁的养女进行长年累月的虐待，单纯从某次性行为的场面来看，既难以肯定暴力、胁迫或利用"优势地位"，也难以肯定女性就具体性行为处在不能抗拒的状态；或者是②无从判断性行为是否违背妇女意志的场合，比如养父与 15 周岁的养女长期生活在一起，养女报警说受到了强奸，行为人则辩称发生性行为属双方自愿、被害人报案系对其管教行为的报复。以上场合，要么会由于不符合法律明文规定，或者根据"事实存疑有利于被告"原则而不按犯罪处理，不利于女性性自主权的充分保护；要么就是不在证据上严格要求而升格按照强奸罪处理，侵犯被告人的应有权利。

《刑法》第 236 条之一是一种有限度、附条件的犯罪化规定。其成立犯罪并未在手段行为上附加要求，从而可以避免公诉机关对犯罪手段的证明困境，这有助于填补处罚漏洞；而之所以说是"部分地"，是因为这一新罪的成立在行为对象（"已满 14 周岁不满 16 周岁的未成年女性"）和行为主体（"特殊职责人员"）上都有明确限制。在行为对象上进行限制，可以通过本罪更为严密地保护低龄未成年女性的性自主权，进而间接保障其身心健康；在行为主体上进行限制，既是因为那些具有特殊职责的人员更容易接触到低龄未成年女性，低龄未成年女性也更容易受到其影响和压力，也不至于导致处罚范围过大，殃及社会一般人的权利。在我国刑法针对性自主权的保护与域外相比较为粗疏的现实之下，本罪的出台也部分丰富了我国的相关法网体系，总体上值得肯定。

（二）解释本罪的应有态度

本罪的设立有助于部分填补处罚漏洞、严密我国对未成年女性性权利保障的法网体系，总体值得肯定。但是如下几点不能忽视与回避：首先，本罪出台并未经过全面深入的立法调研，而是一定程度上舆情和媒体影响的产物，其立法科学性不无疑问。[1]事实上，关于特殊职责人员未明确利用身份优势迫使对方就范的实证资料，是比较欠缺的。其次，在已经有针对幼女性权利进行特殊保护的规定之下，本罪的出台容易被质疑"混淆法律与道德的界限""通过刑法确定某种禁忌"，其法益侵害的内容未必明确而是需要仔细挖掘。再次，本罪如果不当适用，蕴含着侵犯低龄未成年女性本身权利（如恋爱及其周边权利）以及将行为人不当入罪（如行为人完全被动的场合）的较大风险，对此必须保持警惕。最后，在立法机关对本罪的讨论中，全国人大常委会委员的诸如提高本罪的法定刑配置、将本罪保护对象拓展到已满14周岁不满18周岁的女性等建议均未被采纳，[2]可见立法本身对本罪成立条件和刑罚配置也表现得较为谨慎。综合以上几点，对于本罪的适用解释，不应该机械地按照法条的字面含义进行文义解释，而应该结合本罪保护法益的内容，采取尽可能克制和限缩的态度。

二、本罪法益理解与性同意年龄

近年来，深受大陆法系影响的我国刑法学界逐渐接受了"法益"概念并

---

〔1〕 2020 年 12 月 22 日全国人民代表大会宪法和法律委员会《关于〈中华人民共和国刑法修正案（十一）（草案）〉审议结果的报告》认为，《刑法修正案（十一）（草案）》"较好地回应了社会关切"，"可以适应现阶段预防和惩治犯罪的需要，更好地发挥刑法对经济社会生活的规范保障和引领推动作用"。如此评语也能较好地解释本罪的出台背景。

〔2〕 参见朱宁宁："全国人大常委会分组审议刑法修正案（十一）草案委员建议进一步完善个别下调刑责年龄相关规定"，载《法治日报》2020 年 10 月 20 日。

认可其具有指导构成要件解释的机能。据此，为了界定本罪的处罚范围，需要厘清其保护法益为何。与之直接相关的一个问题是，本罪规定与性同意年龄的关系。对此，全国人大常委会法工委刑法室的有关人士认为是"部分提高了性同意年龄"，[1]最高人民法院的相关人士同样认为"本条规定旨在既提高未成年女性的性同意年龄，又不同于奸淫幼女中幼女的性同意一律无效的情形，而是根据犯罪主体的身份情况作出区分"。[2]这种"性同意年龄有限提高"的立场带有一定官方色彩，也获得了舆论认同，已然成为理解本罪时的压倒性多数说。但是，上述理解并非立法解释或者司法解释，并不具有对司法机关的规范约束力。更重要的是，若认为本罪有限提高了女性的性同意年龄，会导致在对本罪法益的规范理解、刑法修正的体系性考量、法律实施的实际效果等方面出现难以回避的疑点和困境，因此笔者对该种主张并不认同。

（一）"有限提高说"要么会导致自相矛盾的结论，要么会造成本罪法益内容笼统含混

周光权教授一方面主张本罪属于"性同意年龄从14周岁有限提高到16周岁"，另一方面又主张本罪的保护法益仍是未成年女性的性自主决定权，不过是由于其与具有特殊职责的对方不具有平等关系，自主决定权受到一定限制，不能自主行使而已。[3]但这样的主张却蕴含着无法调和的矛盾。既然认为"性同意年龄有限提高到16周岁"，顺理成章的逻辑理解就应该是，在与特殊职责者的相对关系中，低龄未成年女性未到性承诺年龄、欠缺性自主权（自然也就谈不上"性自主权受到侵害"），其对于发生性关系的表面同意并不具有实质意义，此时，与之发生性关系的场合，理应像是此前针对幼女的场合一样，"以强奸论"。但是，《刑法》第236条之一并未规定"以强奸论"，反而是将这样的行为规定为独立新罪且配置了较强奸罪轻得多的法定刑，这足以说明，这不是，也不应该理解为是对一个欠缺性承诺能力者所实施

〔1〕 参见张义健："《刑法修正案（十一）》的主要规定及对刑事立法的发展"，载《中国法律评论》2021年第1期。

〔2〕 参见李静、姜金良："《关于执行刑法确定罪名的补充规定（七）》的理解与适用"，载《人民司法》2021年第10期。

〔3〕 参见周光权："刑事立法进展与司法展望——《刑法修正案（十一）》总置评"，载《法学》2021年第1期。

的侵害，否则就既和此前关于幼女情形的一贯理解无从吻合，也和本罪的法定轻刑难相适应。可以说，论者所说的"自主决定权受到一定限制，不能自主行使"，并未解决"（相对地）未达同意年龄"与"性自主权受到侵害"两个命题难以并立的问题，也就不足以成为"有限提高性同意年龄"的充分理由。

在既将本罪保护法益定位于未成年女性的"人身权利"又主张本罪属于"有限提高性同意年龄"、不论未成年人是否同意都不影响本罪成立的场合，不得不借助其他概念来界定本罪的法益内容，比如认为本罪"实际上部分提高了性同意年龄，体现了对未成年人身心健康的严格保护"。[1]但是，"未成年女性的身心健康"这样的说法不但含混笼统，还会存在如下缺陷：①完全抹杀未满 14 周岁的幼女和已满 14 周岁未满 16 周岁的低龄未成年女性在成长发育上的不同——低龄未成年女性固然也可能会因为与他人发生性关系进而怀孕等影响身体发育，或者影响自己的心理健康，但与幼女的场合毕竟有别，不同低龄未成年女性之间更可能存在较大差别；②无法解释何以都是侵犯行为对象的身心健康法益，但在对象为幼女时成立强奸罪、为低龄未成年女性时不是成立强奸罪而是成立本罪；③将"未成年女性的身心健康"单独理解为本罪保护法益，如坚持认为行为人需要对"低龄未成年女性"这一行为对象的性质具有认识，还会被批判为，为什么针对"未成年女性的身心健康"的犯罪需要对女性年龄具有认识，而在故意杀害未成年女性这种针对"未成年女性生命安全"犯罪的场合，却不需要对女性年龄具有认识。[2]

（二）"有限提高说"可能和刑事责任年龄的立法变动出现体系龃龉甚至观念违和

认为《刑法》第 236 条之一有条件地提高了性同意年龄的下限，还会面临如下批判："一方面认定已满 12 周岁不满 16 周岁的人具有了'同意'能力，一方面又认定已满 14 周岁不满 16 周岁不具有'同意'能力，自相矛盾。"[3]支持性同意年龄有限提高说的论者会认为，上述这种矛盾其实是批评

---

〔1〕 参见张义健："《刑法修正案（十一）》的主要规定及对刑事立法的发展"，载《中国法律评论》2021 年第 1 期。

〔2〕 在将本罪保护法益理解为女性的性自主权的场合，问题即可迎刃而解：不同年龄段女性是否具有性自主权存在区别，成立故意犯罪需要认识到这种区别进而认识到对方是否具有这种自主权；而在故意杀人的场合，不同年龄段被害人的生命权并无不同，因此对这一差别无须认识。

〔3〕 参见孙万怀："刑法修正的道德诉求"，载《东方法学》2021 年第 1 期。

者臆想出来的，本身是个假命题。其理由可能包括两点：一是，有限降低刑事责任年龄是从规制行为人的角度切入的，是为了使更严重法益（他人的生命或者重大身体健康）免受侵害的"避害"；而有限提高性同意年龄，是从保护被害人角度切入的，是为了"趋利"，进行两者之间的单纯比较有偷换概念之嫌；二是，从我国历来缺乏对儿童甚至未成年人应有的"性教育"这一实情出发，对性行为含义和影响的理解要比对杀人或伤害的理解更为复杂，一个"孩子"完全可能理解杀人的含义却不理解"性行为"的影响，所谓"观念违和"的结论原本就缺乏比较的基础。

不过，仔细考量会发现，上述两点可能的反驳理由未必经得起推敲。首先，无论是行为人视角还是被害人视角，其实都涉及相应规定是否具备充分理由的问题。为什么要让一个 12 周岁的未成年人对自己的杀人行为负刑事责任，却不能让一个 15 周岁的未成年人对自己愿意的性行为负责？除了搬出"对低龄未成年人性权利的特殊保护"这样的纯粹刑事政策之外，这一诘问难以在教义学框架下获得圆满回答。可即便考虑到政策因素，仍然无法回避的是，为什么在已满 12 周岁的未成年人故意杀人等场合，"保护未成年人"的刑事政策就不发挥作用了？其次，"剥夺他人的生命法益"与"处分自己的性权利"哪个更复杂、更难认识？对于同一年龄段的未成年人来说，答案或许显而易见（但也可能反驳为，他们并不真正懂得"生死"的含义，却对"性"这件事具有原始本能），可是对于又增长了两岁、从义务教育角度来看已经从小学高年级进入到中学层次之后，答案是否还那么理所当然？这会存在明显疑问。最后，刑法修正案对于上述两处年龄的逆向调整，未必是经过充分论证的体系化处理，而更容易被理解为是在典型案例裹挟和舆论牵引之下的应激式解决，分开来看各有其立法化的合理性，综合来看时就未必协调。尤其是，在将《刑法》第 236 条之一理解为有限提高性同意年龄的场合会放大这种不协调，而如像本文这样，认为已满 14 周岁的低龄未成年女性仍然具有性承诺能力和权利，只是在面对特殊职责人员的场合该能力容易受到影响、该权利类型性地容易受到侵害（后文详述），就仍可维持刑法在年龄问题上的总体均衡（刑事责任年龄的一般下限仍是 14 周岁，12 周岁是实体和程序上的极端例外；性同意年龄的下限仍是 14 周岁），而不致遭受缺乏体系考虑的激烈批判。

（三）"有限提高说"可能在绝对保护低龄未成年女性的名义下实质侵犯
她们的权利

通常认为，性同意年龄的提高是从保护幼女扩展到保护少女，让她们不
受成年世界的"性剥削"。但是，有研究者曾提出，过度强调成人社会的判断
和安排必然损害儿童的利益。在双方自愿甚至渴望的情况下即便知道（真心
相爱的伴侣往往如此）对方的年龄未达相应年龄，即便没有任何迹象表明发
生在他们之间的性行为会对未成年一方造成"永久的伤害"，难道还应该动用
刑罚手段去惩罚这种爱意的表达或快乐的享用吗？[1]以上对于幼女性自主权
的讨论，推广到较之幼女更为成熟的已满14周岁未满16周岁的低龄未成年
女性的场合无疑更为适宜。认为本罪针对特殊职责人员提高了低龄未成年女
性的性同意年龄、"无论是否同意"都要追究刑事责任、否定真实有效的同意
对犯罪认定的作用，等于是将低龄未成年女性不区分情形地"被害化""客体
化"，副作用显而易见。

上面的论断可能会被批评为是过于理想化和"何不食肉糜"式的不切实
际：我们还有那么多的孩子们终日在为温饱发愁，奢谈和空谈性自主权利不
会真正保护到她们反而会使得她们容易被利用、收买和算计。针对这样的可
能批评，笔者强调如下三点：

（1）刑法教义学的研究不应完全排斥社科法学（法社会学）的研究，从
法律规范实施效果的角度检验该种规范的规制范围同样必要。即便认为刑法
教义学是一个封闭自洽的系统，其内部对于被害人的权利保护也不但需要兼
顾行为人的人权保障，还需要确认是否属于真正刑法意义上的被害人，是否
有刑法上值得保护的利益实质性受到侵害或者威胁。而且，如果一种新增设
的刑法规范的文义解释会导致法网过宽、殃及无辜乃至事与愿违，则对其进
行目的论限缩完全符合刑法教义学的自身逻辑。

（2）无论是将"性自主权"理解为规范性概念还是事实性概念，不容忽
视的都是，低龄未成年女性虽未成年且低龄，但毕竟有别于幼女；一部分此
年龄段女性在为生活发愁这一点自应承认，但同样不容否认的是，另一部分
此年龄段的女性接受了较多来自外部的信息和影响，有了自己的感受、判断
和要求。法律可否为了一部分人的利益而完全不顾另一部分人的感受？

---

[1] 参见赵军："'自愿年龄线'与儿童性权利的冲突及协调"，载《刑法论丛》2014年第3期。

（3）是将未成年女性一概当作"孩子"、从"家长"的角度考虑问题，还是一定程度上将她们视为"大人"，这是个立法政策选择问题。必要的家长主义立场是可以接受的，但是，为了避免以刑法推动道德或者是以刑法干涉内心，能够接受的，应该是软家长主义而非硬家长主义，对此，需要下文专门述及。

（四）女性自愿、家长主义与本罪成立

一种代表性主张认为，即便是低龄未成年女性主动、自愿地与负有特殊职责的人员发生性关系，行为人仍然构成本罪；本罪的保护法益仍然是低龄未成年女性的性自主决定权，只不过，一定的主体对于其权利是否具有自主决定权是一个相对的概念，并不具有绝对性。自主决定权只赋予"具有成熟的判断能力的人"，对于没有该种能力的人（包括无责任能力的人及责任能力受到限制的人）而言，从缓和的刑法家长主义出发，为了保护其本人的利益，在一定范围内可以用公权力对其自主决定权进行某种有限的干涉。[1]

笔者认同上述论者关于本罪保护法益是低龄未成年女性性自主权的见解（下节详述），但并不认可其在此之上得出的一些具体结论。其一，"自主决定权受到一定限制，不能自主决定"，并不等于其性自主权就现实地受到侵害。特殊职责产生的监护等关系只是类型性地、一般性地影响了低龄未成年女性对同意与否的自主判断，并不等于双方之间的性关系就必定实际侵犯了女性的性自主权，不代表着低龄未成年女性的同意是无关紧要、可有可无的。其二，问题的关键是要区分低龄未成年女性对发生性关系是"表面同意"还是"真实同意"。诚然，即便是女性表面主动也可能是基于"识时务""不吃眼前亏"等原因，从而仍是在不平等地位前提下发生的性关系，同意是表面的；但是，在确实是双方两情相悦、水到渠成地发生性关系，男性一方的特殊身份对于性关系之发生无足轻重的场合，就仍能肯定双方的性关系是在平等基础上"合意"发生的，只涉及道德上是否值得谴责，无关性自主权的侵犯，反而是在肯定低龄未成年女性具有性自主权的前提之下，该种权利正常行使的体现。其三，从家长主义角度和高度证成本罪的立法正当性有助于问题的

---

[1] 参见周光权："刑事立法进展与司法展望——《刑法修正案（十一）》总置评"，载《法学》2021年第1期。

深化。不过，家长主义有硬家长主义和软家长主义之分，按照范伯格的说法，"两者最重要的区别在于单方情形中行为人的自愿性以及双方情形中同意者的自愿性所起的作用不同。硬家长主义认同，为保护其免受自愿选择的损害，刑事立法即使违背某人意愿，亦是必要的。如我们所见，该原则无视双方情形中自由且知情的同意，亦无视单方情形中的充分自愿选择。以'为了他们好'而将己见强加于人，这当然非常适于被标签为'家长主义'"。[1]按照这一标准，上述论者一方面肯定低龄未成年女性具有性自主权，另一方面又否定其"自愿"的性自主权行使可以阻却犯罪成立，实则是范伯格所说的硬家长主义，已然超出了论者所谓的"缓和"的家长主义的范畴。在与特殊职责者的关系中，虽然低龄未成年女性的性自主权行使受到某种类型性的影响，但仍然存在自主决定与对方发生或者不发生性关系的权利——论者也正是基于这一点而将性自主权作为本罪保护法益——既然如此，就更应该肯定其可能的真实意愿及违背真实意愿的保护。可以说，本罪的立法正当性即便需要借助家长主义名义，也只能是软家长主义——软家长主义认为国家有权防止自我损害行为，但仅当该行为是非自愿的，或者，若不考虑该行为是否自愿，则干涉应该是暂时的。故此，论者的上述论证难以自立。

三、本罪法益内容及犯罪类型

从本罪规定的位置来看，任何试图从社会法益角度出发寻求本罪处罚根据的努力，例如将本罪的保护法益理解为是负有特殊职责人员的"职责"、义务及该职责、义务背后所蕴含的"性伦理""性禁忌""性道德"，或者是认为本罪的保护法益是所谓优生优育这一社会利益，都面临着与体系解释的应然结论相冲突的批判。作为"侵犯公民人身权利、民主权利罪"一章的新增犯罪，终究要从"公民人身权利"中寻找本罪法益。将之理解为笼统的"未成年女性的身心健康"既不确切也不充分，对于涉及性的犯罪，除了强奸罪、本罪、强制猥亵、侮辱罪与猥亵儿童罪分别规定于分则第四章"侵犯公民人身权利、民主权利罪"一章中之外，尚有第301条的聚众淫乱罪、引诱未

---

〔1〕 参见［美］乔尔·范伯格：《刑法的道德界限：对自己的损害》（第3卷），方泉译，商务印书馆2015年版，第11页。

成年人聚众淫乱罪这些扰乱公共秩序罪，以及组织、强迫、引诱、容留、介绍卖淫罪一节中的各种犯罪，这些关于性风俗、性秩序的专门犯罪被规定在刑法分则第六章"妨害社会管理秩序罪"之中，反过来证明，《刑法》第236条之一的本罪罪名，应该是公民人身权利之中与性有关的内容。但是，将本罪保护法益定义为"未成年女性的性权利"或者是"未成年女性的性的不可侵犯性"，都属于含义含混、宏大而空泛，[1]对于界定本罪的成立范围并无多少实益，同样不足取。对本罪的保护法益，应该从其性犯罪的属性出发。

（一）本罪保护法益是低龄未成年女性的性自主权

1. 性自主权是我国性犯罪的共通法益

世界各国刑法对性犯罪的规定及其解释，就是从将其理解为对社会的犯罪或是对男权社会中男性的犯罪演进到对女性个人的犯罪，从对于女性人身的犯罪再到对于女性自由意志犯罪的过程。这个过程既是女性独立地位增强和自主意识日益提高的过程，也是性犯罪规定更加文明、人道和个体化的过程。由于对性权利的侵害完全可能利用非暴力手段进行，"违背妇女意志"逐渐成为强奸罪的本质特征得到确认，而"妇女意志"是妇女关于性交行为的意志，也就是性自主权。[2]在强奸犯罪本质从暴力胁迫向单纯的意志违背的变化过程中，性犯罪的保护法益也从身体、名誉这样的具体人格权演变成了自由权。[3]我国现行刑法之中虽然并无明确的"性自主"用语，但从立法者对于侵犯公民人身权利犯罪的排列顺序来看，将强奸罪、强制猥亵罪以及本罪排在针对生命、健康的犯罪之后，针对自由的犯罪之前，意味着性自主权是一种独立且具有重要刑法价值的个人法益。性自主权作为"自然人自主决定是否和何时、以何种方式与他人发生性关系，以实现自己的性意愿和性利益而不受他人非法干预的权利"，[4]在女性遭受"性客体化""性工具化"等

---

〔1〕 早有论者提出，强奸罪的保护法益是妇女的性的不可侵犯的权利，这种叙述在逻辑上当然是成立的，但过于笼统和空泛，对强奸罪构成要件的解释缺乏具体的指导意义。参见胡东飞、秦红："违背妇女意志是强奸罪的本质特征——兼与谢慧教授商榷"，载《政治与法律》2008年第3期。

〔2〕 参见魏东、倪永红："强奸罪的文化学分析"，载《国家检察官学院学报》2002年第3期。

〔3〕 参见［日］嘉门优："ドイツ性刑法における《被害者の意思に反する》要件の展開"，载《理论刑法学的探求》（第9卷）。

〔4〕 参见杨立新主编：《中国人格权法立法报告》，知识产权出版社2005年版，第461页。

性别歧视的语境下，对之予以强调具有恢复女性平等主体地位的重要意义。[1]

"性自主"的实质是与他人形成合意的意志能力，核心是主动表达性意愿的能力和接受或拒绝他人性意愿的能力。性自主权的内容，包含拒绝权（对于他人无论善意或恶意的性要求，均可拒绝而无需任何理由）、自卫权（任何人对于指向自己之性侵害皆有防卫之权利）、选择权（任何人均享有是否进行以及选择如何进行性行为之权利）、承诺权（任何有承诺能力之人对于他人提出之性要求，有不受干涉而完全依自己意愿作出是否同意之意思表示）等内涵。[2]而且，承诺权与选择权可以合称为支配权，拒绝权与防卫权（反抗权）可以合称为维护权，[3]支配和维护共同构成"性自主"的两个维度。性自主权作为人身权的重要内容之一，如同名誉、人身自由等一样，是"人之所以为人"的重要属性。所以，性自主权是与生俱来的、任何单位和个人都不能改变的神圣不可侵犯的人格权。[4]即便是幼女或者精神病女性也同样具有性自主权中的维护权，只不过，她们由于认识能力尤其是意志能力方面的局限，在规范的意义上无法行使支配权，（其承诺与选择被规范性地认定为无效），与其发生的性关系被拟制为对性自主权的侵害。比较而言，这比（借助对弱势群体特殊保护的家长主义名义）直接在规范意义上完全否定幼女或者精神病女性的性自主权的做法更为妥当。至于低龄未成年女性，其拥有性自主权更是理所当然了。

2. 低龄未成年女性性自主权在特定关系中所受影响

相比于不具有特定关系的场合而言，特殊职责这一因素嵌入性合意的形成过程后，低龄未成年女性接受或者拒绝对方发生性关系之请求的意愿表达受到影响和干扰，其自由行使受到威胁。特殊职责人员因其职责而对低龄未成年女性形成了特殊影响力，具体是指，特殊职责人员对于低龄未成年女性在衣食住行等经济方面的影响、对其在生活上的教育、教养等的指导监督等精神方面的影响力。这些影响力并不限于在某一特定场合发生性关系时直接

---

〔1〕 参见谢海定："性骚扰概念在中国法上的展开"，载《法制与社会发展》2021年第1期。

〔2〕 参见郭卫华："论性自主权的界定及其私法保护"，载《法商研究》2005年第1期。

〔3〕 参见王凤民："性自主权的法理思考与现实考量"，载《福州大学学报（哲学社会科学版）》2008年第4期。

〔4〕 参见郭卫华："论性自主权的界定及其私法保护"，载《法商研究》2005年第1期。

影响低龄未成年女性是否同意的意思决定，也包括，在低龄未成年女性对发生性关系有关的意思决定之前提的人格、伦理观、价值观的形成过程之中，一般性地、持续性地作用于相应未成年女性的意思决定，[1]从而对其造成了威胁。

进一步说，存在特定关系的场合，低龄未成年女性由于处在被监护、被收养、被看护、被教育、被医疗的地位，常会遭受暴力、呵斥或者是其他一些不利后果，容易类型性地产生一种不安感，即，若是不答应性行为的话，会遭受某种不利。在与特殊职责人员的对应关系上，虽不能说特殊职责人员利用其影响力实施的行为造成未成年女性"不能抗拒"的状态（达到这种程度的场合，就能直接成立强奸罪），但通常也不能说是基于被害人的完全有效的同意。而且，从被害人同意理论的角度讲，基于双方之间的特殊关系，女性的表面同意未必是真实意思的表达，处在一种可能言不由衷、表里不一、难以拒绝、只能"同意"的状态，这种"同意"存在瑕疵，通常是一种不完全自愿的同意。在这种特殊关系的场合，立法者鉴于低龄未成年女性性自主权之行使受到类型性影响的现实，专门规定了本罪，以刑罚来遏制该种权利受到影响的危险和实际损害。

（二）本罪应理解为对性自主权的抽象危险犯而非实害犯或行为犯

笔者认为，本罪保护法益是低龄未成年女性的性自主权，犯罪类型是抽象危险犯。不应将本罪理解为行为犯，即并非只要特殊职责人员故意实施了与低龄未成年女性发生性关系的行为就一概构成本罪。从法益侵害说的角度讲，一种行为的实施只有使法益受到实际侵害或者现实威胁才具备刑法上的违法性，将本罪直接理解为行为犯很大程度上会阻塞出罪渠道，不当扩大处罚范围。也不应将本罪理解为针对性自主权的实害犯。既然行为人并未直接利用其特殊职责所产生的身份优势而发生性关系或者没有证据证明如此，就不能认为低龄未成年女性的性自主权受到了完整的现实侵害。负有特殊职责的人员与相对应的低龄未成年女性发生性关系的场合，立法者推定其利用了特殊职责所形成的身份优势，从而具有侵犯未成年女性性自主权的危险，这种危险是一种抽象的类型性危险，属于不成文的构成要件

---

[1] 参见［日］加藤俊治："性犯罪に対処するための刑法改正の概要"，载《法律のひろば》2017 年第 8 号。

要素。

将本罪理解为抽象危险犯的实益包括如下几点：①将本罪保护法益理解为低龄未成年女性性自主权的观点本身并不稀奇，毋宁说是较为正统的理解，关键是其具体说明，即本罪法益侵害的具体形式。将本罪理解为是对性自主权造成的一种抽象危险而非实际损害，无疑是一种实质性的、具有说服力的理由，据此，可使得女性性自主权是本罪法益的观点得以夯实。②抽象危险犯类型是对性自主权刑法保护的早期介入，据此可通过刑罚的一般预防功能，实现对性自主权的类型性、预防性保护角度。[1]③将本罪理解为抽象危险犯，能够解释立法者缘何为本罪所配置的较低法定刑，厘定本罪与强奸罪之间的界限（后文详述），顺畅回答"为何性侵的是未成年女性反而不如普通强奸处罚更重"的疑问。④在性行为确实没有侵害女性性自主权之危险的例外场合，即在低龄未成年女性确实真实自愿地与对方发生性关系时（尽管所占比例较少，但不能否定其存在），可以在教义学框架内通过反驳危险之不存在而出罪，从而在实体上保障被告人的权利，兼顾行为人和被害人之间的价值平衡。⑤可以达成举证责任的合理分配，符合诉讼经济原则。公诉机关只要完成对本罪中身份（特殊职责人员）、行为（行为对象、行为内容）、故意等要素的证明即可，被告方则承担反证危险不存在的责任，这并非将本应检察官承担的举证责任转嫁给被告方，而是因为，在实体上这是一种立法所推定的类型性危险，只有在例外场合才能否定危险的不存在，故而辩方需要举证证明女方的真实同意，这反而会促使行为人能够谨慎约束自己的行为。

针对上述主张，一种从配刑角度的可能质疑是，"情节恶劣"的场合同样也是抽象危险犯，何以却配置了3年到10年有期徒刑这种重刑？对于"情节恶劣"的界定后文有述，此处要说的是，"情节恶劣"的场合虽然并不改变本罪针对女性性自主权造成抽象危险的基本属性，但违法性的累积提升（存在多名被害人等场合）、可谴责性的增大以及预防必要性的增加（多次实施的场合等）、保护未成年女性的刑事政策考虑等理由的叠加，导致立法者认为"情

---

[1] 参见刘艳红："积极预防性刑法观的中国实践发展——以《刑法修正案（十一）》为视角的分析"，载《比较法研究》2021年第1期。刘艳红教授认为，《刑法修正案（十一）》是积极预防性刑法观的立法实践，其中有不少抽象危险犯的规定。这一观点虽然是针对集体法益犯罪而言，并非指向本罪，但也完全可以适用于本文。

节恶劣"场合针对这些低龄未成年女性性自主权的威胁足以和违背妇女意志与女性发生性关系的强奸罪基本犯场合相当。如此来说，对低龄未成年女性性自主权的抽象危险犯的情节加重犯，配置重刑也并非不可接受。至于抽象危险犯此前只配置在危害公共安全罪、破坏社会主义市场经济秩序罪等侵害社会法益的犯罪和危害国家安全罪等侵害国家法益的犯罪之中，而似乎未曾配置在侵害个人法益的犯罪之中，这种说法即便成立，也不足以成为否定本罪是抽象危险犯的充分理由。此前没有不等于现在不能有，出于对低龄未成年女性性自主权的周延保护考虑，刑法上的提前介入、早期介入有其正当性，应该允许和肯定。

（三）我国刑法侵犯性自主权犯罪罪名体系的逐步完善

狭义上将"性自主权"理解为"性交自主权"时，我国此前性犯罪的罪名设置仅有强奸罪。[1]就强奸罪的基本犯而言，我国《刑法》第236条只在第1款规定了"以暴力、胁迫或者其他手段强奸妇女"，并在第2款规定"奸淫不满十四周岁的幼女的，以强奸论"；理论上也更多是侧重于行为人造成或者利用被害人不能、不敢、不知反抗的状态而与之发生性关系。但是，"对性自主权的侵害"不能大而化之地笼统谈论，而有必要进一步细分：是绝对的侵害还是相对的侵害，是当然的侵害还是拟制的侵害，乃至，是直接的侵害还是间接的威胁。①使用暴力手段使得被害人不能反抗的，或者是以暴力相威胁形式的胁迫使得女性完全不敢反抗的，被害人无法拒绝行为人之侵害行为，属于其关于性的自由意愿被完全剥夺或压制，是对性自主权的绝对侵害。②在以揭发隐私相威胁或者是利用职权、从属关系相威胁等场合，或者是在冒充女性丈夫的场合，被害人处于信息上、身份上或者其他意义上的劣势地位，虽不存在全无瑕疵的意思决定空间，但在性行为进行时保有相对的自主意识空间，存在拒绝行为人行为进行之可能性，只是经过特殊的利益权衡使得性的自主意识受到干扰，属于对性自主权的相对侵害。无论是绝对侵害还是相对侵害，在行为人的行为直接违背被害人有关性行为的自主意愿这一点上是一样的（因此都属于对性自主权的当然侵害），但被害人在侵害行为进行时，其自由意愿的贯彻受到不一样的压制，故而理应在立

─────────

[1] 如在"与性有关的行为的自主权"这一广义上理解的话，则相关犯罪还包括《刑法》第237条的强制猥亵、侮辱罪。

法和司法上给予行为不尽相同的评价。③趁女性酒醉或者熟睡等场合，利用其不知反抗的状态而与其发生性关系，并未现实违反女性的自由意志，但也被无争议地理解为系强奸罪中的"其他手段"，这实际上是对性自主权的"拟制"侵犯（这种"拟制"不同于"推定"，不可以反驳）。之所以处罚上述行为，是因为在与行为人的性交行为进行时，被害人大部分情形下对双方性行为的进行是不同意的，行为人的行为被认为侵害了被害人对性行为支配的自由意识。尽管可能发生被害人于酒醒后完全不反对行为之人行为的情形，但从抽象的法秩序层面上，为了圆满保护性自主权，在无法确知行为对象的意识时，将擅自与其发生性关系的状态拟制为对性自主权的侵犯，是符合性自主权概念的保护，可以为一般社会价值所接受。④在奸淫幼女型强奸的场合，通常直接否定幼女存在性自主权而将"幼女的身心健康"当作保护法益，这固然和我国刑法中并未将相关性犯罪统合在"妨害性自主权犯罪"的旗帜下有关，但由此也难免有这样的批判：幼女也可能具有性自主权，无甄别地"保护"反而可能侵害她们的权利。从侵犯性自主权的角度讨论此种犯罪类型，将其理解为对性自主权的"拟制"侵害，则可以避免这种批判。在妨害性自主行为的阐明中，关于被害人性自主意识被压制程度的探究，不但能够凸显每一个不同犯罪类型之不同程度的不法内涵，更使得体系解释有一贯性的表达。以上对性自主权的侵害，虽内容上总体相同，但程度、样态和内涵有别，立法如能在罪名设置上加以区隔、配置不同的法定刑以适应违法性和有责性程度上的差别，形成我国关于性犯罪立法的罪名体系，无疑更为科学合理，而目前的立法规定则过于粗疏，令人遗憾。

我国《刑法》成立第 236 条之一所规定的负有照护职责人员性侵罪并无"利用特殊职责"的类似要求，其对被害人性自主权并未造成直接的——哪怕是相对的——侵害，而仅是对性自主权的正常行使造成了间接影响、间接侵害。也正是在这个意义上，本文将其理解为对性自主权的抽象危险犯。可以认为，我国性犯罪的刑事法网还不够严密，对于强奸（或者以强奸论的奸淫幼女）之外的间接妨碍性自主权的性侵害，本次通过本罪的新增而部分强化了对低龄未成年女性的保护，算是在我国性犯罪法网严密化、立法科学化方面迈出了重要一步。之后，我们还可以期待在性犯罪立法的罪名体系精细化（如前述的明确区分对性自主权的绝对侵害、相对侵害和拟制侵害）、刑事法网严密化、[1]性别保护平等化[2]等方面继续有所作为。

四、本罪与强奸罪的关系

（一）本罪的轻罪属性

理论上对于犯罪存在"重罪和轻罪"的分类，并且一般将法定最低刑为3年有期徒刑的犯罪称为重罪，其他犯罪为轻罪。[3]据此，本罪基本犯属于轻罪无疑。对于本罪的轻罪定位和轻刑配置，本文的理解是：特殊职责人员的相应行为，虽然威胁到了该未成年女性的性自主权，但毕竟既未采取暴力手段，也未采用以恶害相通告的胁迫手段，还没有证据证明行为人利用特殊职责人员的身份给未成年女性以精神强制（否则就能认定为"其他手段"甚至直接认定为"胁迫"），从而就不同于实际侵害女性性自主权的强奸。将相应行为规定为犯罪是体现对行为性质（影响未成年女性的性自主权）的评价，是为了严密法网，更为全面地保护低龄未成年女性性自主权利的充分实现；而规定为轻罪，将其法定刑设置为和强奸罪之间无缝衔接，则是以对行为手段的评价为线索，体现了针对性行为与女性意志之间的不同关系的实体和证据考量之后的区别对待。就此看来，本罪对于相应行为的入罪规定以及法定刑配置是适宜的，既有效填补了法网漏洞，又能实现罪责刑相适应。同

---

[1] 比如，本罪行为对象未扩展至所有未成年人（已满16周岁未满18周岁的未成年人被排除在外），更不用说成年女性，仍会造成处罚空白。比如，借助公务、业务便利而与成年女性发生性关系，如看守所男警察滥用手中权力与被羁押的女性发生性关系的，或心理医生借助诊疗机会而与抑郁症女患者发生性关系的，通常会因在证据上无法证明存在强奸罪的"其他手段"行为而只能按照违法违纪等行为处理，无从刑事处罚。但类似行为同样是对女性性自主权的一种威胁，在立法论上值得借鉴《德国刑法典》等的规定（《德国刑法典》之中，仅就"妨碍性自主之犯罪"（第13章）而言，除了属于基本犯的性侵犯、性强制、强奸（第177条），对儿童的性侵害（第176条）以及有关性交易、色情刊物等的犯罪之外，与本文主题直接相关的，既有对受保护的未成年者之性侵害的特殊保护（如第174条），又有对于因犯、受官方拘禁之人或是在机构中之病患及有帮助需求者的性侵害（第174a条）、利用公务地位的性侵害（第174b条）、利用咨询关系、诊疗关系或照护关系的性侵害（第174c条），而后二者都不限于未成年女性，法网显然更为严密，予以入罪处理　其处罚根据和负有照护职责人员性侵罪实质上是一样的（都是一种类型性危险，只是本罪借助了打击针对未成年女性的性侵害之东风而已）。

[2] 立法将本罪行为对象限定为已满14周岁未满16周岁的女性而将同年龄段的男性排除在外，延续了在强奸罪问题上所体现的男女保护不平等问题，不能不说是"女性客体观"（认为女人是性的对象）"女性受害观"（认为性行为无论是否基于双方合意，女性都"受害"）等的影响。对类似问题的分析，参见谢海定："性骚扰概念在中国法上的展开"，载《法制与社会发展》2021年第1期。

[3] 参见张明楷：《刑法学》（第5版），法律出版社2016年版，第92页。

时，将本罪理解为针对低龄未成年女性性自主权这一保护法益的抽象危险犯，对本罪的轻罪属性给出了理论说明。

（二）本罪与强奸罪的互斥关系：以女性意志为视角的论证

强奸罪的本质特征是性交行为违背女性意志，手段行为不过是判断是否违背女性意志的素材而已。所以，对于奸淫不满 14 周岁幼女的场合，才是"以强奸论"，即本不属于"强"奸而拟制为强奸。同样地，如果有证据证明负有照护职责的特殊职责人员与低龄未成年女性之间的性行为违背女性意志（比如有证据证明特殊职责人员利用优势地位迫使女性就范的），则直接构成强奸；[1]既没有证据证明性行为违背女性意志也没有证据证明性行为符合女性意志的，或者是性行为表面上符合女性意志但实质上违背女性意志的，都属于给女性性自主权的行使造成了抽象危险，构成本罪。至于论者们所说的"不论未成年人是否同意"均成立本罪，笔者终究不能赞同：若将这里的"同意"理解为客观效果，则客观确实同意时既非本罪也非强奸，客观确实不同意则直接构成强奸而无须认定为本罪；而在"表面形式"的意义上理解这里的"同意"时，同样无法得出那样的结论来。

详细来说，性犯罪的成立与女性是否同意直接相关。女性的表面意思和真实意思（内心意思）通常是一致的，故而一般直接按照客观外化的表面意思来代替其真实意思作为女性是否对性关系自愿的判断结论。但是，也可能由于特殊原因而导致外在意思与内心意思出现不一致，《刑法》第 236 条之一规制的就是这样一种情形。其中，"表面同意"是指性行为发生之时，外在形式上同意而没有拒绝。但这种"同意"是在行为人一方对自己存在基于特殊职责产生的影响，自己在生活和精神等领域对对方存在依赖之下的"同意"，这种同意虽表面存在，但实质上（内心中）却往往是不情愿、不同意的。这时，就应该结合外在表现、真实内心与客观证据来判断行为人行为的性质。

归纳起来，从是否明显违背女性意志（关于性行为的自主意愿）的标准出发，本罪与强奸罪之间系互斥而非包含或交叉关系：成立本罪即不构成强奸罪，成立强奸罪即不构成本罪。最高人民法院相关人士在撰写关于确定罪

---

〔1〕 2013 年 10 月 23 日最高人民法院、最高人民检察院、公安部、司法部《关于依法惩治性侵害未成年人犯罪的意见》第 21 条第 2 款规定："对已满十四周岁的未成年女性负有特殊职责的人员，利用其优势地位或者被害人孤立无援的境地，迫使未成年被害人就范，而与其发生性关系的，以强奸罪定罪处罚。"

名的司法解释之"理解与适用"时认为，"负有特殊职责的人员与已满十四周岁未满十六周岁的未成年女性发生性关系的，其构成要件与强奸罪不同，应当单独确定罪名"，[1]这实际上也表明了持本罪和强奸罪互斥关系的态度。

具体来说，在负有特殊职责的人员与已满14周岁不满16周岁的低龄未成年女性发生性关系的场合：①特殊职责人员使用暴力或者以恶害相通告的方式使未成年女性产生恐惧心理，从而违背妇女意志与其发生性关系的，或者是特殊职责人员利用监护、收养、看护、教育、医疗等特殊职责形成的对被害人的影响力，迫使未成年女性就范而与其发生性关系的，表面上看似乎同时符合负有照护职责人员性侵罪与强奸罪而按照强奸罪处理，但实际上，该行为类型并不符合本罪抽象危险犯的性质而是已然构成实害，理解为想象竞合犯并无任何实际意义；在与女性意志之间的关系上，性行为的发生是违背女性意志的，女性无论表面还是内心都不同意，属于典型的强奸，是对性自主权的直接侵害。②没有证据证明特殊职责人员利用监护、收养、看护、教育、医疗等特殊职责形成的对被害人的影响力去胁迫未成年女性，双方的性关系被害人表面自愿，不构成胁迫型强奸，只成立负有照护职责人员性侵罪；在与女性意愿之间的关系上，女性表面上同意而内心不同意，是对性自主权的一种间接威胁，或者说抽象危险。③在低龄未成年女性以暴力、胁迫等方式迫使特殊职责人员与其发生性关系等极其例外的场合，对发生性关系女性不但表面同意而且内心也同意，性行为符合女性意志，是性自主权的体现，特殊职责人员不构成犯罪。[2]

（三）对一个可能质疑的回答

认为两罪处于互斥关系，注定会被批评为违反《刑法》第236条之一的规定本身。但是，将两罪解释为互斥关系，即便表面上和条文的字面表述（平义解释）之间存在违和之处，也完全可以在目的论解释的意义上获得说明，并不存在不可逾越的障碍。

（1）该条规定的"有前款行为，同时又构成本法第二百三十六条规定之罪的，依照处罚较重的规定定罪处罚"，是一个注意规定，旨在提醒司法人员

---

〔1〕 参见李静、姜金良："《关于执行刑法确定罪名的补充规定（七）的理解与适用"，载《人民司法》2021年第10期。

〔2〕 至于女性表面不同意、内心同意（需要证据支持），属于"半推半就"甚至"名推实就"，性行为并未违背女性意志侵害法益，理应无罪。

注意，特殊职责人员与低龄未成年女性发生性关系的，并非一概构成本罪，也可能直接构成强奸罪这一重罪，不要因为发生性关系的双方之间存在特定关系就一概认定为本罪。详言之，对本罪的构成要件而言，客观上需要特殊职责人员与低龄未成年女性发生性关系，主观上则需要性行为未明确违背低龄未成年女性的意志，前者是本条直接规定的，后者则是上文反复论证得出的本文立场。此条规定的"有前款行为"，正对应第 1 款的直接规定，仅指客观上二者发生性关系的行为，并不包含主观内容即与低龄未成年女性意志之间的关系。此时，如果未明确违背女性意志（其内心也并非真实同意），则成立本罪；反之，如果明确违背低龄未成年女性的意志，则直接成立强奸罪。因为明确违背和未明确违背这一主观内容是互斥的，所以本罪和强奸罪也是互斥的，如此理解正可以理顺两款规定的内在关系。

（2）单从语言表述来说，法条中的"同时又构成"似乎意味着"既构成本罪又构成他罪"的同时符合关系。但事实上，这里的"同时又"仅是针对"有前款行为"而言的，而具有前款行为并不意味着就成立本罪，所以这里并非两种罪名的并列，而只是本罪之客观行为和强奸罪之客观行为的并列。即，客观上"有前款行为"的"同时"，"又"（因为主观上的特殊性）有可能构成《刑法》第 236 条规定之罪。

（3）立法者为本罪所配置的基本法定刑是"三年以下有期徒刑"，情节恶劣的场合才是"三年以上十年以下有期徒刑"——本罪情节恶劣的场合也才相当于强奸罪的基本法定刑而已。这就一般性地决定着，所谓"依照处罚较重的规定定罪处罚"，最终结果一定是按照强奸罪处理，法条的实然规定在效果上和"依照该规定定罪处罚"这一《刑法修正案（十一）》在 2020 年10 月二审稿即本条规定第一次面世时所使用的表述并无差异。立法最终将二审稿中的"依照该规定定罪处罚"修改为"依照处罚较重的规定定罪处罚"，并不意味着也可能按照负有照护职责人员性侵罪处罚，从而就并未对二审稿表述予以任何实质性改变；其无非是试图在形式上追求严谨，但却带来"也可能按照新罪定罪处罚"的误解。在特殊职责人员性侵"情节恶劣"的场合，若认为也同时构成强奸罪而又不属于强奸罪的几种加重处罚情形时，会出现新罪的加重法定刑和强奸罪的基本法定刑完全相同的问题，这时完全无法比较何者是"处罚较重的规定"，最终不得不将新罪理解为特别法并优先适用，但这已然架空了"依照处罚较重的规定定罪处罚"的法律规定。所以，立法的最终表述与二审稿表述相比，不能不说是一种倒退；而在现有规定之下，应该将"依照处罚较重的规定定罪处罚"直接理解为"依照《刑法》第236条的规定处罚"，而这样的理解无疑是进一步佐证了两罪之间的互斥关系。

五、本罪的出罪途径

不应该认为，所有处在被监护、被收养、被看护、被教育、被医疗地位的低龄未成年女性都是众人一面的、同质化的、无声的、纯粹被保护的客体。低龄未成年女性的真实际遇、实际诉求、经验感受等，不能在保护未成年女性的性自主、性权利等抽象、宏大的价值面前被掩盖和淹没，尽量让刑法规范适应经验事实的多样化差异理应是对《刑法》第236条之一进行解释时的冷静选择。"男女相爱，未成年一方愿意或希望发生性关系，也未造成怀孕、感染性病、辍学等不良后果，有的直至案发或超过自愿年龄仍与对方保持恋人关系。在个别案例中，双方甚至最终发展到谈婚论嫁或组成家庭的地步。在这种情况下，无论是从性行为对涉案未成年人性权利、性健康抑或整体身心发育的负面影响看，还是从该行为背离社会性伦理及社会通念之一般期待的程度看"，[1]予以出罪可能都较为适宜。

（一）出罪途径

本罪成立并不以现实地违反未成年女性的性自主权为成立要件，但也不意味着，只要行为人对低龄未成年女性负有特殊职责，双方也发生了性关系，行为人就必然构成本罪，无须借助《刑法》第13条的但书规定，单纯从刑法教义学的角度出发，行为人也完全可能不构成犯罪。立足于阶层犯罪论体系，这种出罪空间至少包括以下途径：

（1）两者之间是否具有特定关系，行为人是否对未成年女性负有特殊职责，应该以行为时为准。行为人需要在这种特定关系存续中，利用特殊职责所产生的优势地位而与低龄未成年女性发生性关系，才能构成本罪。如果未成年女性曾因监护、收养、看护、教育、医疗等原因而处在行为人的特殊职责之下，但性关系发生时，这种特定职责已不复存在，则并不符合本罪的构成要件。

（2）对"特殊职责"要进行实质解释，其需要满足连续性、持续性的要

---

[1] 参见赵军："'自愿年龄线'与儿童性权利的冲突及协调"，载《刑法论丛》2014年第3期。

求，极其短暂的看护、教育、医疗等场合，不宜认定为"特殊职责人员"，从而可以在构成要件符合性阶段出罪；至于何谓"极其短暂"，则应以能否致女性产生生活、精神上的依赖作为标准。

（3）在低龄未成年女性以暴力、胁迫等方式迫使特殊职责人员与其发生性关系的场合，可以认为未成年女性的性自主权并未受到影响而是自由行使——相反甚至可能认为性关系的发生违反特殊责任者的意愿，只要认为本罪是为了保障未成年女性的性自主权的行使而设置，抑或只要不将本罪的法益理解为诸如设立特殊职责人员的交往红线这样的社会利益，就应该认为此种行为欠缺违法性而出罪。

（4）行为人与低龄未成年女性确实情投意合产生恋爱关系进而发生性关系的场合，比如，22 周岁的班主任与 15 周岁的本班女生自由恋爱并发生性关系的，同样，只要不将本罪的法益理解为诸如设立特殊职责人员的交往红线这样的社会利益，就应该认为本罪保护法益并未受到侵犯（可以认为是有效反驳了抽象危险的存在从而在构成要件层面出罪，也可以是在违法性层面以没有实质的法益侵害为由出罪）。

（5）在行为人对于女性已满 14 周岁未满 16 周岁这一点欠缺认识的场合，比如 15 周岁的女性发育良好，因为身体原因而谎报成年就医，需要一月有余的住院治疗，主治医生对其谎报的年龄信以为真，双方发生性关系的场合，由于本罪是故意犯罪而不处罚过失，行为人欠缺有责性而不成立本罪。

（6）本罪属于身份犯，"特殊职责人员"这一身份属于客观构成要件要素，在行为人虽然客观上对于该未成年女性负有特殊职责但主观上对此完全没有认识，比如，临时替出国两周的同事照顾其刚满 14 周岁的女儿，双方发生性关系的，可能因为欠缺对自己属于特殊职责人员的认识，从而否定犯罪的成立。

（二）出罪的例外性

有必要强调的是，以上虽列举了多条出罪途径，但抽象危险犯的犯罪类型决定，负有照护责任者与低龄未成年女性发生性关系原则上就具备了妨害其性自主权的抽象危险，仅仅在辩方成功证明危险不存在等几种例外场合方可出罪，在证据要求上的门槛较高。所以，本文主张不会架空本罪的设置或者使本罪法网漏洞百出，而无非是为尊重女性的真实意愿、保护被告人的合法权利寻得一条通道和一线生机而已，这种原则和例外关系是需要明确的。

六、结语

难免会有观点认为，像本文这样限定本罪的适用，可能会架空本罪的立法，违背所谓的立法意图。确实，单纯从法条字面含义来看，只要负有特定职责的人员与低龄未成年女性发生了性关系就可能构成本罪，并且，这种基于文义解释得出的结论还可以在对低龄未成年女性性权利特殊保护乃至"零容忍"的名义下被合理化，进而，在为特殊职责人员与低龄未成年女性交往时设置一道红线、设立禁止性规范的意义上被正当化。但在"红线说""零容忍"观念之下确定本罪法益侵害内容不但可能混淆法律与道德的界限、以刑法干涉内心，而且不顾"被保护者"具体感受和实际利益的"过度保护"还可能适得其反，同时侵犯行为人和低龄未成年女性的正当权利。确实，总体上我国刑法对低龄未成年女性性自主权的保护不是过度而是不足，正因如此本文才充分肯定本罪的立法价值；但是，不能以"零容忍"的名义将本罪理解为纯粹行为犯，这会走向另一个极端，导致刑法过度介入道德领域。通过适用解释对本罪的适当限缩是必要的。"限缩"不是为了贬低本罪的立法价值而恰恰是为了其恰当适用；"适当"限缩，则是为了在周延保护法益、尊重低龄未成年女性的真实意愿、保障被告人人权之间寻求平衡，而不是为了限缩而限缩。

本罪的保护法益是低龄未成年女性的性自主权，但在犯罪类型上不属于实害犯，而是抽象危险犯。相对于"有限提高了性同意年龄下限"的观点，抽象危险犯的主张注定是弱势理论和少数说，却更能解释本罪的法益内容和处罚根据，更能和本罪的轻罪属性相适应，更能廓清本罪与强奸罪之间的关系，也更能兼顾行为人和被害人的权利平衡。而且，将本罪理解为抽象危险犯允许反证，但反证的门槛是比较高的，出罪的例外性也是本文所强调的，从而也就不会导致本罪被架空。在具体观点上，本文也试图通过对性自主权的"绝对侵害、相对侵害、拟制侵害"以及本罪所呈现出的"间接侵害"织就出我国性犯罪法网的总体图景。这些都是以对本罪立法价值的确认为前提的。

负有照护职责人员性侵罪的司法适用

张　勇*

摘　要：《刑法修正案（十一）》增设了负有照护职责人员性侵罪，其保护法益为受照护的已满 14 周岁未满 16 周岁未成年女性的性自主权，所谓"性同意年龄部分提高"的观点并不妥当。认定对负有照护职责人员是否侵犯了对方的性自主权，需要进行实质判断。本罪属于身份犯，只要行为人具有照护职责身份，与受照护的未成年女性之间形成优越地位和被依附信赖的人身关系，并与其发生性关系，法律拟制为其侵犯了对方的性自主权。同时，刑法要求行为人主观上须明知或推定明知对方是 14 周岁至 16 周岁的未成年女性；对于本罪加重构成的"情节恶劣"，可比较强奸罪的定罪标准加以认定。另外，基于被照护者所从事职业与性侵犯罪行为的紧密关联性，提倡适用职业禁止的刑事预防措施。

关键词：负有照护职责人员性侵罪　未成年女性　性自主权　明知　职业禁止

一、问题的提出

近些年来，我国性侵未成年人刑事案件频频发生，受到社会广泛关注。根据《上海市妇女儿童权益司法保护工作白皮书（2019 年度）》披露，上海法院系统审判的性侵犯罪主要涉及猥亵儿童罪、强奸罪、强制猥亵罪等罪名，其

＊　华东政法大学教授，博士生导师，法学博士。

本文系 2019 年度国家社科基金一般课题《大数据背景下公民个人信息刑法保护体系研究》（19BFX074）的阶段性成果。本文已发表于《青少年犯罪问题》2021 年第 4 期。

中猥亵儿童罪占比达 58.8%，负有特殊职责人员性侵儿童刑事犯罪问题较为突出。[1]在最高人民法院、最高人民检察院发布的性侵未成年人典型案件中，不乏鲍某某强奸、猥亵儿童案等利用特殊职责身份和便利条件实施性侵行为的刑事案例。[2]性侵未成年人刑事案件具有以下显著特点："熟人"作案比例较高，往往发生在中小学校、培训机构、医院等未成年人集中地；监护人、看护人、教师、医生等负有照护职责的人员性侵未成年女性的案件占据相当高的比重；性侵犯罪与其所从事职业的关联性紧密，身份犯的特征凸显。另外，由于此类案件具有很强的隐蔽性，实际案发数量和所占比例可能远超司法机关公布的数据。

保护未成年人身心健康、保障未成年人合法权益，对未成年人予以特殊、优先的保护，是我国"最有利于未成年人"法律原则的核心理念，也是《联合国儿童权利公约》中"儿童最大利益原则"的重要体现。国内外刑事立法对上述特定职责人员性侵未成年人的犯罪无不给予严重惩治。[3]我国司法机关于 2013 年颁布的《关于依法惩治性侵害未成年人犯罪的意见》（以下简称《性侵意见》）第 21 条作出了相应规定。[4]在此基础上，《刑法修正案（十一）》在《刑法》第 236 条后增加一条，作为第 236 条之一，即对已满 14 周岁不满 16 周岁的未成年女性负有监护、收养、看护、教育、医疗等特殊职责的人员，与该未成年女性发生性关系的，予以定罪处罚。根据国家司法机关于 2021 年 2 月 26 日出台的关于《刑法修正案（十一）》罪名确定的司法解释，该罪名被明确为"负有照护职责人员性侵罪"。上述规定充分体现了对身心发育尚未成熟的未成年少女性权利的保护，贯彻了特殊关照、优先保护的原则。然而，在刑法修改过程中，学界对此存在不少争议。有的认为，本次刑法修正案将最低刑事责任年龄调低到 12 周岁，又将"性同意年龄"在特定

---

〔1〕 参见"《上海市妇女儿童权益司法保护工作白皮书（2019 年度）》发布"，载人民网：ht-tp://sh.people.com.cn/n2/2020/0408/c134768-33935027.html，2020 年 4 月 8 日访问。

〔2〕 参见张力："性同意年龄应一概提高吗"，载《检察日报》2020 年 4 月 29 日，第 7 版。

〔3〕 参见谢俊龙、田然："我国刑法加强未成年人性权利保护的前度探寻"，载《青少年犯罪问题》2016 年第 4 期。

〔4〕《性侵意见》第 21 条第 2 款规定："对已满十四周岁的未成年女性负有特殊职责的人员，利用其优势地位或者被害人孤立无援的境地，迫使未成年被害人就范，而与其发生性关系的，以强奸罪定罪处罚。"

情形下提高到 16 周岁，这种立法"自相矛盾"，缺乏合理的事实基础与理论依据。[1]另外，对于"照护"职责如何界定？是否要求行为人"利用职责便利"？行为人主观上是否需要"明知"对方是已满 14 周岁不满 16 周岁的未成年女性？对于这些问题也存在不同认识。另外，本罪中行为人须负有特定的照护职责，与相关职业具有紧密关联性，这决定了司法机关可以有针对性地适用职业禁止措施，剥夺或限制性侵犯罪行为人的从业资格，从而有效限制其利用关联职业再次实施性侵未成年人犯罪。然而，目前职业禁止在性侵未成年人刑事案件的适用比例整体较低，对犯罪人所禁止从事的职业与其原有的照护职责关联性不大；有的案件中犯罪人所被禁止从事的"相关职业"范围与其原有职业之间缺乏必要的相关性，适用职业禁止的条件标准缺乏统一性。基于以上问题，本文将对负有照护职责人员性侵罪的法益性质、客观行为、主观罪过、定罪情节等构成要件进行分析，并对本罪与其他关联罪名加以比较，同时对该类犯罪适用职业禁止的根据和条件等问题加以研讨，以期为负有照护职责人员性侵罪的定罪处罚有所裨益。

二、性侵犯罪的客体性质

《刑法修正案（十一）》新设的负有照护职责人员性侵罪与现行刑法中的强奸罪、强制猥亵、侮辱罪、猥亵儿童罪等罪名均与性侵未成年人女性犯罪相关。以下对照其他性侵罪名所侵犯的客体，对负有照护职责人员性侵罪的客体性质及具体内容予以界定和分析。

（一）性侵犯罪客体的人格权属性

国内外学界一般认为，强奸罪的保护法益是女性的性自主权或性自由权。例如，日本刑法学界一贯将性犯罪的保护法益理解为性自由或者性的自己决定权。"性自由"即决定与谁、何时、实施怎样的性行为的自由。但也有批评者认为，将性犯罪作为针对性自由的犯罪来把握，没有充分把握犯罪中法益侵害的实际情况及其严重程度。[2]由于幼女缺乏决定性行为的能力，因此，与不满 14 周岁幼女发生性关系即性交的行为，无论其是否同意，均应认定侵

---

〔1〕 "预防未成年人犯罪法修订中的重大争议问题"，载腾讯网：https://mp.weixin.qq.com/s/H6o Ym G5x7u Oop Ud Gi I8gv A，2020-11-28/2021-03-05，2020 年 11 月 28 日访问。

〔2〕 参见 ［日］佐伯仁志、曾文科："日本的性犯罪——最近修改的动向"，载《刑事法评论》2017 年第 1 期。

犯了幼女的性自主权，以强奸罪定罪处罚。国内学界对不同性侵罪名的犯罪客体认识也有差别。一般认为，强奸罪的客体是妇女（包括幼女）的性自己决定权（性自主权），[1]或"性不可侵犯的自由权利或者幼女的身心健康"；[2]猥亵儿童罪所侵犯的客体是儿童的身心健康和人格尊严；强制猥亵罪则是"与性有关、侵犯了妇女的性自主权、性羞耻心和社会风化的行为"等。[3]上述观点和表述都从不同侧面反映了强奸、猥亵等性侵犯罪的客体性质及内容，但显然未取得一致认识，相关表述未必准确规范。基于法秩序统一性原理，对于刑法中性侵未成年人犯罪客体性质的认识，须依据《民法典》中有关人格权的规定予以界定。根据《民法典》人格权编的规定，性侵犯罪所侵犯的客体应归属于未成年人的人格权，具体包括生命权、健康权、名誉权、隐私权，以及基于人身自由、人格尊严产生的其他人格权益。有学者认为，人身的人格权系保护存在于人身的人格法益，包括"生命、身体、健康、自由及贞操"。其中"贞操"被明定为一种独立的人格权益。然而，"贞操"是父权、夫权社会下传统伦理道德观念的产物，"贞操"就是妻子对丈夫性的忠诚，不是权利而是义务，实质上是将女性视为客体，而非与男性对等的主体的观念。从维护未成年女性平等主体地位和人格尊严权利的角度，现代刑法不宜将性侵犯罪的客体归结为"贞操权"。司法实践表明，未成年人女性在不幸遭遇性侵之后，往往最痛苦的感受莫过于人格尊严遭受的羞辱感，感觉自己无端成为泄欲工具，蒙受非人对待。而并非源于"性同意权"未能得到实现。性侵犯罪作为一种严重侵犯女性人身自由、人格尊严的犯罪，其侵害客体具有多元、复杂的特点。在没有实施外在强制手段、没有造成人身伤害等严重后果的情况下，性侵行为与被害人是否基于自由选择并无因果联系。特别是未成年女性在遭遇性侵时，由于其自身认知能力不足，抗拒性侵害能力较弱，即使没有作出拒绝与照护人员发生性关系的表示，但其心理状态大多只能说是"不明就里"，但这不等于"无权拒绝"。[4]性侵

〔1〕 参见张明楷：《刑法学（下）》（第5版），法律出版社2016年版，第867页。

〔2〕 参见周道鸾、张军主编：《刑法罪名精释——对最高人民法院关于罪名司法解释的理解和适用》，人民法院出版社1998年版，第529页。

〔3〕 参见王政勋："强制猥亵、侮辱罪构成要件的法教义学分析——基于原型范畴理论的研究"，载《法律科学（西北政法大学学报）》2018年第4期。

〔4〕 参见张晓东："性侵犯罪被害人的受损权益研究——以人格权为基点"，载《公安学刊（浙江警察学院学报）》2019年第3期。

犯罪行为人所侵犯和玷污的不是被害人决定是否实施性行为的选择权，而更多的是侵犯了女性的人格尊严和心理健康，即"性羞耻、性自尊、性纯洁的自我确认与社会形象，被害人作为有情感、有尊严的社会个体的人格权利"。

对于负有照护职责人员性侵罪来说，立法者将该罪的对象限定为已满14周岁不满16周岁的未成年女性，所侵犯的客体或保护法益与奸淫幼女、猥亵儿童犯罪的客体性质和内容更为相近，可概括为：未成年女性与性有关的人格权益，具体包括：身心健康权（包括人身健康或性羞耻心）、性的身体自由权（自主决定或自愿选择性行为）；由于受照护未成年女性与照护职责人员之间存在依附与被依附的关系，前者处于不平等的地位，负有照护职责人员基于这种不平等的身份关系与其发生性行为，无疑也侵犯了受照护未成年作为法律上平等权利主体所具有的自尊心应受到尊重的人格尊严。因此，也应将其纳入本罪的客体范围。从逻辑上说，负有照护职责人员性侵罪与强奸、猥亵等性侵犯罪的客体具有类罪的同质性，但既然是不同罪名，不同性侵犯罪所侵犯的客体性质和内容也有所差别。比较来说，首先，强奸罪、强制猥亵罪的主要客体为性的身体自由权，行为人采取暴力、胁迫或其他强制手段、违背妇女（包括幼女）的意愿是该罪的罪质特征。但在有的情况下，也会侵犯被害人的身心健康权或人格尊严，甚至上升为犯罪的主要客体。例如，如果强奸、强制猥亵致使被害人重伤、死亡或者造成其他严重后果，被害人的生命权、身体健康权属于主要客体；在公共场所或当众强奸、强制猥亵妇女的情况下，被害人的人格尊严也成为刑法所要保护的重要内容；在奸淫幼女、猥亵儿童的情况下，基于低龄未成年人性认知和防范能力较弱，其身心健康则是性侵犯罪的主要客体，至于被害人是否同意或自愿则不是关注的重点。当然，如果奸淫幼女、猥亵儿童行为造成被害人伤害后果的，其身体健康权则成为刑法评价犯罪社会危害性大小的主要内容。

（二）"性同意年龄部分提高说"的质疑

在我国刑法涉及性侵害未成年人的罪名中，作为犯罪对象的未成年人年龄规定有所差异。具体来说，奸淫幼女型强奸罪、猥亵儿童罪与引诱幼女卖淫罪的对象包括14周岁以下幼女或男性儿童，其他犯罪则是在18周岁以下的未成年女性或男性。有学者针对负有照护职责人员性侵罪将行为对象限定为 14 周岁至 16 周岁未成年女性，提出"性同意年龄部分提高说"。[1]该种观点认为，根据我国《刑法》的规定，奸淫不满 14 周岁的幼女即构成强奸罪，幼女拥有性自主权的年龄即"性同意年龄"为 14 周岁；而在《刑法修正案（十一）》增设负有照护职责人员性侵罪的情况下，14 周岁至 16 周岁的未成年女性不具有性自主权，这实质上是部分提高了《刑法》中的"性同意年龄"，进而实现对未成年女性的性权利保护。然而，上述"性同意年龄部分提高说"是值得质疑的。首先需要探讨的问题是，14 周岁以下幼女是否具有性自主决定权？应当说，14 周岁以下幼女与成年妇女一样，都具有性自主权。所谓性自主权，是妇女按照自己的意志决定性行为的权利，包括积极实施和消极拒绝性行为两种情况。对 14 周岁以下幼女来说，虽然其在积极实施性行为方面尚不具备判断和决定能力，在此方面受到法律上的限制，或者说，即使幼女本人同意，并积极主动地与他人实施性行为，为了充分保护幼女的性自主权，法律上仍视为其不是出于自愿而发生的性行为，幼女本人的同意在法律上是无效的。但在消极拒绝性行为方面，幼女是完全拥有性自主权的；换言之，即使幼女积极自愿地与他人发生性关系，其仍然拥有拒绝与他人发生性关系的权利，法律上仍然视为侵犯了幼女的性自主权。然而，法律上认可幼女的性自主权或"性同意"权利，并不意味着这个年龄阶段未成年女性所作出的同意发生性关系的表示，自然推论出其必然会成为负有照护职责人员与其发生性行为无罪的事由。幼女同意或拒绝与他人发生性关系是否有效，以及对于相对一方来说是否违法和侵权。但在刑法意义上，认定行为人与幼女发生性关系是否构成犯罪，并不需要考虑其是否作出同意或拒绝的意思表示，因为刑法已经作出拟制规定，只要与幼女发生性关系，都视为侵犯了其性自主权。立法上承认 14 周岁至 16 周岁的未成年女性具有性同意的自主权，司法上将负有照护职责人员的行为认定为犯罪，二者在逻辑上并不矛盾。但这也不意味着，任何与幼女发生性关系、侵犯其性自主权的行为都应追究刑事责任。除了刑法保护法益的因素，还需要具体考量其实质的法益侵害性及其程度，判断其行为是否具有刑事可罚性，如果仅仅是从行为人违反了特定职责或职务的规范要求这一形式上进行判断，就可能混淆刑事违法与民事侵权、行政违法应有的界限。基于对未成年犯罪的受害人和加害人实行"双向保护"

---

[1] 参见汪润、罗翔："性侵儿童犯罪的司法认定"，载《人民司法》2020 年第 17 期。

原则，实践中对 14 周岁以下男女双方自愿发生性关系的行为往往不认定为犯罪，就是考虑到该行为虽然侵犯了幼女的性自主权，却不具有实质的法益侵害性。但不能因不追究行为人的刑事责任，而否定幼女性自主权的存在。

根据以上分析，已满 14 周岁未满 16 周岁、被他人照护的未成年女性同样具有性自主权。作为监护人、收养人、看护人等负有照护职责的人员，与被害人关系比较亲近，14 周岁至 16 周岁的未成年女性虽然比不满 14 周岁幼女的认知、判断能力有所增强，具备了一定性防卫能力，但其身心发育尚未完全成熟，并且由于与监护人、教师等负有特殊职责人员存在一定的依附和信赖关系，防范意识相对减弱，较容易作出"非实质自愿"的性同意决定。虽然行为人没有采取暴力、胁迫等强制手段（在此情况下可构成强奸罪）与被照护未成年女性发生性关系，可能也会采取诱骗、哄骗手段，不具有强制性，但刑法同样视为后者不自愿或不同意发生性行为，从而认定其性自主决定权受到侵犯，而不论其是否作出同意或拒绝的表示。显然，这是"法律家长主义"在限制未成年女性积极行使性自主权的体现。另外，负有特殊照顾职责人员性侵罪是比照德国、日本刑法典中的同类罪名设立的。《德国刑法典》第 174 条专门规定，若负有照顾职责或工作中有从属关系的人，滥用教养、教育、照顾等关系，与 18 周岁以下未成年人发生关系的，也能够成立本罪；《日本刑法典》第 179 条规定的也是"未满 18 周岁者"。比较而言，我国《刑法修正案（十一）》对这一年龄上限的设置略显机械和不够周全，难以实现对已满 16 周岁未满 18 周岁未成年人的充分保护。笔者认为，应当适度提高性同意年龄的设置。参照域外国家的相关规定，对于一般主体实施的性侵犯罪，被害人的"性同意"年龄可以维持在 14 周岁，而对于负有特殊职责的人员，滥用其自身信任地位实施性侵犯罪的，被害人的性同意年龄则可以提高至 18 周岁，且不限于未成年女性，则必然能够为针对未成年人的性自主权益提供更为周全的法律保护。

（三）被害人"性同意"的实质判断

如前所述，刑法将负有照护职责人员性侵罪的对象确定为 14 周岁至 16 周岁的未成年女性，并不意味着改变了未成年女性拥有性自主权的主体年龄。对于 14 周岁至 16 周岁的未成年女性来说，其仍拥有性自主权；如果 14 周岁至 16 周岁的未成年女性自愿与照护人员发生性关系，并不因此而违法，因为法律并不禁止其实施这种行为，法律所禁止的是负有照护职责人员与其所照护的未成年女性发生性关系，被害人同意不能成为行为人的出罪事由。可以说，立法者对负有照护职责人员设定了禁止性规范，即不得与所照护的未成年女性发生性关系，如果负有照护职责人员违反了特定的禁止性规范，则视为未取得受照护的未成年女性的同意，或者说侵犯了其性自主权，这也是一种法律拟制，即不需要再对受照护未成年女性的主观意志本身作出判断，而只需要考察负有照护职责人员是否违反了相关职责义务即可。刑法在保护未成年女性的性自主权的同时，也体现了对负有照护职责人员违反职业义务的否定评价和法律谴责。正如有学者指出，在看护、医疗、教育领域的职业伦理中，往往存在不得与受照护未成年女性在关系存续期间发生性行为的职业要求，这也是不符合类似"乱伦禁忌"儒家文化的社会伦理和道德规范要求的。[1]

认定负有照护职责人员性侵罪，并非仅仅从行为人违反了禁止规范、判定其侵犯了受照护未成年女性的性自主权，就可以认定其构成犯罪。司法机关应从法益侵害角度进行实质判断，否则，便会模糊伦理秩序与法律秩序的规制界限，过度干预和限制个人生活与自由，违背刑法的谦抑性要求。负有照护职责人员的性侵行为只有在实质侵害了被害人的性的自主决定权的情况下才能被认定为犯罪。从实质判断角度出发，负有照护职责人员构成本罪一般不需要考察被害人是否"同意"，但在特定情况下，拥有足够认识和判断能力的未成年女性进行了实质有效的"同意"，可以将其作为违法性阻却事由。如将近16周岁、社会经历比较成熟的未成年人女性与其照护人员的感情甚笃，尽管后者多次表示拒绝，仍积极主动地与其发生性关系，数年之后，两人结婚成为夫妻。在此情况下，就不应认为其侵犯了前者的性自主权。当然，对于被害人"同意"是否有效需要司法机关采取"社会一般人"的认识标准，应结合被害人与行为人之间的关系与地位，被害人对性行为是否有清晰明确的认识，以及被害人是否具有进行性的自我决定的能力加以判断。另外，实践中也可能存在被害人过错的特殊情况，比如被照护的14周岁至16周岁的未成年人受人唆使，设置"犯罪圈套"，主动与照护者发生性关系，目的就是让照护者被追究刑责。在此情况下，负有照护职责人员与其发生性关系，

---

[1] 参见周详、孟竹："隐性强制与伦理禁忌：'负有照护职责人员性侵罪'的理据"，载《南通大学学报（社会科学版）》2021年第2期。

实质上没有侵犯后者的性自主权，或者说，被照护者的保护法益没有受到实际侵害，因而不具有刑事可罚性。

三、照护职责的主体身份

根据《刑法》第 236 条之一的规定，负有照护职责人员性侵罪的主体是特定的，即负有监护、收养、看护、教育、医疗等照护职责的人员，这决定了本罪属于身份犯。[1]司法实践中，对本罪主体身份进行认定时应注意以下几点：①从语义上看，"职责"即职务上应尽的责任，其与"职务"的含义存在区别。前者重在照护行为产生的义务责任内容，而后者重在行为人所具有的职位和身份。行为人具有照护人员的特定身份和职责，与受照护的已满 14 周岁未满 16 周岁的未成年女性之间须形成一种人身依附和信赖关系，并产生一定的控制力，两者关系是不平等的。基于这种不平等的身份关系，受照护未成年女性在与特殊职责人员发生性关系时，处于对方的影响力支配之下，并不具有完全的意思自由，加上对性行为缺少正确认知，即便其表示同意发生性关系，这种同意也是不充分的，法律上仍认定特殊职责人员侵犯了前者的性自主权。②负有照护职责人员必须基于法律规定或者双方约定等而与特定未成年人形成人身依附、信赖关系。从照护职责的义务来源来看，主要包括：因法律的明文规定而生；因职务或业务上的要求而生；因当事人的约定而生等。负有照护职责人员中所强调的"职责"主要应当从责任或义务这层含义上加以理解，主要是基于人身关系、身份关系而产生的一种责任或义务，未必需要有"职务"的存在，"职务"并非必要条件。③本罪法条列举了五种具体职责类型之后，还加上了"等"的兜底性规定，为进一步解释留下了空间。[2]然而，我国刑法对于负有照顾职责人员的范围界定不宜过于宽泛，如大型教育机构、医疗机构的管理者仅具有一定的管理义务，对此类情况适用此罪可能导致惩罚范围过大，故还是应该秉持限制解释的立场。实践中，在同类群体中认定为特殊职责人员需要按具体情况进行区分认定。在同类职业群体中，在不同的情境下，其身份地位和实际作用未必完全相同，需要进

---

〔1〕《性侵意见》第 9 条规定"负有特殊职责的人员"，即"对未成年人负有监护、教育、训练、救助、看护、医疗等特殊职责的人员"。

〔2〕参见康相鹏、孙建保："性侵未成年人犯罪中'负有特殊职责的人员'之界定"，载《青少年犯罪问题》2014 年第 1 期。

行具体判断。例如，将儿童医院的保安和中小学校的保安相比较，前者的职责在于维护医院公共秩序，而非就诊未成年人的人身安全保障。而学校保安的职责除了维护校园公共秩序，更重要的是保护未成年学生人身安全，防范其遭受暴力侵害。相对来说，校园保安比医院保安对所照护的未成年人形成的人身依附和信任关系更强一些，并有可能成为负有照护职责人员性侵罪的犯罪主体。

这里，须进一步讨论的问题是，刑法是否要求行为人与其照护的未成年女性发生性关系，实际利用了这种人身依附和信赖关系？即构成本罪是否需要"利用照护职责便利条件"？笔者认为，对于负有照护职责人员性侵罪来说，行为人具有照护者的身份或职责，因照护职责而形成的人身依附和信赖关系，但并未实际利用这种关系，与其照护的未成年人女性发生性关系，就不能以强奸罪论处，但可认定构成本罪。在《刑法修正案（十一）》出台之前，《性侵意见》第21条规定的行为人"利用其优势地位或者被害人孤立无援的境地"，[1]是将特殊职责作为"迫使未成年被害人就范"、实施性侵害的行为手段或方便条件，即"利用职责便利条件"，而在负有照护职责人员性侵罪中，刑法不要求行为人实际利用其特定身份及其与被害人之间的人身关系实施性行为。在有的情况下，行为人虽然与未成年人女性存在照护与被照护的身份关系，但其并未切实履行照护职责，也未取得未成年人女性的内心信任和依赖，甚至双方冷漠疏远、反目成仇。在此情况下，负有照护职责人员与受照护的未成年女性发生性关系，没有采取暴力、胁迫、强制手段或利用优势地位对其施加心理上的强制性影响，法律上也应当视其侵犯了未成年女性的性自主权，认定为负有照护职责人员性侵罪。

四、主观上的推定明知

本罪的罪过形式为故意，包括直接故意和间接故意。需要讨论的问题是，刑法是否要求行为人知道或应当知道对方是未成年女性？进一步说，是否要求行为人确切知道对方已满14周岁不满16周岁？

---

〔1〕《性侵意见》第21条规定表明，如果行为人实际利用了其特殊职责所形成的优势地位或者被害人孤立无援的境地，与已满14周岁的未成年被害人发生性关系的，即认定其违背了被害人的意愿，以强奸罪论处。

首先，在现行刑法中，对于奸淫幼女型强奸罪来说，是否要求行为人"明知"被害人系幼女，这对于认识负有照护职责人员性侵罪的主观要件具有类比对照的意义。我国刑法恪守责任主义原则，要求行为人主观上需要明知对方系未成年女性。同时，针对性侵未满 12 周岁的幼女，采取对行为人明知幼女的推定原则，〔1〕即根据《性侵意见》第 19 条的规定，司法机关只要能证明行为人主观上知道或应当知道被害人是未满 14 周岁的幼女，而实施性侵害行为的，即可认定其主观上"明知"对方系幼女。此规定将"明知"理解为"知道"或"应当知道"，大大减轻了控方的举证责任。同时，《性侵意见》第 19 条第 2 款规定，对于不满 12 周岁的被害人实施奸淫等性侵害行为的，应当认定行为人"明知"对方是幼女。此规定采取推定规则，进一步放宽甚至免除了控方的举证责任，将举证责任转移给了被告人，对其提出的不明知对方系幼女的辩解理由，除非有确切的证据证明行为人确实不知道对方系幼女，司法机关才可以采纳。〔2〕

其次，就负有照护职责人员性侵罪来说，监护人、教师、医生、保姆等人员或者与幼女相熟，或者具有了解幼女真实年龄的条件，同时对幼女又负有不同于普通公民的特殊职责。负有照护职责人员对基于其特殊的主体身份所能够获知的信息，如监护人对被监护人的年龄、教师对学生的年龄、医生对患者的年龄等都应具有较为清晰的认知。因此，一般情况下，行为人只要负有照护职责，对可合理推定其对未成年被害人的年龄"明知"，即明知被害人系未成年仍与之发生性关系。行为人虽然不是确切知道，但根据其所掌握的信息，从经验逻辑和社会常识进行判断，此种情形属于"不证自明"的事实，也可以推断出其"应当知道"，从而认定行为人具备主观罪过。行为人即使提出其与幼女发生性关系时未采取暴力、胁迫等非法手段，主观上不明知被害人为幼女的辩解理由，也不应采纳。实践中，司法机关主要根据被害女性的身体发育状况、言谈举止、衣着特征等外在表现，结合行为人的认知能力加以具体判断。需要注意把握的是，一方面，出于对幼女的最高限度保护

---

〔1〕 《性侵意见》第 19 条第 1、2 款规定："知道或者应当知道对方是不满十四周岁的幼女，而实施奸淫等性侵害行为的，应当认定行为人'明知'对方是幼女。对于不满十二周岁的被害人实施奸淫等性侵害行为的，应当认定行为人'明知'对方是幼女。"

〔2〕 参见刘宪权："性侵未成年人犯罪的刑法规制：性侵幼女构成强奸仍应以'明知'为前提"，载《青少年犯罪问题》2014 年第 1 期。

和对性侵幼女的最低限度容忍，在对被告人是否明知女方系幼女认定上应该宽松掌握。在除确有证据证明行为人不知未成年女性具体年龄外，均可认定其对未成年女性年龄具有认知。另一方面，这种对"明知"的推定仍应属于"可反驳的推定"，允许被告人反驳，由其提出证据证明自己确实有理由相信对方已满 14 周岁。比如，与发育较早、貌似成人、虚报年龄的已满 12 周岁不满 14 周岁的幼女，在谈恋爱和正常交往过程中，双方自愿发生了性行为，确有证据证实行为人不可能知道对方是幼女的，应认定为主观上缺乏罪过。

五、性侵行为的既遂标准

（一）"性侵"行为的体系解释

从我国现行刑法条文表述来看，负有照护职责人员性侵罪中的"性侵"即"与该未成年女性发生性关系"。该罪名中的"性侵"与《性侵意见》中的"性侵害"同属一概念，但并非一个严格的法律用语，其含义具有一定的模糊性，与"强奸""奸淫""猥亵""强制猥亵"等法律用语存在交叉重合之处。从体系解释角度看，有必要结合普通强奸的"强奸"与奸淫幼女的"奸淫"的含义加以比较。对于受照护的 14 周岁至 16 周岁的未成年女性来说，由于受其与负有照护职责人员之间形成的人身依附和信赖关系，性自主决定能力在一定程度上降低，处于被动和消极的地位，即使对性侵行为没有表示拒绝，并在非强制状态下与照护人员发生了性关系，其内心也往往是认识模糊、态度犹豫或不自愿的，在客观上并未表示拒绝或采取反抗行为，其主观意愿与客观行为发生了一定的偏差。而负有照护职责人员处于积极、主动的状态，从"性侵"的文字表述上也可以得出这样的理解。但这种积极的性侵害行为并非使用了暴力、胁迫等强制力，后者属于普通强奸的行为手段，但也不是像奸淫幼女中的"奸淫"一样，法律不要求任何形式的原因力和外在条件。"性侵"行为须利用因履行照护职责而与受照护人形成的依附、信赖关系，这种主体身份、人身关系是客观存在的，但不具有行为性质。从因果关系角度考察，行为人能够顺利实施完成"性侵"行为，这种照护关系起到重要的原因力作用，但这种原因力并非行为所表现出来的外在强制力，而是潜在于未成年女性内心的、抑制其拒绝或反抗性行为的心理因素，这种心理因素对于未成年女性的性自主权行使也发挥着重要影响和作用。有学者提出"隐性强制"概念，认为一些因素的存在使得行为人虽然没有将强制表现于外，但在事实上已经达到了与使用"显性强制"手段类似的强制效果。[1]然而，如果这种精神上的"隐性强制"没有产生外在行为表现出来的"显性强制"效果，则不能将其纳入"性侵"范畴。比如，某初中教师甲放学之后单独留下15周岁女生乙在其个人办公室辅导学习，提出与其发生性关系，乙虽未表示反对，但在此场合下，教师甲利用了这种"照护"关系，留下女生乙单独相处，显然对其与女生实施性行为产生了促进作用。然而，如果换一种假设，甲下班后应邀参加乙组织的生日聚会，乙饮酒过多，甲送乙回家，乙主动提出与其建立恋爱关系，甲同意，两人在一家宾馆开房，并发生了性关系。在此情况下，甲与乙之间虽然存在师生之间的照护关系，但对发生性行为并未产生促进和加力作用，双方完全是基于男女感情的自愿行为，在此情况下，就不能认为是负有照护职责人员性侵罪中的"性侵"行为。

（二）性侵犯罪的既遂标准

在《刑法》第236条之一的表述中，"发生性关系"是对负有照护职责人员性侵罪既遂条件的描述。一般意义上讲，"性侵"是指行为人通过暴力、猥亵、引诱等手段，以暴露生殖器、口交、鸡奸、强迫（引诱）卖淫等方式来侵害儿童身心健康的行为。基于对性侵未成年相关罪名客观构成要件的规定，"发生性关系"的可能解释包括以下几种：一是男女双方性器官结合，即传统意义上的性交行为；二是男女双方性器官接触，奸淫幼女的"奸淫"行为即采取此既遂标准；三是广义的性交行为，如口交、肛交、指交等；四是男女双方性器官结合或接触之外拥抱、接吻、抚摸等性行为，强制猥亵、猥亵儿童中的"猥亵"即属于此种理解。值得注意的是，日本的判例和通说认为，奸淫幼女既遂的认定标准是采取"插入说"，行为人有无插入幼女阴道的意思，是判断行为人有无奸淫的意欲乃至区分奸淫幼女与猥亵幼女的关键。[2]这种观点是值得借鉴的。本文认为，本罪的既遂标准是将性器官进行插入体内的性行为。但"性交"或"性关系"是一个具有伸缩性的概念，社会公众的认识和观念也在不同的时期发生着变化。理由如下：其一，本罪的法益在"质"上与强奸罪相同。强奸罪与负有照护职责人员性侵罪在"质"上侵犯

---

〔1〕 参见周详、孟竹："隐性强制与伦理禁忌：'负有照护职责人员性侵罪'的理据"，载《南通大学学报（社会科学版）》2021年第2期。

〔2〕 参见刘明祥："日本刑法中的奸淫幼女犯罪及对我国刑法的启示"，载《河南省政法管理干部学院学报》2003年第6期。

的都是妇女（包括未成年女性）的性自主权，而实质侵犯性自主权的行为是性器官结合。猥亵与性器官接触虽然在一定程度上侵犯了妇女的性权利与性尊严，但这种侵犯与性器官结合的实质侵犯存在不同，前者侵犯权利是后者侵犯权利衍生出来的。这些性权利的关系反映在性关系的理解上，与前述的四种性关系的理解大致对应：实质侵犯性自主权与性尊严（性器官结合即性交行为）——侵犯性权利与性尊严（性器官接触行为）——侵犯更边缘性权利与性尊严（类似性交行为）——侵犯最边缘性权利与性尊严（猥亵）。其二，基于性侵未成年人犯罪的刑事政策考虑。单从法益的本质角度来说，本罪的既遂标准为性器官的结合。已满 14 周岁未满 16 周岁的未成年女性，较幼女具备一定行使积极性自主权的能力，但相对于 16 周岁以上的女性仍不能完全理解性的意义。其虽不需要社会像对幼女一样的严格的保护，仍需要社会对其性权益进行保护。基于此，奸淫幼女既遂标准的"接触说"过于严格，直接采普通强奸的插入说又难以体现对未成年女性的特殊保护，因此，在未来的刑事立法或司法中，可以考虑不把性器官结合作为单一的既遂认定标准，应综合考虑其他情节，将性器官未插入但造成被害人身心健康严重损害的行为也纳入定罪范围；但是对于已满 14 周岁未满 16 周岁的被照护女性采取非强制性猥亵行为，但又没发生性关系，不宜认定为本罪，立法上可以考虑扩大猥亵儿童罪的对象范围，予以刑法规制，从而对未成年女性予以更为周全的保护。其三，随着社会观念的发展，性交行为不再局限于双方生殖器结合，将口交等插入体内的行为理解为性交行为成为适应现实的需要。[1]本罪的未成年女性已具备一定的行使性自主权的能力，且性关系可在自愿情况下发生，对发生性关系的认定不宜认定过宽造成打击面过广。综合考虑之，本罪的既遂标准应在性器官结合上拓展至插入体内的性行为，以实现对未成年女性性权益的特殊保护与适应社会观念发展。

（三）"情节恶劣"的认定因素

根据《刑法》第 236 条之一的规定，负有照护职责人员性侵行为"情节恶劣"的，处 3 年以上 10 年以下有期徒刑。按照体系解释方法，认定作为本

---

〔1〕 不少国家刑事立法为适应社会的变化，逐渐改变传统"性交"概念的界定。比如《美国模范刑法典》规定，"性交包括口或肛门交接在内"；《法国刑法典》将性交的定义扩展为"任何性进入"；《西班牙刑法典》规定性侵犯是"通过阴道、肛门或者口腔等肉体途径，或者以阴道和肛门的接触进行的"。

罪加重情节"情节恶劣",应当坚持"相当性标准",结合同一法条强奸罪中强奸妇女、奸淫幼女的加重情形来予以理解。另外,还可以以《性侵意见》规定的从严处罚情节为依据。实践中,性侵未成年人案件适用升格法定刑的情况可分为四类,以此来判断立法与司法解释没有明确规定的情形是否属于"情节恶劣":一是违反性伦理禁忌的情况,如公共场所当众性侵、轮奸等;二是对未成年人身心健康的影响,主要考虑所采取的手段如何、是否经过对方事实上的同意,加害人与被害人之间的关系以及造成的身体损伤及精神伤害程度等;三是强奸未成年人女性多人、多次的情况,表明行为人的人身危险性较强,应对此类同种数行为一并论处;四是行为同时侵害到性侵犯罪之外的其他法益,如果不进行数罪并罚,则以强奸罪的加重情节予以追究刑责。根据以上分析,在如下情形中,都可以考虑认定为"情节恶劣":①负有照护职责人员与被照护未成年女性存在家庭成员之间的监护关系,其违背伦理道德与之发生性关系,给未成年女性带来严重的心理伤害;②对处于急需照护、严重处于弱势地位的未成年女性发生性关系,如看护人员与患严重残疾、生活不能自理的病人发生性关系;③长时间多次对同一名未成年女性实施性侵害,或与多名未成年女性发生性关系;④在公共场所当中性侵被照护未成年女性的,如公共场所当众性侵、轮奸等;⑤因性侵致使被害人怀孕、轻伤、传染性疾病、丧失生育能力等严重后果。行为同时侵害到性侵犯罪之外的其他法益,如果不作为数罪并罚为其他罪名所评价,而是在强奸罪中予以处理的话,应当考虑作为加重情节来评价。另外,负有照护职责人员性侵罪加重情节的法定刑为 3 年以上 10 年以下有期徒刑,较之强奸罪加重情节被判处 10 年以上有期徒刑、无期徒刑、死刑的法定刑低了一个档次,因此不宜包括造成被害人重伤、死亡或多人轮流与同一被害人发生性关系等情节,否则会造成量刑过轻的后果。

另外,《刑法》第 236 条之一第 2 款规定:"有前款行为,同时又构成本法第二百三十六条规定之罪的,依照处罚较重的规定定罪处罚。"这种"胁从性"强奸罪与负有照护职责人员性侵罪形成想象竞合,其实仍属于实质上一罪,构成强奸罪,按照"从一重罪处罚"的原则,对比两罪的法定刑轻重,一般情况下依照强奸罪论处。上述规定还包括另一种情况,即负有照护职责人员先是没有利用与受照护未成年女性之间的人身依附和信赖关系,与其发生性关系;后受照护未成年女性不同意继续发生性关系,行为人即利用照护职责所形成的优势地位和便利条件，迫使其就范，在此情况下，应属于刑法理论上的吸收犯，按照重罪吸收轻罪的原则，以强奸罪论处。

六、性侵者职业禁止的适用

在负有照护职责人员性侵罪中，行为人大多是利用其主体身份所带来的职业便利性实施性侵未成年人的犯罪，或是实施性侵未成年人的犯罪与其职业要求的特定义务相违背。对负有照护职责的犯罪人适用职业禁止，通过剥夺犯罪人再次利用职业关联实施犯罪的机会，能够起到特殊预防的功能。同时，通过适用职业禁止，表明法律对违反职业规范行为的否定，提升社会公众对于职业规范的遵守履行度，实现对一般人的教育作用和潜在犯罪人的震慑效果。在针对特殊照护职责人员性侵犯罪适用职业禁止的过程中，需要注意把握以下几个方面：

（一）性侵者职业禁止的适用条件

根据《刑法》第 37 条之一第 1 款的规定，行为人须"违背职业要求的特定义务"。在有的情况下，这种"特定义务"是相关法律法规所明确规定的，如《教师法》和《医师法》分别规定了教师以及医师在履职过程中需遵循的义务，包括遵守法律法规、职业道德等；同时，负有照护职责的人员不一定具有固定身份和比较稳定的"职业"，其所承担的义务内容也不一定完全是"职业"的要求。因此，判断这些犯罪人的照护职责与职业禁止适用对象条件的关联性，需要与刑法中相关罪名所保护的法益性质和内容相结合，同时参照社会一般人的认识水平，判断犯罪人是否违反了职业要求的特定义务实施犯罪。例如，某儿童福利院的护工在照看幼童的过程中，对多名幼童实施了猥亵、奸淫等性侵害，虽然没有相关法律法规对于护工这一职业的特定义务作出规定，但是从社会一般人的认知出发，护工作为儿童权益的"保护者"，应当具有保护儿童的生命安全及身心健康免受伤害的职责与义务。对于负有照护职责人员性侵未成年人犯罪来说，为了确保职业禁止能够真正实现预防再犯罪的功能，应当明确对其适用职业禁止与其所从事的照护的职责之间紧密的关联性。具体来说，需要作出以下判断：其一，判断对于犯罪人是否具有照护 14 周岁至 16 周岁未成年人女性的职责，与受照护者是否形成了照护与被照护的信任、依赖关系；其二，判断行为人是否违背了这种照护职责，与其实施性侵害未成年女性犯罪行为之间是否具有关联性，是否产生了实质的影响力；其三，判断如果剥夺或限制犯罪行为人的这种照护职责，是否能够达到特殊预防，即防止其再犯可能性的目的和效果。

（二）性侵者禁止从事"相关职业"的范围

在明确了性侵未成年犯罪人的照护职责与职业禁止适用对象条件的关联性之后，须进一步明确禁止犯罪人所从事相关职业的范围。针对相同或相似职业类型的犯罪人，其应当被禁止的职业范围可以概括为犯罪人的原有职业以及与其原有职业"紧密联系"的相关职业。这里的"紧密联系"需体现这些职业的便利也能够被原因犯罪直接利用来实现犯罪目的这一特征，或者对该类职业的特定义务之违背与原因犯罪所侵害的法益之间也具有关联性；同时，既为相关职业，则需与原有职业类型具有同质性，即二者内含的职业技能应具有相似性。例如，若是犯罪人的职业为中小学教师，则对其禁止从事的相关职业范围，可首先界定为"教师或其他能够与未成年人密切接触的教学培训类相关职业"；若是犯罪人的职业为校车司机，则其被禁止从事的职业范围可首先界定为"校车司机或其他能够与未成年人密切接触的交通运输类相关职业"。另外，对于不同职业类型的犯罪人利用了相似的职业便利实施性侵害未成年人犯罪，这部分犯罪人被禁止从事的"相关职业"范围可作适度的延展。例如学校老师、保安、校车司机等，都是利用了能够大量接触未成年人的职业便利实施的性侵害行为，对于该类犯罪人禁止从事的相关职业范围可以界定为"能够与未成年人密切接触的教育培训类相关工作和看护、后勤、行政类相关工作"。

（三）职业禁止"复权"制度的引入

适用职业禁止的前提在于实际犯罪情况以及预防再犯罪的需要。当职业禁止的被执行人的原因犯罪行为与其先前所从事的职业及其相关职业之间的直接关联性消失时，或者是被执行人的再犯危险性已然消失或大幅降低时，刑事职业禁止继续适用的必要性也随之降低。实践中，职业禁止的适用会对性侵未成年人犯罪人产生"标签"的副作用。刑满释放人员就业难度的提升在某种程度上也阻碍了刑罚教育改造、促进犯罪人再社会化的初衷，很可能使得犯罪人因职业禁止而无法就业，基本生活无法得到保障，走投无路之下可能选择再次犯罪。为了克服以上弊端，有必要考虑在职业禁止适用中引入"复权"制度，即对被判处刑罚之人因受刑而被限制或者剥夺的权利和资格的复位。通过完善刑事立法，规定职业禁止的宣告机关即在被执行人的再犯危险性已然消失或明显较弱的情况下，在职业禁止期限届满前，提前恢复其被剥夺的从事相关职业的自由。而对于职业禁止复权的实体要件和适用程序，需要通过明确的法律法规予以规定来给决定者以明确的指引，同时要遵循严格把控的原则，防止职业禁止复权的滥用。

七、结语

根据《刑法修正案（十一）》的规定，负有照护职责人员性侵罪的对象仅为已满14周岁不满16周岁的未成年女性，而不包括已满16周岁不满18周岁的女性，也不包括未成年男性。因此，负有照护职责人员性侵罪的罪名设置对未成年女性或男性的性权利保护是不完全的，其保护的对象范围并不周延，可能实际造成惩治未成年加害人和保护未成年受害人不平等、不均衡的问题，有违未成年人"双向保护"原则。因此，建议在未来的刑事立法修改时予以考量，将负有照护职责人员性侵罪的对象扩大为已满14周岁不满18周岁的女性或男性，以求对未成年人的性权益予以更全面的保护，并与强奸罪、强制猥亵罪、猥亵儿童罪等关联罪名形成保障未成年人性自由和身心健康权益的罪名体系。但目前，司法机关只能依据现行《刑法》规定，将负有照护职责人员性侵罪的对象限定为已满14周岁不满16周岁的女性；如果性侵行为符合强奸罪等其他犯罪的构成要件，则以另罪论处。同时，司法机关应更加注重适用职业禁止，充分发挥其预防功能，通过剥夺犯罪人的照护职责，使其与受害人相隔离，使其失去重新犯罪的机会和条件。另外，值得关注的是，新修订的《预防未成年人犯罪法》《未成年人保护法》于2021年6月1日正式实施。《预防未成年人犯罪法》将未成年人不良行为、严重不良行为和犯罪行为进行分类治理，分别规定了相应的干预或矫治措施；《未成年人保护法》则全面系统地规定了家庭、学校、社会、政府等各方主体保护未成年的职责。实践中，对于负有照护职责人员性侵受照护未成年男性，或者受其照护幼女的行为，应当根据新修订的《预防未成年人犯罪法》《未成年人保护法》的相关规定，进行分级处置和矫治教育。通过综合运用刑罚和非刑事手段，加强《刑法》与《预防未成年人犯罪法》《未成年人保护法》的衔接，达到预防性侵未成年人犯罪的目的和效果。

收养关系中性侵害未成年人犯罪的预防与规制

叶慧娟 *　　陈景花 **

摘　要： 收养关系中对未成年人负有特殊职责的人员对未成年人实施性侵害事件不仅侵害未成年人合法权益，也严重违反家庭伦理道德禁忌。收养人性侵未成年被收养人案件时有发生，反映出我国针对收养关系中被性侵未成年人的刑法保护仍存在不足、性侵行为的发现和司法认定难、收养制度不完善等问题。对此，应当扩大刑法保护对象范围、完善"特殊职责人员"界定标准、设置独立的性侵害未成年人犯罪体系、完善性侵害未成年人案件发现机制、构建"一站式取证"办案模式、完善收养前后的行政审查和监督机制、发挥国家监护制度的保护作用等，以期最大限度地预防和减少收养关系中未成年人被性侵案件的发生，切实保护收养关系中被性侵未成年人的身心健康。

关键词： 收养关系　性侵害未成年人　特殊职责人员

一、问题的提出

近年来我国性侵害未成年人的犯罪态势不容乐观。《"女童保护"2020年性侵儿童案例统计及儿童防性侵教育调查报告》显示：[1]仅媒体2020年公开

---

　* 华东政法大学副教授，法学博士，研究方向：刑事法学，青少年法治教育。
　** 华东政法大学硕士研究生。
　〔1〕《"女童保护"2020年性侵儿童案例统计及儿童防性侵教育调查报告》由中国少年儿童文化艺术基金会女童保护基金（以下简称"女童保护"）和北京众一公益基金会共同发布，性侵儿童案件数据来源于2020年度媒体公开报道案例（含各级法院、检察院官网和认证账号公开的案件，当年实际发生或者判决的案件未经媒体报道的不在统计范围内），由于此类案件性质的特殊性，性侵儿童案件经大众媒体报道进入公众视野的只是极少部分，由此可以合理推测，实际发生的案件数远高于媒体曝

报道的性侵儿童案件就有 332 起，受害儿童（18 周岁以下）845 人。在诸多性侵害未成年人案件类型中，最令人震惊和担忧的是来自家庭内部成员的性侵和猥亵。在"女童保护"统计的性侵害未成年人案件中，包括家庭成员在内的熟人作案的案件 231 起，其中就包含一定数量的收养关系中性侵害未成年人案件，引起了人们的高度关注。中国裁判文书网公布的判决书也曾披露数起涉及养父强奸未成年养女的案件，社会影响恶劣。[1]此类案件中，普遍存在受害者年龄较小、自我保护意识不强、缺乏自我保护能力和手段、受害者与性侵者权力地位悬殊等特点，加之常常发生于家庭内部，这也导致这类案件隐蔽性强，侵害行为持续时间较长，外人难以发现，司法救济与社会干预难度较大。收养关系中未成年人被性侵害问题一直备受社会和学界关注，成为未成年人权益保护领域的难题之一。

针对实践中性侵害未成年人犯罪案件较为突出的问题，《刑法修正案（十一）》第 27 条增加了"负有照护职责人员性侵罪"作为《刑法》第 236 条之一，加大了对性侵害未成年人犯罪的打击力度。根据该条规定，收养者作为特殊职责人员的一种，与已满 14 周岁不满 16 周岁的未成年女性发生性关系的，处 3 年以下有期徒刑；情节恶劣的，处 3 年以上 10 年以下有期徒刑。该规定为解决收养关系中性侵害未成年人犯罪问题提供了法律依据，加强了对收养关系中未成年女性合法权益的保护。然而，值得注意的是，该条规定仍存在立法保护对象范围过窄、"特殊职责人员"界定标准模糊、性侵害未成年人犯罪立法体系缺乏、收养关系中性侵行为发现、取证、司法认定难度大等问题。如何最大限度地减少收养关系中性侵害未成年人案件发生，当性侵害发生时如何为收养关系中的未成年子女提供更全面有效的法律保护与救济，这都需要我们继续研究收养关系中性侵害未成年人的问题，在现有规定基础上，严密法网，促进对相关法条的正确理解与适用，有力打击收养关

（接上页）光数据。载 https://gongyi. ifeng. com/c/84HZd9RVFSY，2021 年 7 月 15 日访问。

〔1〕 如 2017 年，贵州省望谟县一养父在家中多次强奸未成年养女；2019 年 3 月，广西壮族自治区南宁市西乡塘区人民法院的一份强奸罪判决书显示，被告人和被害人为养父女关系，受害者称从 4 岁开始受到养父性侵；2017 年 6 月，浙江省绍兴市越城区人民法院审结了一起猥亵儿童、强奸案件，被告人与被害人系养父女关系。载凤凰网资讯：http://news. ifeng. com/c/7vc5CkwInIthttps://wenshu. court. gov. cn/website/wenshu/181217BMTKHNT2W0/index. html？pageId＝63bbcc589b2bf0de84a2fb0ee360 6b53&s21＝%E5%85%BB%E7%88%B6%E6%80%A7%E4%BE%B5，2021 年 6 月 30 日访问。

系中性侵害未成年人犯罪，切实保障未成年人合法权益。

二、收养关系中被性侵害未成年人刑法保护现存问题分析

世界卫生组织于 1999 年发布的《虐待儿童磋商报告》对"性侵害未成年人"概念作了以下界定："性侵害未成年人是指行为人在未成年人尚未完全理解性行为，或无法作出性同意表示，或尚未发育完全不能作出性同意，或在违反法律或社会道德禁忌的情况下与未成年人进行性行为。"[1]虽然随着时代的变迁，这一概念的外延已无法涵盖日益多样的性侵害未成年人行为类型，但结合收养关系来分析，依然有其适用的价值。因为，首先，收养关系中被收养人多为未成年子女，他们被性侵害时年龄普遍较小，或尚未完全理解性行为，或无法作出性同意表示，也存在尚未发育完全不能作出性同意的情况，养父母在收养家庭关系中往往居于控制和监管的强势有利地位。根据犯罪机会理论，[2]收养人身份的便利和地位的优势会带来更多的犯罪机会，收养人也可能利用这种不对等的地位关系侵犯未成年人的合法权益。收养关系中性侵害未成年子女的案件之所以多发，这个概念揭示了诸多原因和情形。其次，收养人通过法定程序领养他人子女为自己子女，建立拟制血亲的亲子关系。二者分别以"收养父母"和"被收养子女"的身份构建新的家庭关系并共同生活，彼此的权利义务等同于父母子女的权利义务。无论在法律意义上还是在社会伦理道德观念中，收养家庭都被视同于正常的家庭，同时，也受到为社会所普遍遵守的家庭伦理道德的约束。现实生活中发生的收养人性侵害未成年被收养子女的案件，不仅违反了法律规定，严重侵害被收养未成年子女的合法权益，也极大地挑战了中国传统社会的家庭伦理观念，触犯了社会伦理道德禁忌。然而，反观当前我国防范和打击收养关系中性侵害未成年人犯罪的立法举措和实际操作，仍存诸多不足，既局限了立法于前、"防患于未然"的预防效能，也削弱了用法于中、治犯罪于已然的惩治效能。本部分即

---

[1] 何挺、林家红："中国性侵害未成年人立法的三维构建——以美国经验为借鉴"，载《青少年犯罪问题》2017 年第 1 期。

[2] 犯罪机会是指有利于实施犯罪活动又不易被发现的客观环境和条件。通常由三要素构成，即适合犯罪的时间、地点和易受侵害客体（对象）的出现。对某个具体的犯罪机会而言，三者缺一不可。且对犯罪行为的实施具有重要意义：对预谋犯，具有促使犯罪实施的意义；对机会犯，则有诱发犯罪实施的意义。参见李一苇："教师性侵害未成年人犯罪问题研究"，华东政法大学 2019 年硕士学位论文。

针对这些不足和问题展开相应分析。

（一）立法保护对象范围存在局限性

首先，我国刑法侧重于保护女童性权利，对男童性权利则保护不足。由于传统文化观念的影响和长期以来人们对男女性别社会评价与心理认识的偏差，除个别犯罪以外，性犯罪相关刑事立法明显更注重保护女性的性自主决定权，有意无意地忽视了对男性性自主决定权的平等保护。如我国《刑法》规定的强奸罪就一直将犯罪主体限定为男性，将受害者限定为女性，奸淫不满 14 周岁幼女的不仅构成强奸罪，还要从重处罚；强制猥亵、侮辱罪虽然犯罪主体不局限于男性，但受害者依然仅限于女性。根据上述法律规定，当 14 周岁以下的男童遭受强奸时，无法将该性侵行为认定为强奸罪，只能适用猥亵儿童罪加以处罚。众所周知，无论是犯罪性质，还是处罚力度，猥亵儿童罪和强奸罪都有着较大区别。同时，《刑法修正案（十一）》所增加的"负有照护职责人员性侵罪"也把保护对象局限于 14 周岁至 16 周岁的未成年女性，这就意味着特殊职责人员性侵 14 周岁至 16 周岁男性未成年人的不构成犯罪。然而，越来越多的犯罪数据和实际案件表明，男性正在越来越多地成为性犯罪的犯罪对象，男性的性决定权也需要被尊重、被保护。如世界卫生组织、联合国毒品和犯罪问题办公室联合发布的《2014 年全球预防暴力状况报告》指出，全球范围内每 5 名女性中就有 1 名、每 13 名男性中就有 1 名在18 周岁之前受到过性侵犯。在我国，未成年男性的性自主决定权更需要引起立法保护的重视。《中国的儿童性侵：对 27 项研究的元分析》通过对 2002 年至 2012 年间的 27 项中国儿童性侵的研究发现，总体上，中国男童遭受性侵的比率为 13.8%，女童遭受性侵的比率为 15.3%，二者相差并不大。[1]现实生活中也不乏"男童被性侵"案件，如 2021 年微博热搜"全国优秀班主任梁岗十年性侵未成年男学生逾 20 人"，首都朝阳定福庄水利水电学校暴力性侵男童事件等。刑法作为惩治犯罪的法律武器，应当抛弃男女天生生理因素差异等传统观念的影响，兼顾对男性未成年人性权利的法律规制，为其合法性权利保障提供法律依据。

其次，"负有照护职责人员性侵罪"限定被害人年龄区间，无法充分保护

---

〔1〕 转引自赵爽："人民网性侵儿童议题呈现研究（2016-2020）"，河北大学 2021 年硕士学位论文。

未成年养子女。"负有照护职责人员性侵罪"将被害人的年龄局限于14周岁至16周岁，那么，16周岁至18周岁的未成年被收养人遭受性侵，则只能被视作成年女性，适用普通强奸罪的相关规定。依据《刑法》第236条的规定，只有当行为人以暴力、胁迫等手段违背妇女意志发生性关系时，方可认定为强奸罪。然而，如前所述，收养关系中发生的性侵害未成年人案件中，行为人与被害人之间存在着多重不对等权力关系所滋生的隐性强制，[1] 受害者即使作出了同意的意思表示，也往往是在受到"隐性强制"条件下作出的性同意行为，并非真正的性同意。因为"当双方权力关系不对等越严重时，处于权力弱势的一方就越难以实现意志自由，其决策的自愿成分也就越少"。处于"隐性强制"因素下的性侵行为，一般缺乏暴力胁迫手段，而在我国司法实践中，强奸罪的认定多以存在可客观识别的暴力、胁迫等因素的存在与否作为判断是否"违背妇女意志"的准据。而收养关系中大量隐性强制因素的存在可能致使"违背妇女意志"的情形不明显或根本无法得出"违背妇女意志"的结论，进而导致16周岁至18周岁被收养人被性侵时，会遭遇认定强奸罪成立困难，但又无法适用"负有照护职责人员性侵罪"的难题。

（二）"特殊职责人员"界定标准不清晰

负有照护职责人员性侵罪为身份犯，《刑法修正案（十一）》中列举了五大特殊职责人员，即对已满14周岁不满16周岁的未成年女性负有监护、收养、看护、教育、医疗等特殊职责的人员。然而，法律只是用列举的方式规定了负有特殊职责人员的五种类型，并未明确"特殊职责"的实质性判断依据。虽然"等"字的存在使其规定保持开放性，为未来进一步的扩大解释和体系性解释保留了合理空间，但也恰恰因此模糊了"特殊职责人员"的界定标准，在司法实务适用过程中，如何围绕"特殊职责人员身份"认定、依法准确划定"特殊职责人员"范围，定会引发争议。该规定形式化地强调"特殊职责"，并未考虑现实生活中，存在一些本身并不负有监护、收养等特殊职责，但实际上与未成年人共同生活或密切接触、同样具有优势地位、易

---

〔1〕 隐性强制规则在强奸罪司法实践中的确立，最早来自美国的道西案。该案法官认为，尽管被告人没有对被害人使用暴力或胁迫，但被告人利用环境和自身条件，对被害人造成了"默示威胁"，被害人有理由断定，如果她不照做的话，将会面临立即死亡或严重的身体伤害。参见周详、孟竹："隐性强制与伦理禁忌：'负有照护职责人员性侵罪'的理据"，载《南通大学学报（社会科学版）》2021年第2期。

于对未成年人施加影响力的人员。以收养关系为例，收养人与被收养人之间形成了法律拟制的血亲关系，收养人对被收养人负有监护职责，收养人是"负有特殊职责人员"毫无疑问。但是，因收养行为和被收养人共同生活的近亲属以及受到收养者的委托，临时分担监护职责的亲友，这些与收养人履行同类性质职责的主体，该如何认定其负有特殊职责，缺乏清晰的界定标准。

关于特殊职责人员的理解，可以结合该规定出台的背景加以考察。近年来，全国多地发生监护人、教师等对未成年人负有特殊职责的人员对未成年人实施性侵害的事件，为保护未成年女性的权利，2013 年《关于依法惩治性侵害未成年人犯罪的意见》（以下简称《意见》）首次提出："对已满十四周岁的未成年女性负有特殊职责的人员，利用其优势地位或者被害人孤立无援的境地，迫使未成年被害人就范，而与其发生性关系的，以强奸罪定罪处罚"。《意见》使用了"特殊职责"概念，虽未明确何谓"特殊职责"，但后文"利用其优势地位或者被害人孤立无援的境地"的表述，可以看作是否承担"特殊职责"的一个实质性判断依据。此处的"特殊职责"并不局限于某个领域、某种身份，只要行为人利用自己的优势地位或者被害人孤立无援的境地、迫使未成年被害人就范的，就可以构成强奸罪。《刑法修正案（十一）》借鉴、继承了该《意见》中"特殊职责人员"的概念，并将其局限于几种特定身份人员，然而，在界定何谓"特殊职责人员"问题上，却舍弃了"优势地位"概念，忽视了这些负有特殊职责人员之所以能够轻而易举地实施性侵行为，恰恰在于其"优势地位"。相较而言，国外规定的"滥用信任地位、优势地位性侵罪"不要求双方之间必须存在正式的或为法律所认可的监护、收养、看护、教育、医疗等关系，而更着重其实质，即行为人在平时的生活中对被害者进行实质上的照护或者存在事实上的接管关系，行为人利用对被照护对象产生的影响力或支配力，侵犯后者的性权利。[1] 当前立法形式化地认定"特殊职责"，容易导致实践中"特殊职责人员"主体界定标准存在争议。[2]

---

〔1〕 参见孙敬淇、荆珍："滥用'信任地位'性侵未成年人的法律规制"，载《法制博览》2021 年第 11 期。

〔2〕 例如，北京青少年法律援助与研究中心主任佟丽华曾提到一起案件：受害女孩父母离异，母亲后来找了一位 50 多岁的男友。这位母亲的男友在与这位 14 多岁的女孩熟悉后，多次对其猥亵。

（三）性侵害未成年人犯罪立法体系缺乏

"性侵害未成年人"并不是专门的刑法学概念，而是经过法律实践后在日常的司法实务中逐渐形成的概念。有学者指出，"性侵害未成年人是一个总括性的术语，并非仅指强奸未成年人的行为，它同时涵盖强奸未成年人、猥亵未成年人等多种带有性侵性质的行为"。2013 年出台的《意见》专门划定了"性侵害未成年人犯罪的"犯罪圈，主要包括《刑法》所规定的针对未成年人实施的强奸罪、强制猥亵、侮辱罪、猥亵儿童罪、组织卖淫罪、强迫卖淫罪、引诱、容留、介绍卖淫罪、引诱幼女卖淫罪等。将"性侵害未成年人"一词作为强奸、猥亵、性骚扰等一系列行为的总称，能够涵盖多种该类型犯罪行为，使杂乱无章的概念体系化，具有进步性。但《意见》毕竟不是刑法规定本身，"性侵害未成年人犯罪"概念也并非严格的刑法概念，该《意见》只是通过列举的方法概括性地明确"性侵害未成年人犯罪"涵盖的犯罪类型。但这些罪名在《刑法》中是分散在不同章节中的，各自所保护的法益也多有不同，概念表达与立法实际无法协调匹配，立法的分散性与"性侵害未成年人犯罪"概念构建的体系性相去甚远。立法的分散、混乱，不仅导致相关法条设置缺乏体系性和合理性，还带来法律理解与法律适用上的混淆与困难。

例如，我国《刑法》第 236 条规定了强奸罪，《刑法修正案（十一）》增设了"负有照护职责人员性侵罪"作为第 236 条之一。"之一"形式的法条设置，也决定了"之一"依附之既有法条和"之一"法条之间就不应是毫无关联的独立法条，彼此多具有行为性质、打击对象或保护法益等方面的实质联系。如上所述，第 236 条主要规定的是普通强奸罪，该罪的关键是相关性侵行为有无违背妇女意志，因此该罪的保护法益主要是女性的性自主决定权。其中，虽有关于奸淫幼女的特殊强奸的规定，但这一规定兼具注意规定和拟制规定双重性质，构成要素和保护法益与普通强奸罪均有区别。反观第 236 条之一，虽然该条将保护对象的年龄限定在 14 周岁至 16 周岁之间，但正像上文所述以及很多学者指出的那样，该年龄段（甚至包括部分 16 周岁至 18 周岁）的未成年女

（接上页）在这起案件中，这位女孩母亲的男朋友，显然滥用了女孩对其的信任。然而，由于受害女孩的母亲与男友并未结婚，所以难以判定行为人是负有特殊职责人员。参见佟丽华："司法'21 条'：如何预防熟人性侵的'罪恶'？"，载 https://www.chinathinktanks.org.cn/content/detail/id/lwi7kd12，2021 年 8 月 20 日访问。

性并不实际拥有性自主决定权，其保护法益不可能是或不完全是未成年人的性自主决定权，同时，结合近些年来我国立法、司法严厉打击性侵害未成年人的趋势来看，未成年人的身心健康和合法权益更有可能是立法者增设此罪重点考虑的内容。而且，如果将未成年女性性自主决定权当作第236条之一的保护法益的话，从目前我国性犯罪相关法律规定来看，普通强奸罪中的14周岁至16周岁的未成年女性被法律视作具有完全的性自主决定权，而在负有照护职责人员性侵罪中，又拟制其没有完全的性自主决定权，如此一来，该年龄区间的未成年女性的性自主决定权就处于随法律规定"时有时无"的尴尬境地，显然有违刑事立法体系性的内在合理要求。既然如此，将负有照护职责人员性侵罪作为第236条之一与第236条并列，就存在法条设置缺乏体系性和合理性的问题，容易导致司法上的同案不同判。[1]最合理的做法就是将此类涉及性侵害未成年人的犯罪作为类罪单独加以规定，以区别于性侵害成年人的犯罪。

另外，现有刑法有关性侵害未成年人的规定多是针对直接性侵害未成年人行为类型的犯罪，缺乏针对间接性侵害未成年人行为的法律规制。在当前网络和移动设备发展普及的时代，出现了网络性侵、隔空猥亵、网上传播裸照等新的犯罪形式。由于我国没有性侵害未成年人的独立的体系性规定，立法中针对网络性侵害未成年人的行为又缺乏明确规定，无法通过解释合理地将间接性侵害未成年人的行为类型涵盖进来，也无法对未来可能出现的新的性侵害未成年人的行为类型保持合理的开放性。本文所讨论的收养关系中性侵害未成年人有关案件就遭遇过无法认定的困境。[2]

（四）性侵行为发现、取证、认定难度大

"发现难、取证难、认定难"一直是收养关系中性侵害未成年人案件的突

---

〔1〕 例如，在"乔某忠猥亵儿童案"中，行为人多次性侵男童，法院按照猥亵儿童罪，判处乔某忠有期徒刑2年9个月（山西省运城市盐湖区人民法院〔2014〕运盐刑初字第436号刑事判决书）。而"李某清强奸案"中，行为人多次奸淫幼女被判处无期徒刑，剥夺政治权利终身（福建省福州市中级人民法院〔2015〕榕刑初字第96号刑事判决书）。

〔2〕 如2017年引发舆论关注的"南京高铁哥哥猥亵妹妹案"。经调查，被猥亵女童为段姓一家人养女，养父对其子行为的解释是"教养不当"。据有关网友在微博爆出，被猥亵女童的养父QQ空间储存大量色情短片以及养女不同时期的裸照。由于我国的刑法中针对网络性侵害未成年人的行为没有作出明确规定，对于这种行为的司法认定也缺乏明确的标准和依据，导致无法在法律上对女童养父的行为定性并施以惩罚。参见"河南滑县回应被猥亵女童养父身份：在某财政所工作过"，载 https://www.sohu.com/a/165429452_ 116897，2021年6月30日访问。

出特点。首先，就案件场所和犯罪手段而言，收养关系中性侵害未成年人案件隐蔽性强，发现难。另外，网络成为新型的性犯罪场所，收养人利用其优势地位，通过诱骗、威胁被害人拍摄裸露照片、视频等方式，以达到猥亵的目的。在这种犯罪形式中，隐蔽性和便捷性在网络空间的程度进一步凸显，加上相关法律法规的缺位，更加难以有效地预防和及时发现。为了提高性侵害未成年人行为的发现概率，新修订的《未成年人保护法》增设了发现未成年人权益受侵害时强制报告制度，赋予特定主体报告侵犯儿童行为的义务。然而，该制度尚处于初级阶段，在实际操作过程中，仍存在报告主体的报告意识不强、强制报告情形不具体等诸多不足，影响了该制度功能的发挥，导致无法及时给予被害人救助和保护，造成更严重的后果。[1]

其次，受害者和施暴者的身份地位以及力量上的悬殊，导致受害者在遭受性侵后往往选择沉默。在收养关系中，被收养人与收养人之间存在多重不对等的权力关系，"年龄之差形成的经验碾压，地位之差形成的权威支配，特定身份形成的信任关系，被强奸后的心理疾病，种种不对等权力关系的作用叠加起来所形成的隐性强制，使得负有照护职责人员对未成年人不必使用显性强制手段，都足以造成程度相当的强制效果，压制未成年女性真实意愿的表达"。根据中国裁判文书网公布的养父性侵养女案件，很多受害者不知道自己真实的身世，把养父母当作亲生父母，出于对养父父权的服从和信任，她们在遭受性侵时往往不敢报警，最终选择沉默与忍耐。

最后，收养关系中的性侵害未成年人案件常常因为取证难而遭遇司法困境。这类性侵案件往往依靠权力控制、心理控制，以及精神强制或"洗脑"这样的行为进行"强奸"，导致证据很难收集。再加上未成年人身心发育不成熟、认知水平有限、收集证据的意识缺乏，部分未成年人出于对犯罪者的畏惧和对自身声誉的考虑，他们在陈述事实时容易存在缺陷和部分细节的遗漏，导致部分案件对被告人定罪和从重处罚面临困难。

三、收养关系中被性侵未成年人保护不足的前置法考察

刑法是其他法律的保障法，刑法虽重要，但却具有最后手段性。收养关

---

〔1〕 参见张彩虹："我国侵害未成年人案件强制报告制度研究"，辽宁师范大学 2021 年硕士学位论文。

系中发生的性侵害未成年人案件固然暴露出当下刑法规定的一些不足，然而"刑法只能规制犯罪，但犯罪却并非由刑法单独规制，而是由刑法及其保障的第一保护性规范与调整性规范即前置法共同规制"。因此，解决收养关系中被性侵未成年受害者的法律保护与救济问题，既要反思刑法保护功能发挥的不足，同时也要考察相关前置法在收养制度构建、被收养人权益保障、后续监督及被害人安置等方面可能存在的问题。

（一）收养前行政审查不到位

收养前的审查工作直接关系到被收养人的生活状况，这要求行政机关在资质审查上更加具有实质性。根据《中国公民收养子女登记办法》，收养人应当提供的证明材料包括户口簿、身份证、婚姻状况及有无抚养能力的证明、子女情况声明以及县级以上医院提供的身体健康检查证明。但是这些证明材料只能在一定程度上保障被收养人的物质生活水平，并不能全面保障未成年人的合法权益。尽管《民法典》第1098条规定"收养人"应具有抚养、教育和保护被收养人的能力，以及"无不利于被收养人健康成长的违法犯罪记录"的限制条件，但是具体的审查标准，法律仍需作出更完善的解释。

（二）收养中行政监督机制滞后

被收养的未成年人作为社会中的弱势群体，其权利的保障更依赖政府发挥监督功能。对收养行为进行监督，主要是指民政部门或者由民政部门指定的第三方机构，采取电话回访、走访观察等形式，考察被收养的未成年人在收养期间的身体健康、心理状态和基本生活保障等内容，以此来监督收养人的收养行为，保障被收养人的合法权益。[1]但在我国现行的《民法典》和《收养法》的具体规定中，政府的监督行为更多体现为收养程序上的监督，未明确规定收养后的回访监督制度，缺乏实质审查及跟踪随访。尽管近年来，部分地区明确规定通过收养回访制度来监督收养行为，[2]也取得一定成效；但是，目前已经实施的收养后的回访监督制度只是部分地区民政部门的单独规定，尚未实现全覆盖。更普遍的情况是被收养的未成年人进入收养家庭后

---

〔1〕 参见崔唯："被收养儿童权利的行政法保护研究"，大连海事大学2020年硕士学位论文。

〔2〕 如《北京市收养家庭能力评估实施细则（试行）》（已失效）第11条第6项规定："回访评估。各区民政部门办理收养登记，征求收养人回访意见，签署《收养家庭回访协议》，并在收养登记满6个月、18个月，评估机构各回访一次，了解被收养人融入家庭情况和生活成长情况，出具《北京市收养家庭回访报告》。"

就脱离了行政机关的视线，容易导致合法的收养行为变成贩卖儿童、侵害儿童的保护伞。

（三）收养后行政救济乏力

根据国家亲权理论，[1]国家是儿童最高的监护人。我国虽确立了撤销监护人的法律法规，但在实际操作的过程中，国家作为监护人的托底制度设置不完善，导致出现"制度隙地"的现象。被收养的未成年人多为社会弱势群体，由于我国尚未建立起可供替代的家庭接收制度来接收被撤销监护人后的未成年人，一旦发生性侵案件时，被撤销监护人的未成年人，主要由民政部门承担代位的国家监护责任，民政部门一般会将未成年人送至儿童福利院。根据"家庭中心主义"的理念，家庭是未成年人成长的最佳环境，将被撤销监护权的未成年人送至福利院的行为显然违背了这一初衷。[2]

四、强化收养关系中性侵害未成年人犯罪预防与法律规制

对收养关系中性侵害未成年人犯罪的打击是一项涉及多个环节、多个领域的复杂工程，需要多管齐下，以竟其功。笔者认为，应从以下几个方面入手，严密刑事法网，强化司法运作，完善前置法规定，健全配套制度，切实保护收养关系中未成年人的合法权利。

（一）严密法网，完善对被收养未成年人权利的刑法保护

1. 合理扩大保护对象范围

刑法作为保护人权的最后一道防线，须消除性别歧视，并全面保护各年龄段未成年人的性权利。首先，全面保护不同性别的被害人。在我国现行《刑法》中，强奸罪的对象只包括女性，存在着明显的立法不周延问题，保护范围有限。因此，在具体的条款中，应当把强奸罪中的"妇女"改成"他人"，这里的"他人"既包括女性也包括男性，将"幼女"改成"未满14周岁的未成年人"，这样既明确了年龄范围，又将男童纳入强奸罪的保护范围。

---

〔1〕 国家亲权理论认为，国家是儿童的最高监护人，当出现监护人性侵害、出卖、遗弃、虐待、暴力伤害未成年人、严重损害未成年人身心健康的情形，国家可以撤销其监护权。在紧急情况下，公安机关可以将未成年人带离实施侵害行为的监护人，将其护送至其他监护人、亲属、村（居）民委员会或者未成年人救助保护机构，并办理好相关手续。

〔2〕 参见任文启："国家如何在场？——国家亲权视野下涉罪未成年人服务个案的实践与反思"，载《青少年犯罪问题》2020年第5期。

同时，将男性未成年人纳入《刑法修正案（十一）》新增的"负有照护职责人员性侵罪"的保护对象范围，将"未成年女性"改为"未成年人"。

其次，全面保护不同年龄段的性犯罪未成年被害人。对于我国性同意年龄线控制模式单一的问题，可以借鉴刑事责任年龄划分的方法，对被性侵未成年人划分详细的年龄阶段，并作出具体规定。笔者认为应当将未成年人分为三个年龄阶段：未满 14 周岁、14 周岁至 16 周岁、16 周岁至 18 周岁，并根据受害人的年龄段完善当前立法中的量刑档次和刑罚设置。当被害人未满 14 周岁时，适用强奸罪加重情节；当被害人是 14 周岁至 16 周岁的未成年人时，适用"负有照护职责人员性侵罪"；当被害人是 16 周岁至 18 周岁的未成年人时，其行使的性同意行为能力应受到限制，可以将未成年人是否具备完全民事行为能力以及行为人对被照护对象的影响力或支配力的大小作为判断依据。

2. 采用实质性标准界定特殊职责人员

针对收养关系中存在的特殊职责人员主体界定不清晰的问题，建议在《刑法修正案（十一）》规定"收养"作为特殊职责人员类型之一的基础上，其一，在法律规定的现有特殊职责人员类型的基础上，借鉴国外"滥用信任地位"概念及其内涵，在个案中判断相关人员在性侵害未成年过程中是否具有"优势地位""信任地位"以及是否具备足以控制被侵害未成年人身心的影响力，从而对"特殊职责人员"进行实质性解释与界定。优势地位或信任地位及影响力大小的判定，可以结合是否与未成年人长期共同生活、对未成年人的饮食起居、日常活动介入程度深浅、未成年人在感情上、心理上是否有较强依赖等因素。其二，结合任何可能形成"信任地位"的情形，将基于临时委托、邻里、保姆、活动组织等事由而与未成年人形成信任与被信任关系的其他特定关系人纳入"信任地位"主体范围，以便加大对生活中各种借助生活、学习密切接触情境、熟人生活圈等便利性侵害未成年人行为的打击，最大限度地保护未成年人的身心健康与合法权利。

3. 构建独立的性侵害未成年人犯罪体系

我国性侵害未成年人立法具有依附性和分散性，应当设置独立的性侵害未成年人犯罪立法体系，将各类性犯罪中涉及性侵害未成年人的条款作为类罪，整合起来，使杂乱无章的概念体系化。性侵害未成年人的行为不仅会现实侵害未成年人的人身权利，更会对未成年人的心理健康造成巨大伤害，其影响往往延续至成年时期。过窄地限定性侵害未成年人行为类型，既不符合国际未成年人保护立法趋势，也不能全面保护未成年人。因此，对"性侵害未成年人犯罪"应采广义的理解："任何男、女行为人采用强迫或非强迫措施，与不满18周岁未成年人发生不恰当的直接或间接性行为的犯罪行为。"在此基础上，在刑事立法中构建独立的性侵害未成年人犯罪体系，确保法条之间的体系性和适用方面的内在协调。同时，突破直接侵害行为类型的局限，将利用互联网性侵害未成年人权利的行为明确纳入刑法规制范围，以因应信息社会的发展趋势。

（二）建立专门的性侵害未成年被收养人案件司法机制

1. 确立性侵害未成年人案件发现机制

减少收养关系中性侵案件的发生，不仅需要"惩治"，更需要提前"防范"。为了使被害人能够在第一时间获取救济，可以从以下三方面完善性侵害未成年人案件发现机制。

首先，完善侵害未成年人强制报告制度。2020年新修订的《未成年人保护法》规定了强制报告制度，国家机关、居民委员会、村民委员会、密切接触未成年人的单位及工作人员在工作中发现未成年人身心健康受到侵害、疑似受到侵害或面临其他危险情形的，应当立即向公安、民政、教育等有关部门报告。2020年5月，最高人民检察院等九部门又联合下发《关于建立侵害未成年人案件强制报告制度的意见（试行）》，将国家机关、法律法规授权行使公权力的各类组织及法律规定的公职人员，密切接触未成年人行业的各类组织及其从业人员列为责任报告主体。但笔者认为，为了保障报告主体的积极性以及后续精准追责，应当将责任主体落实到具体的个人。同时，行政机关应当成立匿名举报平台，确保强制报告主体的安全，对于举报信息，应当迅速展开调查、落实情况，及时向社会通报调查结果。

其次，加强对性侵害未成年人人员的管控。借鉴美国《梅根法案》的立法经验，司法机关可以对刑满释放但有性侵害未成年人前科的人员进行管控，并对此类人员建立专门的信息数据库。这样做不仅可以提高案件侦查的效率，还可以方便民众辨别身边的性犯罪者，起到警惕的作用。

最后，建立性侵害未成年人犯罪人员信息公开登记制度。我国建立性侵害未成年人犯罪信息公开登记制度，可以由司法部门和公安部门作为登记的机关，对于犯有强奸罪、猥亵儿童罪等相关犯罪的人员，登录他们的基本信息并向社会公开，能够起到警示和预防的作用。

2. 建立"一站式取证"办案模式

性侵犯罪对未成年被害人造成的伤害是巨大的，根据当前的性侵案件办理流程，一旦发生性侵案件，需要对被害人开展询问、辨认、鉴定等多项取证工作。由于性侵害未成年人案件本身具有隐私性、证据不易收集等特点，很可能出现对被害人多次"取证"的情况，造成对被害人的"二次伤害"。因此，司法机关在办案过程中，应当构建"一站式取证"办案模式，进一步保障未成年人合法权益。

首先，出台专门的"一站式取证"文件。虽然我国已经有多家基层检察机关在办案过程中开始探索"一站式取证"的办案模式，然而最高人民检察院尚未出台规范式文件及做法，各个地区之间办案理念也存在分歧。因此，推广"一站式取证"办案模式，需要出台专门的规范性文件，并规定办案理念、队伍组建、具体操作的办法等内容，为"一站式取证"办案模式的推行奠定政策基础。

其次，增设专门办理未成年人被性侵案件的场所。鉴于性侵害未成年人犯罪案件具有取证难、指控难等问题，刑事追责难度大等特点，许多国家和地区都构建了"一站式取证"场所，避免办案过程中对未成年受害人造成"二次伤害"。结合我国现状，将专门场所设置在公安机关的地点更为适宜。主要原因在于，公安机关是未成年被害人第一时间报案的地点，同时也是此时案件的管辖机关，在此设置专门的办案场所更能体现一站式和及时性。

最后，组建专门的性侵害未成年人案件办案小组。"一站式取证"的办案模式要求同时满足办案取证、心理疏导、身体检查等复合型需求，对于办案人员的要求也就更高。公检法机关与医院应当联合成立专门办理性侵害未成年人案件的办案小组，并规定凡是接到儿童被性侵害的报案、控告、举报的，公安机关刑侦、技术鉴定，检察机关等部门应同步到场，一次性开展询问调查、检验鉴定、未成年人权益保护、心理抚慰等工作，避免反复询问，对被害人造成二次伤害。

（三）完善前置法配套制度建设，发挥事前预防和事后救济功效

完善的收养制度，可以有效地避免收养关系中性侵案件的发生。通过梳理我国现行《收养法》的规定，可以看出该法在收养关系成立前后缺乏有效的审查和监督机制，甚至在性侵案件发生后无法对受害者进行合理安置，故应在当前《民法典》有关规定的基础上，继续完善相关配套制度措施，从前

置法的角度编织预防收养关系中性侵害未成年人案件发生的法制之网。

1. 遵循最有利于被收养人原则，优化收养审查和认定机制

首先，目前《民法典》列举了收养人的五个条件。其中，年龄、有无子女以及相应犯罪记录，都是比较容易查明的。然而，收养人应当具有抚养教育被收养人的能力，其能力包括哪些方面？医学上认为不应当收养子女的疾病是否包含心理疾病？收养前的行政审查是保护被收养人权益的第一道屏障，形式化的审查无法实现法律设定收养门槛的目的，所以，应进一步细化收养人条件，明确前置审查项目，加强与专业机构、人士的合作，在收养前对收养人，尤其是收养人的心理状况进行实质性资质审查，排除潜在隐患。其次，依照最有利于被收养人原则，认定和处理事实收养关系。关于事实收养的法律效力问题，学界历来有不同观点。《民法典》第 1105 条和第 1113 条规定，未办理收养登记的，收养行为自始没有法律效力。鉴于更改人身关系的重大利害，《民法典》严格收养程序，切实保护被收养人权利，无可厚非。但当事实收养关系中发生性侵害未成年人案件时，不认定收养关系，就无法适用《刑法修正案（十一）》新增的"负有照护职责人员性侵罪"，反而不利于对未成年被收养人的保护。在判断事实收养的效力时，应以最有利于被收养人原则为出发点，合理认定事实收养关系。

2. 健全收养关系成立后的监督机制

首先，在立法层面明确规定收养回访制度。目前，收养回访制度在部分地区已有实践经验，可以总结其中经验并以立法的形式进行规定，推动收养回访制度在全国的实践与推广。在收养关系成立后，应当由专门的机构对孩子的生活情况进行长期跟踪，在建立信任与隐私保密的前提下，由固定的回访人员定期到收养家庭了解情况。在回访结束后，回访人员应当对具体内容进行整理和归纳，形成回访的专业分析报告，避免发生收养人侵害被收养人权益的事情。其次，应当借助大数据等技术优势，逐步建立全国联通的收养信息系统，防止出现收养家庭失联失控的情况。最后，在《民法典》规定收养评估制度的基础上，应当尽快出台配套的实施办法或规定，进一步完善第三方评估机构的资格审核标准，提高评估结果的具体效力。

3. 发挥国家监护制度的保护作用

国家监护是对家庭监护能力不足的一种补充，国家作为儿童的最高监护人，当收养家庭失去收养能力或收养资格后，由国家担负起对被收养人的监

护职责。首先，在立法层面明确民政部门、未成年救助保护机构、儿童福利机构等在未成年人保护方面的国家责任和具体职能。对于其收养人因性侵而被采取法律制裁措施的被收养人，民政部门应当进一步制定专门的救助政策、救助标准、安置措施和救助程序，使部分既无法回归原生家庭又无人照料的未成年被收养人得到妥当安置。其次，当收养关系中性侵害未成年人案件发生后，未成年人救助保护机构应当对遭受监护侵害的未成年人实施心理干预和生活救助，承担临时监护责任。当人民法院裁定收养关系无效并撤销后，由儿童福利机构承担监护职责，向被侵害的未成年人提供日常生活照料、基本医疗、心理康复等服务，依法保障其各项权利，或借鉴国外做法，选择有能力、有意愿、符合托管条件的家庭，实行政府补贴，切实保障该未成年人的权益。国家监护功能的发挥，能够有效避免因职责分工不清而导致各部门相互推诿、怠于履行监护职责的情况。

五、结语

未成年人牵动着每个家庭的心，作为祖国的未来，保障其健康成长是国家和社会共同的责任。收养关系中发生的性侵案件，打破了保护未成年人的最后一道屏障，不但严重侵害未成年人合法权益，更严重违背了我国传统家庭伦理道德观念，对受害者和社会都造成了恶劣的影响。在我国法治进程不断推进的情况下，应当从完善刑事立法、司法、收养制度层面入手，最大限度地维护未成年人的合法权益并减少此类案件的发生，为未成年人塑造良好、安全的成长环境，推动收养制度在构建和谐社会、促进家庭社会功能和社会责任良性运作方面发挥更大的作用。

袭警罪的司法认定及量刑的实务分析
——以 87 份裁判文书为样本

焦小勤 *

摘　要：袭警罪虽然脱胎于妨害公务罪，但在适用方面有独特之处，袭警罪犯罪对象的认定应以职务论为基础，淡化身份论。同时，袭警罪基准刑的暴力程度高于妨害公务罪，"严重危及其人身安全"指的是一种具体危险，需要结合具体案件进行分析。实践中，需要注意区分袭警罪与妨害公务罪、故意伤害罪。在量刑时需坚持宽严相济的刑事政策，该严则严，当宽则宽。

关键词：袭警罪　妨害公务罪　量刑规则

一、对裁判文书的分析说明

截至 2021 年 6 月 1 日 21 时许，笔者通过中国裁判文书网以"袭警罪"为关键词，检索自 2021 年 1 月 1 日以来的文书，共关联刑事裁判文书 87 份。其中，除中级人民法院作出的裁定书 1 份外，均为基层人民法院的判决书；在地域方面，四川省最多，有 15 份，其次为浙江省 13 份；涉及的犯罪行为发生的时间在 2021 年 3 月 1 日前后均有。

笔者通过对上述裁判文书进行实质内容分析，发现样本在罪名认定、刑期确定等方面均有存在一定程度甚至重大的分歧，具体表现为：

第一，法律适用方面。样本文书存在适用条款混乱，具体表现在溯及力方面，对于犯罪行为发生在 2021 年 3 月 1 日之前的袭警行为，裁判文书有适用《刑法修正案（九）》修正的第 277 条认定构成妨害公务罪，有适用《刑法修正案（十一）》修正后的规定认定构成袭警罪。从检察机关角度亦存在

---

* 上海市浦东新区人民检察院第三检察部检察官。

相同情况，针对行为人于 2021 年 3 月 1 日之前暴力袭击民警执法的行为，有的检察院以妨害公务罪起诉被法院确认为妨害公务罪，有的以妨害公务罪起诉但被改判认定构成袭警罪，有的以袭警罪起诉但被改判为妨害公务罪，还有的以袭警罪起诉被法院确认为袭警罪，且部分文书在说理时存在明显逻辑错误。

第二，对法律规定的理解方面。《刑法修正案（十一）》实施后，在对法律规定的理解方面，主要表现为对于"使用枪支、管制刀具，或者以驾驶机动车撞击等手段，严重危及其人身安全的"理解和认定问题，如在"王某林妨害公务案"中，[1]检察院和法院均认定"被告人王某林手持剪刀朝民警面部戳刺，将民警许某头部左侧太阳穴位置刺伤，将民警刘某 1 下巴左侧刺伤"，检察院以袭警罪起诉，建议对王某林判处有期徒刑 6 年，法院虽判决王某林构成袭警罪，但仅判处其有期徒刑 6 个月。

第三，宣告刑方面。在被告人具有相同或相似法定或酌定量刑情节的情况下，对被告人的宣告刑期存在较大差异，且未能拉开幅度。样本文书显示，宣告刑最低为拘役 1 个月，最高为有期徒刑 1 年 6 个月，刑期主要集中在有期徒刑 6 个月至 1 年，其中量刑最多的是有期徒刑 6 个月，占比为 32.94%；其次为有期徒刑 1 年，占比为 11.76%。

第四，数罪并罚方面。袭警行为多与危险驾驶行为相关联，一般表现在民警处理酒驾的过程中，行为人同时实行了暴力抗拒执法行为，故对行为人以袭警罪或妨害公务罪与危险驾驶罪数罪并罚。其次是，寻衅滋事行为合并暴力抗拒执法行为，但多数寻衅滋事行为尚不构成犯罪，仅构成袭警罪或妨害公务罪一罪。另外，存在袭警罪与故意伤害罪的区分认定问题，如在"何某富妨害公务案"中，被告人因对民警处理相关故意毁坏财物案的过程不满，便对此时正在执行交通违法查纠工作的民警拳打脚踢，该行为到底是定性为袭警罪还是故意伤害罪需要探讨。[2]

鉴于司法实践中对袭警罪的理解和适用有较大分歧，故有必要对袭警罪进行研究，以统一司法实践，尽量做到同案同判、司法公平。

---

〔1〕 参见新疆维吾尔自治区呼图壁县人民法院［2021］新 2323 刑初 60 号刑事判决书。

〔2〕 参见福建省武平县人民法院［2021］闽 0824 刑初 50 号刑事判决书。

二、袭警罪的诞生及其立法精神

袭警罪脱胎于妨害公务罪。《刑法修正案（十一）》对《刑法》第 277 条作了修改，主要表现在三个方面：一是设立袭警罪；二是基本刑的法定最低刑由罚金刑提高至管制刑，使袭警罪（基本刑）重于妨害公务罪；三是法定刑升格，针对采用特别手段、严重危及民警人身安全的行为，设置 3 年至 7 年有期徒刑的刑期。

增设袭警罪此前一直有呼声，但是 2015 年《刑法修正案（九）》只是增加了袭警从重处罚的条款，直到《刑法修正案（十一）》才将袭警行为单独列为犯罪，并且配置独立的法定刑。这是由于近年来，袭警案件呈现恶性发展态势，出现了报复性、预谋性、聚众性的苗头，甚至出现使用凶器袭警现象。据统计，2018 年，全国公安机关有 444 人因公牺牲（包括 303 名警察和 141 名辅警），1.2 万名警察和辅警因公负伤；2019 年，有 427 人因公牺牲（包括 280 名警察和 147 名辅警），近 1.2 万名警察和辅警因公负伤；2020 年，有 480 人因公牺牲（包括 315 名警察和 165 名辅警），0.8 万余名警察和辅警因公负伤。这些流血牺牲中有相当一部分是民警在执法过程中受到暴力袭击、报复伤害造成的。[1]袭警特别是暴力袭警现象的发生，不仅危及民警的身心健康，而且严重损害国家法律的尊严和权威。在法治社会，民警是法律的肉身，相比工商、税务、城管等执法人员，民警身处打击违法犯罪的第一线，是和平年代牺牲最多的一支队伍。这就是刑法单独设立袭警罪的原因。

在法律上给民警以独立的地位，并不意味着扩张民警的权力，也不是要对民警这一群体进行特殊保护，刑法所保护的法益并没有发生变化，仍然是对执法权的保护。设立袭警罪宣扬的是民警所代表的国家权力，维护的是国家公权力的有效行使，最终目的是要树立法律权威。

三、对袭警罪的解读及司法实践中需要注意的问题

袭警罪虽然脱胎于妨害公务罪，但在适用上具有自己的特点，具体表现

---

〔1〕 "暴力袭警频发，谁来给执法者'撑腰'？'袭警罪'单独入刑引发热议"，载中国长安网：http://www.chinapeace.gov.cn/chinapeace/c100045/2020-08/12/content_12382915.shtml，2020 年 8 月 12 日访问；"致敬！2020 年全国公安机关共有 315 名民警、165 名辅警因公牺牲"，载中国警察网：https://mp.weixin.qq.com/s/uFrwPsSW5OU0ttzXttIOsQ，2021 年 3 月 31 日访问。

为以下方面：

（一）关于犯罪对象是否包括辅警[1]

随着国家机构改革、公务员扁平化管理的深化，辅助人员参与辅助工作的情况越来越多，如何界定妨害公务罪、袭警罪的犯罪对象，是只限于民警还是包括辅警等辅助人员，这对于日常司法办案具有重要意义。

在袭警罪的认定中，因执法依据判断标准不同而有"身份论"与"职务论"两种学说。"身份论"即依据"人民警察"的身份来判定，犯罪对象只限定于民警；而"职务论"则是依据民警执行职务的内容来判定，犯罪对象不限于民警，只要是具有合法的执法依据、正在执行职务，就可以成为袭警罪的犯罪对象。笔者认为，"职务论"能更好地体现立法原意、更好地实现司法效能。

暴力袭警虽然针对的是民警的人身，但行为人主观故意的内容则是通过针对民警人身的暴力来妨碍民警的执法权，这是此罪的核心，也就是说行为人暴力的目的并非民警或辅警的人身，而是其所代表的执法权。因此，在辅警与民警共同执法时，二者具有同等的法律地位，均可以成为袭警罪的犯罪对象：首先，从执法依据上说，虽然辅警不具有独立的执法权，但在共同执法时，其与民警形成执法共同体，共同代表执法权；其次，从行为人角度来说，一般民众难以区分执法的是民警还是辅警，其暴力抗拒的是执法共同体的执法，而非个人；再次，从法律效果上来看，若以身份论来区分罪名和刑期，则会因犯罪对象不同而宣告刑不同、导致罪刑不平衡。实践中，在判定袭警罪的犯罪对象时，需强调执法一体化，认定中以职务论为基础，淡化身份论。而在能明显区分、判断民警和辅警身份的情况下，辅警不能成为袭警罪的犯罪对象。

---

[1] 现行的一些规定凸显了刑法上规定的国家机关工作人员范围的扩张性和包容性，使辅警、协警有足够的依据能够成为国家机关工作人员的组成部分。参见王展："暴力袭警问题的刑法学思考"，载《刑法论丛》2019 年第 2 期。2020 年最高人民法院、最高人民检察院、公安部、司法部发布的《关于依法惩治妨害新型冠状病毒感染肺炎疫情防控违法犯罪的意见》指出，以暴力、威胁方法阻碍国家机关工作人员（……受国家机关委托代表国家机关行使疫情防控职权的组织中从事公务的人员，虽未列入国家机关人员编制但在国家机关中从事疫情防控公务的人员）依法履行为防控疫情而采取的防疫、检疫、强制隔离、隔离治疗等措施的，依照《刑法》第 277 条第 1 款、第 3 款的规定，以妨害公务罪定罪处罚。

（二）如何理解袭警罪中的"暴力"[1]

从体系化来看，袭警罪的暴力与妨害公务罪中的暴力在本质上是一致的，均针对的是执法人员的人身，且都不要求达到足以抑制的程度。与此同时，基于袭警罪（基本刑）比妨害公务罪的刑期高，故袭警罪中的"暴力"程度要高于妨害公务罪中的"暴力"程度。因此，对于民警执法过程中，行为人所实施的摆脱、挣脱等行为，一般的推搡、抓挠等行为，以及与民警发生的轻微的肢体冲突行为，不宜解释为暴力袭警行为。如果行为足以达到阻碍民警执行职务的程度，则行为人可能构成妨害公务罪。

对警用装备实施暴力，包括对警服、警械、警车等采用暴力是否属于袭警罪中的"暴力"？笔者认为要视情而定：一方面，行为人对警服、警械等较为贴身的警用装备实施暴力时，应当认定为袭警罪中的"暴力"，因为这些警用装备与民警的人身紧密贴合，对警服、警械的暴力，极大可能会造成民警本人受伤，从而无法正常执行职务；另一方面，对警车等非贴身装备使用暴力，因该警用装备与民警的人身贴合通常并不紧密，作用力需要较长的传导距离，故不宜认定为袭警罪中的"暴力"。

需要注意的是，行为人实施的自伤、自杀、挟持威胁等行为不属于袭警罪中的"暴力"，因为袭警行为的犯罪对象仅包括依法执行职务的民警本身，而不包括其他人。

（三）如何判断"严重危及其人身安全"

法定刑升格的"严重危及其人身安全"指的是一种具体危险，需要结合具体案件进行分析，且不要求严重危及人身安全的实害后果发生。关于法条列举的三种手段与"严重危及其人身安全"的关系，有"强调关系"和"递进关系"两种学说，主流观点认为是递进关系，即三种手段的实施导致行为后果"严重危及民警的人身安全"，所以才需要升格法定刑予以处罚。[2]司

---

[1] 许永安主编：《中华人民共和国刑法修正案（十一）解读》，中国法制出版社2021年版，第289页。根据最高人民法院、最高人民检察院、公安部《关于依法惩治袭警违法犯罪行为的指导意见》第1条规定，对正在依法执行职务的民警实施下列行为的，属于《刑法》第277条第5款规定的"暴力袭击正在依法执行职务的人民警察"，应当以妨害公务罪定罪从重处罚：①实施撕咬、踢打、抱摔、投掷等，对民警人身进行攻击的；②实施打砸、毁坏、抢夺民警正在使用的警用车辆、警械等警用装备，对民警人身进行攻击的。

[2] 参见"《刑法修正案（十一）》理解与适用（一）：袭警行为的认定和法律适用"，载ht-tps://mp.weixin.qq.com/s/xfTCHQ-CB5oPKSvk1uNYzA，2021年2月28日访问。

法实践中，需要注意以下方面：

（1）暴力是否达到"严重危及其人身安全"的程度。如以驾驶机动车等手段撞击执法车辆，虽然行为人实施了驾驶机动车撞击的行为，但因该行为后果不具有严重危及民警人身安全的性质，因此不能适用加重法定刑。如在上述"王某林妨害公务案"中，检察院和法院虽认定事实一致，但在量刑上却有巨大分歧，原因即是对"严重危及其人身安全"存在理解上的不一致。在判断"严重危及其人身安全"标准方面，可以参考故意杀人罪中关于主客观的判定，[1]只有达到严重危及民警人身安全的，才能适用升格的刑期，加重处罚。

（2）认定危害后果需要结合具体案件中使用的工具来考量暴力程度，注意区分三种手段的认定程度问题。如基于枪支的杀伤力、致伤力明显要大于管制刀具，所以对使用管制刀具的暴力程度认定限制就应当大于使用枪支的认定限制。

（3）三种手段的等外解释应坚持同类解释规则，暴力程度要与前三种手段的程度相当；对暴力程度的理解要结合一般社会经验法则，基于普通人的认知进行理解。如同样用拳头殴打，儿童殴打与拳王殴打的暴力程度不可同日而语。

（4）法定刑升格条件中的后果应仅限于造成民警轻伤或者轻微伤，伤势程度不能达到重伤甚至死亡的程度，否则行为人应构成故意伤害罪、故意杀人罪等。

四、袭警罪与他罪的辨析

虽然《刑法修正案（十一）》设立了袭警罪，但实践中仍然存在袭警罪与妨害公务罪适用区分上的争议，其次是对袭警罪与故意伤害罪如何进行界分，样本也显示了上述实践困惑，对此笔者认为可做如下区分。

（一）袭警罪与妨害公务罪

从样本上看，袭警罪与妨害公务罪最大的区别是法律适用、法律溯及力问题。我国法律明确规定，溯及力采用从旧兼从轻的原则。因在同等量刑幅

---

〔1〕 可以从行为人所使用的工具、打击的部位、打击的次数、打击的力度等方面考量行为的严重程度。

度内袭警罪相比妨碍公务罪去掉了单处罚金这一项，从刑罚轻重程度的总体来看，妨害公务罪要比袭警罪轻。因此，对于2021年3月1日《刑法修正案（十一）》施行以前的行为，应当适用《刑法修正案（九）》修正的第277条，而在3月1日之后的行为，一般应适用《刑法修正案（十一）》修正的第277条。

袭警罪与妨害公务罪两者是法条竞合关系，在适用上应采用特别法优于一般法的原则。如果行为人妨害民警执法的行为仅有轻微暴力，则不构成暴力袭警，但若行为符合妨害公务罪犯罪构成的，应成立妨害公务罪，即行为人针对民警实施的抗拒执法行为并非一律构成袭警罪，需要根据具体的行为暴力程度来进行区分。

此外，袭警罪与妨害公务罪在犯罪对象、手段等方面也存在差异。[1]

（二）袭警罪与故意伤害罪

两罪最大的区别是行为人主观故意的内容不同。袭警罪行为人的主观故意侧重于抗拒执法，行为人通过实施暴力对民警进行人身伤害，其目的是阻碍民警执法；而故意伤害罪的行为人则是单纯地积极追求对民警的人身造成伤害。如在前述"何某富妨害公务案"中，被告人殴打民警系因对民警曾经的执法行为不满，恰好在民警本次对他人的执法中遇到，遂上前殴打民警，何某富的行为目的显然是要伤害民警的身体而非抗拒民警执法。故笔者认为该案定性为故意伤害罪更为妥当。

另外，袭警罪的暴力所造成的伤害结果应为轻微伤、轻伤，不包括重伤及以上的程度，否则可能构成故意伤害罪等其他犯罪。

（三）袭警罪与故意杀人罪

由于袭警罪加重犯的法定刑为3年至7年有期徒刑，轻于故意伤害致人重伤3年至10年有期徒刑的情形，因此，袭警行为致人重伤或者死亡的，应成立袭警罪和故意伤害罪、故意杀人罪的想象竞合，择一重罪处罚。

五、袭警罪的量刑规则

袭警罪的设立能够更好地发挥刑罚的一般预防作用，在遏制和预防暴力

---

[1] 妨害公务罪的犯罪对象系国家机关工作人员，除了民警，还包括人大代表、红十字会工作人员、国家安全机关人员等；妨害公务罪的手段包括威胁手段，而袭警罪仅限于暴力手段。

袭警现象的方面将发挥重要作用。与此同时，司法的特殊预防作用也要同步进行，在量刑方面，坚持宽严相济的刑事政策，该严则严，当宽则宽，宽严相济，罚当其罪。具体表现为：其一，对于社会危害性小、主观恶性不大的行为人，适用少捕慎捕慎押的原则；其二，对于预谋性、聚众性、公然挑衅民警执法权威的行为，严厉打击；其三，对少数因民警缺乏执法规范性而导致的袭警行为，或存在民警执法行为催生或者激化矛盾的案件，要具体分析，防止出现"袭警一律从重"的情况。

从样本上看，袭警罪、妨害公务罪的宣告刑期跨度为 1 个月至 1 年 6 个月，基本集中在有期徒刑 6 个月至 1 年，而袭警罪（基本犯）、妨害公务罪的最高刑均为 3 年有期徒刑，由此可见，两罪的宣告刑未合理地拉开量刑幅度，刑罚的预防作用发挥不足。笔者认为，在量刑时需要充分行使自由裁量权，对宣告刑合理地拉开幅度，使民众能够正确评价和预测自己的行为后果，最大化发挥刑罚的特殊预防及一般预防作用。

另外，样本显示，袭警罪多与酒后驾车行为相继发生，因此在侦查、司法过程中，需注意收集和考查酒精含量的取样、鉴定等方面的证据，对行为人进行准确的定罪和量刑。

高空抛物罪规定的溯及力问题研究

王志祥 *   王嘉璇 **

摘 要：《刑法修正案（十一）》规定了高空抛物罪。该罪的溯及力问题值得引起重视。在《刑法修正案（十一）》颁行之后，就高空抛物行为所触犯的罪名而言，基础罪名是高空抛物罪。同时，该行为还可能触犯以危险方法危害公共安全罪、过失以危险方法危害公共安全罪、重大责任事故罪、强令、组织他人违章冒险作业罪、故意伤害罪、故意杀人罪、过失致人重伤罪、过失致人死亡罪、侮辱罪、强制侮辱罪、故意毁坏财物罪、破坏生产经营罪和寻衅滋事罪。在高空抛物罪与其他罪名发生竞合的情况下，应当以其他犯罪论处，而不存在以高空抛物罪论处的可能性。依据《刑法》所规定的从旧兼从轻的刑法溯及力原则，对于《刑法修正案（十一）》颁行之前所发生的、颁行之后尚未作出裁判的高空抛物行为，均应当适用《刑法修正案（十一）》颁行之前《刑法》的规定加以评判。这就意味着《刑法修正案（十一）》中关于高空抛物罪的规定是没有溯及力的。"高空抛物第一案"的司法认定存在着对高空抛物罪规定溯及力的误用问题。

关键词：高空抛物罪 溯及力 公共安全 人身权利 公共秩序 竞合

---

* 北京师范大学刑事法律科学研究院外国刑法与比较刑法研究所所长、教授、博士生导师，法学博士，研究方向为刑法学。

** 北京师范大学刑事法律科学研究院刑法专业硕士研究生，研究方向为刑法学。

本文系国家社科基金一般项目"形式理性与实质理性的关系在刑法学中的展开研究"（21BFX009）。本文已发表于《铁道警察学院学报》2021年第5期。

一、问题的提出

近年来，高空抛物行为频发。为充分发挥司法审判的惩罚、规范和预防功能，依法妥善审理高空抛物、坠物案件，保障人民安居乐业，维护社会公平正义，2019 年 10 月 21 日，最高人民法院发布了《关于依法妥善审理高空抛物、坠物案件的意见》（以下简称《高空抛物案件意见》）。其中，第 5 条明确了高空抛物行为的刑法定性问题。而《高空抛物案件意见》没有也不可能将高空抛物行为作为独立的犯罪类型加以规定。由此可见，我国刑事法网在对高空抛物行为的规制方面存在着疏漏。2020 年 12 月 26 日全国人大常委会通过的《刑法修正案（十一）》弥补了这一缺憾。由《刑法修正案（十一）》第 33 条修正后的《刑法》第 291 条之二第 1 款规定："从建筑物或者其他高空抛掷物品，情节严重的，处一年以下有期徒刑、拘役或者管制，并处或者单处罚金。"由此，独立的高空抛物罪在我国《刑法》中得以设立。

在《刑法修正案（十一）》于 2021 年 3 月 1 日施行之后，我国多地的司法机关纷纷以《刑法》第 291 条之二关于高空抛物罪的规定对发生在 2021 年 3 月 1 日之前的高空抛物行为追究刑事责任。比如，2020 年的一天，徐某某在家中与王某某因言语不和发生矛盾，情绪激动的徐某某从厨房拿出一把铁质菜刀。王某某上前夺刀时，徐某某将菜刀抛掷到楼下公共租赁房附近。楼下的孙某某发觉后随即向楼上质问，徐某某听到后未予理睬。在与王某某持续争吵过程中，徐某某又到厨房拿出一把不锈钢菜刀。王某某欲夺刀，徐某某又将菜刀抛掷至楼下。该把菜刀掉落至地面。楼下的老年夫妇受到惊吓，请路人报警。2021 年 3 月 1 日，江苏省溧阳市人民检察院提前介入并提起公诉的适用高空抛物罪全国首案一审宣判，法院以高空抛物罪判处被告人徐某某有期徒刑 6 个月，并处罚金人民币 2000 元。[1]

如上所述，《刑法修正案（十一）》施行之前的我国《刑法》中并无高空抛物罪的规定。这样，司法机关在《刑法修正案（十一）》施行之后以《刑法修正案（十一）》中关于高空抛物罪的规定对《刑法修正案（十一）》施行之前所发生的高空抛物行为追究刑事责任，实际上就涉及对

---

〔1〕 "高空抛物罪全国首案宣判：女子高空扔两把菜刀获刑 6 个月"，载 https://baijiahao. baidu. com/s？ id＝1693177026907048828&wfr=spider&for=pc，2021 年 7 月 5 日访问。

《刑法》所规定的刑法溯及力原则的适用问题。《刑法》所规定的刑法溯及力原则是从旧兼从轻。具体而言，对于新法生效之前所发生的没有作出裁判的行为，适用旧法追究刑事责任，但是，在依照新法对行为人进行处理更加有利的情况下，适用新法追究刑事责任。显然，在上述适用高空抛物罪规定的全国首案中，被告人徐某某被以该规定追究刑事责任，是由于司法机关认为，适用该规定，对被告人徐某某更加有利。那么，究竟应当如何看待《刑法修正案（十一）》中高空抛物罪规定的溯及力问题？这涉及高空抛物行为在《刑法修正案（十一）》施行前后的定性问题。

二、高空抛物行为在《刑法修正案（十一）》施行前的定性问题

如上所述，《高空抛物案件意见》对高空抛物行为的定性问题作出了专门的规定。《高空抛物案件意见》第 5 条规定："准确认定高空抛物犯罪。对于高空抛物行为，应当根据行为人的动机、抛物场所、抛掷物的情况以及造成的后果等因素，全面考量行为的社会危害程度，准确判断行为性质，正确适用罪名，准确裁量刑罚。故意从高空抛弃物品，尚未造成严重后果，但足以危害公共安全的，依照刑法第一百一十四条规定的以危险方法危害公共安全罪定罪处罚；致人重伤、死亡或者使公私财产遭受重大损失的，依照刑法第一百一十五条第一款的规定处罚。为伤害、杀害特定人员实施上述行为的，依照故意伤害罪、故意杀人罪定罪处罚。"依照上述规定，在《刑法修正案（十一）》施行前，高空抛物行为所触犯的罪名的范围包括以危险方法危害公共安全罪、故意伤害罪和故意杀人罪。据此，从罪过形式上看，高空抛物行为所触犯的罪名只能是故意犯罪；从法益的类型上看，高空抛物行为所触犯的罪名只能是危害公共安全的犯罪和侵犯公民人身权利的犯罪。这并没有顾及高空抛物行为所触犯的罪名的罪过形式和所侵犯的法益的类型的全貌。

一方面，高空抛物行为所触犯的罪名的罪过形式应当既包括故意，也包括过失。最高人民法院研究室负责人在答记者问时曾经指出，与高空坠物相比，高空抛物行为的社会危害性更为严重，行为人主观方面通常系故意。[1]

---

[1] "最高人民法院研究室负责人就《最高人民法院关于依法妥善审理高空抛物、坠物案件的意见》答记者问"，载 https://www.chinacourt.org/article/detail/2019/11/id/4637007.shtml，2021 年 7 月 5 日访问。

这可能就是《高空抛物案件意见》将高空抛物行为所触犯的罪名的罪过形式限定为故意的理由。但是，"行为人主观方面通常系故意"，并不能排除例外的情况下高空抛物行为所触犯的罪名的罪过形式可以是过失的可能。《刑法》第 14 条第 1 款规定："明知自己的行为会发生危害社会的结果，并且希望或者放任这种结果发生，因而构成犯罪的，是故意犯罪。"第 15 条第 1 款规定："应当预见自己的行为可能发生危害社会的结果，因为疏忽大意而没有预见，或者已经预见而轻信能够避免，以致发生这种结果的，是过失犯罪。"据此，就犯罪故意和犯罪过失的判断而言，既要看行为人对危害行为的态度，也要看行为人对危害结果的态度。就高空抛物行为来说，虽然行为人对于行为（抛）的态度通常是有意的，但是，对危害结果的态度则未必就是希望或者放任。这样，从学理上看，就不能排除行为人的罪过形式是过失的可能性。从司法实践中所发生的高空抛物案件的情况来看，比如，在深夜 2 点，行为人从高层住宅向楼下抛掷废弃的砖块。行为人认识到抛掷废弃的砖块的行为可能会砸着人，但考虑到平时楼下马路来往的人本来就不多，再加上时间已是深夜，向楼下抛掷废弃的砖块应该不会砸着人，便将砖块扔了下来，没想到砸死了躺在楼下马路上的一名醉汉。在上述实例中，行为人有意实施了抛砖行为，但就对醉汉死亡的结果而言，则显然不是出于希望或者放任，而是出于过于自信的过失。在生产、作业的场合，生产、作业人员违反有关安全管理的规定，在高空抛掷物品并由此造成重大伤亡事故的行为也时有发生。就这样的行为而言，行为人对于违反有关安全管理的规定，从高空抛掷物品的行为通常是有意实施的，但是，就对重大伤亡事故的态度而言，则显然通常不是出于希望或者放任，而是否定的态度。因此，虽然高空抛物行为所触犯的罪名的罪过形式通常是故意，但是，也不能排除例外情况下过失存在的可能性。就《高空抛物案件意见》所提及的"故意从高空抛弃物品，尚未造成严重后果，但足以危害公共安全"的情形而言，虽然行为人对于从高空抛弃物品系有意实施，但是，就对"足以危害公共安全"的态度而言，则未必就出于故意。这样，《高空抛物案件意见》将这种情形认定为构成以危险方法危害公共安全罪，实际上就是在对罪过形式的判断中以行为人对危害行为态度的判断取代了对危害结果态度的判断，因而遗漏了这种情形构成过失以危险方法危害公共安全罪的可能性。

另一方面，就高空抛物行为所侵犯的法益的类型而言，除了《高空抛物案件意见》所提到的公共安全和人身权利，还应当包括财产权利和社会秩序。就危害公共安全的犯罪而言，《高空抛物案件意见》所提及的罪名是以危险方法危害公共安全罪。但是，如上所述，不能排除高空抛物行为所触犯的罪名的罪过形式是过失的可能性。这样，与以危险方法危害公共安全罪具有对应关系的过失以危险方法危害公共安全罪也就应当是高空抛物行为所可能触犯的罪名。此外，一旦高空抛物行为发生在生产、作业的场合，其所触犯的罪名就可能是重大责任事故罪和强令违章冒险作业罪（1997年《刑法》第134条）。就高空抛物行为构成危害公共安全的犯罪而言，要求该行为所造成的危害结果的范围具有扩散性，这样才能够符合公共安全的"不特定"的要求。[1]由此，在高空抛物行为所造成的人员伤亡的范围不具有扩散性的情况下，其所触犯的罪名就可能是侵犯人身权利犯罪中的罪名。如上所述，《高空抛物案件意见》所提及的高空抛物行为触犯的侵犯人身权利的罪名是故意伤害罪和故意杀人罪。但是，与上述遗漏过失以危险方法危害公共安全罪这一罪名的情形相同，《高空抛物案件意见》在判定高空抛物行为构成故意伤害罪、故意杀人罪时，同样忽略了高空抛物行为所触犯罪名的主观罪过形式的复杂性。既然不能排除高空抛物行为所触犯的罪名的罪过形式是过失的可能性，那么，与以故意伤害罪、故意杀人罪具有对应关系的过失致人重伤罪、过失致人死亡罪也就应当是高空抛物行为所可能触犯的罪名。此外，考虑到所抛掷的物品（如粪便等污秽物）与败坏他人名誉、寻求下流无耻的精神刺激的关联性，也不能排除高空抛物行为构成侮辱罪、强制侮辱罪的可能性。高空抛物行为所侵犯的法益——公共安全涉及对重大公私财产安全的保护。在高空抛物行为所侵犯的对象系财产但重大公私财产安全这一法益并未受到侵犯的情况下，高空抛物行为所触犯的罪名就可能是侵犯财产罪中的罪名。其中，最有可能触犯的罪名便是故意毁坏财物罪。在高空抛物行为与破坏生产经营相关联的情况下，比如，行为人向楼下工厂的机器设备抛掷物品，导致机器设备毁坏，工厂因而不能正常运营的，高空抛物行为就可以构成破坏生产经营罪。在高

---

〔1〕 对此，江苏省连云港市中级人民法院［2014］连刑初字第00017号一审判决书的裁判要旨指出，明知是公共道路、居民区等公共场所，而从高空抛下足以造成不特定人员伤亡或重大公私财物损失的物品，因侵害对象的非特定性，即使该行为仅造成一人死亡的后果，对行为人也不应以故意伤害或故意杀人罪定罪处罚，而应以危险方法危害公共安全罪定罪处罚。参见李江蓉、黎乃忠："高空向公共场所抛物致人死亡的刑事责任认定"，载《人民司法》2015年第20期。

空抛物行为既没有危害公共安全、侵犯人身权利，也没有侵犯财产权利的情况下，便可以考虑其是否构成妨害社会管理秩序罪的问题。实际上，在《刑法修正案（十一）》颁行之前，为避免适用以危险方法危害公共安全这一罪名进行刑事追究造成量刑过重的问题，不少司法机关选择以寻衅滋事罪的规定追究高空抛物行为的刑事责任。比如，2019 年 5 月，赵某从 5 楼将一串玻璃珠饰品扔出窗外，造成楼下两辆汽车挡风玻璃、天窗等部位损毁。处理案件的检察官认为，本案中赵某实施的高空抛物行为对公共安全并不构成现实和紧迫的危险，遂以寻衅滋事罪对其提起公诉。昆山市法院认定赵某无故滋事，通过高空抛物的方式任意毁损公私财物，构成寻衅滋事罪。[1]实际上，由于寻衅滋事罪的客观方面包含了任意损毁公私财物的行为方式，所以，在高空抛物行为符合任意损毁财物要求的情况下，对高空抛物行为的确是存在以寻衅滋事罪论处的可能性的。此外，就寻衅滋事罪所包含的恐吓他人的行为方式而言，虽然一般表现为以言语的方式相威胁，但也不能排除以言语以外的手段相威胁的可能性。比如，深夜以戴着恶魔面具的方式出现在他人面前，同样可以达到恐吓他人的效果。就高空抛物行为而言，实际上也不能排除实施该行为以达到恐吓他人效果的可能性。比如，为避免他人靠近楼下的道路，在他人离道路尚有一段距离的情况下向楼下抛掷物品，他人由于受到惊吓而不敢靠近楼下道路。这种情况下的高空抛物行为就符合寻衅滋事罪中恐吓他人这一行为方式的要求。

综上所述，在《刑法修正案（十一）》颁行之前，就高空抛物行为所触犯的罪名而言，包括以危险方法危害公共安全罪、过失以危险方法危害公共安全罪、重大责任事故罪、强令违章冒险作业罪、故意伤害罪、故意杀人罪、过失致人重伤罪、过失致人死亡罪、侮辱罪、强制侮辱罪、故意毁坏财物罪、破坏生产经营罪和寻衅滋事罪。

三、高空抛物行为在《刑法修正案（十一）》施行后的定性问题

在《刑法修正案（十一）》中，关于高空抛物行为的定性问题，与修正前的规定相比，有三处大的变化：

---

[1] "江苏昆山：这起'抛物'构成寻衅滋事罪"，载 http://www.jsjc.gov.cn/dbwyll/yaow/2020 08/t20200825_ 1080803.shtml，2021 年 7 月 5 日访问。

首先，高空抛物行为被作为独立的行为类型加以规定。由此，独立的高空抛物罪在《刑法》中得以设立。关于高空抛物罪在刑法分则中的体系位置，在《刑法修正案（十一）》的草案审议稿中曾经有一个变化的过程。草案一次审议稿曾经将高空抛物罪规定在危害公共安全的犯罪中。草案一次审议稿将高空抛物罪规定列为《刑法》第 114 条第 2、3 款，即"从高空抛掷物品，危及公共安全的，处拘役或者管制，并处或者单处罚金。有前款行为，致人重伤或者造成其他严重后果，同时构成其他犯罪的，依照处罚较重的规定定罪处罚"。这实际上将高空抛物罪界定成危害公共安全的犯罪。[1]对此，有学者指出，由于绝大多数高空抛物案件不可能危害公共安全，但不危害公共安全的犯罪就不得规定在《刑法》分则第二章，于是草案一次审议稿第 1 条就高空抛物罪增加了"危及公共安全"的表述。在绝大多数高空抛物案件不可能危及公共安全的情况下，下级司法机关必然将没有危及公共安全的行为也认定为构成高空抛物罪。概言之，将不危害公共安全的行为规定在危害公共安全罪中，同时要求危及公共安全，只能逼着下级司法机关违反刑法规定认定犯罪，或者导致高空抛物罪形同虚设。倘若增设高空抛物罪，就应当将其规定在《刑法》分则第六章第一节中。[2]立法工作机构的人士指出，有意见建议将高空抛物罪的规定调整至《刑法》分则第六章"妨害社会管理秩序罪"。主要理由是：①从行为特征上看，高空抛掷物品往往是人们违反城市居民生活守则或规范，违反社会公德所实施的行为，一般不具有毁坏财物、致人死伤的主观故意；②高空抛物行为如果危及公共安全的话，本罪的法定刑又显得过轻，法定刑与秩序犯的危害性相称；③高空抛掷物品犯罪应当与以危险方法危害公共安全罪切割开来，从而避免两罪的界限难以划分，导致适用困难；④设立本罪，目的是让人们意识到单纯的高空抛掷物品行为就是扰乱社会生活秩序的行为，不得实施。如果危及人身、财产安全，则构成侵犯人身、

---

〔1〕《高空抛物案件意见》指出："近年来，高空抛物、坠物事件不断发生，严重危害公共安全。"依据全国人大常委会法制工作委员会副主任李宁所作的《关于〈刑法修正案（十一）〉草案的说明》，《刑法修正案（十一）》的草案一审稿对社会反映突出的高空抛物犯罪进一步作出明确规定，维护人民群众"头顶上的安全"。参见李宁："关于《中华人民共和国刑法修正案（十一）（草案）》的说明——2020 年 6 月 28 日在第十三届全国人民代表大会常务委员会第二十次会议上"，载 http://www.npc.gov.cn/npc/c30834/202012/f16f edb673644b35936580d25287a 564.shtml，2021 年 5 月 30 日访问。

〔2〕 张明楷："增设新罪的原则——对《刑法修正案十一（草案）》的修改意见"，载《政法论丛》2020 年第 6 期。

财物类犯罪。[1]草案二次审议稿接受上述意见，将高空抛物罪的规定从"危害公共安全罪"一章移至"妨害社会管理秩序罪"一章。由此可见，《刑法修正案（十一）》设立高空抛物罪是为了体现对社会公共秩序的专门保护。实际上，高空抛物行为首先是对社会公共生活规则的违反。虽然该行为可能同时侵犯多种法益，但不可否认的是，社会公共秩序这一法益处在基础法益的地位，即任何高空抛物的行为总会侵犯到社会公共秩序这一法益。如此说来，立法者将高空抛物罪的规定由"危害公共安全罪"一章移至"妨害社会管理秩序罪"一章，可谓是准确地把握了本罪的本质特征，且具有对《刑法修正案（十一）》颁行之前的关于高空抛物案件认定的司法实践进行纠偏的意蕴。一方面，正如有学者所指出的，之所以将高空抛物罪的性质从危害公共安全罪调整为扰乱公共秩序罪，主要还是因为高空抛物行为虽然可能造成不特定人的生命、身体或者财产安全，具有一定程度的危害公共安全性质，但不可否认同时存在着对公共安全并没有危害的高空抛物行为，这些高空抛物行为却可能对公共秩序具有一定的破坏性。因此，如果仅仅将危及公共安全的高空抛物行为入刑，对于那些没有危及公共安全然而扰乱公共秩序的高空抛物行为排除在刑法的处罚范围之外，并不能有效地惩治与预防这种高空抛物行为。[2]另一方面，在《刑法修正案（十一）》颁行之前，由于《刑法》分则缺乏对高空抛物行为的直接规制，刑事司法实践为回应社会关切，不得不通过司法解释或者个案处理的方式将高空抛物行为不当地认定为以危险方法危害公共安全罪，从而在虚化以危险方法危害公共安全罪不法内涵的同时，加剧了本来就被指斥为"口袋罪"的以危险方法危害公共安全罪的"口袋化"特征。[3]而《刑法修正案（十一）》对高空抛物罪的增设，则显然淡化了以危险方法危害公共安全罪的"口袋化"色彩。

其次，涉及高空抛物罪设立的必要性问题。对于《刑法修正案（十一）》草案一次审议稿第1条设立的独立的高空抛物罪，有学者指出，从高空抛物行为的规范分类与可能配置的规范目的看，现行刑法的既有罪名完全

---

[1] 许永安主编：《中华人民共和国刑法修正案（十一）解读》，中国法制出版社2021年版，第305~306页。

[2] 陈兴良："公共安全犯罪的立法思路嬗变：以《刑法修正案（十一）》为视角"，载《法学》2021年第1期。

[3] 曹波："高空抛物'入刑'的正当根据及其体系性诠释"，载《河北法学》2021年第2期。

可以有效地解决"高空抛物"所涉及的刑法问题，从而没有必要增设一个"高空抛物罪"。对高空抛物行为本身应根据具体情形，将其分别归属于寻衅滋事行为、侮辱行为、故意毁坏财物行为、故意伤害行为、故意杀人行为、以危险方法危害公共安全行为等行为定型，并分别依法定性为（认定为）相应的犯罪（罪名）。有必要在寻衅滋事罪的罪状中明确列举高空抛物行为等情形，新增规定"（五）从高空抛掷物品，危及他人人身、财产安全或者社会管理秩序的"作为《刑法》第 293 条第 5 项。[1]笔者认为，上述观点是不能成立的。一方面，就没有危害公共安全、侵犯人身权利、侵犯财产权，虽然扰乱公共秩序但并不符合寻衅滋事罪罪状要求的大量的高空抛物行为而言，如果在《刑法》中不增设高空抛物罪，显然就存在处罚漏洞，而并非如上述观点所言的依据刑法的既有罪名就可以进行规制。另一方面，将高空抛物行为增设到寻衅滋事罪的罪状中作为第五种行为类型加以规制，并非解决高空抛物行为处罚漏洞问题的良策。依据《刑法》第 293 条的规定，寻衅滋事罪基本犯的法定最高刑为 5 年有期徒刑。而虽然扰乱公共秩序但并不符合寻衅滋事罪罪状要求的大量的高空抛物行为的危害性相对较低，其法定最高刑通常不可能达到 5 年有期徒刑的程度。由此，如果将高空抛物行为纳入寻衅滋事罪的范围进行处罚，就面临着违背罪责刑相适应原则、处罚与危害不相称的问题。而《刑法修正案（十一）》将高空抛物单列成罪，并为其设定更轻的刑罚区间，就充分考虑到了高空抛物行为危害性大小、情节轻重的差异，契合了罪责刑相适应原则的要求。[2]实际上，将高空抛物行为纳入寻衅滋事罪的范围予以处罚，还面临着高空抛物行为与寻衅滋事的行为要求不相吻合的问题。依据相关司法解释的规定，寻衅滋事包括两种基本类型，即无事生非型和借故生非型。[3]而从实践中高空抛物行为的主观内容来看，则不

---

[1] 魏东、赵天琦："刑法修正案的规范目的与技术选择——以《刑法修正案（十一）（草案）》为参照"，载《法治研究》2020 年第 5 期。

[2] 最高人民法院司法案例研究院编：《刑法修正案（十一）新规则案例适用》，中国法制出版社 2021 年版，第 207~209 页。

[3] 2013 年 7 月 15 日最高人民法院、最高人民检察院发布的《关于办理寻衅滋事刑事案件适用法律若干问题的解释》第 1 条第 1、2 款规定："行为人为寻求刺激、发泄情绪、逞强耍横等，无事生非，实施刑法第二百九十三条规定的行为的，应当认定为'寻衅滋事'。行为人因日常生活中的偶发矛盾纠纷，借故生非，实施刑法第二百九十三条规定的行为的，应当认定为'寻衅滋事'，但矛盾系由被害人故意引发或者被害人对矛盾激化负有主要责任的除外。"

限于这两种类型，其中所包含的报复社会、杀伤特定人员等情形并不能适用寻衅滋事的这两种类型加以评价。因此，将高空抛物行为规定为寻衅滋事的行为类型之一，会面临着前者与后者在行为定型上并不完全一致的问题。而设立独立的高空抛物罪，则凸显了高空抛物行为的独特性，彰显对社会文明风尚的引领，唤起广大人民群众对公共生活规则的尊重。

最后，由于同一个高空抛物行为可能同时侵犯多种犯罪的保护法益，《刑法修正案（十一）》在增设高空抛物罪之后，又对高空抛物罪与其他罪名的竞合问题作出了规定。经《刑法修正案（十一）》修正后的《刑法》第291条之二第2款规定："有前款行为，同时构成其他犯罪的，依照处罚较重的规定定罪处罚。"通过将高空抛物罪的法定刑与上述高空抛物行为所可能触犯的罪名的法定刑进行对比，可以发现，高空抛物罪的法定最高刑仅仅为1年有期徒刑，而高空抛物行为所可能触犯的其他罪名的法定最高刑则均高于1年有期徒刑。这样，在一个行为同时触犯高空抛物罪和其他罪名的情况下，依据上述《刑法》第291条之二第2款的"依照处罚较重的规定定罪处罚"的规定，就只能以其他犯罪论处，而不存在以高空抛物罪论处的可能性。

由此可见，在《刑法修正案（十一）》颁行之后，就高空抛物行为所触犯的罪名而言，基础罪名是高空抛物罪。同时，该行为还可能触犯以危险方法危害公共安全罪、过失以危险方法危害公共安全罪、重大责任事故罪、强令、组织他人违章冒险作业罪、故意伤害罪、故意杀人罪、过失致人重伤罪、过失致人死亡罪、侮辱罪、强制侮辱罪、故意毁坏财物罪、破坏生产经营罪和寻衅滋事罪。在高空抛物罪与其他罪名发生竞合的情况下，由于其他罪名的法定最高刑高于高空抛物罪的法定最高刑，依据"从一重"处断的竞合犯定罪处罚原则，应当以其他犯罪论处，而不存在以高空抛物罪论处的可能性。

在此，需要澄清的问题是，在《刑法修正案（十一）》颁行之后，是否还能够认定高空抛物行为构成以危险方法危害公共安全罪？对此，有学者认为，根据《刑法修正案（十一）》新增的关于高空抛物罪的规定，高空抛物行为原则上就不再具有危害公共安全罪的本质，其构成最高刑为1年有期徒刑的轻罪。如果高空抛物行为造成死伤的，根据具体情形分别认定为故意杀人、过失致人死亡、故意伤害、过失致人重伤、重大责任事故、故意毁坏财物等罪，不成立以危险方法危害公共安全罪。[1]司法实务部门的人士指出，《刑法修正案（十一）》的草案一次审议稿将高空抛物罪列在《刑法》分则的第二章"危害公共安全罪"中，而最终通过的《刑法修正案（十一）》则将高空抛物罪规定在《刑法》分则第六章第一节。这一变化显示出立法者有意将高空抛物罪与以危险方法危害公共安全罪加以区分，因此不可再将二者混为一谈。此外，如果继续将高空抛物行为作为以危险方法危害公共安全罪中的"其他危险方法"加以评价，则可能造成司法机关在选择适用罪名时进行不当扩张，进而出现同案不同判、类案量刑差异过大的现象。同时，《刑法修正案（十一）》颁行后，现行刑法分则体系也具备足够的能力保证对高空抛物的各类情形进行合理评价。[2]而与上述观点相对立的意见则认为，在修正后的《刑法》第291条之二增设高空抛物罪之后，并不意味着对高空抛物行为完全失去了适用危害公共安全犯罪予以定罪处罚的空间。根据《刑法》第291条之二第2款的规定，实施高空抛物行为，同时构成其他犯罪的，依照处罚较重的规定定罪处罚。对于高空抛物行为，同时构成过失以危险方法危害公共安全罪、以危险方法危害公共安全罪的，自然应当适用相应罪名予以定罪处罚。[3]高空抛物罪的设立，并不意味着原有的《高空抛物案件意见》的废止。《刑法》第291条之二第2款的注意规定的表述，恰恰需要用《高空抛物案件意见》予以具体细化。《刑法修正案（十一）》规定的内容并没有同司法解释之间存在较大矛盾，司法解释中提及的一些罪名仍然有可能在具体的案件中涉及。[4]

笔者认为，对《刑法修正案（十一）》颁行之前对高空抛物行为不加区别地认定为构成以危险方法危害公共安全罪的司法乱象固然应予纠正，但认为《刑法修正案（十一）》颁行之后应一味地排斥高空抛物行为构成以危险方法危害公共安全罪的可能性，也实属矫枉过正。一方面，《高空抛物案件意

〔1〕 周光权："刑事立法进展与司法展望——《刑法修正案（十一）》总置评"，载《法学》2021年第1期。

〔2〕 最高人民法院司法案例研究院编：《刑法修正案（十一）新规则案例适用》，中国法制出版社2021年版，第207~209页。

〔3〕 杨万明主编："《刑法修正案（十一）》条文及配套《罪名补充规定（七）》理解与适用"，人民法院出版社2021年版，第301~302页。

〔4〕 赵秉志主编：《〈刑法修正案（十一）〉理解与适用》，中国人民大学出版社2021年版，第262页。

见》就高空抛物行为的定性问题所确立的首选的罪名是以危险方法危害公共安全罪。虽然这是在《刑法修正案（十一）》颁行之前最高审判机关就高空抛物行为的定性作出的规定，但是，在《刑法修正案（十一）》颁行之后，仍然是具有适用价值的。虽然《高空抛物案件意见》就高空抛物行为的定性问题所作的规定存在没有顾及高空抛物行为定性的全貌的问题，但是，就该规定所涉及的高空抛物行为可以构成以危险方法危害公共安全罪、故意杀人罪、故意伤害罪的定性而言，应当是经得起推敲的。因此，不能以《刑法修正案（十一）》规定了高空抛物罪为由就断定《刑法修正案（十一）》施行之后对高空抛物行为没有认定为构成以危险方法危害公共安全罪的余地。另一方面，高空抛物罪与以危险方法危害公共安全罪并非排斥关系，而是竞合关系。二者能否发生竞合关系，关键取决于高空抛物行为能否成为以危险方法危害公共安全罪中与放火、决水、爆炸以及投放毒害性、放射性、传染病病原体等物质的行为具有相当性的"其他危险方法"。对此，在《刑法修正案（十一）》施行之前，即有学者指出，通常的高空抛物行为，不具有导致不特定或者多数人伤亡的具体危险，不能认定为构成以危险方法危害公共安全罪；在人员密集的场所实施高空抛物行为，虽然可能侵犯多数人的生命、身体，但由于不具有危险的不特定扩大的特点，也不应认定为构成以危险方法危害公共安全罪。[1]在《刑法修正案（十一）》的起草过程中，有的意见提出，实践中将高空抛物行为以以危险方法危害公共安全罪定罪处罚，并不妥当。主要理由之一是：高空抛物行为与放火、决水、爆炸、投放危险物质等《刑法》明确列举的危害公共安全的行为不具有相当性。《刑法》第114条规定的"以其他危险方法"应当是与放火、决水、爆炸、投放危险物质具有相同性质的危害公共安全的行为，而高空抛物行为虽然存在危害公共安全的可能性，即危害不特定多数人的生命、健康或重大公私财产的安全，但不具有现实的、紧迫的高度危险性。现实中绝大多数高空抛物行为并未造成危害结果，高空抛物实际的危险性与放火、决水、爆炸、投放危险物质存在较大差距。[2]但是，只要肯定行为人自高空所抛掷的物品所造成的死伤结果的范围能够具有

---

〔1〕 张明楷："高空抛物案的刑法学分析"，载《法学评论》2020年第3期。

〔2〕 黄永主编：《中华人民共和国刑法立法背景与条文解读：根据〈刑法修正案（十一）〉全面修订》（下册），中国法制出版社2021年版，第777页。

扩散性或者所针对的公私财产能够具有重大性，[1]就应当承认高空抛物行为可以成为与放火、决水、爆炸以及投放毒害性、放射性、传染病病原体等物质的行为具有相当性的"其他危险方法"。这样，将以危险方法危害公共安全罪完全排除出《刑法修正案（十一）》施行之后高空抛物行为所可能触犯的罪名的范围，就显然不当地缩小了该行为的定性所涉及的情形，不利于对该行为进行充分、合理的评价。对此，有学者精辟地指出，应当格外重视《刑法》第 291 条之二第 2 款有关竞合的规定，这一注意条款表明应当避免将修正案之前原本能够成立以危险方法危害公共安全罪等犯罪的行为，错误地按照高空抛物罪论处，不适当地降低了行为人应当承担的责任。[2]至于《刑法修正案（十一）》的草案一次审议稿将高空抛物犯罪列在"危害公共安全罪"中，而最终通过的《刑法修正案（十一）》则将高空抛物犯罪规定在"妨害社会管理秩序罪"的"扰乱公共秩序罪"一节，这也不能成为高空抛物行为在《刑法修正案（十一）》颁行后不可能触犯以危险方法危害公共安全罪的理由。如上所述，最终通过的《刑法修正案（十一）》之所以将高空抛物罪规定在"扰乱公共秩序罪"中而非"危害公共安全罪"中，是由于任何高空抛物犯罪行为均会扰乱公共秩序，却未必危害公共安全。这里的"未必危害公共安全"，当然就并未排除高空抛物犯罪行为在扰乱公共秩序的同时危害公共安全的可能。

四、关于高空抛物罪规定溯及力的法理分析

如上所述，高空抛物罪规定的溯及力问题涉及高空抛物行为在《刑法修

---

〔1〕 例如，在交通繁忙的道路上空或者从高速公路边的高楼向公路抛扔物品，极有可能引发机动车司机实施紧急躲避行为，而产生对不特定多数人的危害，因此有成立以危险方法危害公共安全罪的可能。参见林维："高空抛物罪的立法反思与教义适用"，载《法学》2021 年第 3 期。针对过往机动车（尤其是载客公交车）高空抛钝器、锐器和其他有足够物理破坏力之物，如果危害了公交车辆交通运输公共安全，则即使尚未实际发生致人重伤、死亡的实际危害结果，也可以依法定性为以危险方法危害公共安全罪。对于四川省首例高空抛物案，法院判决认定周某燕的高空抛刀行为构成以危险方法危害公共安全罪，就是适例。该案中，周某燕高空抛刀行为所针对的具体对象是公交车过往的道路、公交站台以及公交车本身，所处的具体环境是公交车道旁的行人通道。一旦公交车或者公交车司乘人员"中招"（被扎中），就可能导致严重车祸，殃及公交车、公交车司乘人员和行人等不特定多数人的人身财产安全。参见魏东、赵天琦："刑法修正案的规范目的与技术选择——以《刑法修正案（十一）（草案）》为参照"，载《法治研究》2020 年第 5 期。

〔2〕 林维："高空抛物罪的立法反思与教义适用"，载《法学》2021 年第 3 期。

正案（十一）》颁行前后在《刑法》中的定性。具体而言，就《刑法修正案（十一）》颁行前的高空抛物行为而言，其要么构成以危险方法危害公共安全罪、过失以危险方法危害公共安全罪、重大责任事故罪、强令违章冒险作业罪、故意伤害罪、故意杀人罪、过失致人重伤罪、过失致人死亡罪、侮辱罪、强制侮辱罪、故意毁坏财物罪、破坏生产经营罪或者寻衅滋事罪，要么不构成犯罪的行为。就《刑法修正案（十一）》颁行后的高空抛物行为而言，其要么构成高空抛物罪、以危险方法危害公共安全罪、过失以危险方法危害公共安全罪、重大责任事故罪、强令、组织他人违章冒险作业罪、故意伤害罪、故意杀人罪、过失致人重伤罪、过失致人死亡罪、故意毁坏财物罪、破坏生产经营罪或者寻衅滋事罪，要么不构成犯罪的行为。在此，分以下四种情况对高空抛物罪规定的溯及力问题进行讨论。

首先，就《刑法修正案（十一）》颁行后构成高空抛物罪但不同时构成其他犯罪的高空抛物行为而言，由于《刑法修正案（十一）》颁行之前的《刑法》并没有对高空抛物罪作出规定，按照从旧兼从轻的刑法溯及力原则，应当适用《刑法修正案（十一）》颁行之前的《刑法》对行为人作出无罪认定（从旧原则的体现）。在此，《刑法修正案（十一）》中关于高空抛物罪的规定显然是没有溯及力的。可能有人认为，虽然《刑法修正案（十一）》颁行之前的《刑法》并没有对高空抛物罪作出规定，但是，不能由此排除《刑法修正案（十一）》颁行后构成高空抛物罪的高空抛物行为依照《刑法修正案（十一）》修正前的《刑法》的规定构成其他犯罪的可能性。但是，如上所述，在高空抛物行为所可能触犯的罪名中，高空抛物罪系基础罪名。其入罪门槛较低。相比之下，其他罪名的入罪门槛则相对较高。这样，就完全可能出现符合入罪门槛较低的高空抛物罪的规定而并不符合入罪门槛较高的其他罪名的规定的情况。

其次，就《刑法修正案（十一）》颁行后构成高空抛物罪同时构成其他犯罪的高空抛物行为而言，依据《刑法修正案（十一）》中"从一重处断"的竞合犯定罪处罚原则，应当依照其他犯罪论处。在此，可能有人会提出疑问，即如果《刑法修正案（十一）》中没有对高空抛物行为作出"从一重处断"的规定，那么，对于《刑法修正案（十一）》颁行后构成高空抛物罪同时构成其他犯罪的高空抛物行为，就仍然应当依据高空抛物罪的规定论处。实际上，《刑法修正案（十一）》中对高空抛物行为作出的"从一重处断"

的规定属于注意规定，即引起司法人员注意的规定，而并非拟制规定。这就意味着，即使《刑法修正案（十一）》中没有对高空抛物行为作出关于"从一重处断"的竞合犯定罪处罚原则的规定，在司法实践中，司法机关依据想象竞合犯的法理，同样也应当遵循"从一重处断"的原则，对高空抛物行为的竞合问题作出处理。而依照《刑法修正案（十一）》颁行之前的《刑法》的规定，对《刑法修正案（十一）》颁行后构成高空抛物罪同时构成其他犯罪的高空抛物行为而言，也同样应当依照其他犯罪论处。如上所述，就这里的"其他犯罪"而言，除了立法者增设了"组织他人违章冒险作业"的行为方式之外，并不涉及其他的变化（包括法定刑的变化）。这样，依据从旧兼从轻原则，对于《刑法修正案（十一）》颁行后构成高空抛物罪同时构成其他犯罪的高空抛物行为，也应当适用《刑法修正案（十一）》颁行之前的《刑法》关于"其他犯罪"的规定加以判定（从旧原则的体现）。

再次，就《刑法修正案（十一）》颁行后不构成犯罪的高空抛物行为而言，依照《刑法修正案（十一）》颁行之前的《刑法》的规定，由于《刑法修正案（十一）》对高空抛物行为作出了更加全面、完善的规定，所以，不可能出现《刑法修正案（十一）》颁行后不构成犯罪的高空抛物行为依据《刑法修正案（十一）》颁行之前的《刑法》的规定却构成犯罪的问题。因此，依据《刑法修正案（十一）》颁行之前的《刑法》的规定，《刑法修正案（十一）》颁行后不构成犯罪的高空抛物行为也是不构成犯罪的。这样，依据从旧兼从轻原则，对于《刑法修正案（十一）》颁行后不构成犯罪的高空抛物行为，也应当适用《刑法修正案（十一）》颁行之前的《刑法》的规定加以判定（从旧原则的体现）。

最后，就《刑法修正案（十一）》颁行前不构成犯罪的高空抛物行为而言，由于《刑法修正案（十一）》设立了高空抛物罪，所以，依照《刑法修正案（十一）》颁行之后的《刑法》的规定，其有可能构成高空抛物罪而不可能构成其他犯罪。当然，由于《刑法修正案（十一）》为高空抛物罪设置了"情节严重"的入罪门槛，所以，就《刑法修正案（十一）》颁行前不构成犯罪的高空抛物行为而言，依据《刑法修正案（十一）》颁行之后的《刑法》的规定，也有可能不构成犯罪。由此，对于《刑法修正案（十一）》颁行前不构成犯罪的高空抛物行为，依据《刑法修正案（十一）》颁行之后的《刑法》的规定，要么构成高空抛物罪，要么不构成犯罪。这样，依据从旧兼从轻原则，对于《刑法修正案（十一）》颁行前不构成犯罪的高空抛物行为，也应当适用《刑法修正案（十一）》颁行之前的《刑法》的规定加以判定（从旧原则的体现）。

综上所述，依据《刑法》所规定的从旧兼从轻的刑法溯及力原则，对于《刑法修正案（十一）》颁行之前所发生的、颁行之后尚未作出裁判的高空抛物行为而言，均应当适用《刑法修正案（十一）》颁行之前《刑法》的规定加以评判。这就意味着《刑法修正案（十一）》中关于高空抛物罪的规定是没有溯及力的。

五、关于高空抛物罪规定溯及力问题的实践展开

就前文所说的全国"高空抛物第一案"而言，依据《刑法修正案（十一）》颁行之前《刑法》的规定，由于被告人徐某某所抛掷的物品——菜刀在被从高空抛掷后所造成的死伤结果的范围不具有扩散性，因而不涉及构成危害公共安全的犯罪的问题。考虑到菜刀在被从高空抛掷后所造成的死伤结果的范围所具有的特定性，涉案的高空抛物行为即使构成犯罪，也只能构成侵犯人身权利的犯罪。而从案情来看，很难认定被告人徐某某对他人死伤的结果具有积极追求的心理态度。这样，被告人徐某某的行为即使构成侵犯人身权利的犯罪，也只可能构成间接故意或过失型的故意杀人罪、故意伤害罪、过失致人死亡罪、过失致人重伤罪。由于涉案行为并未造成人员死伤的结果，而间接故意或过失型的故意杀人罪、故意伤害罪、过失致人死亡罪、过失致人重伤罪是否成立则又取决于他人死伤的结果是否发生，所以，依据《刑法修正案（十一）》颁行之前的《刑法》的规定，对于被告人徐某某的行为，应当以无罪论处。而依据《刑法修正案（十一）》颁行之后的《刑法》关于高空抛物罪的规定，虽然可以认定徐某某的涉案行为属于高空抛物情节严重的行为，因而构成高空抛物罪，但是，依据《刑法》所规定的从旧兼从轻的刑法溯及力原则，应当贯彻从旧原则，适用《刑法修正案（十一）》颁行之前的《刑法》的规定对被告人徐某某的行为加以评定，从而认定其不构成犯罪。

对此，有学者认为，徐某某的涉案行为发生于2020年，根据《高空抛物案件意见》并结合司法实践的做法，对其行为根据当时的法律会被评价为以危险方法危害公共安全罪；该案件于2021年《刑法修正案（十一）》生效后审理，新法中的高空抛物罪对该行为处刑较轻，故而从时间效力的角度来看，

属于"从旧兼从轻"中的"从轻"情形，对其适用审判时的法律符合《刑法》关于溯及力的规定。[1]笔者认为，上述观点是不能成立的。一方面，认定徐某某的涉案行为依据《刑法修正案（十一）》生效之前的法律构成以危险方法危害公共安全罪，显然是受到了以往的对于高空抛物行为不考虑所抛物品是否会危害公共安全而广泛认定为构成以危险方法危害公共安全罪的司法实践的习惯做法的影响。另一方面，即使依据《刑法修正案（十一）》生效之前的法律能够认定徐某某的涉案行为构成以危险方法危害公共安全罪，依据《刑法修正案（十一）》修正后的《刑法》第291条之二第2款关于高空抛物罪与其他犯罪竞合的规定，徐某某的涉案行为仍然构成的是以危险方法危害公共安全罪。上述观点认为依据《刑法修正案（十一）》修正后的《刑法》第291条之二的规定，徐某某的涉案行为构成高空抛物罪。这实际上是架空了《刑法》第291条之二第2款的规定，而仅仅适用了该条第1款的规定。而就以危险方法危害公共安全罪的规定而言，则在《刑法修正案（十一）》颁行前后均未发生变化。这样，即使认为依据《刑法修正案（十一）》生效之前的法律能够认定徐某某的涉案行为构成以危险方法危害公共安全罪，对于在《刑法修正案（十一）》生效之后进行审判的徐某某的涉案行为，依据《刑法》所规定的"从旧兼从轻"的刑法溯及力原则，也不应当适用《刑法修正案（十一）》所规定的高空抛物罪加以评判，而应当适用《刑法修正案（十一）》生效之前的《刑法》所规定的以危险方法危害公共安全罪予以定性。

由此看来，在《刑法修正案（十一）》颁行之后，司法机关对于《刑法修正案（十一）》颁行之前所发生的、颁行之后尚未作出裁判的高空抛物行为适用《刑法修正案（十一）》中关于高空抛物罪的规定追究刑事责任，存在着对刑法溯及力原则的误用问题。

相比之下，司法机关对《刑法修正案（十一）》颁行之后"侵害英雄烈士名誉、荣誉第一案"的司法定性则可谓是准确地把握了刑法溯及力问题的精髓。2021年3月1日，南京市人民检察院通报，仇某某发布恶意歪曲事实真相、诋毁我国戍边英雄官兵的违法言论，被南京检察机关以涉嫌侵害英雄烈士名誉、荣誉罪依法批准逮捕。这是《刑法修正案（十一）》自2021年3

---

[1] 时延安、陈冉、敖博：《刑法修正案（十一）评注与案例》，中国法制出版社2021年版，第392页。

月 1 日起正式施行后，全国检察机关依照该法办理的第一起侵害英雄烈士名誉、荣誉刑事案件。[1]2021 年 5 月 31 日，南京市建邺区人民法院依法公开开庭审理被告人仇某某（新浪微博名"辣笔小球"）侵害英雄烈士名誉、荣誉一案，依法认定被告人仇某某犯侵害英雄烈士名誉、荣誉罪，判处有期徒刑 8 个月，并责令其自判决生效之日起 10 日内通过国内主要门户网站及全国性媒体公开赔礼道歉，消除影响。[2]就该案而言，依据《刑法修正案（十一）》颁行之前的《刑法》的规定，应当以寻衅滋事罪追究刑事责任。[3]而由《刑法修正案（十一）》修改后的《刑法》第 299 条之一则规定了侵害英雄烈士名誉、荣誉罪。[4]该罪的法定最高刑为 3 年有期徒刑。这低于寻衅滋事罪基本犯的法定最高刑——5 年有期徒刑。这样，依据从旧兼从轻的刑法溯及力原则，《刑法修正案（十一）》中关于侵害英雄烈士名誉、荣誉的规定就是具有溯及力的。因此，南京检察机关对仇某某的涉案行为以侵害英雄烈士名誉、荣誉的规定追究刑事责任，是于法有据的。

在《刑法修正案（十一）》颁行后，出现了为数不少的以高空抛物罪的规定追究刑事责任的案例。据媒体报道，自高空抛物罪设立两个月以来，广东至少有 4 人被法院以高空抛物罪判刑，[5]其中蕴含了高空抛物罪规定的溯及力被误用的风险。但是，也有法院正确地处理了高空抛物罪规定的刑法溯及力问题。在"卢某年以危险方法危害公共安全案"中，2020 年 4 月，卢某年从 9 楼先后将塑料花瓶、木柄、斧子等物扔下，致两辆轿车损坏（维修价 3 万余元）。卢某年的辩护人主张基于刑法从旧兼从轻的原则，应认定被告人卢某年的行为构成高空抛物罪。上海市静安区人民法院没有支持这一观点，而

〔1〕 赵家新、陈月飞、方思伟："侵害英雄烈士名誉、荣誉罪，入刑第一案"，载 https://www. sohu. com/a/453438583_ 100002680，2021 年 7 月 5 日访问。

〔2〕 顾敏："南京宣判一起侵害英雄烈士名誉荣誉案"，载 https://baijiahao. baidu. com/s？id = 1701310761091932957&wf r=spider&for=pc，2021 年 7 月 5 日访问。

〔3〕 2013 年 9 月 6 日最高人民法院、最高人民检察院公布的《关于办理利用信息网络实施诽谤等刑事案件适用法律若干问题的解释》第 5 条第 1 款规定："利用信息网络辱骂、恐吓他人，情节恶劣，破坏社会秩序的，依照刑法第二百九十三条第一款第（二）项的规定，以寻衅滋事罪定罪处罚。"

〔4〕 由《刑法修正案（十一）》修改后的《刑法》第 299 条之一规定："侮辱、诽谤或者以其他方式侵害英雄烈士的名誉、荣誉，损害社会公共利益，情节严重的，处三年以下有期徒刑、拘役、管制或者剥夺政治权利。"

〔5〕 董柳："高空抛物入刑两月余 广东已有至少 4 人被判刑"，载 http://finance. sina. com. cn/jjxw/2021-05-11/doc-ikmyaawc4634962. shtml，2021 年 7 月 5 日访问。

是依据法益损害程度判定被告人卢某年的行为构成以危险方法危害公共安全罪。[1] 就卢某年的涉案行为而言，依据《刑法修正案（十一）》颁行之前的《刑法》，由于其涉及对重大私人财产安全的侵犯问题，应当以以危险方法危害公共安全罪追究刑事责任。依据《刑法修正案（十一）》颁行之后的《刑法》，虽然其行为也构成高空抛物罪，但由于同时构成以危险方法危害公共安全罪，依据竞合犯的"从一重处断"原则，也应当以以危险方法危害公共安全罪追究刑事责任。这样，依据从旧兼从轻的刑法溯及力原则，对被告人卢某年的涉案行为就应当以以危险方法危害公共安全罪论处。

通过本文对高空抛物罪规定溯及力问题的讨论，可以看出，掌握司法权的主体应当谨慎行使司法权。司法机关应慎重适用《刑法修正案（十一）》中关于新罪的规定，以维护司法权威，实现司法公正。

---

〔1〕 上海市静安区人民法院〔2021〕沪 0106 刑初 49 号刑事判决书。

论《刑法修正案（十一）》对高空抛物的规定

彭文华 *

摘　要：高空抛物入罪有其必要性。与最初规定为危害公共安全罪相比，《刑法修正案（十一）》将高空抛物罪规定为扰乱公共秩序的犯罪，对其构成特征认定产生重大影响。高空有其特定含义且不同于高处，但高空应当包含高处。高空抛物不同于高空坠物。"物"的范畴不应作特别限制。高空抛物罪的"情节严重"有待司法解释明确。高空抛物造成其他严重后果，可认定为故意杀人罪、故意伤害罪、故意毁坏财物罪或者以危险方法危害公共安全罪等。高空抛物没有造成其他严重后果，符合其他犯罪构成特征的，通常应以其他犯罪论处。高空抛物罪的竞合犯与牵连犯有所不同。在理解与适用高空抛物罪时，需要避免两个极端：一是沦为寻衅滋事罪的附庸；二是沦为"口袋罪"。

关键词：高空抛物罪　公共安全　公共秩序　竞合犯

一、高空抛物入罪的必要性

将高空抛物入罪，不少人持否定态度。例如，有观点认为，从危害公共安全罪本身来说，高空抛物造成的后果并不符合危害公共安全罪的构成要件；

＊　彭文华，上海政法学院刑事司法学院教授。

本文系国家社科基金重大项目《网络时代的社会治理与刑法体系的理论创新》（子项目负责人）阶段性成果，项目批准号：20&ZD199。本文已发表于《苏州大学学报（哲学社会科学版）》2021 年第 1 期，发表时题为《〈刑法修正案（十一）〉关于高空抛物规定的理解与适用》。

同时，高空抛物行为实际在现行刑法上可以被归置。[1]笔者的观点是，高空抛物入罪有重要的现实意义。主要体现在：

第一，现实需要。近些年来，我国各地高楼大厦增长迅速，客观上为高空抛物创造了条件，司法实践中该类案件也迅速增长。例如，"2016 年 5 月至 2020 年 5 月，鹰潭市共发生 90 件高空抛物、坠物案件，其中 67 件为高空抛物案件，致使 22 人受伤，其中伤及头部 13 人，致使汽车等 21 件物品被损坏"。[2]一城尚且如此，全国发生的相关案件更是数不胜数。作为不文明举动，高空抛物的恶名仅次于乱扔垃圾，但危害远甚于后者。在发案率持续增长且缺乏有效遏制手段的情形下，将之入罪是必要的。

第二，避免二元处罚机制。一直以来，司法实践对高空抛物采取民、刑并行的二元处罚机制。性质相同或相似的高空抛物，有的可能受刑事处罚，有的则只受民事处罚。"2016 年至 2018 年这三年，全国法院审结的高空抛物坠物的民事案件有 1200 多件，这 1200 多件中有近三成因为高空抛物坠物导致了人身损害；受理的 31 件刑事案件中，有五成造成了被害人的死亡。"[3]民、刑二元处罚机制，在某种程度上影响了高空抛物的民刑定性。"由于民事责任的分担，致使刑事责任追究问题不再引起公安机关高度关注，将其作为刑事案件立案侦查微乎其微。"[4]如此既不公平也有损司法的一致性与权威性，高空抛物入罪，能在一定程度上避免二元处罚机制之弊端。

第三，有利于定罪量刑的公平公正。司法实践对高空抛物定性也较为混乱。例如，在黄某某高空抛物一案中，黄某某因高空抛物砸坏一辆自行车，被以危险方法危害公共安全罪判处有期徒刑 3 年。[5]而在董某某高空抛物一案中，董某某因高空抛物致一人死亡，被以过失致人死亡罪判处有期徒刑 3 年，缓刑 3 年。[6]前者造成的后果远较后者严重，在定性上却轻于后者，刑罚也轻于后者，与事实严重不协调。将高空抛物入罪，有助于定罪量刑的公

---

〔1〕 参见蒋安杰："聚焦《刑法修正案（十一）（草案）》 京师刑委会律师建言献策"，载《法制日报》2020 年 7 月 29 日。

〔2〕 胡文星、赵斌良、孙振辉："不能让高空抛物的悲剧一再上演——江西鹰潭：检察建议推动整治高空抛物"，载《检察日报》2020 年 6 月 21 日，第 1 版。

〔3〕 张一琪："高空坠物何时休？"，载《人民日报（海外版）》2019 年 10 月 21 日。

〔4〕 郭华："高空抛物后果严重者当负刑事责任"，载《人民政协报》2019 年 8 月 6 日。

〔5〕 参见广东省深圳市龙岗区人民法院 ［2019］粤 0307 刑初 3459 号刑事判决书。

〔6〕 参见河南省许昌市魏都区人民法院 ［2015］魏刑初字第 250 号刑事判决书。

平公正。

第四，强化调查取证力度。在司法实践中，高空抛物最大的难题在于查清事实、确定行为人。"高空抛物问题最大的难题在于难以确定实施不法行为的人。受害人由于举证能力的局限和调查权限的欠缺，无法提供确定侵权人的证据，进而导致维权的困难。"[1]为此，《民法典》第 1254 条第 3 款规定："发生本条第一款规定的情形的，公安等机关应当依法及时调查，查清责任人。"该规定的目的在于强化高空抛物的查证力度。但是，该规定在查证上存在三点不足：一是对于民事案件公安机关缺乏介入基础；二是《民法典》要求公安机关介入调查属于被动、辅助性调查，其前提是主张者举证不力；三是从"公安等机关"的表述来看，公安机关调查具有选择性。将高空抛物入罪，意味着查证犯罪事实是公安机关的法定义务，将大大强化查处高空抛物的力度。

二、高空抛物的行为性质

（一）有关高空抛物行为性质的理论观点

对于高空抛物的行为性质，学界主要存在两种不同观点：一是认为高空抛物在性质上属于侵犯公共安全法益的犯罪，但需严格限制。一方面，行为人抛掷的物品本身有造成不特定的多数人或特定多数人人身和财产损害的危险；另一方面，将高空抛物行为所触及的法益界定为"公共安全"，应当综合考虑行为人所抛掷的物品性质、抛物高度以及行为时间和场所等。论者还指出，对于将高空抛物认定为《刑法》第 114 条规定的"以其他危险方法危害公共安全"，需要抱持审慎的态度。[2]二是认为高空抛物不属于侵犯公共安全法益的犯罪。"通常的高空抛物行为，不具有以危险方法危害公共安全罪的特质，不应认定为以危险方法危害公共安全罪；在人员密集场所实施高空抛物行为的，不具有《刑法》第 114 条所要求的公共危险，也不应认定为以危险方法危害公共安全罪。"[3]

第一种观点认可高空抛物与危害公共安全的危险方法在性质上具有相似

---

〔1〕 岳业鹏："高空抛物，民法典如何规范？"，载《检察日报》2020 年 6 月 10 日。

〔2〕 参见曹波、文小丽："高空抛物危及公共安全的司法认定规则——兼评《最高人民法院关于依法妥善审理高空抛物、坠物案件的意见》"，载《贵州大学学报（社会科学版）》2020 年第 3 期。

〔3〕 张明楷："高空抛物案的刑法学分析"，载《法学评论》2020 年第 3 期。

性，只是不可等同视之。根据该观点，高空抛物并不必然意味着产生危害公共安全的危险，需要具体情况具体分析，所持乃具体危险犯之立场。第二种观点显然认为高空抛物不能导致危害公共安全的危险状态，而是主张对高空抛物如何定罪应分不同情况。[1] 根据该观点，高空抛物之"高空"限制可以说是多余的，其与低空抛物实质无异，因而未能突出高空抛物之"高空"特征。

（二）司法解释与刑法修正案的规定

2019 年，最高人民法院《关于依法妥善审理高空抛物、坠物案件的意见》（以下简称《意见》）对高空抛物的行为性质作了具体规定。《意见》第 5 条第 1 款规定，"对于高空抛物行为，应当根据行为人的动机、抛物场所、抛掷物的情况以及造成的后果等因素，全面考量行为的社会危害程度，准确判断行为性质，正确适用罪名，准确裁量刑罚"。该规定对高空抛物的定性属于分别而论，即根据具体情况全面考量，以准确定罪量刑。同时，《意见》第 5 条第 2 款规定，"故意从高空抛弃物品，尚未造成严重后果，但足以危害公共安全的，依照刑法第一百一十四条规定的以危险方法危害公共安全罪定罪处罚；致人重伤、死亡或者使公私财产遭受重大损失的，依照刑法第一百一十五条第一款的规定处罚。为伤害、杀害特定人员实施上述行为的，依照故意伤害罪、故意杀人罪定罪处罚"。该规定将足以危及公共安全的高空抛物，在性质上等同于放火、爆炸等危害方法，是否合理值得探讨。这是因为，即使是危及公共安全的高空抛物，受空间高度、物品类型等影响，很难说均能在性质上等同放火、爆炸等行为。

与《意见》不同，《刑法修正案（十一）（草案）》（以下简称《草案》）对高空抛物并没有采取分而治之的态度。《草案》第 1 条第 1 款规定："在刑法第一百一十四条中增加两款作为第二款、第三款：'从高空抛掷物品，危及公共安全的，处拘役或者管制，并处或者单处罚金'。"据此，高空抛物危及公共安全将构成犯罪。同时，该规定中的"危及公共安全"与《意见》之"足以危害公共安全"的表述有所不同。另外，《草案》虽将高空抛物与放火

---

〔1〕 论者认为，对高空抛物可区分不同情况，分别认定为故意杀人罪、过失致人死亡罪、重大责任事故罪、故意毁坏财物罪、故意伤害罪、寻衅滋事罪以及不认定为犯罪，等等。参见张明楷："高空抛物案的刑法学分析"，载《法学评论》2020 年第 3 期。

等以危险方法危害公共安全罪并列，但并非等同，这是有其深意的。因为，高空抛物受制于诸多因素，一般不具有放火、爆炸等那样的危害性和危险性，可谓"缩小版"的危险方法。

《刑法修正案（十一）（草案二次审议稿）》（以下简称《二审稿》）对高空抛物作出了截然有别于《草案》的规定。《二审稿》第 27 条第 1 款规定："在刑法第二百九十一条之一后增加一条，作为第二百九十一条之二：'从建筑物或者其他高空抛掷物品，情节严重的，处一年以下有期徒刑、拘役或者管制，并处或者单处罚金'。"该规定与《草案》规定主要存在三点不同：一是侵犯的法益不同。《草案》规定高空抛物侵犯的法益是公共安全，《二审稿》规定其侵犯的法益是社会管理秩序。二是入罪要求不同。《草案》规定的高空抛物属于危险犯，《二审稿》规定的高空抛物属于情节犯。三是处罚不同，《草案》对高空抛物规定的处罚是拘役或者管制，《二审稿》对高空抛物规定的处罚是 1 年以下有期徒刑、拘役或者管制。2020 年 12 月 26 日通过的《刑法修正案（十一）》第 33 条完全保留了《二审稿》对高空抛物的规定，至此有关高空抛物的规定尘埃落定。

（三）《刑法修正案（十一）》有关高空抛物规定的意义

从《草案》到《刑法修正案（十一）》，关于高空抛物的性质经历了质的改变，即由《草案》规定的抽象危险犯变为情节犯。这种转变，将对高空抛物的认定以及能否达到立法目的产生深远影响。

《意见》将"足以危害公共安全"作为高空抛物罪的构成要件，侧重的是具体危险，即结果危险。因为，危害本指"损害、破坏"，[1]"足以危害公共安全"是指足以损害、破坏不特定或者多数人的人身健康或者重大公私财产。《草案》将《意见》之"足以危害公共安全"修改为"危及公共安全"，侧重的是抽象危险，即行为危险。因为，危及本指"有损于；威胁到"，[2]其含义与"危害"明显不同，强调的是"有损于、威胁到"，而非"损害、破坏"。可见，《草案》规定使高空抛物在性质上发生明显变化。《草案》之所以作出这样的修改，在某种程度上可能与《意见》颁行有关。立法机关或许考虑到，自《意见》颁行以来，其在遏制高空抛物的效果上不尽如人意，且对结果危

---

〔1〕 胡裕树主编，卫梦荣编写：《新编古今汉语大词典》，上海辞书出版社 1995 年版，第 273 页。

〔2〕 胡裕树主编，卫梦荣编写：《新编古今汉语大词典》，上海辞书出版社 1995 年版，第 273 页。

险的举证亦使司法机关颇费周折，因而需要加大制裁的力度，将高空抛物规定为抽象危险犯无疑更可取。因为，将处罚重心由结果危险转移到行为危险上，能有效降低高空抛物及其可能产生的复杂风险。"在刑事立法中设置抽象危险犯，将'拟制的危险状态'出现作为可罚性依据，这将更有利于满足风险社会下人类对安全价值的需求，达到有效地规制复杂风险的目的。"[1]

《刑法修正案（十一）》将高空抛物罪作为情节犯规定在妨害社会管理秩序罪中，意义会截然不同：首先，会对高空抛物罪的构成特征认定造成直接影响。例如，若规定在危害公共安全罪中，至少要求高空抛物在客观上危及公共安全，否则不能构成犯罪。但是，规定在妨碍社会管理秩序罪中，由于侵犯的法益是公共秩序，远较公共安全的意蕴宽泛，故不可避免地会扩展高空抛物的行为范畴。其次，会加重司法机关负担，有损高空抛物的立法价值。《草案》将高空抛物确定为抽象危险犯，表明刑法并不关注高空抛物是否具有导致危害公共安全实害结果或者发生的危险，而是要遏止高空抛物这种危险行为本身。因此，在认定高空抛物犯罪时，需要以行为本身是否会产生抽象的公共危险为判断依据，不必考虑情节如何。然而，将高空抛物罪规定为妨碍社会管理秩序的情节犯，就需要考虑诸多影响定罪的情节，这会加重司法机关的负担，影响司法可操作性和一致性，对高空抛物入罪的立法价值产生消极影响。

三、高空抛物罪的构成特征

根据《刑法修正案（十一）》规定，所谓高空抛物罪，是指从建筑物或者其他高空抛掷物品，情节严重的行为。由于该罪侵犯的法益是社会管理秩序中的公共秩序，故在认定其构成特征时，需要围绕着对公共秩序的扰乱来诠释。

（一）高空抛物罪的客观要件

高空抛物罪在客观方面表现为从建筑物或者其他高空抛掷物品，情节严重。认定高空抛物的客观要件，主要涉及"高空""抛""物"以及"情节严重"的理解与适用。

---

〔1〕 陈君："风险社会下公害犯罪之抽象危险犯"，载《北京理工大学学报（社会科学版）》2014 年第 3 期。

1. 何谓"高空"

高空，本意为"距地面较高的空间"。[1] 从相关规定来看，还是有一定的判断标准的。根据原国家质量监督检验检疫总局、中国国家标准化管理委员会于 2008 年发布的国家标准 GB/T3608–2008《高处作业分级》规定，高处作业是指"在距坠落度基准面（3.2）2m 或 2m 以上有可能坠落的高处进行的作业"。据此，可以将"高处抛物"理解为行为人在距坠落度基准面 2 米或者 2 米以上的高度抛掷物体的行为。不过，"高处"显然不同于高空。高空是指相对于地面具有一定高度的空间，而高处则可指地面以下，只要存在坠落度基准便可以。例如，地下一层相对于地下二层，就属于高处，但不属于高空。不过，鉴于我国城镇高层建筑众多且地下分层（用作购物广场等）普遍，对高空作扩大解释而理解成高处，更有利于实现立法目的。

需要注意的是，距坠落度基准面 2 米或者 2 米以上与在坠落度基准面 2 米或者 2 米以上有所不同。前者是指行为人在距离坠落度基准面 2 米或者 2 米以上的高度，也就是说行为人站在或者以其他方式处于距坠落度基准面 2 米或者 2 米以上的高度。后者则指物体从坠落度基准面 2 米或者 2 米以上抛掷出来。毫无疑问，如果将在地面 2 米或者 2 米以上的高度抛掷物体认定为高空抛物，则过于扩大高空抛物的范畴，有所不妥。因为，在人们的日常生活中，许多人即使站在地面上举手抛物，所执之物距地面高度也可能会超过 2 米，若将此认定为"高空"，将使"高空"过于泛化而失去应有意义，毕竟此时行为人在地面而非高空。另外，既然高空应以坠落度基准面为基础进行判断，而非以地面为基础来判断，故而即使站在地面朝塌陷或者凹陷处抛物，如朝人数众多的井窖中抛物，也可认定为高空抛物。

《刑法修正案（十一）》将高空抛物规定为扰乱公共秩序的犯罪，但是否扰乱公共秩序似乎与是否在高空抛物无必然联系，即使在低空抛物也同样能扰乱公共秩序。抛物是否在高空，充其量只会影响危害结果的大小，不会决定公共秩序是否被扰乱。至于《二审稿》在将高空抛物规定为扰乱公共秩序罪后，又以"建筑物"限制高空的范畴，对于揭示高空抛物的犯罪性质无意义。就高空抛物而言，无论是在建筑物还是在其他高空，对公共秩序的扰乱并无本质区别。其实，《草案》将高空抛物规定为危害公共安全的犯罪，是

---

[1] 胡裕树主编，卫梦荣编写：《新编古今汉语大词典》，上海辞书出版社 1995 年版，第 1129 页。

需要对抛物的空间高度作出特别要求的，因为高度会对能否危害公共安全产生决定性影响。众所周知，物体的能量主要由动能和势能组成。其中，动能是指物体由于运动而具有的能量，势能是指储存于一个系统内的能量。势能可以释放或者转化为其他形式的能量，如动能。重力势能就是因为物体居于一定的高度而具有的能量，"高空"能产生重力势能，并在物体抛下时转化为动能。通常，物体距地面越高，重力势能越大，所转变的动能也就越大，自高空抛掷而下所造成的危险或者破坏也就越大。其原理如同能高速飞行（产生强大动能）的子弹一样，这也是刑法为什么将枪支、弹药犯罪规定在危害公共安全罪中的原因。物体不处于一定高度，下落通常难以危及公共安全。可见，对高空抛物来说，"高空"与危害公共安全之间是相辅相成的。《刑法修正案（十一）》将高空抛物定性为妨碍社会管理秩序，等于切断了"高空"与危害公共安全之间的联系，"高空"就成为纯粹点缀，更不必说"建筑物"了。对司法机关而言，除了徒增"建筑物""高空"等评价要素外，无其他现实意义。对于民众而言，则会混淆他们对公共秩序法益的认识和理解，不利于实现刑法的社会秩序维护机能。

2. "抛"的含义

高空抛物之"抛"，本为丢弃、撇开、投、掷之意。[1] 抛和掷具有同等含义，其字面含义为投、扔、丢弃等。抛掷既可以是纯粹人力的，也可以是借助器械的。例如，扔、丢弃就通常为人力所为，但投、掷可以借助弩、弹弓等工具。那么，抛掷是否包括借助工具的投掷呢？对此，本文持肯定意见。主要理由是，人力抛掷与借助器具抛掷，对于扰乱公共秩序而言并无实质区别，充其量只是程度上的差别。

高空抛物与高空坠物不同。所谓高空坠物，通常是指从处于高空的建筑物或者人的身上掉落或者坠下物体。高空抛物与高空坠物的主要不同在于：其一，前者是人主动为之；后者是物的被动坠落。其二，前者的主体是人；后者的主体可以是人，也可以是建筑物上的物体自然掉落。其三，前者往往是人故意所为；后者即便主体是人，也通常是过失造成的，甚至可能是意外情况。"'高空抛物'与'高空坠物'有本质不同，后者是过失行为导致……

---

〔1〕 辞海编辑委员会编：《辞海》（缩印本·1989年版），上海辞书出版社1990年版，第762页。

而前者明显存在故意、放任对不特定人的人身威胁的主观意愿。"[1]其四，前者需要承担刑事责任；后者往往只涉及民事责任，即使涉及刑事责任也只能构成过失犯罪。[2]

3. "物"的范畴

由于高空抛物侵犯的法益是公共秩序，因而物的范畴不应有特别限制。毕竟，能否扰乱公共秩序与物的性质无关，对此刑法也是有规定的。例如，《刑法》第291条之一规定，投放虚假的爆炸性、毒害性、放射性、传染病病原体等物质，或者编造爆炸威胁、生化威胁、放射威胁等恐怖信息，或者明知是编造的恐怖信息而故意传播，严重扰乱社会秩序的，分别构成投放虚假危险物质罪和编造、故意传播虚假恐怖信息罪。连投放虚假危险物质、传播虚假信息等都可以扰乱公共秩序，那么对高空所抛之物更不应有特别要求。例如，从高空抛掷敞开的衣服、羽毛、打开的降落伞等，也是完全可以扰乱公共秩序的，因而可以构成高空抛物罪。

比较之下，不难发现《草案》将高空抛物规定为危害公共安全的犯罪，具有限缩"物"的范畴作用。这是因为，高空抛物若要危及公共安全，那么在评价时就需要考虑"物"本身的特征和所处高度，这将决定物体在下落过程中势能所能转化的动能，据此得以评价是否危及公共安全。同时，由于物体在下落过程中会遇到空气阻力，进而影响其下落速度以及能量，因而认定高空所抛之"物"能否危及公共安全，还需要考虑空气阻力与重力的关系。如果物体在下落过程中空气阻力大于重力，就意味着处于高空的势能多数被空气阻力抵消，进而不会产生重力加速度，转化成的动能就非常有限，也就难以危及公共安全。例如，从高空抛掷敞开的衣服、羽毛、打开的降落伞等，就不会危及公共安全。因此，高空抛物若要危及公共安全，"物"在原则上应为下落过程中空气阻力小于重力的物体。

4. 情节严重的情形

根据《刑法修正案（十一）》第33条，高空抛物情节严重的才能构成犯

---

[1] 马涤明："刑事打击高空抛物能否成常态"，载《长春日报》2019年7月23日。

[2] 例如，《意见》第7条对高空坠物犯罪就作了明确规定，"过失导致物品从高空坠落，致人死亡、重伤，符合刑法第二百三十三条、第二百三十五条规定的，依照过失致人死亡罪、过失致人重伤罪定罪处罚。在生产、作业中违反有关安全管理规定，从高空坠落物品，发生重大伤亡事故或者造成其他严重后果的，依照刑法第一百三十四条第一款的规定，以重大责任事故罪定罪处罚"。

罪。这意味着，高空抛物"情节显著轻微危害不大"的，不能以犯罪论处。如何理解"情节严重"呢？《刑法修正案（十一）》第33条第2款规定："有前款行为，同时构成其他犯罪的，依照处罚较重的规定定罪处罚。"这就意味着，认定高空抛物罪的情节严重，需要将因情节严重而构成其他处罚较重的犯罪排除。客观地说，这种情形应当说并不多。例如，即使高空抛物造成他人受伤，或者导致他人财产受损，但没有造成轻伤以上结果或者不符合故意毁坏财物罪等的定罪标准，还要考虑排除构成寻衅滋事罪等情形。以致他人受伤的高空抛物为例，若高空抛物未造成他人轻伤以上结果，且情节严重的，需要排除构成寻衅滋事罪等情形，才可认定为高空抛物罪。至于高空抛物之情节严重的具体表现形式，有待司法解释加以明确。

（二）高空抛物罪的主观罪过

对于高空抛物罪的罪过形式，学界存在两种不同意见：一种观点认为，高空抛物罪的罪过形式为故意，其中少数是直接故意，绝大多数是概括故意。"在高空抛物构成犯罪的情形中，行为人在主观上抱持的心理态度只有少部分是指向鲜明的直接故意，针对特定人或物，意图达到伤害、杀害某人或是毁坏某物的目的，大多数的行为人抱持的是概括故意……"[1]另一种观点认为，高空抛物行为按不同情况可以构成故意犯罪，也可以构成过失犯罪。[2]以高空抛物致人伤害为例，"高空抛物致人伤害事故绝大部分可能涉及刑事犯罪问题。根据情节不同可能构成过失伤害或故意伤害犯罪……"[3]笔者赞同第一种观点，即高空抛物罪只能由故意构成。根据《刑法修正案（十一）》的规定，高空抛物罪的法定刑是"一年以下有期徒刑、拘役或者管制，并处或者单处罚金"。众所周知，过失犯罪的社会危害性往往较同性质的故意犯罪要轻得多，相应的法定刑也轻得多，如过失致人死亡罪与故意杀人罪相比便是如此。同样，过失高空抛物罪的法定刑也应较故意高空抛物罪的法定刑轻得多。由于《刑法修正案（十一）》规定高空抛物罪的法定最高刑为1年有期徒刑，在故意犯罪适用该法定刑的情形下，过失犯罪似乎无处罚必要。因此，从以刑制罪的角度来看，高空抛物罪的罪过形式不宜包含过失。至于认为高

〔1〕 曹波、文小丽："高空抛物危及公共安全的司法认定规则——兼评《最高人民法院关于依法妥善审理高空抛物、坠物案件的意见》"，载《贵州大学学报（社会科学版）》2020年第3期。

〔2〕 参见张明楷："高空抛物案的刑法学分析"，载《法学评论》2020年第3期。

〔3〕 郭华："高空抛物后果严重者当负刑事责任"，载《人民政协报》2019年8月6日。

空抛物罪的罪过包括过失，主要原因在于将某些不属于高空抛物的情形，如"高空坠落物品"[1]归于高空抛物的行为类型，导致罪过的扩张。

四、高空抛物罪的竞合犯

（一）高空抛物罪的竞合犯概述

《刑法修正案（十一）》第33条第2款是有关高空抛物罪竞合犯的规定。高空抛物罪的竞合犯包括两种情形：一是想象竞合犯；二是法条竞合犯。前者是指实施高空抛物行为，触犯数个罪名的情形；后者是指高空抛物触犯数个法条，只依其中一个法条定罪量刑的情形。

理论上对于如何区分想象竞合犯和法条竞合犯，有不同观点。[2]有学者通过对不同观点分析提出行为性质区分说。"分析'一行为'的性质是单一还是多重及其所触犯的数法条、数罪名所规定的构成要件行为的性质是同一还是不同，是区分法条竞合与想象竞合犯的关键所在，前者是从动态的行为事实的角度分析判断，后者是从静态的法律规定的犯罪构成要件的角度分析判断，只有同时从前后两者的角度分析判断行为的性质，才能准确区分法条竞合与想象竞合犯。"[3]笔者认为，以行为性质作为区分想象竞合犯和法条竞合犯的依据，也存在问题。主要原因在于，行为性质有时候与犯罪情节密切相关。某种行为究竟属于何种性质，可能因该情节不同而有所不同。例如，高空抛鸡蛋致小孩轻伤，致小孩轻伤既是成就高空抛物情节严重的要素，又是成立故意伤害罪的要件，从而实现行为的双重属性。按照行为性质区分说，这种情形应认定为想象竞合犯，但认定为法条竞合犯似乎更合理。

笔者认为，区分想象竞合犯和法条竞合犯，应以定罪情节的单复为标准。也就是说，凡是某一犯罪情节是单一的，并成为两个以上罪名的共同定罪情节，则成立法条竞合犯；若犯罪情节在成就某一犯罪时有多余，使得多余情节能够成为其他犯罪的定罪情节，则成立想象竞合犯。例如，向公共场所高空抛物造成人员伤亡，若抛物指向特定区域如公共场所属于情节严重，可因此成立高空抛物罪。同时，造成人员伤亡又构成故意伤害罪或者故意杀人罪，

---

[1]　张明楷："高空抛物案的刑法学分析"，载《法学评论》2020年第3期。

[2]　古加锦："法条竞合与想象竞合犯的界限新探"，载《中国刑事法杂志》2012年第10期。

[3]　古加锦："法条竞合与想象竞合犯的界限新探"，载《中国刑事法杂志》2012年第10期。

在这种情况下，便可成立高空抛物罪与故意伤害罪或者故意杀人罪的想象竞合犯。

尽管理论界存在争议，但在司法实践中区分高空抛物罪的想象竞合犯与法条竞合犯似乎意义不大。因为，根据《刑法修正案（十一）》第33条第2款的规定，无论是成立高空抛物罪的想象竞合犯还是法条竞合犯，均应依照处罚较重的规定定罪处罚。由于高空抛物是否造成特定后果，对于高空抛物罪的竞合犯认定意义不同，故而下文将以是否造成特定的实害后果为标准来阐释高空抛物罪的竞合犯。

（二）造成实害后果的竞合犯

《草案》曾规定，"有前款行为，致人伤亡或者造成其他严重后果，同时构成其他犯罪的，依照处罚较重的规定定罪处罚"。这里针对的是造成其他实害后果，致使构成其他犯罪的情形。由于高空抛物属于较轻的犯罪，若因高空抛物造成严重的实害结果，一般会触犯更严重的犯罪，可以该实害结果作为构成要件要素的犯罪论处。高空抛物造成其他实害后果主要包括两类：一是造成他人受伤或者死亡后果；二是造成他人财物遭受损失，包括所抛之物造成其他财产遭受损失和造成所抛之物损失。在司法实践中，对造成这两种不同后果的定性，存在较大分歧。

对高空抛物造成他人受伤、死亡的，主要定性有：一是以危险方法危害公共安全罪。例如，徐某为发泄内心不快，在某单元7、8楼间楼道窗口处向公交车站候车人群扔砖块，致被害人高某1死亡。法院认定徐某构成以危险方法危害公共安全罪。[1]二是过失致人重伤罪。例如，郭某某与刘某某相邀到捡拾废品处，郭某某在楼顶将一根长约4米的铁管从楼顶扔下，砸到刘某某的头部和肩部，致其重伤二级。法院认定郭某某构成过失致人重伤罪。[2]三是过失致人死亡罪。例如，被告人樊某1为清理垃圾，将装有石膏块的白色编织袋从11楼楼顶抛下，砸中被害人李某致其当场死亡，法院认定樊某1构成过失致人死亡罪。[3]四是重大责任事故罪。例如，黄某在装修清理废料的施工过程中，将一混凝土废料从3楼扔下，砸中被害人刘某致其死亡，法

---

〔1〕 参见重庆市沙坪坝区人民法院［2017］渝0106刑初1343号刑事判决书。

〔2〕 参见江西省会昌县人民法院［2019］赣0733刑初119号刑事判决书。

〔3〕 参见山东省郓城县人民法院［2016］鲁1725刑初217号刑事判决书。

院认定黄某构成重大责任事故罪。[1]

对高空抛物造成他人财产损失的，主要定性有：一是以危险方法危害公共安全罪。例如，杨某某从 14 楼向下扔铁质花架等，砸坏他人轿车，造成损失 730 元，法院认定构成以危险方法危害公共安全罪。[2]二是故意毁坏财物罪。如朱某某将价值 14 059 元的他人财物从高空扔下并致其损坏，法院认定构成故意毁坏财物罪。[3]又如，黄某酒后与邻居发生纠纷，在其住处将邻居放置在走廊的儿童钢琴等从 29 楼扔至楼下，致使楼下 3 台车辆被砸，经鉴定毁损价值为 5806 元，法院认定黄某构成故意毁坏财物罪。[4]三是寻衅滋事罪。例如，李某酒后无故自其居住的 701 室向楼下抛掷花盆、石块等物品，造成该单元 5 层住户陈某家的太阳能热水器阳台太阳能板等损毁，总价值 3207 元，法院认定李某构成寻衅滋事罪。[5]

上述判例不但定性多元化，而且对罪过的认定也随意化，影响司法的协调与一致。之所以出现这种现象，根源在于司法机关对高空抛物的性质及其所造成的后果的主观心理态度存在不同看法。其中，割裂高空抛物与其所造成的后果的主观心理联系，是造成罪过差异的关键所在。即使故意高空抛物，在造成他人重伤、死亡时，司法机关倾向于认为行为人不希望结果发生，据此认定为过失致人重伤罪、过失致人死亡罪。事实上，不希望结果发生并非意味着主观上是过失，间接故意也是不希望结果发生。更何况，将行为人对行为及结果的主观心理态度完全割裂开来也是过于绝对的。"当行为人对危害行为是故意时，如果危害结果本身无条件包含于危害行为的发展进程中，则行为人对危害结果的心理态度就不可能只是过失。"[6]在行为人故意高空抛物，且所抛之处为公共场所，认定行为人对危害结果持间接故意态度，并无不妥。因此，高空抛物造成他人伤亡或者财产受到损失，可以认定构成故意伤害罪、故意杀人罪或者故意毁坏财物罪（符合定罪标准）。

在生产、作业过程中，因高空抛物造成重大事故，认定构成重大责任事

---

[1] 参见新疆生产建设兵团库尔勒垦区人民法院［2015］库垦刑初字第 00021 号刑事判决书。

[2] 参见山东省聊城市茌平区人民法院［2020］鲁 1523 刑初 72 号刑事判决书。

[3] 参见浙江省乐清市人民法院［2020］浙 0382 刑初 165 号刑事判决书。

[4] 参见广东省深圳市龙华区人民法院［2019］粤 0309 刑初 1690 号刑事判决书。

[5] 参见山东省济宁市任城区人民法院［2018］鲁 0811 刑初 1021 号刑事判决书。

[6] 彭文华："危害结果概念：反思与重构"，载《中国刑事法杂志》2010 年第 8 期。

故罪值得商榷。一般认为，重大责任事故罪中行为人对所发生的重大事故持过失态度，若在生产、作业过程中高空抛物为故意，等于完全割裂高空抛物及其所导致的重大事故之间的主观一致性，是不合理的。事实上，生产、作业过程中的高空所抛之物，一般为建筑材料等危险性较大的物体，行为人故意将之从高空抛下来，很难说对所发生的重大事故的心理态度均属过失。在造成他人伤亡或者财产受到重大损失的情况下，还是应该区别而论：对他人伤亡或财产毁坏存在故意（通常为间接故意）的，以故意伤害罪、故意杀人罪或者故意毁坏财物罪论；对他人伤亡或财产毁坏持过失态度的，应认定为重大责任事故罪。

需要注意的是，如果高空所抛之物为爆炸物、毒害性、放射性、传染病病原体等物质或者其他足以危害公共安全的物质，并且造成他人重伤、死亡或者公私财产遭受重大损失的，应当以爆炸罪、投放危险物质罪或者以其他危险方法危害公共安全罪论处。其中，成立以其他危险方法危害公共安全罪，主要是因为所抛之物虽非爆炸物或者毒害性、放射性、传染病病原体等物质，却具有严重危险性，并造成严重后果，如向城镇公共场所等高空抛掷具有粉碎性特征的物品，像玻璃瓶、砖块等，造成他人重伤、死亡或者公私财产遭受重大损失的，可以其他危险方法危害公共安全罪论。

（三）没有造成实害后果的竞合犯

没有造成其他实害后果并非仅指没有造成任何实害结果的情形，还包括虽造成实害结果却非常轻微，乃至于不足以构成其他犯罪的情形。由于高空抛物罪侵犯的法益是社会管理秩序，其所包容的范畴十分广泛，故而高空抛物没有造成实害后果的竞合犯情形包容亦广泛。

1. 与煽动型犯罪或类似犯罪的竞合

如果高空所抛掷之物为煽动分裂国家、煽动颠覆国家政权的传单，或者为煽动民族仇恨、民族歧视、煽动群众暴力抗拒国家法律、行政法规实施、煽动军人逃离部队等的传单，符合情节严重要求，将构成高空抛物罪与煽动分裂国家罪、煽动颠覆国家政权罪、煽动民族仇恨、民族歧视罪、煽动暴力抗拒法律实施罪以及煽动军人逃离部队罪等的竞合犯，应以处罚相对较重的后罪论处。

类似情形还有，如果高空所抛掷之物为宣扬恐怖主义、极端主义的图书、音频视频资料或者其他物品的，或者为煽动实施恐怖活动的物品的，或者为利用极端主义煽动群众破坏国家法律确立的婚姻、司法、教育、社会管理等制度实施的，符合情节严重要求，将构成高空抛物罪与宣扬恐怖主义、极端主义、煽动实施恐怖活动罪或者利用极端主义破坏法律实施罪的竞合犯，应以处罚相对较重的后罪论处。如果高空抛掷的是捏造事实诽谤他人的物品，或者是虚假的爆炸性、毒害性、放射性、传染病病原体等物质，或为编造的爆炸威胁、生化威胁、放射威胁等恐怖信息，或为淫秽的书刊、影片、音像、图片或者其他淫秽物品，情节严重或者严重扰乱社会秩序的，成立高空抛物罪与诽谤罪、投放虚假危险物质罪、编造、故意传播虚假信息罪以及传播淫秽物品罪的竞合犯，应以后罪论处，不再认定为高空抛物罪。

2. 与以危险方法危害公共安全罪的竞合

高空抛物与以危险方法危害公共安全罪的竞合，主要涉及与三个罪名，即投放危险物质罪、爆炸罪以及以危险方法危害公共安全罪的竞合。具体地说，如果高空抛掷的是毒害性、放射性、传染病病原体等物质，或者是爆炸物，将构成投放危险物质罪、爆炸罪与高空抛物罪的竞合犯，由于投放危险物质罪、爆炸罪相对处罚较重，将以投放危险物质罪、爆炸罪论处。如果高空抛掷的不是前述物质，却危害公共安全的，可成立以危险方法危害公共安全罪与高空抛物罪的竞合犯，应以处罚相对较重的以危险方法危害公共安全罪论处。例如，将成捆装满啤酒的啤酒瓶从高空扔向公共场所，客观上能够危害公共安全，但并未造成他人重伤、死亡或者公私财产遭受重大损失的，可认定为以危险方法危害公共安全罪。

《刑法修正案（十一）》颁行前，司法实践对高空抛物有时会认定为以危险方法危害公共安全罪。例如，在梁某某高空抛物一案中，梁某某高空抛物未造成严重的危害结果，法院认定梁某某构成以危险方法危害公共安全罪。[1] 在高空抛物另行成罪后，这种情况应该区别而论。如果高空抛物不能危害公共安全，且情节严重的，构成高空抛物罪；只有危害公共安全的，才能构成以危险方法危害公共安全罪。

---

〔1〕 基本案情：2019 年 11 月 28 日下午 2 时许，被告人梁某某在其居住的广州市越秀区盘福路塘傍街 XX 号 301 房家中，为阻止被害人麦某在 201 房自家雨篷上改变雨篷方向，从家中先后拿起瓷砖、不锈钢菜刀等从 301 房窗口扔向麦某，后瓷砖和菜刀均落在麦某身旁。法院认定梁某某构成以危险方法危害公共安全罪。参见广东省广州市越秀区人民法院〔2020〕粤 0104 刑初 194 号刑事判决书。

3. 与故意毁坏财物罪、寻衅滋事罪的竞合

根据最高人民检察院、公安部《关于公安机关管辖的刑事案件立案追诉标准的规定（一）》的规定，毁坏公私财物三次以上或者纠集三人以上公然毁坏公私财物的，构成故意毁坏财物罪。相应地，如果行为人高空抛物毁坏公私财物三次以上或者纠集三人以上公然高空抛物毁坏公私财物的，将成立故意毁坏财物罪与高空抛物罪的竞合犯，应以处罚相对较重的故意毁坏财物罪论处。当然，如果高空抛物不符合故意毁坏财物罪的定罪要求，但属于情节严重的，可以构成高空抛物罪。例如，纠集两人公然高空抛物毁坏公私财物两次，不符合故意毁坏财物罪的定罪要求，若认定为情节严重的可成立高空抛物罪。这样看来，对于故意毁坏财物罪而言，高空抛物罪起到了适当的查漏补缺的效果。

不过，根据《刑法》第293条的规定，如果高空抛物导致损毁公私财物，情节严重的，构成寻衅滋事罪。这里就涉及故意毁坏财物罪、寻衅滋事罪与高空抛物罪的竞合。当行为人高空抛物毁坏公私财物三次以上或者纠集三人以上公然高空抛物毁坏公私财物，可能同时符合故意毁坏财物罪、寻衅滋事罪与高空抛物罪的构成特征，应以处罚较重的规定定罪量刑。当高空抛物毁坏财物不符合故意毁坏财物罪的定罪要求，如纠集两人公然高空抛物毁坏公私财物两次，只能成立高空抛物罪与寻衅滋事罪的竞合犯，应以处罚相对较重的寻衅滋事罪论处。通过分析不难发现，因为有寻衅滋事罪兜底，且其处罚重于高空抛物罪，在某种程度上可以说架空了高空抛物罪，致使其立法价值大打折扣。鉴于寻衅滋事罪属于"口袋罪"，在高空抛物罪成为扰乱公共秩序罪后，缺乏危及公共安全之限制，应适当警惕高空抛物罪沦为"口袋罪"。

五、高空抛物犯罪的其他疑难问题

（一）高空抛物罪的牵连犯

"牵连犯是指犯罪人以实施某一犯罪为目的，而其犯罪的方法（或手段）行为或结果行为又触犯其他罪名的犯罪。"[1]司法实践中，高空抛物的牵连犯往往表现为采取高空抛物的方法实现特定的犯罪目的。例如，行为人为了报复出气，朝公共交通工具扔大石块，或者从建筑物等高处朝城市快速路、高

---

〔1〕 王奎、洪辉："牵连犯的概念和惩罚原则分析"，载《当代法学》2002年第3期。

速公路等扔石子，其高空抛物之手段行为可能构成高空抛物罪，目的行为即砸毁公共交通工具或者破坏城市快速路、高速公路等则构成破坏交通工具罪或者破坏交通设备罪等，从而成立高空抛物罪与破坏交通工具罪或者破坏交通设备罪等的牵连犯。按照牵连犯从一重处断原则，应以破坏交通工具罪或者破坏交通设备罪等论处。

需要注意的是，高空抛物罪的竞合犯与牵连犯是不同的。以高空抛物伤害他人为例，行为人高空抛物并无特定目的，只是泄气发愤、贪图方便等，结果导致他人伤害结果，因为缺乏目的行为构成犯罪的情形，只能成立高空抛物罪的竞合犯。只有行为人存在犯罪目的，并且将高空抛物作为犯罪手段，同时手段行为和目的行为均构成犯罪，才能构成高空抛物罪与故意伤害罪的牵连犯。例如，行为人向公共场所抛物致他人受伤，尽管公共场所作为特定区域可成就高空抛物之情节严重，但成立竞合犯还是牵连犯，关键在于行为人主观上是否存在致伤他人的目的。若存在，成立牵连犯；若不存在，成立竞合犯。

（二）关于高空抛物的取证问题

取证难是追究高空抛物法律责任最为棘手的问题之一。为此，《民法典》第 1254 条规定，"经调查难以确定具体侵权人的，除能够证明自己不是侵权人的外，由可能加害的建筑物使用人给予补偿。可能加害的建筑物使用人补偿后，有权向侵权人追偿"。显然，刑法不可能像民法那样，在难以查清行为人时追究可能加害的建筑物使用人的刑事责任。在高空抛物独立成罪后，有必要强化对高空抛物的取证保障。其中，引入技术侦查手段对高空抛物行为进行客观调查非常重要，其目的在于确定具体犯罪人。例如，在我国香港地区，"特区政府专门购置了高空掷物数码监察系统专门监测高空抛物行为，只要镜头对准高空掷物黑点的目标单位，当有物体下坠的时候，系统便能感知，并及时通知工作人员上楼把掷物者当场抓住"。[1]在高空抛物独立成罪后，为了维护刑法的权威与效果，确保顺利查处高空抛物，应当要求开发商、物业管理部门等，对有条件的高层建筑装备数码监察系统，专门监测本建筑物的高空抛物情况，作为取证依据。

---

〔1〕 史尊魁："共同危险行为与高空抛物之区分"，载《武汉大学学报（哲学社会科学版）》2010 年第 4 期。

六、结语

《刑法修正案（十一）》出台之前，关于《草案》对高空抛物入罪的意见是较多的。不少学者担心高空抛物很多时候不会危害公共安全，将之作为抽象危险犯规定在危害公共安全罪中，会导致高空抛物罪的不恰当扩张与滥用。这种观点有其道理，却经不起推敲。如果高空抛物罪属于危害公共安全罪，至少需要高空抛物在客观上危害公共安全，这有利于限缩行为入罪范畴。至于担心该罪作为危害公共安全罪的危险犯，可能导致认定上的扩张与滥用，则完全没有必要。毕竟，犯罪的扩张与滥用之根本原因，不在于法律规定而在于司法适用。

《刑法修正案（十一）》将之作为扰乱公共秩序罪相比，《草案》的规定无疑更为科学、合理。主要理由在于：首先，将高空抛物罪规定为扰乱公共秩序罪，架空了该罪的构成要件要素，因为对于是否扰乱公共秩序而言，诸如"建筑物""高空""抛"等限制无任何现实意义，即使不是在建筑物等高空抛物，也同样能扰乱公共秩序。其次，由于公共秩序的范畴远较公共安全广泛，将高空抛物罪由危害公共安全罪纳入扰乱公共秩序罪中，无疑扩张了入罪的行为范畴。再次，纳入扰乱公共秩序罪的高空抛物罪，基本上同寻衅滋事罪等性质无异，即使不作规定也同样能以寻衅滋事罪等论处，这使得其立法价值大为降低。最后，由于需要"情节严重"才能定罪，将给可操作性与司法的协调与一致带来挑战，无助于解决高空抛物入罪前的民刑混淆、定罪量刑不公等现象。

《刑法修正案（十一）》对高空抛物的规定具体会产生何种效果，有待司法实践检验。但是，需要避免两种情况：一是沦为摆设，这主要是因为存在寻衅滋事罪使然；二是沦为"口袋罪"，这既与高空抛物罪侵犯的法益为公共秩序有关，又有寻衅滋事罪的前车之鉴。未来，司法机关在明确高空抛物罪的"情节严重"时，需要对此给予重点考虑。

催收非法债务罪的规范解构与司法适用分析

吕小红 *

摘　要：《刑法修正案（十一）》新设催收非法债务罪是扫黑除恶常态化的需要，为准确规制非法催收行为提供了必要的规范依据。根据法条的位置及规定的非法手段，催收非法债务罪以公共秩序为主要法益，个人权利为次要法益。判断该罪中的"非法债务"依赖民事法律中的实体内容但不以民事裁判的确认为前提；必须体系性地理解催收非法债务罪的非法手段，明确各手段之间及与其他犯罪的界限。在司法适用中，非法催收行为同时构成催收非法债务罪及其他犯罪的，应避免重复评价也必须充分评价，除非有特殊规定，侵犯不同类法益时数罪并罚，侵犯同一类法益时择一重罪处罚；以非法手段催收实现非法债务的，不存在影响财产犯罪判断的因素，有可能成立财产犯罪。

关键词：催收非法债务罪　公众秩序　非法债务　非法手段　司法适用

一、问题的提出

《刑法修正案（十一）》施行前，根据非法手段不同，非法催收高利贷等非法债务的行为可能涉及非法拘禁罪、寻衅滋事罪、非法侵入住宅罪、故意伤害罪等诸多罪名。2021 年 3 月 1 日《刑法修正案（十一）》施行，规制非法催收行为有了一个专门的罪名——催收非法债务罪，全国各地相继出现了相关的判决、裁定。从法条内容来看，催收非法债务罪与部分侵犯公民人

＊　上海政法学院刑事司法学院讲师，法学博士。

本文系 2021 年度上海政法学院青年科研基金项目（项目编号：2021XQN05）的阶段成果。

身权利罪、侵犯财产罪、扰乱社会管理秩序罪存在一定重合，有一种观点认为，催收非法债务罪的法定刑太轻了，针对催收非法债务的行为，还是要按寻衅滋事罪、侵入住宅罪处罚，构成要件一样。如此理解，立法新增催收非法债务罪的意义何在？另一种观点则认为，只要是非法催收非法债务的行为就排除其他罪名的适用，只能以特别规定的催收非法债务罪定罪处罚。可是，催收非法债务罪的最高法定刑为 3 年有期徒刑，若非法催收严重侵害被害人利益或社会公众，例如严重的暴力催收也仅以此罪处罚，并不符合罪责刑不相适应原则。由此可见，如何理解和适用催收非法债务罪须进一步明确。正如学者所言，"在刑法上对暴力、'软暴力'非法讨债进行准确定性，有利于严惩犯罪行为，强化事前预防，减少受害人可能受到的侵害"。[1]规范地理解催收非法债务罪及与其他罪名之间的关系是准确评价催收非法债务行为罪与罚的必要条件。

二、催收非法债务罪的立法背景

（一）扫黑除恶常态化的需要

为了严厉惩处非法讨债行为，《刑法修正案（十一）》新设了《刑法》第293 条之一催收非法债务罪。按照草案阶段相关的立法说明，该罪名被认为是总结"扫黑除恶"专项斗争实践经验的结果，是扫黑除恶常态化的需要。[2]实际上，非法讨债行为作为黑恶势力活动在《刑法修正案（十一）》之前已在规范上受到一定关注。2018 年 1 月中共中央、国务院发布的《关于开展扫黑除恶专项斗争的通知》将"非法高利放贷，以暴力或软暴力讨债的黑恶势力"作为重点打击的十大黑恶势力之一；最高人民法院、最高人民检察院、公安部、司法部《关于办理黑恶势力犯罪案件若干问题的指导意见》《关于办理实施"软暴力"的刑事案件若干问题的意见》两部司法解释为了贯彻《关于开展扫黑除恶专项斗争的通知》的精神，详细规定了"非法放贷讨债的犯罪活动""软暴力"的理解和适用问题。经过一段时间全国上下的共同努力，扫黑除恶专项斗争取得了阶段性的成果，以暴力、非暴力的方式非法催收债务的

---

〔1〕 张明楷："妥善对待维权行为 避免助长违法犯罪"，载《中国刑事法杂志》2020 年第 5 期。

〔2〕 李宁："关于《中华人民共和国刑法修正案（十一）（草案）》的说明——2020 年 6 月 28 日在第十三届全国人民代表大会常务委员会第二十次会议上"，载 http://www.pzhjjjc.gov.cn/djfg/zcfb/1822896.shtml，2021 年 7 月 30 日访问。

行为作为黑恶势力的传统业务得到了很好的整治。为了巩固斗争成果以及更好地实现习近平总书记提出的"推动扫黑除恶常态化"的工作要求,考虑修法前相关的法律规范有所不足,《刑法修正案（十一）》专门增设了催收非法债务罪。

值得注意的是,关于催收非法债务罪的规定,立法机关在正式修正案中将草案"以此为业"的要求改为"情节严重"。相较于"以此为业","情节严重"为司法适用留下较大的解释空间,明显扩张了本罪的适用范围,也反映出了严厉惩治非法催收行为的立法政策。

（二）严密刑事法网的需要

保护法益是刑法的根本目的,刑事立法不能将没有法益侵害性的行为规定为犯罪,现实中催收非法债务行为具有严重的法益侵害性或社会危害性,而当前的法律规定难以有效规制,确有严密刑事法网的必要性。

一方面,催收非法债务行为具有值得刑法介入的法益侵害是设立催收非法债务罪的正当性根据。从司法实践来看,随着网贷等各类新型金融模式的兴起,套路贷、裸贷、校园贷等非法信贷行业异常蓬勃,非法催收行为的数量和不法程度也在不断升级,与黑恶势力挂钩已成为当前催收非法债务行为的重要特征。非法催收行为不仅侵害被害人的合法权利,而且严重扰乱社会秩序,"阻碍债务催收行业规范化发展",[1]带来一系列的社会问题。从另一个角度来说,非法催收行为是高利贷等违法金融业务的衍生行为,设立催收非法债务罪,对国家整治高利贷等金融乱象、维护金融市场的管理秩序也起到积极作用。

另一方面,修法之前的刑法及前置规范在规制催收非法债务行为方面有所不足。其一,修法前的刑法虽然也能根据催收使用的非法手段通过故意伤害罪、非法侵入住宅罪、非法拘禁罪等罪名对直接侵犯公民个人权利的非法催收行为定罪处罚,但是这些罪名入罪门槛较高,而且大多数非法催收人早已掌握"要领",往往采取入罪标准之下的非法手段因而不会踏入这些罪名的规制范围。例如,有的催收人会刻意避开刑事制裁,以非公然地侮辱、拘禁

---

[1] 中国人民银行长沙中心支行课题组:"金融领域债务催收不当行为与规制研究",载《金融经济》2021年第1期。

借款人不超过 24 个小时等方式对借款人制造精神压力。[1]考虑到非法催收行为还可能扰乱社会秩序，寻衅滋事罪也是处理催收非法债务行为常用的罪名，但是寻衅滋事罪的适用范围有限，对很多影响恶劣的催收行为不能适用。其二，在前置法中，《民法典》明确禁止高利贷，但对非法催收并没有直接规定，若非法催收产生侵权后果可以要求催收人承担侵权责任，然而现实中因被害人惧怕司法程序繁琐、害怕遭受进一步的威胁伤害等，少有主动采取民事措施的。在行政法上，原国家经济贸易委员会、公安部、原国家工商行政管理总局《关于取缔各类讨债公司严厉打击非法讨债活动的通知》《公司法》以及《治安管理处罚法》等规范以规制第三方债务催收机构为主，因涉及的对象特定、程序限制等，可适用范围较狭隘。[2]

（三）纠正司法错误的需要

在修法之前，司法实践存在不当扩张寻衅滋事罪处罚非法催收行为的倾向，为实现对非法催收行为准确地定罪量刑，《刑法修正案（十一）》单独设置催收非法债务罪。

在《刑法修正案（十一）》生效之前，采取暴力手段催收非法债务的行为，严重的可能涉及侵害人身权利的故意伤害罪、故意杀人罪、非法拘禁罪等，而采取较为轻微暴力或是跟踪、喷漆等"软暴力"手段催收非法债务的行为多以寻衅滋事罪定罪处罚。最高人民法院、最高人民检察院、公安部、司法部《关于办理黑恶势力犯罪案件若干问题的指导意见》《关于办理实施"软暴力"的刑事案件若干问题的意见》对此给予了明确的规范指导。但正如学者指出的，上述两部司法解释存在降低寻衅滋事罪入罪标准的问题，如"明确肯定不同种类寻衅滋事行为应合并计算"。[3]这导致部分非法讨债行为被不当地认定为寻衅滋事罪，过重处罚。催收非法债务罪的法定刑低于寻衅滋事罪一定意义上也能反映出之前的司法实践确实可能存在对非法催收处罚过重的问题。在《刑法修正案（十一）》施行后，司法实践中出现了一批原一审判决认定非法催收行为构成寻衅滋事罪，而二审改判为催收非法债务罪

---

[1] 参见王红举："非法催收贷款行为的刑法规制"，载《法学杂志》2019 年第 3 期。

[2] 参见曹波、杨婷："非法催收不予保护债务入刑的正当根据与规范诠释"，载《天津法学》2020 年第 4 期。

[3] 参见何荣功："避免黑恶犯罪的过度拔高认定：问题、路径与方法"，载《法学》2019 年第 6 期。

的判决。[1]

实际上，严格从寻衅滋事罪本身来说，非法催收行为未必都能满足寻衅滋事罪的构成要求。一方面，寻衅滋事罪作为维护公共场所秩序的犯罪，一般认为该犯罪针对不特定对象才能体现出该罪的"公共性"。而催收非法债务的行为通常发生在与非法债权债务关系有关的主体中，最为常见的是债务人及其亲属，属于相对特定的主体，不一定符合寻衅滋事罪的本质。例如，不少判决将远程通过电话、微信，或是在被害人家中、在宾馆房间当面言语等方式多次恐吓被害人还债作为寻衅滋事事实，[2]但是这样"一对一"的方式是否能产生扰乱公共场所秩序的后果值得怀疑。另一方面，最高人民法院、最高人民检察院《关于办理寻衅滋事刑事案件适用法律若干问题的解释》第1条明确了成立寻衅滋事罪需要行为人主观上有"寻求刺激、发泄情绪、逞强耍横等，无事生非"的动机，而且指出"行为人因婚恋、家庭、邻里、债务等纠纷，实施殴打、辱骂、恐吓他人或者损毁、占用他人财物等行为的，一般不认定为'寻衅滋事'"。在非法催收行为中行为人主观上是为了索取非法债务而对债务人或其亲属等关系密切主体实施非法行为，是否存在司法解释明确指出的主观动机是个问题。同时，虽然催收的是非法债务，但是如同前文所述司法解释明确指出因为纠纷发生的行为一般不认定为寻衅滋事正是考虑到在参与纠纷主体相对确定，发动的行为未必危及公共场所秩序，催收非法债务的行为未必能按照寻衅滋事罪的规定定罪处罚。

三、催收非法债务罪的规范解构

(一) 催收非法债务罪的保护法益

在刑法中，构成要件是某种法益侵害行为的类型化规定，法益概念具有指导构成要件解释的功能。因此，在解构催收非法债务罪具体构成要件要素之前，首先必须明确该罪名保护法益的具体内容。

虽然催收非法债务罪主要规制采取侵害被害人的人身健康、意志自由、

---

[1] 参见广东省东莞市第二人民法院 [2021] 粤 1972 刑初 26 号刑事判决书、新疆维吾尔自治区伊犁哈萨克自治州塔城地区中级人民法院 [2021] 新 42 刑终 32 号刑事判决书、云南省丽江市中级人民法院 [2021] 云 07 刑终 22 号刑事判决书等。

[2] 参见新疆维吾尔自治区吐鲁番市中级人民法院 [2020] 新 21 刑终 166 号刑事判决书；河南省驻马店市中级人民法院 [2019] 豫 17 刑 4 号刑事判决书等。

人身自由、住宅安宁权等人身权利的非法手段催收非法债务的行为，但这并不意味该罪主要保护个人法益。一方面，从该罪名法条所处的位置来看，该罪位于《刑法》分则第六章"妨害社会管理秩序罪"第一节"扰乱公共秩序罪"第 293 条之一，紧跟着第 293 条寻衅滋事罪，因此该罪的保护法益应该与寻衅滋事罪类似，即主要为公共秩序，"包括公共场所秩序和社会生活中人们应当遵守的共同准则"。[1] 另一方面，如果非法催收行为使用的暴力、胁迫、限制人身自由等侵害个人法益的手段严重到满足故意伤害罪、非法拘禁罪、非法侵入住宅罪等侵犯公民个人权利类罪名时，直接按照《刑法》分则第六章"侵犯公民人身权利、民主权利罪"、第七章"侵犯财产罪"中的相应罪名处理即可，在扰乱公共秩序罪中单独设立催收非法债务罪保护公民个人法益，既造成了刑法体系的混乱，同时也是不必要的。当然，不能否定催收非法债务罪在保护被害人合法利益方面的意义。虽然扰乱公共秩序的行为未必直接侵害公民个人权利，例如寻衅滋事罪中"在公共场所起哄闹事，造成公共场所秩序严重混乱的"的行为就可能不出现侵害个人权利的后果。[2] 但是，《刑法》明确规定催收非法债务罪的非法手段仅限于"暴力、胁迫、限制人身自由、侵入住宅、恐吓、跟踪、骚扰"，这意味着催收非法债务行为必然造成侵害公民身体健康、人身自由、意志自由、财产利益等后果。结合催收非法债务罪的法条位置及其配置的法定刑来看，采取未严重到构成故意伤害罪、非法拘禁罪、非法侵入住宅罪、敲诈勒索罪等非法手段，符合催收非法债务罪构成条件的，以该罪名处理在维护公共秩序之外，也体现出刑法对被害人法益的保护。换言之，催收非法债务罪只在《刑法》分则第六章、第七章专门保护公民个人法益的犯罪之外补充发挥保护个人法益的功能。综上所述，催收非法债务罪保护复杂法益，主要法益为公共秩序，次要法益为公民个人权利。

可能有人会有疑问，催收行为的对象通常是债务人及其亲属等关系密切的主体，对这些特定对象实施催收非法债务罪的非法手段，似乎很难满足该罪保护公共秩序的本质要求。理论上有不少观点认为，一般情况下可以通过行为对象是否特定判断该行为是侵害个人法益还是公共法益，例如向张三丢

---

[1] 《刑法学》编写组：《刑法学》（下册·各论），高等教育出版社 2019 年版，第 198 页。

[2] 《刑法学》编写组：《刑法学》（下册·各论），高等教育出版社 2019 年版，第 198 页。

炸弹因侵害特定主体的生命可能构成故意杀人罪，而向人行道上的任意主体丢炸弹因侵害不特定主体的生命可能构成危害公共安全的爆炸罪。但这种判断方法并不妥当。因为在判断行为侵害的法益类型时，行为对象只是判断内容之一，行为本身是否具有侵害公共法益的危险也需要重点考察。因此，催收非法债务的非法手段即使针对特定主体，但是该类行为有着与寻衅滋事行为类似的危害性，即在侵害个体利益的同时，行为真正"指向公共秩序，向整个社会挑战，蔑视社会主义道德和法制"。[1]具体而言，催收非法债务的行为之所以具有扰乱社会秩序的行为属性的根本原因在于，催收的是非法债务，明知道债务非法仍然采用非法手段予以催收，无论发生在何处，这明显就是一种无事生非、目无法纪、随意侵害他人合法权利、破坏社会秩序的行为。需要特别指出的是，寻衅滋事犯罪多发生在公共场所，侧重保护公共场所的秩序，因而有行为针对不特定对象或公共对象的要求，而立法机关考虑到以特定的非法手段催收非法债务行为本身就是一种扰乱社会秩序的行为，不论行为对象特定与否均不影响这类行为的法益侵害性。

（二）催收非法债务罪的构成要件

根据《刑法》第293条之一的规定，催收非法债务罪的主客观构成要件如下：

1. 客观构成要件

第一，行为的起因是催收高利放贷等产生的非法债务。在民法中，债权债务关系是特定主体之间特定的民事关系，即债权人有权要求债务人为或不为一定行为，而债务人有义务满足债权人的请求。在债权债务关系中，催债可以是权利行使行为而并不当然是违法行为，但是催收非法债务意味着该行为缺乏权利基础，为法所不允许。接下来的问题是，如何确定"非法债务"？具体有两个问题。

问题一，法条明确列举出高利放贷产生的非法债务，何为"高利放贷"？2020年8月20日最高人民法院《关于审理民间借贷案件适用法律若干问题的规定》（同年12月进行了第二次修正）明确规定，利息超过中国人民银行授权全国银行间同业拆借中心自2019年8月20日起每月发布的一年期贷款市场报价利率（LPR）4倍的法院不予支持。即确定一年期贷款市场报价利率4倍

---

〔1〕《刑法学》编写组：《刑法学》（下册·各论），高等教育出版社2019年版，第198页。

的标准为民间借贷利率的司法保护上限，取代 2020 年修订前所规定的以 24%、36% 为基准的"两线三区"。因此，利率超过一年期贷款市场报价利率 4 倍的民间借贷即为不受法律保护的"高利贷"。可能有人会有疑问，双方在平等自愿的情况下形成"高利"借贷关系，本金及未超过标准的利率应该还受法律保护，这类"高利贷"产生的债务并不完全属于非法债务。但是，2021 年 1 月 1 日施行的《民法典》第 680 条第 1 款明确规定："禁止高利放贷，借款的利率不得违反国家有关规定。"可见，"高利贷"是法律禁止的行为，超过规定利率放贷产生的债务一律非法。

问题二，是否需要借助前置法确定非法债务？若需要，如何具体操作？债权债务属于民事法律关系，根据刑法的定位和内容，非法债务的"非法"显然不是违反刑法，而是违反民事法律规范。一般认为，判断非法可以从实体和程序两个方面展开，实体违法或程序违法均属于非法。民事法律规范中的实体内容涉及法律原则、权利义务具体内容等，而程序内容涉及实现权利义务的法律步骤等。违反前者如发生债的原因不合法即产生非法债务，因诈骗而发生的套路贷、超过规定利率的放贷、因赌博产生的债务就是典型的例子，而不符合后者如超过除斥期间的债属于自然债不受法律强制力的保护，实质上却不一定是法律否定的债务。因此，判断非法债务的"非法"应该根据民事法律规范中的实体内容而非程序内容。尽管如此，这不意味着在处理涉嫌催收非法债务罪的行为时需要依赖民事审判对非法债权的确认，因为刑事裁判只是将民事实体法内容作为判断犯罪构成要件的资料，而非对民事裁判的从属，这是刑法应有的独立性。

此外，在确认非法债务时，特别要注意辨别实践中经常出现的某些以合法形式掩盖非法目的的"非法债务"行为，例如"借助诉讼、仲裁、公证等手段确认'债务'，通过'保证金''中介费''服务费''违约金'等名目扣除或收取额外费用"等"高利贷"，[1]这些行为虽然外观上有某些合法的表现，但是从债务产生的原因来看，无疑属于非法债务。

第二，指定的非法手段。按照《刑法》的规定，催收非法债务罪的手段涉及以下三种情形：①使用暴力、胁迫方法的；②限制他人人身自由或者侵入他人住宅的；③恐吓、跟踪、骚扰他人的。以下围绕几个具体问题展开

---

[1] 何帆编著：《刑法注释书》（第 2 版），中国民主法制出版社 2021 年版，第 810 页。

讨论。

问题一，法条规定了几种非法手段？根据刑法条文的表述，构成催收非法债务罪的情形应该有四种：①使用暴力、胁迫方法的；②限制他人人身自由的；③侵入他人住宅的；④恐吓、跟踪、骚扰他人的。在第一种、第四种情形中罗列的多个行为之间是顿号，根据语法应该是并列关系，因此可以说法条明确规定了七种催收非法债务的非法手段。

问题二，非法手段的侵害程度如何？结合上文所述，这些直接侵害公民个人权利的非法手段的侵害程度必须未达到故意伤害罪、非法侵入住宅罪、敲诈勒索罪等法条已经明确规定的侵害公民个人法益类犯罪的要求，例如可能造成轻伤以下的暴力、胁迫手段不能达到压制被害人意志使其被迫交出数额较大财物的程度等，如此程度的危害行为也才能与催收非法债务罪"三年以下有期徒刑、拘役或者管制，并处或者单处罚金"的法定刑相匹配。

问题三，如何理解非法手段的具体含义？由于暴力、限制他人人身自由等前两种情形中的非法催收手段在刑法其他罪名中已经出现，理解起来不会有太大的问题，需要讨论的是最后一种情形："恐吓、跟踪、骚扰"，具体有两个问题。其一，威胁和恐吓有何不同？在日常用语中，这两个词属于近义词，大致指以某种恶害压制他人意志。但是，在催收非法债务罪中同时出现了这两个词，为了避免法条内容的重复，必须对这两种行为作出合理的区分。在立法上，通常会按照行为类型、法益侵害性程度等对具有多种行为方式的犯罪进行一定的排列。催收非法债务罪中的三种情形也大致如此。第一种情形以侵害身体健康的暴力行为为代表，第二种情形以侵害人身自由的行为为代表，第三种情形以侵害意志自由的行为为代表。按照这样的理解，威胁与暴力同属第一类最严重的手段行为，威胁应该理解为是以暴力为胁迫内容压制他人意志，而属于最后一种情形的恐吓应该指的是以暴力之外的内容如揭发隐私等为胁迫内容使他人产生恐惧。其二，跟踪和骚扰有何不同？骚扰是通过身体、言语等方式违背他人意志进行冒犯、侮辱。[1]一般看来，紧跟其后的跟踪行为也是一种骚扰。由于现实中跟踪属于多发、典型的非法催收手段，立法机关认为有必要将这一手段单独列出。因此，法条中的骚扰应该排

---

[1] 参见360百科词条"骚扰"，载 https://baike.so.com/doc/6172583-6385823.html，2021年8月3日访问。

除跟踪类的骚扰，比较常见的有电话骚扰、短信骚扰、泼红漆写标语等。

第三，情节严重。实施非法催收行为必须达到情节严重，客观上才满足催收非法债务罪的入罪要求。结合实践，参考寻衅滋事罪司法解释中有关情节恶劣的解释，催收非法债务罪中的情节严重可以从行为方式、行为对象、行为后果以及行为人情况等客观方面进行考虑。具体可以考虑下列情形：①多次实施非法催收的行为（多次具体指几次，必须由司法机关专门规定）；②非法催收行为涉及多个被害人；③携带凶器实施非法催收行为；④针对老幼病残、孕妇等弱势个体实施非法催收行为；⑤非法催收行为造成被害人精神失常、自杀等严重后果；⑥以催收非法债务为业；⑦其他影响公共秩序的客观情形。

关于情节严重有两点需要特别注意：其一，非法债务的数额多少因与催收非法债务行为本身不直接关联，不应该作为成立情节严重的考虑因素；其二，情节严重必须是客观情节。"作为构成要件要素的情节严重，是指表明法益侵害的客观情节严重。"[1]尽管行为人的主观恶性也是刑法评价的内容，但是主观内容未以客观的形式予以表现，不影响客观世界，将其视为情节严重作为入罪条件可能会产生主观归罪的问题。此外，若行为人故意实施了具有严重情节的非法催收行为，即意味着行为人主观上对行为的客观情况是认识和容忍的，对其进行定罪处罚不违背责任主义的要求。

第四，行为主体和行为对象。成立单位犯罪必须有法律明文规定，按照法条内容，催收非法债务罪的行为主体只能为自然人，为普通主体，不限于"债权人"本人。自古以来，有借贷就会有赖账，随之出现专门帮助债权人处理赖账的催收人或是催收公司。催债公司依法成立依法催收自然不涉及犯罪的问题，但如果催收公司明知是非法债务而催收的，由于催收非法债务罪不能由单位构成，按照全国人民代表大会常务委员会《关于〈中华人民共和国刑法〉第三十条的解释》，此种情况视为自然人犯罪，对与非法催收行为相关的"组织、策划、实施"人员依法追究催收非法债务罪的刑事责任。非法催收的目的在于要求"债务人"还债，因此该犯罪的行为对象必须是"债务人"或者是与"债务人"或"债务"具有密切关系的人，如担保人、亲属、恋人等，如果催收人只是对与"非法之债"无关的人实施非法手段属于无效催收，不太可能实现让"债务人"还钱的目的。

---

〔1〕 张明楷：《刑法原理》（第2版），商务印书馆2017年版，第84页。

2. 主观构成要件

一方面，行为人实施催收非法债务的行为，主观上必须有让"债务人"还债的目的。存在未还的"非法债务"是产生催收非法债务行为的重要原因，行为人正是基于让"债务人"还款的目的，进而对"债务人"采取暴力、胁迫等非法手段。正因为催收非法债务行为的最终目的是让"债务人"还钱，在行为人实施非法催收的过程中，必然会通过各种方式向"债务人"表达出此目的，因此很容易在客观事实中判断此目的。

另一方面，行为人主观上有故意。催收非法债务罪位于《刑法》分则第六章"妨害社会管理秩序罪"中，除了极少数可能产生严重危害后果的犯罪之外，绝大多数犯罪的主观只能为故意。因为社会管理秩序类犯罪侵害的是社会法益，因而只有当行为人明确知晓自己的行为会侵害某种社会管理秩序时，才有对其予以刑事非难的必要性和意义，否则也不能期待行为人做出合法行为，难以培养公民遵守社会管理秩序的规范意识。从催收非法债务罪规定的非法手段也能看出，该罪行为人主观上只能是故意。当行为人认识到自己使用非法手段催收非法债务行为会扰乱社会秩序，仍然实施的，肯定其主观故意。实际上，通过客观资料肯定行为人认识到"债务非法"和"手法非法"即可以承认行为人具有值得刑法非难的主观恶性。

四、催收非法债务罪的司法适用分析

（一）催收非法债务行为同时构成其他犯罪的，如何处理？

《刑法修正案（十一）（草案）》第20条第2款针对催收非法债务罪规定了"有前款行为，同时构成其他犯罪的，依照处罚较重的规定定罪处罚"，但正式版修正案中没有保留这一款。对这一变动可能会有以下三个观点：观点一，按照理论上的通说，实施催收非法债务的行为，同时构成其他犯罪的，成立想象竞合从一重罪处理，这一款内容属于注意规定，是否存在不影响处理结果，考虑到刑法条文的简洁，正式生效的《刑法修正案（十一）》中此内容被删除。观点二，催收非法债务的行为同时构成其他犯罪的情形，属于牵连犯，通常从一重罪处罚，因此是否列出第2款内容不影响处理结果。观点三，反对将此款规定理解为注意规定，非法催收行为构成其他犯罪时数罪并罚才能充分评价行为的法益侵害性，若不将此款规定删除，可能会出现轻纵犯罪的情况。

笔者支持观点三。具体理由如下：首先，根据观点一、观点二，当催收人采取严重的催收手段侵害公共秩序之外的合法利益时，出现了一个行为侵害数个法益满足多个构成要件即想象竞合的情形，或者理解为牵连犯，从一重罪处理，不再考虑处罚较轻的催收非法债务罪。但是，关于想象竞合犯是否一律从一重罪处罚值得反思。除非触犯的多个法条存在构成要件重合，保护法益同一或者某一法条有明确规定只按照一罪处理，因为想象竞合只有一个行为就以一罪处理，可能会出现对该类行为未能充分评价的情况。当行为人主观上认识到自己的行为可能侵害多个法益时仍然实施该行为，对其按照数罪处理完全符合法益保护原则和责任主义原则的要求。而且这样的处理结果能让普通公众充分了解某一行为的法益侵害性及其法律后果，有利于增强普通大众的规范意识，数罪并罚的处罚后果也能对社会潜在的犯罪人产生良好的威慑作用。此外，就成立牵连犯的观点而言，暂且不论牵连犯理论本身存在的争议，这种观点同样面临刑法评价不充分的问题。而且，理论上一般认为牵连犯之间的手段和目的行为均为独立的犯罪行为，如为实施诈骗而伪造公文，手段行为构成伪造公文罪，目的行为构成诈骗罪。非法催收非法债务的行为中，始终只要一个行为，并不符合牵连犯的构造。

因此，若非法催收人认识到自己的非法催收行为既侵害特定主体的人身、财产法益，又扰乱社会秩序时，以故意伤害罪、非法拘禁罪等侵犯个人法益的犯罪与催收非法债务罪数罪并罚。在审判实务中，已有法院按照上述方法处理非法催收行为。例如，在"夏某林、黄某兰等开设赌场案"中，一、二审法院根据夏某林等人在催收赌债的过程中所实施的行为，最后认定其构成催收非法债务罪、敲诈勒索罪、非法拘禁罪。[1]而在"林某清、朱某涛敲诈勒索、诈骗、寻衅滋事、非法拘禁、非法侵入住宅案"中，二审法院直接否定了辩护人提出的"对林某清犯敲诈勒索罪、寻衅滋事罪、非法侵入住宅罪、非法拘禁罪应以《刑法》第293条之一的规定，以催收非法债务罪一并评价"的辩护意见。[2]

可能会有人质疑，从刑法条文的表述来看，非法拘禁罪、非法侵入住宅罪原则上属于行为犯，只要实施了犯罪行为即可构成犯罪，以"限制他人人

---

〔1〕 参见上海市第二中级人民法院［2021］沪02刑终176号刑事裁定书。

〔2〕 参见湖北省咸宁市中级人民法院［2021］鄂12刑终15号刑事裁定书。

身自由或者侵入他人住宅"的非法手段催收非法债务，情节严重的就构成催收非法债务罪与非法拘禁罪或非法侵入住宅罪，这样的处理似乎有重复评价之嫌。但是，一方面，从司法实践来看，非法拘禁罪和非法侵入住宅罪并非只有实施犯罪行为即认定成立犯罪，而是要求行为的法益侵害性达到一定程度，例如按照《关于办理实施"软暴力"的刑事案件若干问题的意见》的规定，"非法拘禁他人三次以上、每次持续时间在四小时以上，或者非法拘禁他人累计时间在十二小时以上的"才可能构成非法拘禁罪。另一方面，从禁止重复评价原则的内容来看，禁止的情形是对"同一事实的同一不法内涵和罪责内涵的重复考量"，[1]并不禁止从不同的角度对一个催收非法债务行为进行全面的刑法评价。例如，对同一个非法催收行为既定寻衅滋事罪又定催收非法债务罪进行数罪并罚就属于重复评价行为。因为寻衅滋事罪与催收非法债务罪均保护公共秩序，对一个侵犯公共秩序的行为定两个同样保护公共秩序的罪名加重处罚，毫无疑问侵害了行为人的权利，有违刑法公平正义的要求。

（二）以非法手段催收到非法债务的，是否可能构成侵犯财产犯罪？

肯定说的观点认为，催收非法债务罪中的债务是由于高利放贷等产生的非法债务，这意味"债权人"没有合法的债权，当"债权人"以暴力、胁迫、限制人身自由的方式催收成功获得"债务人"履行"义务"给付的财物时，"债权人"获得了非法之财，侵害了"债务人"的合法财产权利，应该按照手段行为成立相应的财产犯罪。否定说的观点提出，《刑法》第238条第3款和2000年最高人民法院《关于对为索取法律不予保护的债务非法拘禁他人行为如何定罪问题的解释》，均明确指出行为人为索取高利贷、赌债等法律不予保护的债务，非法扣押、拘禁他人的，以非法拘禁罪处罚，按照该司法精神以非法手段索要不受法律保护的债务行为一律不成立财产犯罪，直接按照手段行为定罪处罚。因此，催收非法债务的行为不可能构成财产犯罪。

这也就是非法实现债务行为的刑法评价问题，理论上的讨论非常激烈。[2]以下仅就催收非法债务的行为展开分析。

非法实现债务行为刑法评价的核心争议是如何理解"债务"在刑法评价

---

〔1〕 聂慧苹："禁止重复评价之刑法展开与贯彻"，载《中国刑事法杂志》2015年第3期。

〔2〕 关于不当行使财产权利的刑法评价问题可以详细参见吕小红："财产权利不当行使的刑法评价"，华东政法大学2020年博士学位论文。

中的影响。理论和司法实践的多数观点认为，以非法方式索要合法债权的不按照财产犯罪处理，直接以手段行为的法益侵害性定罪处罚。具体理由是：因存在客观合法的债权债务关系，债务人逃避还款的，债务人采取非法手段实现债权在客观上不会发生财产损害，不能肯定债权人主观上有非法占有目的，不满足财产犯罪的构成要件，或者承认不具有可罚的违法性排除财产犯罪的可能。很明显，非法催收非法债务不存在可以影响财产犯罪判断的债权因素。至于否定说以关于非法拘禁罪的司法解释作为论据并不妥当。相关司法解释仅指出以非法拘禁方式索债按照非法拘禁罪处理，这一处理方式是否可以直接推广至其他非法手段索债的值得怀疑。认可该司法解释的合理性的观点基本是从否定非法占有目的入手，但是行为人索取非法债务时，行为人始终知道自己索取的债务不被法律所认可，仍然非法实现该债务，很难肯定其主观目的的正当性，应该承认行为人具有非法占有目的。[1]因此，笔者认为只有在使用非法限制他人人身自由的手段催收非法债务这一种情形时，根据司法解释的内容，按照非法拘禁罪定罪处罚，而使用其他非法手段催收非法债务的，符合其他财产犯罪成立条件时，还是应该按照相应的财产犯罪与催收非法债务罪并罚。

（三）非法催收债务行为是否可能构成其他扰乱公共秩序的犯罪？

上文提到，在《刑法修正案（十一）》生效后，有不少法院根据"从旧兼从轻原则"，将原认定催收非法债务行为成立寻衅滋事罪的判决改判为催收非法债务罪，但也有反例。例如，在"肖某标、孙某国、姜某生等寻衅滋事案"中，二审法院指出被告人等人虽然是为了催收非法债务而跟踪、滋扰、威胁、恐吓、殴打被害人及一定程度地限制其人身自由，但持续时间长达一年多，实施24小时不间断的跟踪、滋扰，同吃同住同行，或连续扣押被害人在宾馆房间多天，严重影响了被害人的身心健康、正常生活和公司生产，综合考虑，其社会危害性及恶劣程度远大于短期的程度较深的限制人身自由和寻衅滋事行为，已分别符合寻衅滋事罪、非法拘禁罪的犯罪构成，没有支持辩护人提出的改判催收非法债务罪的辩护理由。[2]在"樊某文、胡某伟聚众

---

〔1〕 参见于改之："自力实现债权行为的刑法教义学分析——以我国《刑法》第238条第3款的性质为基础"，载《政治与法律》2017年第11期。

〔2〕 参见浙江省金华市中级人民法院［2021］浙07刑终92号刑事裁定书。

斗殴、故意伤害案"中，法院对发生在索债过程中的暴力行为以不符合事实为由否定了辩护人提出的"应改判催收非法债务罪"的辩护理由。[1]

为此，首先，必须纠正一个思想误区，《刑法修正案（十一）》对非法催收行为专门增设了催收非法债务罪，不意味只要是发生在催收过程中的暴力、胁迫、限制人身自由等非法行为只能按照以催收非法债务这一个罪名定罪处罚。前文也已论述，非法催收行为触犯其他犯罪时可能会被数罪并罚。但如果非法催收行为同时符合催收非法债务罪、寻衅滋事罪等多个扰乱社会秩序的行为时是否应该按照特别法优于普通法的原则以催收非法债务罪论处呢？对此，笔者持否定观点。一个行为触发了数个保护同一类法益的犯罪行为（属于法条竞合），为了避免重复评价，只能选择其一定罪处罚。理论上，法条竞合的处理规则有特别法优于普通法和重法优于轻法。虽然一般情况下，特别法作为法律的特殊规定应优先考虑，但以特别法处罚明显不符合罪责刑相适应的原则，就应该适用普通法。以催收非法债务罪和寻衅滋事罪为例，这两个罪名在以暴力、恐吓等手段扰乱社会秩序上表现一致，前者要求发生在催收非法债务过程中，属于特别法，法定刑较低，而后者更强调对公共场所秩序的保护，对行为发生的场所会有一定的要求。当一个非法催收行为发生在公共场所，同时符合催收非法债务罪和寻衅滋事罪时，选择寻衅滋事罪更为妥当。实际上，对非法催收行为到底定何罪还是应该仔细分析其客观事实、各个犯罪构成要件后予以确定，不能简单地将非法催收非法债务行为等于催收非法债务罪。非法催收行为客观上同时符合催收非法债务罪和其他扰乱公共秩序的犯罪时，将催收非法债务罪作为特别法优先适用，会出现轻纵犯罪的结果，不符合"严厉惩罚非法催收行为"的政策要求，适用其他处罚较重的犯罪并不违背罪刑法定原则和罪责刑相适应原则。

五、结语

虽然催收非法债务罪的设立严密了刑事法网，具有满足扫黑除恶常态化的需要、纠正司法错误等重要的现实意义，但是从立法技术上来说该罪名并非"完美"。一方面，催收非法债务罪所列举的非法手段极其有限，也许很快就不能应对发展变化迅速的现实生活；另一方面，催收非法债务罪这个罪名

---

[1] 参见云南省宾川县人民法院［2021］云 2924 刑初 46 号刑事判决书。

并不能非常准确地表达出条文所规定的内容，对此有观点指出，根据《刑法》的规定，采取所列举的非法手段催收高利贷等非法债务时才可能构成本罪，将此罪名定为"违法催收非法债务罪"，才能明确该罪名的规制范围。[1]当然，在充分尊重立法的前提下，立法上的不足一定程度上可以通过司法予以缓解。实际上，立法与司法之间天然存在差距，这从上文对催收非法债务罪的规范解构和司法适用分析中就可以看出。立法机关经过多方论证、审议后将对某一危害社会的行为抽象为规范的构成要件，设立了催收非法债务罪这样一个全新的罪名，但随着法条内容真正进入司法实践中，面对活生生的案件检验时，围绕新罪名出现的理解和适用问题必然会超出立法者的想象，这是不可避免的。社会不断向前发展，如何妥当地适用刑法规范对司法者而言永远都是新问题。在司法实践中，对催收非法债务罪的理解和适用必定还会出现新问题，留待理论和实务展开后续研究。

---

〔1〕 参见赵秉志、袁彬："《刑法修正案（十一）》罪名问题研究"，载《法治研究》2021 年第 2 期。

组织参与国（境）外赌博罪的教义学分析与司法适用

钱叶六 *　　李鉴振**

摘　要：组织参与国（境）外赌博罪的增设是立法机关回应国（境）外赌场对我国公民招赌、吸赌问题日益突出的现实需要，体现了国家从严打击赌博类犯罪的刑事政策。本罪中的组织不要求多人参与性，组织的对象亦不要求是多人；本罪的行为对象仅限于中国大陆具有中国国籍的中国公民；组织参与国（境）外赌博包括利用信息网络、通讯终端等传输赌博视频、数据，组织中华人民共和国公民参与国（境）外赌博。本罪在主观上不要求行为人"以营利为目的"。在认定组织参与国（境）外赌博罪时，要注意本罪和聚众赌博、开设赌场罪（共犯）、妨害国（边）境类犯罪所存在的竞合、吸收等关系。"依照前款的规定处罚"，是指对于组织参与国（境）外赌博，数额巨大或者其他严重情节的，依照开设赌场罪的第一档法定刑进行处罚；组织参与国（境）外赌博，数额特别巨大或者其他特别严重情节的，依照开设赌场罪的第二档法定刑进行处罚。

关键词：组织参与国（境）外赌博　组织　以营利为目的　竞合　数罪并罚　情节加重犯

一、赌博犯罪的立法演进与组织参与国（境）外赌博罪的增设

赌博，在我国有着悠久的历史。它起源于游戏，从古时候的斗鸡、斗蟋蟀，到现代的麻将、扑克，最初都只是人们在工作生活之余的一种休闲娱乐

---

* 华东师范大学法学院教授，博士生导师。

** 上海市嘉定区人民检察院第一检察部业务主任。

方式，所以人们常说"小赌怡情"，以至于演化成一种特殊的文化现象。但是，应当看到的是，赌博从诞生之初就跟"彩头"挂钩，人们在投机心理的驱使下，得失之间，不乏千金散尽，更不乏家破人亡。《聊斋志异》曰："天下之倾家者，莫速于博；天下之败德者，亦莫甚于博。入其中者，如沉迷海，将不知所底矣。"不仅如此，赌博还容易滋生其他犯罪，给社会秩序造成严重破坏，所以，赌博恶习向来都被认为是封建社会的毒瘤。

中华人民共和国成立以后，党和国家宣布彻底消灭"黄赌毒"等社会恶习，并严厉禁止赌博。但到了20世纪80年代前后，伴随着改革开放政策的推行，一些社会陋习死灰复燃，赌博活动又进入了反弹期。为遏制赌博风气蔓延，惩治赌博犯罪，维护正常的社会秩序，1979年通过的《刑法》第168条规定了赌博罪，即"以营利为目的，聚众赌博或者以赌博为业的，处三年以下有期徒刑、拘役或者管制，可以并处罚金"。此后，关于赌博罪的立法历经三次修改：第一次是1997年修订的《刑法》，在继受"赌博罪"罪名的基础上，行为类型上增设了"开设赌场"，并将本罪中的罚金刑的适用方式可以并处罚金改为必并处罚金，具体规定为"以营利为目的，聚众赌博、开设赌场或者以赌博为业的，处三年以下有期徒刑、拘役或者管制，并处罚金"。第二次是2006年通过的《刑法修正案（六）》，将开设赌场行为从赌博罪中分离出来规定为独立的犯罪，设定新的罪名"开设赌场罪"，并增设第二档法定刑，将法定最高刑提高到10年有期徒刑，具体规定为"以营利为目的，聚众赌博或者以赌博为业的，处三年以下有期徒刑、拘役或者管制，并处罚金。开设赌场的，处三年以下有期徒刑、拘役或者管制，并处罚金；情节严重的，处三年以上十年以下有期徒刑，并处罚金"。

近年来，国（境）外赌场对我国公民招赌、吸赌的问题日益突出，跨境赌博违法犯罪日益猖獗，致使大量资金外流，严重妨碍社会管理秩序，危害我国的经济安全和社会稳定。与此同时，互联网领域黑灰产业助推传统赌博和跨境赌博犯罪向互联网迁移，通过网络平台等在线方式参与境外赌博违法犯罪活动呈高发态势，严重威胁人民群众人身财产安全和社会公共安全。尤其是新型冠状病毒肺炎疫情暴发以来，境外网络赌博平台对中华人民共和国公民招赌、吸赌的情况尤为严峻，跨境赌博已经成了违法犯罪领域的重症顽疾。与传统赌博相比，网络赌博具有隐蔽性强、成本低、超越时空性等特点。这些特征使得网络赌博的参与范围广、涉案金额巨大，导致国内资金大量外流，甚至会严重扰乱我国的金融秩序，其社会危害性远远超过传统赌博行为。[1]为回应这一社会问题，公安部于2020年4月发布了《关于新冠肺炎疫情期间依法严厉打击跨境赌博和电信网络诈骗犯罪的通告》，最高人民法院、最高人民检察院、公安部先后于2020年10月、2021年2月联合发布了《办理跨境赌博犯罪案件若干问题的意见》（以下简称《2020年意见》）和《关于敦促跨境赌博相关犯罪嫌疑人投案自首的通告》。特别是，为精准打击和惩治组织参与国（境）外赌博犯罪行为，《刑法修正案（十一）》对赌博犯罪进行了进一步的修改，除了将《刑法》第303条第2款规定的开设赌场罪的最低法定刑由3年有期徒刑提高到5年有期徒刑，又增设第3款，将组织中华人民共和国公民参与国（境）外赌博的行为单独规定为一类犯罪，即"组织中华人民共和国公民参与国（境）外赌博，数额巨大或者有其他严重情节的，依照前款的规定处罚"。最高人民法院、最高人民检察院于2021年2月26日发布的《关于执行〈中华人民共和国刑法〉确定罪名的补充规定（七）》明确该款的罪名是组织参与国（境）外赌博罪。

从立法过程来看，组织参与国（境）外赌博罪是对《2020年意见》相关内容的继受和确认。根据《2020年意见》第2条关于跨境赌博犯罪的相关规定，"组织、招揽中华人民共和国公民赴境外赌博"的行为视情形分别成立开设赌场罪和聚众赌博罪。具体言之，如若是境外赌场的经营人、实际控制人、投资人、管理人员、受指派或者雇佣的人员、包租赌厅赌台的人员组织、招揽中华人民共和国公民赴境外赌博的，或者利用信息网络、通讯终端等传输赌博视频、数据，组织中华人民共和国公民跨境赌博，符合一定条件的，属于"开设赌场"，而如果是上述以外的人员组织、招揽中华人民共和国公民赴境外赌博，从参赌人员中收取费用或者其他利益的，则属于"聚众赌博"。而本次刑法修正将"组织中华人民共和国公民参与国（境）外赌博的行为"明确规定为组织参与国（境）外赌博罪。特别值得一提的是，《刑法修正案（十一）（草案）（二次审议稿）》最初将本罪的犯罪主体限定为"境外开设赌场人员、赌场管理人员或者受其指派的人员"，经审议后又删除这一表述，不再对犯罪主体作出特别限制。可见，《刑法修正案（十一）》关于组织参与国（境）外赌博罪的立法，基本上是对《2020年意见》中有关组织、招揽

---

[1]　参见罗开卷："关于网络赌博的刑法学思考"，载《犯罪研究》2006年第4期。

中华人民共和国公民赴境外（线下）赌博和组织中华人民共和国公民跨境（线上）赌博规定的吸收，亦即对原本分别按照开设赌场罪和赌博罪（聚众赌博）处理的组织中华人民共和国公民赴国（境）外赌博或者跨境赌博的行为，不再按照开设赌场罪或者聚众赌博罪定罪处罚。

我国立法实践虽然存在"司法解释先行，后续立法跟上"的情形，但是立法的起草、审议、修订和通过有其严格的程序和独立性，其可能会吸收、参考以往司法解释的部分内容，但不意味是对司法解释的简单重复。从《刑法修正案（十一）》关于组织参与国（境）外赌博罪的构成要件的规定来看，并非简单的对《2020 年意见》的继受和确认，《刑法修正案（十一）》将"组织、招揽"修改为"组织"，主要是考虑到招揽的范围不清楚，与正常出国（境）的组团活动难以区分。由此，招揽中华人民共和国公民参与国（境）外赌博的，是否成立本罪，不能一概而论。实践中，要注意与正常出国（境）旅游的组团活动的区别，如旅行社或者个人组织人员赴境外旅游，如果只是作为旅游项目招揽人员去赌场进行娱乐性赌博，就谈不上是一种组织行为，因而不能视为组织参与国（境）外赌博罪；如果招揽人员去赌场赌博的数额较大，时间较长，或者旅游的主要目的就是去赌场赌博的等，则应视为组织参与国（境）外赌博罪。[1]

二、组织参与国（境）外赌博罪构成要件的教义学分析

（一）关于本罪的行为对象

本罪的构成要件行为是组织中华人民共和国公民参与国（境）外赌博。因而，要成立本罪，首先要求组织的对象必须是具有中华人民共和国国籍的公民。组织外国人或者无国籍人参与国（境）外赌博的，不能构成本罪。其次，这里的"中华人民共和国公民"仅限于中国大陆具有中国国籍的中国公民。如果组织的是中国国（境）内的不具有中国国籍的公民或者中国国（境）外的具有中国国籍的公民前往其他国家或地区或者在所在地进行赌博的，不构成本罪。符合聚众赌博或者开设赌场等犯罪构成且中国有刑事管辖权的，以相应的罪名论处。

---

〔1〕 许永安主编：《中华人民共和国刑法修正案（十一）解读》，中国法制出版社 2021 年版，第337 页。

（二）关于本罪中"组织"的理解

组织参与（国）境外赌博，是指召集、招募、拉拢、引诱他人参与国（境）外赌博。对这里的"组织"的理解，需要注意以下几点。其一，法条虽然使用了"组织"一词，但本罪并非所谓的集团犯、组织犯。因此，在人数上，并不要求具有多人参与性。一人组织中华人民共和国公民参与国（境）外赌博的，亦成立本罪，在网络跨境赌博的场合更是如此。其二，组织者的国籍不受限制，不论是境内人员，还是境外人员，只要组织中华人民共和国公民参与国（境）外赌博的，就有可能成立本罪。至于组织者本人是否参与国（境）外赌博，不影响本罪的成立。其三，被组织参与国（境）外赌博的也不要求是数人，亦即，组织一人参与国（境）外赌博的，如果符合数额巨大或者有其他严重情节的，也同样成立本罪。其四，国（境）内赌徒自发结伙参与国（境）外赌博的，因不符合"组织"他人参与国（境）外赌博罪的构成要件，不应认定为本罪。符合赌博罪、偷越国（边）境罪等犯罪构成的，以相应的罪名论处。

（三）组织参与国（境）外赌博的表现形式

值得研究的是，《刑法修正案（十一）》第36条规定的"组织中华人民共和国公民参与国（境）外赌博"是仅指组织中华人民共和国公民赴国（境）外线下赌场参与赌博活动的行为，还是同时包括在境内组织中华人民共和国公民参与国（境）外赌博网站的赌博行为？

对此，笔者认为，组织参与国（境）外赌博罪在行为表现形式上，既包括组织中华人民共和国公民赴国（境）外线下赌场参与赌博活动的行为，也包括在境内组织中华人民共和国公民参与国（境）外赌博网站的赌博行为。理由在于：从司法实际来看，跨境参与赌博活动呈现出线上和线下两种基本形态。在线下组织跨境赌博方面，主要表现为境外赌场的经营人、实际控制人、投资人、管理人员、代理人等组织、招揽中华人民共和国公民赴境外赌博的情形；而在线上跨境赌博方面，行为人往往通过在境外开设的赌博网站或者为境外赌博网站担任代理等方式，组织、招揽中华人民共和国公民参与赌博。特别是，随着信息网络技术的普及和电子金融业务的发展，后者往往表现得更为猖獗，其社会危害性更为严重。因此，在解释论上，应当认为，本罪中的组织参与国（境）外赌博，具体包括"直接组织中华人民共和国公民赴国（境）外赌博，或者以旅游、公务的名义组织中华人民共和国公民赴国（境）外赌博，或者以提供赌博场所、提供赌资、设定赌博方式等组织中华人民共和国公民赴国（境）外赌博，或者利用信息网络、通讯终端等传输赌博视频、数据，组织中华人民共和国公民参与国（境）外赌博等"。《2020年意见》第 2 条"关于跨境赌博犯罪的认定"中就明确规定了组织跨境赌博行为不限于组织中华人民共和国公民赴境外赌博，而是可以包括利用信息网络、通讯终端等传输赌博视频、数据，组织中华人民共和国公民跨境赌博活动。

基于上述分析，组织参与国（境）外赌博罪所规制的行为，不只是指"人（赌徒）的出境"，而且还包括"赌资的出境"，即组织中华人民共和国公民参与线上跨境赌博而导致的"赌资的出境"。

（四）本罪在主观上是否需要"以营利为目的"

我国《刑法》第 303 条关于赌博类的犯罪涉及赌博罪、开设赌场罪和组织参与国（境）外赌博罪。从法条表述来看，该条第 1 款关于赌博罪的规定明确要求行为人主观上必须以营利为目的。但第 2 款和第 3 款关于开设赌场罪和组织参与国（境）外赌博罪的规定，并没有规定"以营利为目的"这一责任要素。在教义学上，有观点认为，从法条形式逻辑的角度看，《刑法》第303 条第 1 款是基本条款，而第 303 条第 3 款是特别条款。基本条款与特别条款这一关系的存在意味着，前者对后者具有一定程度的制约作用。详言之，对特别条款中相关概念的解释，应当尽可能与基本条款保持一致。相应地，在《刑法》第 303 条第 1 款规定了赌博罪的成立要求"以营利为目的"的情况下，第 303 条第 3 款中的"赌博"要素，也应当被理解为"以营利为目的"，聚众赌博或者以赌博为业。[1]对此观点，笔者认为值得商榷。虽然组织参与国（境）外赌博罪的行为人一般在主观上都是以营利为目的，但既然刑法未将营利目的作为本罪的责任要素加以规定，因此，在解释论上，就应当认为，以营利为目的不是本罪成立的必要条件。换言之，即使行为人不以营利为目的而组织参与国（境）外赌博的，亦能构成本罪。同样的逻辑，针对该条第 2 款规定的开设赌场行为，虽然事实上一般以营利为目的，但刑法没有将营利目的规定为责任要素，因此，以营利为目的不是开设赌场的必要条件。[2]

---

〔1〕 劳东燕主编：《刑法修正案（十一）条文要义：修正提示、适用指南与案例解读》，中国法制出版社 2021 年版，第 271 页。

〔2〕 参见张明楷：《刑法学》（第 5 版），法律出版社 2016 年版，第 1079 页；许永安主编：《中华人民共和国刑法修正案（十一）解读》，中国法制出版社 2021 年版，第 336 页。

（五）关于本罪的罪量

根据《刑法修正案（十一）》第 36 条的规定，本罪是情节犯，亦即组织参与国（境）外赌博，数额巨大或者有其他严重情节的，才构成犯罪。所谓"数额巨大"，一般是指赌资数额巨大，可能造成大量外汇流失的情形，具体数额应当通过相关司法解释予以明确。"有其他严重情节"，是指赌资虽未达到数额巨大，但接近数额巨大的条件，有其他严重情节的情况，如抽头渔利的数额较大、参赌人数较多、组织、胁迫、引诱、教唆、容留未成年人参加国（境）外赌博、强迫他人参与国（境）外赌博等情形。[1]

三、组织参与国（境）外赌博罪与其他犯罪的关系

（一）组织参与国（境）外赌博罪与聚众赌博的关系

从客观行为来看，在行为人组织三名以上的中华人民共和国公民参与（国）境外赌博并且从参赌人员中获取费用或者其他利益的场合，便同时触犯了《刑法》第 303 条第 1 款关于聚众赌博型的规定与第 3 款关于组织参与国（境）外赌博罪的规定，属于一行为触犯数罪名，构成想象竞合，应择一重罪处断。该条第 3 款规定，组织我国公民参与国（境）外赌博的，依照前款规定即开设赌场罪的规定处罚。而开设赌场罪的基本犯的法定刑为 5 年以下有期徒刑、拘役或者管制，并处罚金。相比之下，赌博罪的法定刑仅为 3 年以下有期徒刑、拘役或者管制，并处罚金。因此，应依照开设赌场罪定罪处罚。

（二）组织参与国（境）外赌博罪与开设赌场罪的关系

根据《2020 年意见》第 2 条的规定，凡是组织、招揽我国公民赴境外赌博的，一般都被认定为开设赌场罪。但这明显有违罪刑法定原则。因为，组织、招揽赌徒的行为并非都是开设赌场的实行行为（如受境外指派、雇佣，组织、招揽我国公民赴境外赌博的），其只是开设赌场的帮助行为，可以将之认定为开设赌场罪的共犯。在此意义上说，《刑法修正案（十一）》将该行为独立成罪，实际上解决了司法解释将该行为认定为开设赌场罪的共犯所存在的背离罪刑法定原则的问题。

从解释论上，开设赌场是指开设专门用于赌博的场所，供他人赌博，并

---

〔1〕参见王爱立主编：《中华人民共和国刑法条文说明、立法理由及相关规定》，北京大学出版社 2021 年版，第 303 页。

不必然包括组织他人前往境外进行赌博的行为。但是，如果开设赌场的行为人或者参与者组织我国公民进行国（境）外赌博的，便有可能同时构成组织参与国（境）外赌博罪和开设赌场罪（共犯），此时应运用罪数原理进行解决。这里以接受赌徒在自己担任代理的境外网站投注为例，根据具体情况进行具体分析：①仅接受赌徒在自己担任代理的境外网站投注，但无组织赌徒参与国（境）外赌博的行为，只成立开设赌场罪一罪；②组织赌徒至自己担任代理的境外网站参与赌博活动，并接受赌徒投注的，同时触犯组织参与国（境）外赌博罪和开设赌场罪，由于组织、参与国（境）外赌博的行为与开设赌场的行为存在吸收关系，应认定为开设赌场罪；③组织中华人民共和国公民至非本人投资、经营的境外赌博网站进行赌博，如行为人与该赌博网站没有雇佣、指派关系，也未从赌场获利的，则不构成开设赌场罪（共犯），而仅仅成立组织参与国（境）外赌博罪；④组织中华人民共和国公民至他人担任代理的境外网站参与赌博活动，同时接受他们在自己担任代理的境外网站投注的，应构成组织参与国（境）外赌博罪与开设赌场罪，数罪并罚。

上述分析同样适用于组织中华人民共和国公民赴境外实体赌场参与赌博活动的情形。例如，行为人既在境外赌场包租赌厅、赌台，又在境内组织、招揽赌徒至自己包租的境外赌厅、赌台参与赌博活动的，只需认定成立开设赌场罪；行为人既在境外赌场包租赌厅、赌台，又在境内组织、招揽赌徒至他人经营管理的境外赌厅、赌台参与赌博活动的，应构成开设赌场罪和组织参与国（境）外赌博罪，实行数罪并罚；行为人仅参与组织中华人民共和国公民赴境外赌博的，只成立组织参与国（境）外赌博罪。

（三）组织参与国（境）外赌博罪与偷越国（边）境罪等罪的关系

在组织中华人民共和国公民参与国（境）外赌博的过程中，组织者与被组织者可能还会同时触犯组织他人偷越国（边）境、偷越国（边）境罪、运送他人偷越国（边）境罪、骗取出境证件罪、提供伪造、变造的出入境证件罪。行为人在组织他人参与国（境）外赌博的过程中，又实施组织他人偷越国（边）境、运送他人偷越国（边）境以及提供伪造、变造的出入境证件的行为的，性质上属于数行为侵犯数法益，符合数个犯罪构成，应予数罪并罚。

四、对"依照前款的规定处罚"的解释

《刑法修正案（十一）》第 36 条第 3 款规定："组织中华人民共和国公

民参与国（境）外赌博，数额巨大或者有其他严重情节的，依照前款的规定处罚。"该条前款是关于开设赌场罪的构成要件及其法定刑的规定，就其法定刑的配置而言，具体为两档：一是关于开设赌场罪基本犯的处罚规定，具体为 5 年以下有期徒刑、拘役或者管制，并处罚金；二是关于开设赌场罪的情节加重犯的处罚规定，具体为情节严重的，处 5 年以上 10 以下有期徒刑，并处罚金。问题是，从形式上看，《刑法》对开设赌场罪设置了两个情节及其相应的两档法定刑，而对组织参与国（境）外赌博罪仅仅规定了一个情节，那么，该如何理解这里的"依照前款的规定处罚"？

对此，笔者认为，立基于从严处罚赌博类犯罪的立法意旨和司法政策，应当认为，该条中的"依照前款的规定处罚"，是指组织参与国（境）外赌博包括两个犯罪情节及其相应的法定刑。换言之，应认为本罪存在一个情节加重犯，即包括数额特别巨大或者有其他特别严重情节。

第一，从立法技术来看，刑法分则中不乏类似的立法例。例如，以《刑法》第 253 条之一规定的"侵犯公民个人信息罪"为例，该条共有 4 款。其中，第 1 款规定了两个情节，同时相应地设置了两档法定刑，即"违反国家有关规定，向他人出售或者提供公民个人信息，情节严重的，处三年以下有期徒刑或者拘役，并处或者单处罚金；情节特别严重的，处三年以上七年以下有期徒刑，并处罚金"。第 3 款规定："窃取或者以其他方法非法获取公民个人信息的，依照第一款的规定处罚。"实践中，对于第 3 款规定的窃取或者其他方法非法获取公民个人信息的行为，应根据具体案情分别认定为情节严重或者情节特别严重，适用不同的法定刑，对此，理论界和实务界不存在任何争议。

再如，《刑法》第 286 条第 1 款规定了"破坏计算机信息系统罪"，即"违反国家规定，对计算机信息系统功能进行删除、修改、增加、干扰，造成计算机信息系统不能正常运行，后果严重的，处五年以下有期徒刑或者拘役；后果特别严重的，处五年以上有期徒刑"。第 2 款规定："违反国家规定，对计算机信息系统中存储、处理或者传输的数据和应用程序进行删除、修改、增加的操作，后果严重的，依照前款的规定处罚。"需要注意的是，第 1 款有后果严重、后果特别严重两种情形和两档法定刑，而第 2 款中就只有"后果严重"的情形，并依照前款的规定处罚。第 3 款规定："故意制作、传播计算机病毒等破坏性程序，影响计算机系统正常运行，后果严重的，依照第一款的规定处罚。"这里需要特别注意的是，就第 3 款中的通过"制作、传播计算机病毒等破坏性程序"的手段而言，破坏计算机信息系统的行为之社会危害性显然要高于第 1 款规定的行为的社会危害性。据此，既然第 1 款包括了后果严重和后果特别严重，根据举轻以明重的解释原理和体系性解释规则，就应当认为所谓"依照第一款的规定处罚"，不仅包括该款已经明确的"后果严重"的情形，还包括该款未作出规定的"后果特别严重"的情形。同理，《刑法》第 286 条第 2 款规定的"依照前款的规定处罚"，亦应作同样的解释。

在教义学上，对《刑法修正案（十一）》第 36 条第 3 款中"依照前款的规定处罚"，也宜作同样的解释，亦即该前款中关于开设赌场罪的规定存在两个情节和两档法定刑，那么，自然地对于组织参与国（境）外赌博的，也可以根据情节适用两档不同的法定刑。换言之，组织参与国（境）外赌博罪的规定暗含着一个情节加重犯，即包括数额特别巨大或者有其他特别严重情节。由此，对于组织参与国（境）外赌博，数额巨大或者其他严重情节的，依照开设赌场罪的第一档法定刑进行处罚；组织参与国（境）外赌博，数额特别巨大或者其他特别严重情节的，依照开设赌场罪的第二档法定刑进行处罚。

第二，对组织、招揽参与跨境赌博行为从严处罚符合我国的司法实际。《2020 年意见》第 2 条对《刑法修正案（十一）》按照组织参与国（境）外赌博罪处罚的各类组织、招揽跨境赌博行为，主要是依照开设赌场罪定罪处罚。由此表明，在本次立法修正前，对于组织、招揽参与跨境赌博的行为，司法上原本就是根据组织、招揽跨境赌博的犯罪情节适用轻重不同的法定刑。从本次立法修正情况来看，基于从严处罚赌博类犯罪的考虑，调高了开设赌场罪基本情节的法定刑上限和加重情节的法定刑下限。在教义学上，将组织参与国（境）外赌博罪的规定作包括两个情节及其相应法定刑的解释完全符合从严处罚跨境赌博犯罪的刑事政策趋向。

第三，对组织参与国（境）外赌博罪从严处罚亦与我国立法意旨相符合。全国人大常委会法制工作委员会刑法室处长许永安主编的《中华人民共和国刑法修正案（十一）解读》一书也明确表达了该观点，这在一定程度上代表了立法者的意旨，即"根据本款规定，构成犯罪的，依照前款的规定处罚，也就是按照开设赌场罪规定的刑罚予以处罚，即五年以下有期徒刑、拘役或者管制，并处罚金；情节严重的，处五年以上十年以下有期徒刑，并处罚金。

这里所说的'情节严重的'，并不是一般意义上的情节严重，而是要根据本罪入罪的条件，要比入罪条件更为严重的情节，主要是指组织中华人民共和国公民前往国（境）外参与赌博，数额特别巨大或者有其他特别严重情节的情况"。〔1〕

〔1〕 许永安主编：《中华人民共和国刑法修正案（十一）解读》，中国法制出版社 2021 年版，第 336 页。

重大突发公共卫生事件中的刑法适用

——以《刑法修正案（十一）》"妨害传染病防治罪"为视角

曹　化 * 　张晓庆 ** 　傅　亮 ***

摘　要：突发公共卫生事件在短时间内会对一个国家的人力、物力和财力造成巨大压力，它在人类发展史上一直存在。2020 年初发生的新型冠状病毒肺炎疫情不仅对中国造成了重大的影响，对于世界各国来讲都是一个巨大的挑战。以此事件为背景，同时结合我国《刑法修正案（十一）》对"妨害传染病防治罪"的修改，分析突发公共卫生事件的特点以及突发公共卫生事件中如何更好地适用刑法，规制特殊时期人们的行为，维护社会秩序。

关键词：突发传染病　刑法适用　认定

2020 年庚子年的开端异常艰难，一场新型冠状病毒肺炎（以下简称"新冠肺炎"）疫情给我们的生产、生活、学习和工作都造成了严重的不良影响。工厂停工停产，学校和企业延期开学、开工，武汉这个大城市一夜之间封城，这场疫情对中国的负面影响无疑是重大的。当全体中国人民在众志成城、满腔热血地同这场突如其来的疫情抗争的时候，社会上也出现了很多不和谐的声音。口罩价钱一夜之间翻了几倍，捐助给灾区的物资出现在超市的货架上，私家车领走了医院仅剩不多的医用口罩……新冠肺炎疫情的发生如 2003 年的"非典"一样，虽然属于乙类传染病，但是按照甲类传染病进行预防和控制。"非典"期间为了加强对疫情的管理和控制，最高人民法院和最高人民检察院

---

　　*　上海市闵行区人民检察院党组成员、副检察长。

　　**　上海政法学院 2019 级刑法学硕士。

　　***　上海政法学院 2019 级刑法学硕士。

　　本文已发表于《上海法学研究》（集刊）2021 年第 21 卷。

紧急出台了司法解释。在这次新冠肺炎疫情期间，最高人民法院、最高人民检察院、公安部、司法部也发布《关于依法惩治妨害新型冠状病毒感染肺炎疫情防控违法犯罪的意见》。笔者将结合刑法学相关原理对新冠肺炎疫情期间的刑法适用问题展开研究并提出自己的看法，同时针对《刑法修正案（十一）》对"妨害传染病防治罪"的修改提出自己的一些见解。

一、重大突发公共卫生事件概述

近几年突发公共卫生事件频发，非典、禽流感以及近期的新冠肺炎，对社会和国家都产生了严重的不良影响。何为突发公共卫生事件？有学者认为，突发公共卫生事件在广义上是指突如其来的、对人类身体健康和生活造成巨大威胁，并且对国家安全和社会稳定造成一定的间接影响的自然灾害或者是人为灾难。[1]也有学者认为，突发公共卫生事件包括自然灾害、公共卫生事件、社会安全事件以及其他严重影响公共安全的事件。学术界对于突发公共卫生事件范围的界定存在一定争议。根据我国法律对突发公共卫生事件的定义，它是指突然发生、造成或者可能造成社会公众健康严重损害的重大传染病疫情、群体性不明原因疾病、重大食物和职业中毒以及其他严重影响公众健康的事件。新冠肺炎疫情来势汹汹，2020 年 1 月 20 日，国家卫生健康委员会发布公告，将新冠肺炎纳入《传染病防治法》规定的乙类传染病，并采取甲类传染病的预防、控制措施。新冠肺炎疫情作为一起重大突发公共卫生事件，必须引起高度重视，对于新冠肺炎疫情期间的违法犯罪行为，要通过适用法律予以严格的规制。突发公共卫生事件的特征包括：

（1）突发性。突发性即突然发生性，是突发公共卫生事件的一大主要特征。在事件爆发之前对于其是否会爆发、爆发的时间、地点以及规模都没有预料，人们对于这类事件的爆发往往一时之间很难形成精准的把握。比如此次新冠肺炎疫情的暴发，在病毒检测结果确定之前，甚至在初期，我们对于病毒的来源以及传播途径都无法精确预计，对于事件可能的发展趋势以及对人民和社会所造成的影响的广度和深度都无法提前估计。

（2）隐蔽性。隐蔽性即不易发现性。如传染病、水污染等突发公共卫生事件，其发生在一开始往往会被人忽视，只有出现大量确诊病例时其危害性

---

〔1〕 杨开忠等编著：《国外公共卫生突发事件管理要览》，中国城市出版社 2003 年版，第 2 页。

才被认识到。而传染病病原体会在人体中有潜伏期，潜伏期之内无法通过正规手段检测出来，这就给这类突发事件的预防造成了极大的阻碍和困难。当事件的危害性被发现时，此时造成的危害将是巨大的和难以控制的。

（3）破坏性。突发公共卫生事件对人民以及整个国家甚至世界的破坏都是巨大的。首先，突发公共卫生事件的危害对象并不特定，它在短时间内会对不特定多数人的健康和生病造成不可逆转的损害。其次，突发公共卫生事件会使得某一个区域内在短时间之内处于一种混乱状态，社会秩序混乱，对经济和人们的正常生产生活造成极大的损害。再次，突发公共卫生事件会使得犯罪滋生，不良分子借此机会谋取不正当利益，对广大公民以及国家的权益造成损害。最后，从国家层面来看，突发公共卫生事件会影响一个国家的对外开放，阻碍对外交流与合作。

（4）不可避免性。从人类发展历程来看，突发公共卫生事件的发生不可避免。就传染病来说，自人类出现在地球上，传染病便伴随着人类一起诞生了。古代的中国由于科学技术和医学技术水平的缺陷，在传染病防治上呕心沥血，但是仍然无法克服传染病的发生。人类群居性的特点，使得传染病一旦出现就会不可避免地造成损失。所以，突发公共卫生事件的存在是不可避免的，尽管科技水平进步了，也依然会发生。我们需要做的是加强管理和法律规制，尽量减少这种事件的发生。

（5）机遇性。机遇是指契机、时机或机会，通常被认为是有利的条件和环境。而所谓突发公共卫生事件的机遇性特点，笔者在这里想强调的是，首先，突发公共事件的发生会使人们加大对于该类事件的重视程度，提高预防意识，在日常生活中规范自己的行为。其次，对于政府相关部门及政府工作人员来讲，可以检验其处理应急问题的能力，推动国家体制机制的健全和完善。同时也是对政务系统的巨大的考验和史无前例的变革。最后，对于我国法治建设来说，可以推进我国法律体系的完善和健全。

二、重大突发公共卫生事件适用刑法的必要性

1. 刑法具有阶级性和法律性的特点

刑法同其他法律一样，不是从来就有的，它具有阶级性的特点，目的是保护全体人民的共同利益。我国的刑法作为一部社会主义类型的法律，它反映了最广大人民群众的根本利益，是保卫社会主义的根本制度。刑法的法律

性是指刑法同其他部门法一样是我国法律体系的重要组成部分。不同于民法、行政法等部门法，刑法所保护的社会关系范围更加广泛。民法调整不同民事主体之间的人身关系和财产关系，但是刑法所具有的最后手段性使之成为保障其他部门法顺利贯彻实施的"第二道防线"。当民事主体之间的纠纷超出民事法律规范的范围而无法适用民事法律规范予以规制时，此时可以适用刑法对犯罪分子予以刑罚，维护社会秩序。刑法具有谦抑性的特点，为了保障刑法适用的效率和保障刑法的严肃性，在纠纷发生后，优先考虑适用其他部门法，只有当被破坏的社会关系无法适用其他法律规范时，此时才会适用刑法。

我国应对突发公共事件的法律体系相对完备，国家高度重视，并制定了大量的法律法规，如《突发公共卫生事件应急条例》《传染病防治法》等，这些法律大都属于行政法规的范畴，在适用时需要刑法的介入，保障各项法律法规的实施。在重大突发公共卫生事件面前，往往一个问题所涉及的社会关系是多方面的，而这些社会关系往往又是相互交织、错综复杂的，很难用一部部门法解决纠纷，所以刑法作为一部综合性法律，用于解决纠纷是最合适的。

2. 刑法具有惩罚犯罪的独特功能

刑法具有强制性的特点，其强制性在所有的部门法中最为严厉。相较于其他部门法，刑法的一大独特性在于它对犯罪分子可以施加一定的刑罚。强制性是法律所共有的特性，违反民法要承担民事责任，违反行政法要受到行政处罚等。刑法不同于其他部门法，其强制性最为严厉。任何违反刑法所保护的社会关系，对他人、社会或者是公共利益造成损害的，都要承担相应的刑事责任。对于触犯刑法的犯罪分子，刑法不仅可以剥夺犯罪分子一定的财产，而且可以剥夺或者限制犯罪分子的人身自由，剥夺其政治权利，在一定情况下还可以剥夺其生命权。从社会大众的角度考虑，刑法对于人们的威慑力是最为巨大的，人们惧怕刑法的严厉性，因此，刑法在特殊时期介入其中规制社会关系，打击违法犯罪，其效力应该是明显的。

在突发公共卫生事件中，通过适用刑法惩罚犯罪分子，可以充分实现刑罚的功效，发挥刑罚在重大突发公共卫生事件中的规制作用。首先，通过适用刑罚可以对犯罪分子的人身或财产予以一定的剥夺，使其为自己危害社会的行为付出应有的代价。其次，刑罚可以起到威慑的作用，不仅是对于犯罪分子，更作用于处于不安情绪中的危险分子，使其认识到犯罪的后果严重性，不敢实施犯罪行为。再次，刑罚可以起到鼓励的作用，鼓励处于灾难中的普通大众，让他们看到希望，鼓舞他们配合司法机关，相信正义终将战胜邪恶。最后，刑罚可以起到安抚的功能。通过对犯罪分子适用和执行刑罚，使被害人及其家属得到抚慰和补偿，避免其产生报复心理，防止被害人及其家属实施报复行为，增加社会的不安定性。

三、重大突发公共卫生事件刑法规制的适用原则

1. 定罪时要坚持遵循罪刑法定的原则

罪刑法定是刑法适用过程中必须遵循的一个重要原则，它要求"法无明文规定不为罪，法无明文规定不处罚"。[1]在重大突发公共卫生事件发生之后，人们处于精神高度紧张的状态，极易受到外部各种环境因素的影响，不可避免地会使得自身辨别是非的能力和控制行为的能力降低，从而实施一系列过激的行为，对社会和他人产生一定的危害性。司法机关在实践的过程中要严格按照法律的规定行为，明确出罪和入罪的标准，区分此罪和彼罪的认定界限，对虽然造成一定社会危害性但是不符合刑法规定的犯罪的行为不能予以刑罚处罚，对于造成较轻危害后果或者是存在减轻处罚情节的行为不能予以过重的处罚。

2. 量刑时要坚持遵循罪责刑相适应原则

罪责刑相适应原则是指在追究犯罪分子刑事责任的时候要做到重罪重罚、轻罪轻罚、罚当其罪，对犯罪分子判处的刑罚和其应当承担的刑事责任应当与其行为的社会危害性相适应。贝卡里亚曾经强调："犯罪对公共利益的危害越大，促使人们犯罪的力量越强，制止人们犯罪的手段就应该越强烈。"[2]在重大突发公共卫生事件面前，如何对犯罪分子适用刑罚，适用何种刑罚对司法机关来讲存在一定难度。在对特殊情况下的犯罪分子处以刑罚时，要根据犯罪的主客观事实进行评价，综合考虑量刑情节和犯罪分子的再犯可能性，这既符合刑法的报应刑和目的刑的要求，也与重大突发公共卫生事件背景下

---

〔1〕 高铭暄、马克昌主编：《刑法学》（第6版），北京大学出版社、高等教育出版社2014年版，第25页。

〔2〕 ［意］切萨雷·贝卡里亚：《论犯罪与刑罚》，黄风译，北京大学出版社2018年版，第17页。

实现刑罚的正义和预防犯罪相适应。

3. 坚持从严从快的原则

在突发公共卫生事件中，对于案件的处理我们要坚持从严从重的原则，这不仅是历史的经验教训，同时在新冠肺炎疫情发生期间，最高人民检察院最早颁布的 10 个妨害新冠肺炎疫情防控犯罪典型案例更是明文规定，对于新冠肺炎疫情期间的犯罪行为要依法从重予以处罚，体现从严的刑事政策，有力地惩治威慑违法犯罪行为。从新冠肺炎疫情在我国暴发开始，到 2 月 11 日最高人民检察院发布首批 10 个妨害新冠肺炎疫情防控犯罪典型案例，时间间隔不到半个月，足以彰显我国司法机关处理突发公共卫生事件中的犯罪的态度。

依法从严指的是在符合法律规定的范围内对实施危害行为的人予以更为严厉的处罚，这是重大突发公共卫生事件的环境下刑事政策的要求，尤其是在互联网日益发达的今天，任何一件小事都会在网络上引起轩然大波。就此次新冠肺炎疫情来讲，全国人民都将焦点集中到武汉等疫情严重地区，任何一点问题都会被放大。在最高人民检察院公布的指导性案例中，对于疫情防控期间的"天价口罩"给予罚款 300 万元的顶格处罚就是从严处罚的一个体现。

从快处罚并不是一味地加快案件的处理速度，而是要求司法机关严格按照法定的程序，在案件侦查、逮捕、起诉、审判的过程中提高工作效率。"惩罚犯罪越是迅速和及时，就越是公正和有利。"〔1〕比如在最高人民检察院公布的首批妨害新冠肺炎疫情防控犯罪典型案例中，案例三即"浙江南浔王某某妨害公务案"，从案件发生到判决作出仅历时 8 天，在侦查了解案件情况时基于特殊时期的防疫需要，检察院等司法机关采取线上网络视频的方式介入，减小案件审理时间和空间的限制，在保证案件审结速度的同时，保证程序正当。

四、简评《刑法修正案（十一）》关于妨害传染病罪的修改

突如其来的疫情给党和国家以及人民群众造成巨大的损失，尽管在新冠肺炎疫情发生之后最高人民法院、最高人民检察院、公安部、司法部以发布指导性案例的方式给出适用意见，但是该事件的发生同样暴露了现有刑法的一些弊端，《刑法修正案（十一）》为了补足这一点，亦对妨害传染病罪进

---

〔1〕 ［意］切萨雷·贝卡里亚:《论犯罪与刑罚》，黄风译，北京大学出版社 2018 年版，第 47 页。

行了修改。笔者将从两个方面浅谈对此条罪名的修改的看法。

《刑法修正案（十一）》关于妨害传染病的修改，主要是为了弥补现有刑法的漏洞，这不仅有利于进一步强化我国卫生健康治理体系和提高我国卫生健康治理能力，还能进一步贯彻落实国家安全观，保障国民安全。从该条款的修改内容上看：其一，扩大了传染疾病的范围；其二，增加了关于出售、运输未进行消毒处理、带有或可能携带传染病病原体物品的行为模式；其三，新增了县级以上人民政府作为预防、控制措施的机构，扩大了处罚范围。

一方面，新增的"依法确定采取甲类传染病预防、控制措施的传染病传播或者有严重传播危险的"，扩大了刑法意义上的传染病的惩治范围，使得类似新冠肺炎这种虽然"被纳入法定传染病乙类管理，但采取甲类传染病的预防、控制措施"的"乙类甲管"传染病，在引起传播或传播严重危险时，也能运用刑法对其进行规制。

另一方面，立法机关在总结此次抗疫过程中的经验的基础上，新增了妨害传染病防治的行为模式，新增了"出售、运输疫区中被传染病病原体污染或者可能被传染病病原体污染的物品，未进行消毒处理的"和"拒绝执行县级以上人民政府、疾病预防控制机构依照传染病防治法提出的预防、控制措施的"。在此次疫情暴发之初，因为刑法自身的漏洞，全国有多起拒绝执行地方政府、疾病防控机构有关防控措施的案例，给基层防疫部门、医护工作者和广大基层防控人员的防疫增加了不少困难。因此，对行为模式进一步完善，增加未消毒处理而出售、运输疫区中被传染病病原体污染或者可能被传染病病原体污染的物品的情形，以及拒绝执行（县级以上）政府、疾病防控机构依据《传染病防治法》提出的预防、控制措施的情形，是立法机关通过立法行为对县级以上政府和疾病防控机构依法执行防控措施的有力支持，亦可以对下一次重大突发公共卫生事件进行有效预防。

最后，将"卫生防疫机构"更改为"疾病预防控制机构"，虽说姗姗来迟，但总算与《传染病防治法》进行了有效合理衔接，现行《刑法》颁布施行至今，关于妨害传染病防治罪的规定未有修订。而与之相关的《传染病防治法》，分别于2004年、2013年修订（正），2004年的修订在总结2003年非典疫情的基础上，正式将防疫机构的称谓从1989年的"卫生防疫机构"修改为"疾病预防控制机构"，并在2013年修正时保留和沿用。因此，《刑法修正案（十一）》将防疫部门更名为与其他法律法规保持一致的"疾病预防控制机构"，是充分考虑其他法律规范的变动与修订的体现，进一步保障了法律的体系合理性。

妨害传染病防治罪刍议

——以基层政府新冠疫情管控措施为视角

陈　凯[*]　骆定进^{**}

摘　要：新型冠状病毒肺炎（以下简称"新冠肺炎"）疫情发生后，在依法惩治妨害新冠肺炎疫情防控违法犯罪行为、保障人民群众生命安全、保障社会安定有序的过程中，激活了《刑法》第330条妨害传染病防治罪。《刑法修正案（十一）》在总结新冠肺炎疫情防控工作的经验和需要的基础上，对妨害传染病防治罪进行了修改和补充。修改后该罪关于拒绝执行县级以上人民政府、疾病预防控制机构依法提出的预防控制措施情形更加适合基层政府对新型传染病的防控和处置。从近期境外输入及本土新增病例反弹情况来看，暴露了少数地方基层政府在新冠肺炎疫情防控工作上仍然存在短板。分析产生短板的原因有多种，其中刑法预防和惩治功能支撑防控的力度不足，对相关人员故意隐瞒接触史、旅行史或执行防控措施不到位等行为追刑力度不足是重要原因之一。该罪构罪条款描述中表示须引起传染病传播或有严重传播危险的才构罪。而从政府疫情防控工作角度看，若行为人行为引发传染病传播或大量人员被隔离观察的严重危险后果后，再去追究其刑事责任明显与政府为控制疫情扩散付出的经济成本不相适应。因此，法律防控措施应当依据传染病学的基本规律来进行设计，着力于加强预防行为人实施拒绝执行防控措施等行为，防止引发危险行为的发生。

关键词：妨害传染病防治罪　疫情防控　犯罪预防

---

　*　浙江省义乌市人大常委会法制和监察司法工作委员会副主任、全国人大法工委义乌基层立法联系点办公室副主任。

　**　北京盈科（义乌）律师事务所高级合伙人。

新冠肺炎疫情发生后，党中央特别重视以法治思维和法治方式开展疫情防控工作。为了更好地防治传染病，改善传染病防治相关法律的衔接，《刑法修正案（十一）》对妨害传染病防治罪进行了修改补充。修改增加了"出售、运输疫区中被传染病病原体污染或可能被传染病病原体污染的物品""拒绝执行县级以上人民政府、疾病预防控制机构依照传染病防治法提出的预防、控制措施"等妨害传染病防治罪的行为类型，将本次防疫过程中所暴露出来的突出问题予以犯罪化，使惩治违反传染病防治相关行为时有法可依。该罪名规定的行为危害结果包括"传染病传播"和"有传播严重危险"两种情形，其中"传染病传播"属于实害结果，"有传播严重危险"属于具体危险。从目前县级以上人民政府、疾病预防控制机构开展防控措施中发现的问题来看，存在大数据显示健康码红黄码、行程码异常或已被疫情防控机构告知曾有密切接触史需居家隔离、自我健康监测的人员，不按照防疫要求如实报告自己的行踪、拒绝隔离观察或者自我健康监测、擅自进入公共场合、违反隔离要求进行聚集的行为，这些行为不但占用了防疫工作人员大量的排查精力，也为疫情防控埋下了隐患。因此，需要对如何准确理解"拒绝执行县级以上人民政府、疾病预防控制机构依照传染病防治法提出的预防、控制措施"进一步探讨，为适用妨害传染病防治罪明确入罪依据。

一、基层疫情预防、控制措施情况

从 2019 年年底新冠肺炎疫情暴发到目前全国疫情管控处于"外防输入，内防反弹"阶段，各级政府、疾病预防控制机构充分发挥了高效的行政执行力。在国家防疫指挥层面上，从 2020 年 1 月国家卫生健康委办公厅公布《新型冠状病毒感染的肺炎诊疗方案（试行）》《新型冠状病毒感染的肺炎疫情防控方案（第三版）》等多份新型冠状病毒诊疗、防控方案，到 2021 年 5 月国务院应对新型冠状病毒肺炎疫情联防联控机制综合组公布的《新型冠状病毒肺炎防控方案（第八版）》，均对重点场所、重点行业、重点人群等防控措施作出明确规定。在基层防控执行层面，县级以上人民政府和疾病预防控制机构按照防控方案细化防控措施，开展人物并防。主要有以下三类：①人员管理。结合流行病学调查、大数据分析等手段，把疫情所涉人员分为确诊、疑似、密接、密接的密接、一般接触者五类，按照应检尽检、应隔尽隔的原则，对前四类人员采取集中隔离医学观察措施，对一般接触者采取居家健康自我监测防控措施。上述人员在大数据健康码的分类下为红码、黄码人员。②场所管理。对医院、养老机构等重点场所，电影院、菜市场等人员密集场所采取检查健康码、行程码与测温相结合等方式管理进出人员。该类人员大多为绿码、黄码人员，[1]其中黄码人员被限制进入上述重点场所。极少数红码人员被发现后由疾病预防控制机构人员带走隔离。③物品管理。对进口冷链食品及其加工、运输、存储、销售场所环境，进口高风险非冷链集装箱货物的抽样检测和预防性消毒，严格进口冷链食品境内生产、流通、销售全程防控和追溯管理，特别是对于进口牛肉海鲜等冷链食品，由当地政府与海关建立集中监管仓开展消毒处理。相应场所的工作人员则采取定期核酸检测等措施。

二、疫情防控措施中人的行为因素

在人员、场所、物品的防控管理措施中，对人员的管理是基层政府开展防控工作面临的最大挑战。新冠肺炎疫情能够通过多种途径进行传播，具有蔓延迅速、传播规模大等特点，在疫区人员区分上也产生传染病学上的确诊、密接、密接的密接、一般接触者的分类。对以上人员的管控是为了能够及时切断传染源以遏制新型冠状病毒携带者在其活动区进一步蔓延，在必要的情况下，政府需要对传染源所在区域的特定人员进行隔离。被隔离的人员并不一定是传染病患者、疑似传染患者或者携带传染病原体的人，只是由于其与传染病源有着某种联系，政府为了确保安全性而将其隔离，这在很大程度上限制了当事人的人身自由。隔离措施在传染病防治中的作用不遑多让，可以发挥行政效率优先、内部一体决策、执行有力等功能。实践中，由于能自我认识到新冠肺炎的危害性，确诊人员及密切接触者通常会积极配合政府和疾病预防控制机构的隔离措施。但除上述人员外，一般接触人员按防控要求也应当主动向当地防疫部门申报出行轨迹、主动开展自我健康监测，但实践中很少有人开展主动申报。[2]虽然自我健康监测期间没有明确限制行为人外出，

---

〔1〕 按健康码赋码规则，居家健康自我监测期未满人员被赋黄码，限制进入某些特殊公共场所，非必要不外出，在必要外出时需要全程佩戴口罩。

〔2〕 2021年1月至9月，浙江省Y市N街道接到省防疫大数据核查指令18 469人，采取隔离医学观察或居家健康监测管控人数2420人，以上人员主动向住所地防疫管理小组申报出行中高风险地区情况等信息的为极少数，全部系大数据下发指令后由街道、社区、村居干部上门核实后开展管控措施。

但必要外出的则需要全程佩戴口罩做好个人防护措施，因为传染病学上对此类人员不能认为百分百有传染性，也不能百分百否认传染性，有限的隔离场所也无法容纳所有一般接触人员进行隔离观察。因此，在防控措施上要求此类人员出行必须尽到防疫注意义务，但实务中存在此类人员外出到公共场所并未落实戴口罩等防护措施。一旦这类人员不执行防控措施而又出现阳性症状，极易造成大量次密接人员接受核酸检测及隔离，严重的甚至会造成社会正常秩序混乱和经济损失。如2021年在本土集聚性病例连续零增加的情况下，7月份南京禄口国际机场的防护措施不到位引发了南京新一轮疫情。[1]后续发生了黄码人员毛某宁不遵守管控要求从南京到扬州从而引发扬州大面积疫情发生。[2]据扬州警方通报，7月21日上午，毛某宁擅自离开已采取封控管理措施的南京居住地来扬州，居住其位于扬州市邗江区念四新村的姐姐家中。7月21日至27日期间，其未按照邗江区新冠肺炎疫情防控指挥部要求主动向社区报告南京旅居史，并频繁活动于扬州市区多处人员高度密集的饭店、商店、诊所、棋牌室、农贸市场等，致使新冠肺炎疫情在扬州市区扩散蔓延。除通报外，其他细节爆出毛某宁想从南京回扬州，因本人健康码已经显示为黄色，毛某宁无法离开南京，于是借用朋友绿码回到扬州姐姐家。因为毛某宁的行为，整个扬州此前为抗击疫情所作的所有努力瞬间归零。扬州市政府在本轮疫情中投入大量的人力物力进行核酸检测、疫情防控、人员管控，消耗了大量的公共资源。目前毛某宁虽以妨害传染病防治罪被追究刑事责任，但其行为对社会造成的危害后果与其刑罚是不相匹配的。在这个案例中，因新冠疫情具有潜伏期原因，毛某宁不属于确诊人员或明确的密接人员，按照公告及黄色健康码的提醒，毛某宁所遵守的防控义务是不得离开公告区域并应开展自我健康监测，发现身体异常时及时申报，但其仍然无视防控规定离开南京。究其原因，违法行为人毛某宁对其违法成本的认识不足以引起其重视并执行防控措施。但细想，南京疫情公告以后，真的只有毛某宁一人擅自离开南京吗？谁也不敢确定。只是其他没执行防控措施要求而离开南京的人员比较幸运没有成为病毒携带者。由此可见，妨害传染病防治罪需要引

---

〔1〕 2021年7月20日南京市新冠肺炎疫情防控指挥部《关于南京禄口国际机场发生新冠病毒检出阳性情况的通报》。

〔2〕 "扬州警方通报一起涉嫌妨害传染病防治罪案件"，载 https://baijiahao.baidu.com/s？id=1707116203939199887&wfr=spider&for=pc，2021年10月18日访问。

发"传染病传播"或者"有传播严重危险",且造成了一定后果才能追究刑事责任不符合传染病学与法学契合的要求,不能有效支撑疫情防控。传染病学对于突发不明传染病判断的基本原则是"病疑从有",而法学对于违法行为的判断则是"罪疑从无"。这种不同判断原则对法律防控措施带来特有的难题。法律防控措施就应当依据传染病学的基本规律来进行设计,应当将"病疑从有"的传染病防控理念融入行政处罚、刑事处罚的适用中,督促行为人认真遵守疫情防控措施。

三、拒绝执行预防、控制措施在实务认定中存在的问题

(1)管控措施的决定机关不明确。从实践操作来看,隔离管控措施的具体实施主体较为广泛,有县级以上地方人民政府、临时设立的疫情防控指挥部、疾病预防控制机构,还有防疫大数据指令中心。有的甚至镇街疫情指挥部或驻守在隔离酒店的工作人员都能决定疑似人员、密接的密接人员是否执行隔离。此外,对于居家自我健康监测的人员,往往交由社区、村民居委会工作人员进行日常监督,某种程度也会限制自我健康监测人员的出行。

(2)密切接触人员的认定和管控上存在混乱。自新冠肺炎疫情暴发以来,国家卫生健康委员会先后发布了多个版本的《新型冠状病毒感染的肺炎诊疗方案》,明确指出医疗机构应该从流行病学史、临床表现等诸多方面综合判断疑似病例。可见,"疑似病人"不等于"可能感染传染病的人"。同样,是否属于密切接触者、密切接触者的密切接触者,应该由防疫机构根据法定标准进行判断,而不能仅由大数据下显示的红黄码、出行轨迹再结合社区工作人员或者其他非专业人员来推测是否需要隔离。如果对密接、次密接人员认定上有多个标准,那么必定会引起是否构罪的混乱。因为密接、次密接人员及一般接触者在管控措施上的要求是不一样的,密接、次密接人员需要执行的防控措施程度更高。同时,实践中对于要求居家健康监测人员的管控标准处于模糊地带,既要求其在家开展日常自我健康监测减少外出,又不限制其出行自由,这就依赖于其对执行防控措施的自觉性,但一旦此类人员在医学概率上潜伏携带了传染病毒,其造成的危害程度不亚于确诊人员。

(3)中高风险地区活动轨迹判断困难。实践中还存在行为人没有主动申报出行情况,甚至隐瞒出行轨迹的情形。仅靠大数据显示的行程轨迹,只能给一线防控人员提供判断中高风险人员的参考,很多情况要靠行为人自己说

明。而来自中高风险地区的人员为了避免隔离对自己带来的影响，很少会主动承认自己的出行存在疫情风险。"讳疾忌医"式隐瞒疾病信息是人们的一种潜意识。人们之所以隐瞒自己的身份或者经历，往往是出于对一系列歧视性后果的担忧与顾虑，但在特殊情况下，根据我国《传染病防治法》第12条的规定，一切单位和个人都有如实提供疫情相关情况的义务。我们不能把特殊时期隐瞒不报与一般情况下的隐瞒不报同等评价。因此在疫情防控中，无论是确诊病人、病原体携带者、疑似病人，还是密切接触者，抑或是其他一般人，都应该如实说明旅行史、居住史、接触史等流行病学史，不得隐瞒。违反该说明义务的行为可能构成妨害传染病防治罪。但实践中对行为人是否从中高风险返回存在着认定困难，在行为人没有主动申报的情况下，防疫工作人员进行上门核实或电话核实时，一旦行为人否认自己去过中高风险地区，则防疫一线工作人员无法用其他证据来证明其去过中高风险地区。这一类情况多发生在货车司机群体中，很多司机居无定所，有的居住在货车上，当工作人员根据大数据指令核实司机出行情况时，即使给货车司机提供免费核酸检测，但有的司机仍然否认或直接驾车离开该区域，造成管控工作无法继续，为疫情防控产生漏洞埋下隐患。对于这类明显属于拒绝执行防控措施的行为，公安机关无法及时有效对其行为进行调查取证，追究其行政、刑事责任。

四、完善妨害传染病防治罪的要件设计

（1）确保防控措施合法。人身自由是宪法赋予的基本权利，但任何权利并非绝对不受干涉，因公共利益等原因，在甲类传染病或乙类传染病甲类管理措施的疾病面前，人的基本权利受到限制亦属必然。但人身自由作为一切权利的基础和前提，对其保障体系应当相对更为严密。当面临新型传染病突然暴发，或各种法定传染病快速蔓延，业已或即将造成各地多人受到感染甚至出现死亡时，为有效阻绝疫情扩散，迅速控制疫情，降低社会恐慌，将传染病患者或疑似被传染者隔离、检疫实属必要。隔离治疗最为严格、最具强制性，但因隔离场地条件限制，不能大规模适用，只能适用确诊人员或密切接触人员，其人身自由受限较强，但阻断传染效果好；居家健康监测可以大规模适用，但人身自由限制较少，阻断防疫效果弱。为了应对疫情出现大规模群体感染的局面，一旦隔离场所无法收纳隔离人员，需在家实行居家隔离时，为确保隔离措施的落实，应当由县级以上人民政府、疾病预防控制机构

设立传染病隔离审议合议组，负责审查并提供传染病人是否需要实施隔离措施的建议。审议组由医师、传染病专家及其他专家组成，可使行政决定更为科学、公正，克服行政机关滥用权力的不足，且审查程序相对灵活。合议组合议指令下达后基层镇街防疫指挥部执行居家隔离措施。如被隔离人认为隔离措施错误的，可以依法申请行政复议或者提起诉讼，但期间不停止隔离措施。隔离人一旦离开场所，就应当被认定为拒绝执行防控措施，且"有传播严重危险"的情形。

（2）完善防控措施的组织保障。由于突发传染病疫情往往令人猝不及防，社会危害巨大，对国家治理体系构成严重挑战和威胁，所以此次新冠肺炎疫情防控工作成为公共卫生法领域中备受关注的焦点。我国公共卫生法的基本原则包括政府主导、社会参与、预防为主、防治结合、个人负责、健康促进等原则。[1]但是对于传染病防治和突发公共卫生事件，只能由政府主导，这意味着由政府全面发动所有医疗机构、社会组织和个人的参与。此次疫情防控中，全社会动员、全社会参与的总体战就突出表明了社会参与在公共卫生领域中的重要性。如果没有以镇街为一级作战指挥单元，辖区内交通部门、餐饮业、村居社区全员参与，就不可能真正落实"封闭式管理"和"严防死守"，也不可能实现群防群治的效果。在疫情紧张时期大量密接人员在家隔离的情况下，防疫工作人员通过代买生活物资、伙食配送等措施保障了被隔离人员的生活需要，确保被隔离人员能遵守防控措施。如果行为人应当执行防控措施而因受客观条件影响无法执行防控措施的，不应该认定为拒绝执行防控措施。

（3）明确"传播"或"传播严重危险"的认定标准。妨害传染病防治罪的结果要素分为实害结果和危险结果。对实害结果和危险结果的认定标准，应当予以明确。首先，关于实害结果，行为人违反《传染病防治法》的规定，没有执行防控措施而导致其他人感染传染病，需要明确出现感染结果的严重程度；其次，关于危险结果的认定，与他人进行无防护的接触、造成一定数量人员的多次核酸检测、造成一定数量人员被隔离观察，这些是否属于严重危险的危险结果，也应当予以明确。如上所述，危险属于经验价值判断，实践中危险犯属于开放的犯罪构成要件，判断危险是否严重需要依靠执法、司

---

〔1〕《基本医疗卫生与健康促进法》第 7 条、第 15 条、第 20 条、第 69 条。

法人员的经验进行裁量。而在目前的妨碍传染病防治罪的构成要件之下，要明确传播的实害结果，阐明严重的传播危险，就需要执法、司法人员来判断传染病传播的范围大小、严重程度，甚至会引起不同裁判者对"有传播严重危险"的不同认定，进而影响是否构罪的判断。因此，以明确脱离隔离场所、隐瞒行程等客观行为来认定其符合"有传播严重危险"的入罪标准比较符合实际工作，能减少司法分歧，再结合其行为造成的危险程度、危害后果来考虑量刑比较妥当。行为人故意违反县级以上人民政府、疾病预防控制机构明确的预防、控制措施的，如不主动申报行程轨迹等轻微的违法行为可以进行行政处罚，但擅自离开隔离区域或自我监测区域的，经疾病预防控制机构相关工作人员劝说仍然拒绝执行的，应当认定为"有严重传播危险"，应当受到刑事责任追究。

五、结语

随着各地新冠肺炎病例的增加，疫情防控形势仍不容乐观，运用刑法对疫情防控作出积极回应迫在眉睫。但疫情防控具体工作对拒绝执行防疫措施的处置存在不统一的情况，造成一线防疫工作人员只能通过劝说等方式让密接接触者等重点人员遵守隔离或居家自我健康监测的相关规定，有的工作人员还要承受被隔离人员的人身攻击。为了督查居家隔离观察人员遵守防控措施，保障管控措施万无一失，一线工作人员还要每天 24 小时派人进行巡查，监督其执行防控措施的成本甚巨。笔者认为，在明确公民个人是防疫第一责任人的情况下，只要其不执行防控各项措施要求，不论是否造成严重传播危险的，都应当受到行政或刑事责任追究。只有提高其违法成本，才能进一步降低行为人不执行防疫措施造成疫情失控的风险。